第九艺术学院——游戏开发系列
COLLEGE OF THE NINTH ART

游戏运营管理

（第2版）

谌宝业　魏　伟　伍建平 主编

U0360283

清华大学出版社

北京

内 容 简 介

  本书从游戏运营的策划、执行、管理，以及如何科学、合理地将一款游戏商品化等方面入手，全面介绍了游戏运营的相关知识。

  本书涵盖四个部分。①市场营销概述。从市场营销的定义开始，主要介绍了现代市场营销学的发展、现代市场营销学对游戏运营的影响以及游戏运营的概念。②游戏项目管理。对企业决定进入游戏行业、对市场进行调研、对产品进行定位、撰写计划书、进行产品的开发和代理等做了详细的阐述，这部分内容是针对管理层在游戏行业决策方面的介绍。③游戏产品营销。主要针对游戏产品商品化，其内容包括运营团队管理、市场推广、渠道销售、技术支持等，了解和掌握这部分内容可以帮助营销人员迅速并准确地将游戏产品商品化。④游戏产品运营。介绍了游戏产品上市后的运营工作重点，其主要内容包括售后服务和游戏周边。一款好的游戏需要更好的服务以及更广泛的游戏周边才可以充分展示其良好的游戏品质。

  合理地对企业战略进行决策、对游戏运营团队进行管理、对游戏产品进行操作、对市场进行调查研究是本书的主题。本书可作为高等学校游戏相关专业学生的教材，也可供社会上希望从事游戏运营工作的读者阅读，是学习游戏运营知识的一本指导性教材。

图书在版编目(CIP)数据

  游戏运营管理/谌宝业，魏伟，伍建平主编. —2版. —北京：清华大学出版社，2018（2023.2重印）
  （第九艺术学院——游戏开发系列）
  ISBN 978-7-302-49188-0

  Ⅰ．游…　Ⅱ．①谌…　②魏…　③伍…　Ⅲ．①游戏—电子计算机工业—工业企业管理—运营管理　Ⅳ．①F407.67

  中国版本图书馆CIP数据核字(2017)第330853号

责任编辑：张彦青
封面设计：李　坤
责任校对：宋延清
责任印制：曹婉颖

出版发行：清华大学出版社		地　　址：北京清华大学学研大厦A座	
http://www.tup.com.cn		邮　　编：100084	
社 总 机：010-83470000		邮　　购：010-62786544	
投稿与读者服务：010-62776969，c-service@tup.tsinghua.edu.cn			
质量反馈：010-62772015，zhiliang@tup.tsinghua.edu.cn			
印 装 者：北京同文印刷有限责任公司			
经　　销：全国新华书店			
开　　本：185mm×230mm	印　　张：19.5	字　　数：459千字	
版　　次：2009年11月第1版	2018年6月第2版	印　　次：2023年2月第5次印刷	
定　　价：45.00元			

产品编号：077161-01

丛书编委会

主编单位：湖南顺风传媒有限公司

主　　编：谌宝业

副 主 编：魏伟　伍建平

编　　委：（排名不分先后）

前　言
FOREWORD

21世纪最缺的是什么？人才。21世纪最火的是什么？网络游戏。一批批网络游戏运营公司因成功地运营了网络游戏而创造了巨大的财富。

游戏产品的运营需要策划、编程、设计、音乐等方面大量人员的合作。将游戏产品推向市场，让广大玩家接受并使用的过程，就是了解市场、把握市场的过程，只有了解市场并与市场共同成长，才可以在激烈的市场竞争中淘到一桶金子。

网络游戏行业的发展是异常迅猛的，并且还将在一段时间内继续保持火爆的态势。

目前，从事网络游戏行业工作的人员大部分都是开发人员，而一款网络游戏产品从创意演变成有形产品再到商业化运营的过程中，谁能够掌握专业的游戏运营知识，谁就有更多的把握将游戏产品运营成功。因此，目前被人们忽略的游戏运营专业人才将成为含金量最高的"抢手货"，也将成为引导我国网络游戏市场发展的决定性力量。

本书的专业性强，涉及面广，不仅要求读者对游戏运营有所了解，而且还需要读者具有敏锐的观察能力、判断能力和执行能力。

本书对游戏运营的工作流程进行了介绍，可以让读者了解游戏运营的基本步骤，并且对如何进行市场分析等相关技术性问题做了详细的阐述，希望读者可以通过本书介绍的方法，进行自我培养，成为一名可以准确把握市场脉搏的人才。

游戏运营管理是经营管理学中最新的学科，涉及的知识范围很广泛。因此，读者在阅读、学习时，应多加了解其他相关行业的管理和运营经验。

编者

目　录
CONTENTS

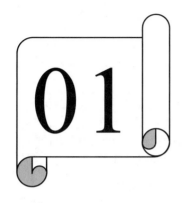

市场与市场营销概述

教学目标

- 掌握现代市场营销学中市场的定义。

- 掌握市场营销的概念和市场营销管理的基本任务。

教学重点

- 市场的含义。

- 市场营销的定义及营销管理的基本任务。

教学难点

- 了解企业的战略策划。

　　企业具有认识特定市场的需求，并且从中挑选出它们能够提供最佳服务的市场，使自己的产品和服务为这些市场里的顾客带来价值并令其满意，公司的销售额和利润也将随之而来。

　　在现代市场经济环境下，游戏公司要成功地开发自己的产品、推销自己的产品，为公司带来可观的利润，也需要了解和分析市场，以识别玩家的需求和愿望，确定公司提供最佳服务的目标市场，并且设计适当的产品、服务和项目，以满足这些市场的需求。

1.1 市场的含义与分类

随着社会文明的发展和进步，早期的人类摆脱了自给自足的原始生活方式，有了新的生活追求，出现了简单的交易。交易的场所就成为市场的原始形式。

对市场的理解和定义有很多：传统的市场是指商品交换的场所；马克思主义经济学说中的市场是指商品交换关系的总和；经营者所谓的市场，一般是指其产品销售的地区或有需求、有购买力的顾客；现代市场营销学站在卖方立场上认为，市场是指具有购买能力和购买欲望的消费人群，终端消费者是人，但企业不可能创造出以"人"为要素的市场。

现代市场营销学定义的市场包含三个要素，即有需要某产品的人或组织、有购买欲望、有支付能力，这三个要素结合起来，就构成了某项产品的市场。因此，也有人把这三个要素总结为一个公式：市场=人口+购买欲望+购买能力。市场的这三个要素是相互制约、缺一不可的，只有三者结合起来，才能构成现实的市场，才能决定市场的规模和容量。

市场营销学从企业的角度出发，根据不同的企业职能需要，对影响市场的因素按照不同类型进行了以下分类。

1. 按交易的现实情况分类

根据交易的现实情况，可将市场分为现实市场和潜在市场。

(1) 现实市场。构成这一市场的成员是现时从事买卖的成员。

(2) 潜在市场。是指那部分尽管在目前还没有购买，但在不久的将来有可能购买的公众。其目前还没有购买的原因很多，比如，没有感觉到这种需要，没有收到这种产品的信息，或一时还不具备购买能力等。市场营销学特别强调潜在市场的重要性，因为潜在市场的开发，孕育着巨大的经济效益。

2. 按购买者分类

根据买主不同的购买动机和不同的购买职能，可以将市场分为消费者市场、生产者市场、中间商市场和政府市场。

(1) 消费者市场。消费者市场的一般特点是群众性、多样性、个人购量有限、缺少商品专用知识。

(2) 生产者市场。在生产上多按行业及地理集中，购买数量较消费者市场大得多，但购买频率较低。

(3) 中间商市场。买入就是为了卖出，所以总是要求以特别优惠的条件买进。

(4) 政府市场。为履行特定的职能而购买。有不少国家的政府市场购买数量很庞大。

3. 按供货质量高低分类

根据供货质量的高低，可以将市场分为高、中、低三个档次。低档市场如大众商场、自选商场(超级市场)等；中档市场如百货商店等；高档市场如特色商店、旗舰店等。

1.2 市场营销

营销是一种有序和深思熟虑地研究市场及策划的过程。这个过程开始于对市场的调查，以认识其动态规律。营销者通过调研确定机会，即找到需要没有被满足的个人或群体，或找到对某些产品和业务有潜在兴趣的人们。营销过程还包括细分市场，选择能够有针对性地提供最佳产品或服务的目标市场。

营销过程不仅适用于商品和服务，也适用于其他情况，包括创意、事件、组织、地点和人物。然而，需要特别指出的是，营销所关注的并不是某个商品或提供物，而是在寻找市场上的机会。

1.2.1 市场营销的概念

有不少人将市场营销仅仅理解为销售(Sale)，从不少企业对营销部的利用中，就可以看出这一点。它们往往只是要求营销部门通过各种手段设法将企业已经生产的产品销售出去。营销部的活动并不能对企业的全部经营活动发挥主导作用并产生很大的影响。然而，事实上，市场营销的含义是比较广泛的。虽然它重视销售，但它更强调企业应当在对市场进行充分分析和认识的基础上，以市场的需求为导向，规划从产品设计开始的全部经营活动，以确保企业的产品和服务能够被市场所接受，从而顺利地销售出去，并占领市场。

美国著名营销学者菲利普·科特勒对市场营销的核心概念进行了如下描述："市场营销是个人或群体通过创造、提供并同他人交换有价值的产品，以满足各自的需要和欲望的一种社会活动和管理过程。"这个核心概念中包含了需要、欲望和需求，产品或提供物，价值、满意和质量，交换和交易，市场、关系和网络，营销和营销者等一系列概念。

1. 需要、欲望和需求

市场营销的核心概念告诉我们，市场交换活动的基本动因是满足人们的需要和欲望，这是市场营销理论提供给我们的一种观察市场活动的新视角。实际上，这里的需要(Needs)、欲望(Wants)、需求(Demands)三个看来十分接近的词汇，其真正的含义是有很大差别的。

需要是指人们在生理上、精神上或社会活动中所产生的一种无明确指向性的满足欲，就像饥饿了想寻找食物一样，并未指向是面包、米饭，还是馒头；而一旦这一指向得到明确，需要就变成了欲望；对企业的产品而言，有购买能力的欲望才是有意义的，才能真正构成对企业产品的需求。

有这样的认识对企业十分重要。例如，当我们看到有一个消费者在市场上寻找钻头时，就会思索这个人的需要是什么呢？以一般人的眼光来看，这个人的需要似乎就是钻头；但若以市场营销者的眼光来看，这人的真正需要并不是"钻头"，而是需要打一个"洞"，他是为了满足打一个洞的需要而购买钻头的。那么，这同前者的看法有什么样的本质区别呢？区别在于：如果只认为消费者的需要是钻头，企业充其量只能在提供更多更好的钻头上去动脑筋，这样并不能保证企业在市场上占有绝对的竞争优势；而如果认为消费者的需要是打洞，那么，企业也许就能创造出一种比钻头打得更快、更好、更便宜的打洞工具，从而就可能使企业在市场上占据更为有利的竞争地位。因此，从本质上来看，消费者购买的是对某种需要的满足，而不仅仅是产品。

上述区别澄清了对市场营销有非议的人所经常提出的责难，如"营销者创造需要"或"营销者劝别人购买并不想要的东西"。其实，营销者并不创造需要；需要就存在于营销活动出现之前。实际上，营销者，连同社会上的其他因素，只是影响了人们的欲望。他们向消费者建议，如一辆梅赛德斯汽车可以满足人们对社会地位的追求。然而，营销者并不创造人们对社会地位的需要。但是，可以通过制造适当的产品，使其富有吸引力，价格适当，以及使目标消费者容易得到，从而影响需求。

2. 产品或提供物（商品、服务与创意）

任何需要的满足都必须依靠适当的产品。因此，产品是任何能够用以满足人类某种需要或欲望的东西。好的产品将会在满足需要的程度上有很大提高，从而也就能在市场上具有较强的竞争力，实现交换的可能性也应该更大。然而，产品不仅是指那些看得见摸得着的物质产品，也包括那些能使人们的需要得到满足的服务甚至是创意。我们把所有可通过交换以满足他人需要的事物统称为提供物。例如，人们会花几千元去购买一台大屏幕的彩电，来满足休闲娱乐的需要，也可以花费同样的价钱去进行一次长途旅游，同样会达到休闲娱乐的目的。

在当今社会中，一个有价值的主意也可能使创意者获得相当丰厚的回报。所以，如果企业经营者仅仅把对产品的认识局限于物质产品，那就是经营者可悲的"营销近视症"。为顺利地实现市场交换，企业经营者不仅要十分重视在市场需要引导下的产品设计与开发，还应当从更广泛的意义上去认识产品（或提供物）的含义。

3. 价值、满意和质量

人们是否购买产品，并不仅仅取决于产品的效用，还取决于人们获得这种效用的代价。人们在获得使其需要得以满足的产品效用的同时，必须支付相应的费用，这是市场交换的基本规律，也是必要的限制条件。市场交换能否顺利实现，往往取决于人们对效用和代价的比较。如果人们认为产品的效用大于其支付的代价，再贵的商品也愿意购买；相反，如果人们认为代价大于效用，则再便宜的东西也不会要，这就是人们在交换活动中的价值观。市场经济的客观规律告诉我们，人们只会去购买有价值的东西，并根据效用和代价的比较来认识价值的实现程度。人们在以适当的代价获得了适当的效用的情况下，才会有真正的满足；当感到以较小的代价获得了较大的效用时，则会十分满意，而只有在交易中感到满意的顾客才可能成为企业的忠实顾客。根据德路斯的观点，价值是"在最低的获取、拥有和使用成本之下所要求的顾客满意"。因此，企业不仅要为顾客提供产品，还必须使顾客感到在交换中价值的实现程度比较高，这样才可能促使市场交易顺利地实现，才可能建立企业的稳定市场。

质量对产品或服务的效能具有直接影响。因此，它与顾客价值和满意密切相关。从狭义上来说，质量可被定义为"无瑕疵"。但是，绝大多数以顾客为中心的企业对质量的定义远不止这些，它们是根据顾客满意度来定义质量的。例如，在美国率先采用全面质量管理的摩托罗拉公司，其负责产品质量的副总裁说："质量必须有利于顾客……我们对瑕疵的定义是'如果顾客不喜欢该产品，则该产品就是有瑕疵的。'"同样，美国质量管理协会把质量定义为与一种产品或服务满足顾客需要的能力有关的各种特色和特征的总和。这些以顾客为中心的定义说明，质量以顾客需要为开始，以顾客满意为结束。当今，美国质量行动的基本宗旨已变成使顾客完全满意。

4. 交换和交易

交换是市场营销活动的核心。实际上，人们可以通过四种方式获得他们所需要的东西。①自行生产。获得自己的劳动所得，这种情况下，既没有市场，也不存在营销。②强行索取。不需要向对方支付任何代价，一般情况下这种情况叫作"抢劫"。③向人乞讨。除了说声"谢谢"，无须做出任何让渡。④进行交换。以一定的利益让渡从对方那里获得相当价值的产品或满足。市场营销活动仅仅是围绕第四种方式进行的。

交换就是通过提供某种东西作为回报，从某人那里取得所要东西的行为。从交换实现的必要条件来看，必须满足以下五条。

(1) 交换必须至少在两人之间进行。

(2) 交换双方都拥有可用于交换的东西。

(3) 交换双方都认为对方的东西对自己是有价值的。

(4) 交换双方有可能相互沟通，并把自己的东西递交给对方。

(5) 交换双方都有决定进行交换和拒绝交换的自由。

于是，可以看到，需要的产生才使交换成为有价值的活动，产品的产生才使交换成为可能，而价值的认同才使交换成为最终结果，实现交易。

我们所讨论的前面几个市场营销概念的构成要素最终都是为交换服务的、因交换而有意义的；所以说，交换是市场营销概念中的核心要素。如何通过克服市场交换障碍，顺利实现市场交换，进而达到实现企业和社会经济效益的目的，是市场营销学研究的核心内容。交换不仅是一种现象，更是一种过程，只有当交换双方克服了各种交换障碍，达成了交换协议，我们才能称其为形成了交易。交易是达成意向的交换，交易的最终实现，需要双方对意向和承诺的完全履行。因此，对某一次交换活动而言，市场营销就是为了实现同交换对象之间的交易，这是营销的直接目的。

从广义上说，营销者追求的是诱发另一方的某种反应。工商企业需要的反应是购买，政治候选人需要的反应是投票，教堂需要的则是入教，社会组织所需要的就是接受某种观念，营销就是诱发目标顾客对某一商品产生预期反应所采取的种种行动。

为了促使交换成功，营销者必须分析参与交换的双方各自希望给予什么和得到什么，而交易则是通过谈判寻找一个双方均满意的方案。

5. 市场、关系和网络

市场是交易实现的场所和环境。从广义的角度来看，市场就是一系列交换关系的总和，主要是由卖方和买方两大群体所构成的。但在市场营销学中，对市场的概念有一种比较特殊的认识，即往往用来特指企业的顾客群体。例如，我们讨论过的市场细分、目标市场等概念，其中的市场就是单指某种顾客群体。这种对市场概念的认识是基于一种特定的视角，即站在企业(卖方)角度分析市场，市场主要是由顾客群体(买方)所构成的。

在现代市场营销活动中，企业为了稳定自己的销售业绩和市场份额，就希望能同自己的顾客群体之间的交易关系长期保持下去，并得到不断的发展。而要做到这一点，企业市场营销的目标就不能仅仅停留于一次交易的实现，而应当通过营销的努力来发展同自己的供应商、经销商和顾客之间的关系，使交易关系能够长期稳定地保持下去。从20世纪80年代开始，对顾客关系的重视终于使关系营销成为一种新的概念和理论，并充实到市场营销学的理论体系中来。关系营销和交易营销的主要区别在于：它把研究的重点由单纯研究交易活动的实现，转为研究交易关系的保持和稳定，以及研究顾客关系的维护和管理。

生产者、中间商及消费者之间的关系直接推动或阻碍着交易的实现和发展。企业同与其经营活动有关的各种群体(包括供应商、经销商和顾客)所形成的一系列长期稳定的交易关系就构成了企业的市场网络。在现代市场营销活动中，企业市场网络的规模和稳定性成为形成企业市场竞争力的重要方面，从而也就成为企业营销的重要目标。

6. 营销和营销者

从一般意义上来看，市场交易是买卖双方处于平等条件下的交换活动。但市场营销学则是站在企业的角度研究如何同其顾客实现有效交换的学科。所以说，市场营销是一种积极的市场交易行为，在交易中主动积极的一方为市场营销者，而相对被动的一方则为营销者的目标市场。市场营销者应采取积极有效的策略和手段来促进市场交易的实现。营销活动的有效性既取决于营销人员的素质，也取决于营销的组织与管理。

1.2.2　市场营销策略的发展与演变

任何一个企业都不可能获得整个市场，或者至少不能以同一种方式吸引住所有的购买者，因为购买者实在太多、太分散，而且需求和购买习惯也各不相同。此外，企业在满足不同市场部分的能力方面也存在巨大差异。因此，每个企业都必须找到它能最好满足的部分市场，而不是试图在整个市场内竞争。但是，销售人员并不总是遵循这条规则的，市场营销策略发展至今，大概经历了以下三个阶段。

1. 普及销售阶段

普及销售就是同样的商品采用同样的推销方式，向各个市场中各式各样的顾客销售。采用这种策略最出名的产品是亨利·福特提供的T型汽车，顾客只能买到"除了黑色以外没有其他颜色"的T型汽车。可口可乐公司以同样的瓶子、同样的广告口号"请饮可口可乐"，推向全世界的消费者群。这种策略的中心思想是：我这种产品应为世人所普遍接受。

2. 产品异样化销售阶段

当上述策略受到各方竞争的正面冲击时，生产经营者自然会想到以若干不同的形式增加一些品种，以适应不同顾客的要求，但事先并不明确某个型号、某种花色是为哪个地区、哪些顾客设计生产的，只是增加一些花色品种供顾客挑选而已。

3. 目标销售阶段

前两种市场策略都是先有产品，然后再为产品找买主；而目标销售阶段却是从各种类型的需求者中，找到本企业最能满足的那些消费者群，然后按照这样的需求提供产品。这种瞄准消费者的需求、有针对性地适应其需求的市场策略被称为目标销售。

1.2.3 市场营销在企业中的地位

1. 错误的偏见

关于市场营销在企业中的地位，在很长的一段时间内都是一个模糊的问题。在最初阶段，很多企业都把市场营销作为一种有助于产品销售增长的策略和手段。例如至今为止，中国的很多企业仍然是将营销部(市场部)同销售部合二为一(在西方企业市场营销产生的初级阶段也是如此)。当人们认识到以顾客需要的满足为导向的市场营销观念应当成为企业的一种经营哲学，而对企业的整体经营活动产生影响时，又出现了将市场营销的地位不恰当地提高的倾向。例如，不少人认为，市场营销应当是企业决策层次的指导思想，而不是执行层次的工作。对市场营销在企业中地位认识的不正确，必然会对市场营销在企业中的运用带来影响。

组织的抵制是影响市场营销在企业中运用的主要方面。当一个企业建立了市场营销部门以后，经常会发生同其他各部门(如生产、研发、财务等部门)之间的摩擦。原因在于，市场营销强调企业的全部经营活动必须以市场为导向，以顾客需求的满足为核心。这就在一定程度上显示出市场营销职能似乎比企业的其他职能更为重要。而当市场营销部门事实上只是一个同其他部门相并列的部门时，其他部门是难以接受这种相对重要性的认识的，所以往往会对市场营销部门所提出的对企业整体经营行为有影响的计划和方案采取消极和抵制的态度，这就使得一些营销计划和方案很难得到落实。

市场营销业绩的隐含性也是影响市场营销在企业中运用的重要原因。市场营销活动包括市场的调研分析、对企业和产品的定位以及采用的各种营销策略，而最终表现出来的则是产品销路的扩大和销量的上升。但企业产品销量的变化往往又是受多种因素综合影响的，如产品开发的成功、推销人员的努力等。这些因素看起来似乎比营销活动对于销售的影响更为直接。所以，如果企业的经营者及其他有关人员并未真正认识到市场营销在提高企业经营效益方面的关键作用，就很可能忽略市场营销在产品销售增长过程中所起的作用，甚至会认为市场营销活动是多余的。一些企业的经营者不愿意单独设立市场营销部门，大多也是因为他们认为这是一个只有投入而没有产出的部门。

从顾客需要出发开展经营的复杂性，也是企业经常会遗忘市场营销的这一基本准则的重要原因。从顾客需要出发开展经营，必然要求企业广泛而深入地开展市场调研，对市场进行认真细致地分析，并在此基础上调整和改变企业的经营计划，有时还会迫使企业不得不放弃其长期经营的基本业务，而投入到其所不熟悉的新的领域。这一切相比于从企业已有的资源和产品出发去开展经营活动要复杂得多、困难得多。因此，一般情况下，当企业的经营状况良好、产品销路顺畅时，就会遗忘市场营销的观念和原则，回到以企业为中心的经营方式上来。但恰恰在这种情况下，市场营销是最能发挥作用的。因为在企业经营良好、资源充裕的情况下，投入新的市场机会的开发最容易获得成功，成本也最低，但许多企业往往在这种时候忽略了市场营销；而当企业经营恶化、资源枯竭的时候，即使做再多的营销努力，有时也是收效甚微的。所以，市场营销要想真正能在企业经营中展示出它的神奇功效，有时也是很不容易的。

2. 正确的认识

市场营销在企业中究竟应当处于怎样的地位？我们认为，第一，市场营销仍然应当是企业多种职能活动中的一种，并不凌驾于其他职能活动之上，它同企业的战略决策活动还是有区别的；第二，市场营销介于企业与市场之间，主要是通过对市场的分析和研究来发现对企业经营发展有影响的各种变数，然后引导企业以市场为导向来开展其经营活动；第三，鉴于现代企业经营活动的系统性，市场营销对企业经营的影响必然涉及其各个方面。因为以市场为导向、以满足顾客需要为中心来开展企业的经营活动，是在一定的市场环境条件下企业经营活动的一般规律和普遍要求，企业每一个层次和每一个部门都应当建立起这样的意识。然而这并不显示出市场营销的特殊性，因为从企业财务的角度完全可以要求整个企业的人员都必须建立起成本和效益的意识，从产品研发的角度也可以要求企业的各方面都能为产品的创新和推广做出努力。图1-1展示出企业各职能部门的工作从不同的角度都会对企业整体经营产生影响。

图1-1　企业各项职能部门的工作对企业整体经营的影响

由于市场营销活动必然从属于企业整体经营活动，所以市场营销的决策与计划也必然服从于企业的总体战略计划，它们之间的关系可以用图1-2表示。首先根据社会分工和企业的性质确定企业的基本任务(企业的目标与宗旨)；然后根据市场的实际状况确定或改变企业的业务组合；接着根据企业的业务组合制订相应的战略计划，再在企业战略计划的指导下制订各职能部门(包括市场营销部门)的计划；在市场营销计划确定后，设计出具体的营销活动方案。从表面上看，后者必然受前者的影响，但实际上，公司战略计划的制订乃至公司业务组合的确定，也必须在很大程度上依靠营销部门提供的市场分析报告以及其他部门所提供的相关资料。在以市场为导向的营销观念指导下，后者对前者的影响也会变得越来越重要。

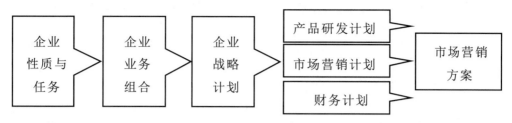

图1-2　企业经营决策过程

1.3　市场营销管理

1.3.1　营销管理的基本任务

如前所述，企业的市场营销工作只是企业全部经营活动中的一部分。因此，市场营销的计划与管理也必须在企业战略计划的指导下进行，并同企业的战略计划保持一致。

当企业接受了市场营销观念之后，其全部的经营活动就会纳入以市场为导向的运行轨道，从而对企业的整个经营过程会产生不同的认识。例如，从传统经营观念的角度来看，企业的经营活动主要表现为制造产品和销售产品；而从市场营销观念的角度来看，企业的经营观念就可以理解为选择价值、提供价值和传播价值的过程，如图1-3所示。

(a)传统经营观念的角度

(b)市场营销观念的角度

图1-3　价值让渡的两种观念

从这样的角度出发，营销活动在产品生产之前就开始了。首先要通过对市场需求的分析、市场机会的发现以及目标市场的选择，来对所提供的产品或服务进行价值定位；而产品和服务的开发、定价、制造和分销的过程则是在价值定位指导下的价值提供过程；依附于产品和服务上的价值能否为市场所接受，还依赖于人员推销、营业推广、广告等价值传播过程。所以，应当认识到市场营销是贯穿于企业经营过程始终的，营销管理也就涉及对贯穿其中的市场营销活动的全过程和全方位管理。

因此，营销管理应当包含分析市场机会、选择目标市场、策划营销战略、设计营销方案和实施营销努力五个方面。

1.3.2　分析市场机会

分析、评价和掌握市场机会是营销管理的首要任务，因为企业只有捕捉到适当的市场机会，才能使其业务有新的发展，只有在收益较大的市场机会上进行投入，才能获取较高的经济效益。成功的企业往往是由于善于发现和捕捉各种市场机会，从而才能不断地创造新的产品、开辟新的市场。

要很好地掌握市场机会，关键是对市场机会要有正确的认识。市场机会应当是一种消费者尚未得到满足的潜在需要。有些企业总是把暂时供不应求的产品作为一种市场机会，而等到把产品生产出来以后，该产品却已经从供不应求转为供大于求。所以，企业更应当关注的是市场中尚未有适当产品予以满足的那些需要，这样才能使企业在市场上居于领先地位并获得较大的收益。

从市场机会的产生和存在形式来看，大体上可以分为以下四种。

1. 显在的市场机会

显在的市场机会，即已经存在于市场上的、所有企业都能看到的那部分潜在需要，大多表现为一些已有产品的供不应求。如果它存在着较大的供需缺口，那么，企业可以将其作为一种市场机会去利用和开发。一般情况下，显在市场机会的开发成本相对比较低，但由于能被大多数企业发现，所以，竞争也会十分激烈，企业很难在显在的市场机会的开发上获得很高的经济效益。

2. 前兆型市场机会

前兆型市场机会，即可通过市场上所存在的某些迹象预示到的未来可能产生的某些潜在需要。例如，收入水平的变化会导致一些新的消费需要的产生；流行消费的各种诱导因素会预示一些时尚消费需求的出现；政治、经济、文化、自然等各种环境因素的变化都会对消费的发展趋势产生重要的影响。把握前兆机会的关键在于了解有关迹象同其所预示的潜在需要之间的必然联系和影响规律，这样才有可能进行准确预测和把握。

3. 突发型市场机会

突发型市场机会，即由于某种环境因素突然变化而引发的潜在需要。社会上的某些突发事件，如战争、灾害、流行疾病等，都会使一些意想不到的潜在需要随之产生。如果企业能及时发现突发型市场机会，并迅速予以把握，就可能赢得巨大收益。而突发机会能否被捕捉到，关键取决于营销者的敏感性。若营销者缺乏对环境突发因素的密切关注和高度敏感，往往会使一些蕴藏巨大商机的突发机会与自己擦肩而过。

4. 诱发型市场机会

诱发型市场机会，即消费者本身不能自觉意识到，而必须通过营销者加以启发诱导才能发现的潜在需要。例如，只有当微波炉出现以后，人们才知道不生火也能煮饭。只有一种消费观念被人们接受，人们才会采取相应的消费行为。当企业从技术开发或经验借鉴等角度已经形成了产品开发的创意，却发现市场上相应的消费观念和消费需要尚未产生的时候，就应当主动地对潜在的消费需要加以诱导，并使其形成现实的、可利用的市场机会。

企业要准确、及时地把握和利用市场机会，一般应具备以下三个基本条件。

(1) 对自身资源和能力的正确估价。

对市场上的潜在需要，企业并不是都能加以利用的，企业只有对自身的资源和能力有了清醒的认识，才可能知道应当把哪些市场机会纳入自己的视野。

(2) 对市场情报资料的广泛收集。

市场上的潜在需要存在于大量的社会和经济活动中，企业只有对社会和经济活动的各种影响要素有全面的了解，才能从中分析出可能存在和发展的潜在需要，所以对市场情报资料及时全面地掌握是发现市场机会的必要前提。

(3) 具有强烈的进取心和高度的敏感性。

能否发现和把握有利的市场机会还取决于营销者的积极进取精神。所谓"有心处处是生意"，若没有主动寻找市场机会的强烈欲望，是很难把握住有利的市场机会的。敏感性产生于对市场机会及其变化因素的敏捷反应，而这种敏感性也是建立在把握市场机会的主动进取精神之上的。

1.3.3 选择目标市场

市场机会的发现使企业知道应当去满足什么样的需要，但要建立起企业在其将要进入的市场中的相对优势，还必须知道应当满足哪些人的需要。这是因为对同样需要的满足，不同人群所要求的满足形式、程度和成本等是不一样的。企业只有认识了这些对需要满足方式所存在的差异，才能提供最受欢迎的满足方式，去满足一个或几个消费群体的特定需要，从而在市场中建立起自己的相对优势。这就需要对市场进行细分(Segmenting)、选择目标市场(Targeting)和进行市场定位(Positioning)。我们将在第4章中详细讨论这个问题。

1.3.4 策划营销战略

企业进行了市场的选择和定位后，就必须对有关的营销战略问题做出安排，以便使自己在市场营销过程中有明确的指导思想。营销战略直接受公司的业务战略计划所指导，只是在具体产品的开发上，要进行更为具体的策划和落实。对于新产品的开发、品牌的管理与经营、市场的进入、市场的布局、市场的促销等方面，企业都要做出具有新意和实效的战略策划，从而保证其营销目标能够顺利实现。

同企业的业务、战略制定一样，针对某一个具体产品和具体市场的营销战略，也可以分为几个阶段，抓住几个重点，使之相互衔接，依次推进，最终达到将产品打入市场，并占领市场的目的。

营销战略的选择必须从企业实际的市场地位和竞争实力出发，只有这样，企业才可能取得成功。

1.3.5 设计营销方案

营销战略的实施必须转化为具体的营销方案。营销方案规定了营销活动的每一个步骤和每一个细节，从而可付诸实施。营销方案中一般至少应包括以下三项内容。

（1）具体的营销活动。具体的营销活动包括产品的开发、价格的制定、渠道的选择、后勤的保障、人员的推销、广告和新闻宣传以及营业推广活动等。营销计划不仅应当对各项活动做出具体的设计和安排，而且还应当强调它们之间的协调与配合，以形成整合效应。

（2）营销的费用预算。对所要达到的营销目标，必然需要相应的营销费用的投入。营销费用的提取与控制，可依据销售额比率，也可依据达到营销目标的实际需要，有时甚至要根据竞争对手的营销费用水平，以求在竞争实力上能保持均衡。在进行营销费用预算时，要避免过于考虑同已有的业绩挂钩，因为有时在销售业绩不好的情况下，更需要加大营销力度，营销费用的预算可能反而要求更高。

（3）营销资源的分配。在具体的营销计划中，应当对营销资源(包括营销费用)在各项具体的营销中进行合理的分配，以形成整合营销的效果。营销资源的分配不仅要考虑在各种策略工具(如产品、定价、分销、促销等)中形成合理结构，而且要考虑在不同区域市场(如北方、南方、东部、西部等)中的合理分配，有时还要考虑在不同的阶段和时期的适量投入，以形成营销活动的节奏感和持续性。

1.3.6 实施营销努力

营销计划的实施是营销目标实现的最终努力，再好的营销计划也只有在得到充分的实施之后才能显示出其效果，而营销计划的成功实施则取决于一个高效的营销组织系统和一套完备的营销控制程序。

企业的营销组织可以根据企业的性质、任务的不同而有所不同。从一般管理原理的角度讲，企业的营销组织都会由一个处于公司决策层次的分管领导(如营销副总经理)、一个专门的职能部门(如营销部或市场部)以及一支从事营销活动的工作人员队伍所组成。营销副总经理负责公司营销职能同其他职能乃至公司决策层面的沟通与协调；营销部负责公司营销活动的策划、组织与实施；而营销队伍则是开展具体营销活动的基本力量。

营销控制是保证营销计划顺利实施的重要环节，一般主要抓好三个方面的控制：年度计划的控制，即从数量和进度上保证营销计划的实施；赢利能力的控制，即从营销的质量上进行检验和提高；战略控制则是注意营销计划同环境的适应性，以及保证营销活动能促成企业总体战略目标的实现。

1.4 战略规划

所有的企业都必须向前看，并且制定一个长期的战略目标，以适应自身的发展和市场的不断变化。在形式、机遇、目标和资源一定时，每个企业都必须找到最合理的战略。为长期生存和成长而选定企业总战略的艰巨任务，被称为战略规划。

1.4.1 企业战略规划

企业战略规划实际上是由企业任务说明、企业目标描述、企业业务组合、业务战略计划的制订等一系列工作及其指导性文件所构成的。

1. 企业任务说明

任何企业的存在都是为了完成一定的生产和经营任务，离开了这些任务，企业也就失去了存在的意义。企业任务的形成可以从社会和企业两个角度予以认识。

从社会的角度讲，企业的任务是由社会分工所形成的。社会的发展依赖于各种类型企业的生产和经营活动所提供的物质财富和精神财富，而每个企业具体所执行的生产和经营任务则是根据社会发展的总体需求，在企业利益机制的驱动下，通过市场竞争，对社会生产的总任务加以具体分工而形成的。每一个企业所执行的生产和经营任务，通常应当与其所追求的利益相一致。如果企业能找到对其利益实现更为有利的生产和经营任务，就会放弃眼前的任务而去执行更为有利的新任务。市场机制作为一种"无形的手"，就是在不断地通过对企业利益的调整，使各类企业趋向于执行与其特征或优势相适应的生产和经营任务，从而使社会的分工日趋合理，使整个社会能稳定协调地向前发展。

从企业的角度讲，企业任务的确定一般应当考虑以下五个基本要素。

(1) 企业历史。

企业的发展历史可在很大程度上影响企业任务的确定。这是因为，企业生产和经营的历史状况会使企业在某一领域形成自己的特征和优势，如生产、技术方面的优势，市场声誉方面的优势或营销渠道方面的优势等。企业自然应当根据自身特定的优势来选择企业的任务，因此必须同时尊重自己的历史。

(2) 管理者的偏好。

企业任务的选择在一定程度上还取决于管理者的偏好。个人心理状况会影响对各种各样的市场机会的评价，如好高骛远的管理者往往会选择期望利润高而风险较大的生产和经营任务；而谨小慎微的管理者则往往可能选择风险较小的生产和经营任务。

(3) 市场环境。

市场环境的变化会在不同程度上导致企业市场机会的变化，各种政治、经济、社会、自然因素的变化都可能导致社会总需求在数量和结构上发生变异，从而使某些需求减退，某些需求增长，使企业执行某种生产和经营任务的利益和风险也会发生相应的变化。所以，企业必须根据市场环境因素的变化来调整自己的生产或经营任务。

(4) 企业资源。

企业选择其生产或经营任务时，必须充分考虑资源的可能性，考虑企业的人力、财力、物力是否能同所选择的任务相适应。因为一定的人力、财力、物力是实现生产和经营任务的必要条件，超越了这一基本条件，是什么事情都办不成的。从现代企业的角度来看，人、财、物的资源中还包括了技术资源的因素，因为先进技术的应用可使同样的资源产生出成倍的效益。

（5）企业核心能力。

企业任务的选择应当建立在自己核心能力的基础上，这样才有利于发挥自身的特长。尽管企业的现有资源和能力有可能使企业执行多种生产和经营任务，但是，只要这种经营能力并非企业所独有，就可能面临强大的竞争压力；如果这种能力不如他人，那么就可能在竞争中失败。所以，企业应当寻找出其具有相对优势的某种核心能力(在资本、技术、成本、资源或是环境方面的独特优势)，扬长避短，选择那些自己具有独特经营能力或相对优势的生产和经营任务。

确定和调整企业的生产和经营任务是企业开展经营活动的首要前提，企业必须时刻明确自己是干什么的？自己的服务对象是谁？自己的社会价值何在？自己的业务范围应当包括哪些？尤其是当经营发展不利时，企业更应当重新考虑这些问题，对企业的任务及时进行调整，以使企业积极稳步地向前发展。

不少企业还将自己的任务明确地表现在任务说明书上，以向目标市场、社会公众和企业成员说明企业的业务范围和奋斗目标。任务说明书不仅可以使公众对企业有清晰的了解，而且可以使企业的广大员工明确自身的工作价值和工作目标，在明确企业总任务的前提下，齐心协力地为实现企业的总目标而努力。

好的任务说明书应符合以下两个方面的要求。

第一，任务的目标指向性应当十分明确，不应当是空洞或模棱两可的。一般应明确地说明以下几点。

① 企业经营的行业范围。如果企业实际上投入多种行业的经营，也必须明确其主营业务的行业范围是什么。

② 应说明其主要产品及其应用领域。

③ 应说明企业在该领域可能投入的资源以及可实现的市场满足程度，还应当明确企业主要面对的市场群体和地域范围。

④ 有时还必须说明企业在相关业务经营中的地位和角色。例如，有些公司可以实现从原材料基地建设到最终产品生产的垂直一体化经营，而有些公司可能就只是联络产品的供应方和需求方的中介公司。

第二，强调公司的主要政策和价值观，明确公司如何处理同股东、雇员、顾客、供应商、分销商的关系以及公司对内对外行为的基本准则，以使企业员工的行为目标能趋于一致。

2. 企业目标描述

在明确企业任务的基础上，企业应当进一步确定生产和经营的总目标。因为对于某项任务的执行，确立的目标可以是不同的。例如，目标方向的不同，企业的目标可以是销售额的增长、赢利能力的提高、市场份额的扩大、竞争地位的改变或是技术水平的更新等；或者目标层次的不同，根据企业进取性的不同，其目标可以是高层次的、中层次的，或低层次的；或者目标跨度的不同，企业的目标可以是全面的，也可以是某一个方面或某几个方面的。

在通常情况下，企业的生产和经营目标不可能是唯一的。例如，一个游戏运营商以运营一款网络游戏作为其基本任务，它可能以同时在线用户数量的提高为其主要目标，而同时又必须具体实现在目标市场销售额的增长，并且应当考虑到最终能使企业的经营利润得以上升。因此，企业目标往往表现为一个用多种目标构成的目标体系。该目标体系的形成应当贯彻层次化、数量化、现实性和协调性的原则。

（1）层次化。

企业目标体系的层次化首先表现为构成目标体系的各个目标应当有主有次，突出重点。如前面所提到的游戏运营公司，若将提高市场占有率为主要目标，其他目标就应当服从这一主要目标，并为这一主要目标的实现而服务。如在不同目标市场销售额的增长速度就必须有利于从总体上提高企业的市场占有率。具体来说，企业应当更重视新市场的开发和新市场的销售增长速度；同时，只要有利于市场占有率的提高，企业的利润增长程度可以暂时放慢一些等。企业目标体系的层次化还表现为企业的总目标应当进行分解，可将其层层分解为能被各个职能部门和企业员工具体执行的分目标或子目标。

（2）数量化。

企业的目标反映了企业执行其生产或经营任务的期望水平和期望效果，应当是可以被衡量的，所以企业的目标应当数量化。例如在上述例子中，网络游戏市场占有率的提高若笼统地表述为"使市场占有率有较大的提高"，将使人感到不得要领，而若明确表述为"两年内使市场占有率提高20%"，就会使目标变得清晰可辨了。与此同时，对于各目标市场销售额的增长和企业利润的实现，也应当有相应的期望指标，这样，经营者就能根据企业目标制订出生产和经营计划，并对计划执行的全过程有效地加以控制。

（3）现实性。

企业选择的生产或经营目标必须切实可行，必须经过努力才能够实现。这就要求目标的确定不能只从经营者的主观意愿出发，而必须充分考虑客观环境的各种约束条件，同时还应当从企业的现实基础出发。例如，假如目前企业的市场地位处于第四位，企业将自己的目标确定为经过一段时间的努力，使市场地位跃居第二位，甚至第一位，可能并不为过；但是如果企业目前的市场地位还进不了前十名，在短期内就想使企业的市场地位跃居榜首，恐怕就不太现实了。但是现实的目标并不等于保守的目标，应当是经过一定的努力才可能达到的，这样才能使企业得以不断地发展和前进。

（4）协调性。

在一个目标体系中，诸目标间应当保持协调一致，应当追求最佳的综合效益，而不是某一单个目标的最优化。例如，企业若企图以"最低的销售费用获得最高的销售增长率"，或在"实现最高利润的同时，占据最大的市场份额"，实际上是完全做不到的。根据系统管理的原理，在系统综合效益最优的情况下，各部分的个别效益只能是"次优"的。所以在确立企业生产和经营的目标体系时，必须考虑各具体目标之间的协调，特别是一些可能相互矛盾的目标，如短期效益和长期效益、稳定和发展、挖掘老市场和开发新市场、增加赢利和扩大市场份额等。企业在确定目标体系时，对这些目标都必须权衡抉择，有取有舍，这样才能保证企业综合效益的最优化。

3. 企业业务组合

企业必须通过其所经营的各项具体业务去实现其任务和目标，这也直接影响着企业的资源配置。一般情况下，具有一定规模的企业往往会将其资源投放在几种不同的业务上，以形成自己的业务组合。因为这样就可能有效地规避市场风险，并能保持企业有稳定的利润增长源。例如，游戏公司会逐渐增加自己运营游戏产品的种类和数量，从而将公司的运营风险分摊。

（1）对业务组合的正确认识。

从企业的角度去认识其所经营的业务和从满足顾客需要的角度去认识所经营的业务会产生非常不同的感觉，从而也会在企业进行其业务组合决策时导致不同的结果。例如，对电话机的生产和经营来说，从企业的角度，我们会认为这是一项"生产电话机"的业务；而从满足顾客需要的角度，我们则会认为这是一项"满足远距离通信需要"的业务。而其对决策者产生的直接影响是：当电话机供应在市场上已经趋于饱和的情况下，从企业的角度，也许就会认为应当放弃"生产电话机"的业务，而转向别的业务；但从满足顾客需要的角度，则可从以下三个方面来考虑问题。

① 顾客群体的分析。例如，目前的电话机满足的也许主要是在办公室和家庭的顾客，而处于流动状态的顾客(如在飞机、火车或轮船上的顾客)对电话机的需要能否得以满足，因为他们也有远程通信的需要。

② 顾客需要的分析。例如，目前电话机主要只能进行话音通信，那么可视通信的需要是否已充分满足；电话机作为一种家庭用品，它是否能进一步满足家庭装饰的需要等。

③ 满足程度的分析。例如，电话机的语音清晰度、来电鉴别与选择、来电的文字转换和同步打印等，如何通过技术上的开发与创新来进一步提高对"远程通信需要"的满足程度。

如果有了这样的认识和思考，企业决策者也许就不会做出退出"生产电话机"业务的选择，而是在发展这一业务上做更大的投入。从满足顾客需要的角度去认识企业的业务组合，体现了市场营销的基本准则。

（2）合理安排业务组合。

企业必须对其业务组合进行合理的安排和规划，这样才能保证其资源得到合理的运用，也才能使企业在市场上始终保持有利的竞争地位。因此，企业必须不断地对其业务组合进行梳理和评估，以发现其同市场发展变化的不适应之处，以及潜在的具有成长性的业务，并在此基础上，经常对自身的业务组合进行调整，合理配置有限的资源，以保持业务组合与市场变化的适应性。

然而，怎样才能对企业所经营的各项业务进行准确的评价，并适时地做出调整呢？以下一些模型和工具能给我们一些很大的启示。

① 波士顿"0"矩阵。

企业在对其业务组合进行梳理和调整时，可以考虑利用波士顿咨询公司首创的市场增长-份额矩阵图（Boston Consulting Group's Growth-share Matrix）来协助进行，如图1-4所示。

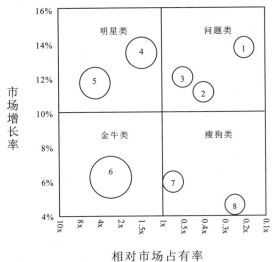

图1-4　BCG市场增长—份额矩阵图

市场增长—份额矩阵图主要是根据企业已有业务组合在市场中的不同表现来对其进行评估的，为企业业务组合的进一步调整提供依据。该矩阵图中的纵坐标表示市场增长率，一般以10%为分界线，即10%以上为高市场增长率，10%以下则为低市场增长率；横轴表示相对市场占有率，以对数尺度来表示。所谓相对市场占有率，是指企业各个产品的市场占有率与同行业中最大的竞争对手的市场占有率之比。比如，企业某产品的相对市场占有率为0.3，这表示该产品的市场占有率为最大竞争对手产品市场占有率的30%；如果产品相对市场占有率为3.0，这表示企业的该产品是市场领先者，它的市场占有率为名列第二位的竞争对手产品市场占有率的3倍。图1-4中的8个圆圈代表了构成企业目前业务组合的8个业务单位，可根据它们各自的市场增长率及相对市场份额确定它们在图上的位置；圆圈的大小则代表了各个业务单位销售额的大小，　5号产品和6号产品目前是企业中销量最好的产品。

该矩阵图的纵轴以10%为分界线，横轴以1x为分界线把整个图分成四个部分，处于不同部分的业务单位分别称为问题类单位、明星类单位、金牛类单位和瘦狗类单位。下面具体分析这四种类型的产品特征。

一是问题类（Question Mark）。这是市场增长率较高而相对市场占有率较低的业务。称其为问题类，是由于这一类业务单位的发展前景有时很不明确：也许会很快使市场的占有率大幅度提高，从而使问题类业务转化为明星类业务；但也可能由于市场竞争过于激烈或市场需求变化太大，使该业务的市场份额很难有所上升。由于推进一项业务的发展需要有很大的投入，所以企业对处于这一位置的业务或产品就必须十分认真地加以分析，相当谨慎地进行决策，风险性较大，故称其为问题类业务。可以说，企业在进行开发性投资时，所面临的大多是问题类业务。

二是明星类(Stars)：这是处于高市场增长率与高相对市场占有率的业务。明星类业务往往是在同类市场中的领先者，对企业来讲，是最具有发展潜力的业务，所以企业会毫不犹豫地投入资源加以发展。但是，由于明星类业务的市场发展前景已经十分明显，必然会引起竞争对手的关注，因此企业必须继续进行大量的投入以求维持相对市场占有率的优势来击退竞争对手，同时企业还必须继续维持一个较高的市场增长率，所以明星类业务在产生现金的同时，仍需要大量地消耗现金，尚不能成为企业可坐收其成的业务。

三是金牛类(Cash Cow)。当某项业务的市场增长率下降到10%以下，同时继续保持较高的相对市场占有率时，这类业务就称为金牛类业务。因为它使企业在该项业务上仍然保持着市场的领先地位，同时能为企业带来大量的现金收入，就像奶牛不断挤出牛奶一样，为企业生产出现金来。而且由于市场增长率的下降，说明市场已趋向成熟，对竞争对手的吸引力不会很大，所以企业不必再通过大量投资来维护自己的市场地位。金牛类业务是企业最能通过规模经济效益获取较高利润的业务。企业可以用金牛类业务的收入来支持明星类和问题类业务的发展。

四是瘦狗类(Dogs)。这是指市场增长率低、相对市场占有率也低的业务。企业在这类业务上不占优势，而且市场发展的潜力也不大。总体来讲，这类业务对企业的战略发展产生不了多大影响，所以除了某些特殊需要之外，企业一般没有必要保留这样的业务，以免浪费资源。

市场增长—份额矩阵图的作用如下。

第一，判断企业的战略业务组合是否合理。

把企业的各类业务在矩阵图上定位以后，就可以很明确地判断目前业务组合是否合理。一般来说，不合理的业务组合就是有太多的瘦狗类或问题类业务以及太少的明星类和金牛类业务。

对于问题类业务，企业必须认真考虑是对它进行大量投资，还是及早摆脱出来；一个企业如果缺乏明星类业务，就要引起高度重视，因为这将影响企业的发展，要仔细研究其原因；企业应当拥有相当数量的金牛类业务，如果没有或只具有一个金牛类业务，就可能没有足够的现金来支持其他业务的发展；企业要特别注意瘦狗类业务的存在是否有必要，如果市场增长率会回升，或者企业的产品有可能重新成为市场领先者则有保留的必要，否则应予以剔除。

第二，针对不同的业务状况来确定企业的战略业务发展目标。

目标一：发展。目的是扩大业务的市场占有率。为了达到这一目标，企业甚至愿意放弃近期的利润。这一目标适用于问题类业务，因为问题类业务要上升为明星类业务，就必须扩大市场占有率。

目标二：维持。目的是保持现有的市场占有率。这一目标适用于金牛类业务，只有维持住较高的市场占有率，才能保证为企业带来现金收入。

目标三：收获。目的是取得眼前的现金收入，而不去考虑长期的目标。这一目标适用于衰退之中的金牛类业务以及部分问题类业务和瘦狗类业务。

目标四：放弃。目的是把企业的经营资源转移到更有利可图的业务中去。该目标适用于瘦狗类业务与发展前景不大以及发展成本过高的问题类业务。

②　通用电气公司多因素业务组合矩阵。

通用电气公司首创的多因素业务组合矩阵从一个新的角度对企业的各项业务进行评价。该方法的特点是：综合考虑了影响企业业务质量的多方面因素，并将这些因素归结为该业务的市场吸引力和企业在该业务方面的相对优势两个主要方面，构成业务组合矩阵，然后根据各项业务在矩阵中的相应位置来对其进行评价。

表1-1所示是通用电气公司模型中列举的水泵业务的相关因素。在该表中，首先将这些因素分为行业吸引力和业务力量两大组；然后对每个因素进行单项评价(按1～5分值打分)；接着根据对每项因素所设定的影响权数，计算出单因素评价值；最后将单因素评价值综合为某一变量组(行业吸引力或业务力量)的总体评价值。

表1-1　行业吸引力和业务力量计算表(水泵业务)

	因　素	评分(1～5)	权　数	评价值
行业吸引力	市场大小	4	0.20	0.80
	年市场增长率	5	0.20	1.00
	历史的利润率	4	0.15	0.60
	竞争强度	2	0.15	0.30
	技术要求	3	0.15	0.60
	通货膨胀脆弱性	3	0.05	0.15
	能源要求	2	0.05	0.10
	环境影响	1	0.05	0.15
	社会、政治、法律的因素			
业务力量	市场占有率	4	0.10	0.40
	市场占有率增长	4	0.15	0.30
	品牌信誉	4	0.10	0.40
	分销网(商业网)	5	0.10	0.50
	促销力	4	0.05	0.20
	生产能力	5	0.05	0.15
	生产效率	3	0.05	0.15
	单位成本	2	0.05	0.10
	原料供应	3	0.15	0.45
	研究与开发成绩	5	0.05	0.25
	管理人员			

根据表1-1得出的业务评价值，我们就可以在矩阵中找到该项业务的位置。图1-5是由市场吸引力和业务优势两大变量组合而成的矩阵，此矩阵可以清晰地表示出企业各项业务所处的状况。其中，圆圈的大小表示该项业务总体市场规模的大小，圆圈中的缺口部分则代表企业在其中所占的市场份额。该矩阵根据市场吸引力的高、中、低以及企业业务优势的强、中、弱，构成了九个区域。其中处于左上角的区域，由于市场吸引力较高，企业业务优势也较强，形成了最强的战略业务区域，对处于该部分区域中的业务，企业一般应采取投资和发展的战略；而处于由左下至右上对角线的三个区域中的业务，则由于或在某一组变量中表现很弱，或两大变量组优势都不明显，企业一般应采取选择或保留的战略；而对处于右下角三个区域中的业务，由于两大变量组的评价值都比较低，所以企业一般会采取收获或放弃的战略。

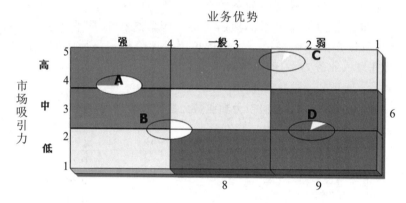

图1-5　市场吸引力—业务优势组合分类及战略

当然，企业到底应当采用怎样的战略，还要根据市场总体规模和企业市场份额等因素来决定。即使处于左上角最好区域的业务，如果预计总体市场规模不大，企业也不一定要进行大量的投资和发展。而对于处在右下角不利区域中的业务，如果市场规模仍然很大，企业就可采用"收获"战略；若市场规模已经急剧萎缩，企业则应尽快予以"放弃"。

企业对于各业务单位未来发展前景的预测是十分重要的，因为这是企业制订中长期战略的主要依据。预测的情况我们也可以在该矩阵中得到表示。图1-5中，同各圆圈相连的矢量的方向和长度，代表了该业务单位未来的发展前景。

由通用电气公司的多因素业务组合矩阵，还可以推出业务的风险性评价矩阵，如图1-6所示。在该矩阵中，分别根据市场吸引力和业务成功概率的高低构成了四大区域，依次为理想业务、风险业务、成熟业务和麻烦业务。在现实经营活动中，真正理想的业务是很少的，比较多的是风险业务和成熟业务，企业往往会在这两种业务中进行选择。一般而言，赢利面越大、效益越好的业务往往风险也越大。因为这样的业务，或是需要大量资本的投入，或是竞争会十分激烈；而成功概率较高的成熟业务，往往已处于发展的后期，赢利水平比较低，竞争也会相对缓和一些。所以，进取心较强的经营者往往有可能选择风险业务，而行事稳健的经营者则有可能选择成熟业务。至于麻烦业务，大多数企业对它不会感兴趣，但并不排除有少量的市场弥缺者，也会在人们所忽略的市场中取得成功。

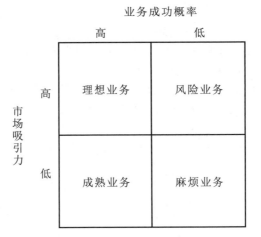

图1-6 业务风险性评价矩阵

（3）业务组合的发展和调整。

企业要经常对自己的业务组合进行适当的调整，这一方面是因为随着市场的发展与变化，一些老的业务市场会发生萎缩，而一些新的业务市场却会逐渐形成；另一方面，是由于现有业务组合预计所能产出的销售和利润还达不到企业发展所期望的目标，即存在着所谓的"战略计划缺口"，需要通过业务组合的扩展来弥补这一缺口。

图1-7中显示了企业业务组合扩展的三种途径：一是在企业现有的业务领域中继续投资和发展，一般称其为密集型成长机会(Intensive Growth Opportunities)；二是发展同企业现有主要业务相关的业务，一般称其为一体化成长机会(Integrative Growth Opportunities)；三是在同企业当前业务无关的领域发展新的业务，一般称其为多元化成长机会(Diversification Growth Opportunities)。

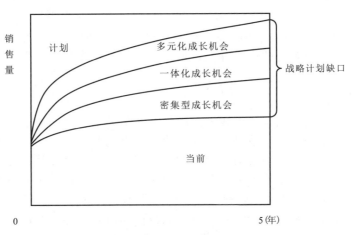

图1-7 战略计划缺口

① 密集型成长机会。

密集型成长机会由于是在企业比较熟悉的领域进行业务组合的扩展，所以相对比较容易。但由于仍然是在从事原有的业务，所以很可能因为本身的市场发展空间较小，而难以使企业的销售和利润有明显的增长。一般来说，它只有在提供新的产品和开拓新的市场这两个方面进行努力，才能使企业的销售和利润有明显的增长，这构成了安索夫（Ansoff）的产品—市场方阵（Product-market Expansion Grid），如图1-8所示。

	现有产品	新产品
现有市场	1. 市场渗透	3. 产品开发
新市场	2. 市场开发	4. 多样化经营

图1-8　产品—市场方阵

产品—市场方阵以产品发展和市场发展的二维模型构成了企业密集型成长的四种基本战略：一是市场渗透战略（Market Penetration Strategy），使现有产品在现有的市场上进一步深入推广，以争取更多的市场份额。二是市场开发战略（Market Development Strategy），将现有的产品推向新的市场（如进行区域的转移或消费群体的转移）。三是产品开发战略（Product Development Strategy），在原有的业务领域内通过开发新的产品来满足顾客的潜在需要。四是多样化战略（Diversification Strategy），为满足新市场的需要而开发新的产品。但由于仍然是在原有的业务范围内进行多样化产品开发，所以同"多元化成长机会"还是有层次上的区别的。

② 一体化成长机会。

一体化成长机会主要是指企业可通过向所经营业务的上游产业或下游产业进行扩展和延伸，来增加企业的经营效益。企业对于一体化成长机会的开发，由于同原有业务有很强的相关性，所以成功的概率较大；而且由于通过上下游产业的一体化经营，能够很好地实施企业的整体营销战略，并能在一定程度上降低总体经营成本，应当说是十分有利的。因此，一体化的经营战略往往是一些资本实力雄厚的企业所喜欢采用的战略。

根据企业的资源条件和发展需要不同，一体化成长机会的开发又可以分为：向上游产业扩展的后向一体化（Backward Integration），如建立自己的原材料供应基地；向下游产业发展的前向一体化(Forward Integration)，如建设自己的垂直分销网络或专卖店；还可以通过收购兼并一些竞争企业，来扩大自己的销售量和市场份额，实施水平一体化(Horizontal Integration)。

企业通过开发一体化成长机会来扩展自己的业务组合可采用不同的做法。一种是由企业重新投资建设，建立一个全新的企业或部门；另一种是通过收购从事该业务的现有企业来扩大自己的业务组合。一般企业只有在感到从事该业务的现有企业在技术水平上已相当落后、收购改造的成本过高，或客观上不存在收购兼并的可能的情况下，才会倾向于自己重新投资建设，而大多数会倾向于通过收购或兼并现有的企业来实现自己的一体化战略。

③ 多元化成长机会。

多元化成长机会是指企业在同目前经营的业务无直接关系(如供应或销售关系)的领域去扩展新的业务。多元化成长机会也存在三种不同的扩展途径。一是以消费关联性为主的多元化，或称水平多元化战略(Horizontal Diversification Strategy)，主要是指企业进一步开发同目前自身的产品或业务消费有配套和协同作用的产品和业务。例如，经营宾馆的企业可成立自己的出租汽车公司或旅行社，甚至可投资宾馆酒店设备的制造或流通产业。二是以资源(生产)关联性为主的多元化，或称同心多元化战略(Concentric Diversification Strategy)，主要是指企业可利用现有的资源和技术条件开发和生产一些新的产品或业务，投入新的市场。例如，生产木制家具的企业会考虑开发木制工艺品、装饰品及木制玩具或旅游纪念品等新的产品投入市场。三是无关联多元化，或称跨行业多元化战略(Conglomerate Diversification Strategy)，即企业在同目前业务的生产和消费完全无关的业务领域进行投资和开发。例如，家电生产企业去投资房地产业、石油公司去开发主题公园等。无关联多元化从本质意义上讲是一种资本的运作，从而也是最为名副其实的多元化战略。

企业在寻找新的机会进行业务的扩展以弥补自己的"战略计划缺口"同时，也应当主动地从一些已有的业务中转移和退出，因为如果将企业的资源和经营者的精力分散在太多的业务领域中，有可能降低资源的利用效率和提高企业的经营成本；相反，如果企业能从一些收益相对较低、市场已呈萎缩趋势的业务中主动撤出，将资源投入发展前景和收益率更好的业务中去，根据机会成本的原理，企业将大大提高自己的资源利用效率。所以，放弃和退出也是企业业务发展战略的重要组成部分。

企业在什么时候从原有业务中退出最为合适？根据以上的业务评价方法，似乎应当是在该业务已经萎缩或衰退(即进入瘦狗类业务状态)时。但实际上如果真地到了这样一种状态，企业要想放弃和退出已经比较困难，因为企业的技术和设备要想出让，就很少有企业愿意接盘，退出的成本会比较高；而如果企业能在已有业务还比较兴旺，但发展速度已经趋缓的时候急流勇退，由于此时愿意接盘的企业很多，企业的技术和设备能够以较高的价格转让，其退出的成本往往是最低的。同时，由于企业可以将潜在的竞争者滞留在看来还不错的传统业务上，就可能有充足的时间去发展更有前景的新业务。当然，其前提是企业必须能及时发现和把握更多具有巨大吸引力的新业务。

1.4.2 业务战略规划

业务战略规划是企业的各具体业务单位根据企业的总体战略而制订的具体战略计划，它是它是直接指导企业各项业务开展的指导性文件。业务战略规划的制订不仅是一个工作程序的安排，而且具有很强的谋略性。所以，实际上它是企业开展某项业务的策划过程，一般包含七个步骤，如图1-9所示。

图1-9　业务战略规划的制订

1. 业务描述

业务描述是具体业务单位对于其将要开展的某项业务的一种界定和认识过程，通常会以业务单位任务书的形式来进行描述。任务书必须明确说明本单位所开展的具体业务及其同企业总体战略之间的关系。例如，当一个药业公司将其战略定位锁定在中老年市场时，其保健部门的业务单位任务书就可能会将"开发适应中老年人群的高钙类保健品"界定为其具体的战略任务。

2. SWOT分析

SWOT分析是业务单位对其将要开展的具体业务所进行的一种环境分析，并以此来决定其所采用的基本战略及战略目标。它包括对开展此项业务的外部环境的分析，即对机会(Opportunities)和威胁(Threats)的分析；以及对内部环境的分析，即对优势(Strenths)和劣势(Weaknesses)的分析。

业务外部环境的分析(O/T分析)主要是通过对影响该业务的各种宏观和微观环境因素的分析，来认识开展此项业务的发展前景、市场潜力、赢利空间、潜在风险等方面的问题。例如，对中老年保健品市场的分析，就可能会涉及人口的老龄化程度及其发展趋势，常见病、多发病的种类及其主要原因，人们收入水平的变化及在各种人群中的结构分布，人们生活习惯和消费习惯的变化及其影响因素，以及本土化文化与外来文化的冲突与交融等各方面的问题。通过对这些问题的梳理和分析，业务单位才可能找出最有发展前景的市场机会和最佳业务。

同时，外部环境的分析还可能发现在业务开展过程中所面临的风险，如原材料供应的短缺、竞争产品或替代产品的出现、市场需求状况的变化、政策的限制、突发事件的产生，甚至自然环境的变迁等，都可能对业务的发展带来影响。因此，在进行业务的评价和选择时，业务单位一定要对机会和风险进行比较分析，然后才可能做出正确的决策。

内部环境分析(S/W分析)主要是通过同竞争对手(或行业平均水平)的比较，了解业务单位自身的优势和劣势，以便在业务战略计划制订中扬长避短，突出自身的优势和特色，避免在竞争中遭遇失败。例如，在中老年保健产品的开发中，产品的功能、系列化程度、服用的便利性、品牌声誉或是成本价格，都可能成为超越竞争对手的某一因素。业务单位若能发现自己在某一因素方面所具有的优势，就可能在战略计划中将其列为发展的重点和主要方向，从而形成自身的特色和核心竞争力。

内部环境的分析还能够发现业务单位存在的一些弱点，以便在业务战略计划中有相应的措施给以补救和克服。这些弱点往往可能成为竞争对手攻击的主要目标。业务单位若不能及时发现，有所防范，往往可能使其成为导致业务最终失败的致命伤。

外部环境分析同内部环境分析必须结合起来，这样才能使业务战略目标和手段变得更为清晰。业务单位的优势和劣势都是基于一定的环境条件而言的，环境条件发生了变化，业务单位的优、劣势也就会发生变化，如表1-2所示。

表1-2　SWOT分析表

内部能力 外部因素	优　势	劣　势
机会	SO战略	WO战略
威胁	ST战略	WT战略

将优、劣势分析同机会、威胁分析相结合，就能为业务的发展提供以下四种基本的战略选择。

（1）SO战略。为积极进取的战略，即以企业的优势去把握与之相应的市场机会。在企业的优势同所出现的市场机会相一致的情况下，SO战略的胜算把握会较大。

（2）ST战略。为积极防御战略，即以企业的优势去应对可能出现的市场风险。在这种风险出现时，其他企业有可能无力承受而被淘汰，企业如果在这方面具有优势，则可能因此而获得成功。

（3）WO战略。为谨慎进入战略，即面对某种市场机会，企业可能并不具有相应的竞争优势，但如果机会的吸引力足够大，企业也可能依然要去把握，只不过通过SWOT分析，了解自身在面对机会时所存在的弱点，就能够对此引起足够重视，并能以适当的策略予以防护。只有准备充分，策略得当，企业才可能取得成功。

（4）WT战略。为谨慎防御战略，即企业高度重视在业务发展中可能出现的各种风险，并注意到在面对风险时所存在的不足之处，从而使企业事先就能做好充分的应对准备，在风险出现时，能从容面对。

企业的各业务单位通过SWOT分析，在四种基本战略中有所选择，就能根据基本战略制订出业务战略计划。

3．目标设定

在业务战略计划中必须有明确的战略目标，它同企业的总体目标一致，但处于不同的层次。企业总体目标的实现是建立在各业务单位目标实现的基础上的，而业务目标比企业的总体目标更明确、更具体，从而也更具有直接指导意义。例如，企业的总体目标可能表现为目标市场的定位、销售额的增长、利润的增长等，而业务单位的目标则必须反映出为目标市场提供什么样的产品和服务、在计划期内提供多少、提供哪几种类型、销售的单位数量（而不仅是销售额)以及成本水平、单位毛利率及利润总额等，这些都是同具体的业务项目相对应的可度量、可操作的目标体系。

然而在目标设定的原则上则同企业总体目标的制订是一样的，也必须体现层次化、数量化、现实性、协调性等基本原则，这些原则在"企业目标描述"中已做论述，这里就不再重复了。

有时，业务战略目标的设定还必须有竞争性的描述，即在同样的业务领域，同其他企业相比，企业争取能达到怎样的地位，如市场占有率的大小、销售和利润的排名、品牌声誉的比较等。在市场竞争比较激烈的业务领域，这种市场竞争地位的改变对企业是至关重要的，应当将其列为重要的战略目标之一。

4. 战略选择

业务目标设定之后，必须要对采取何种业务战略进行必要的选择。目标设定是解决向什么方向发展的问题，而战略选择则是解决用何种方式去实现的问题。实现目标的战略是多方面的，主要包括以下内容。

(1) 基本战略。

这是通过SWOT分析后得出的业务单位的总体战略，它对其他战略具有指导意义。这在前面已做说明，这里不再重复。

(2) 竞争战略。

这是针对不同的竞争对手和竞争环境而确定的竞争指导思想。根据迈克尔·波特的理论，竞争战略可分为成本领先战略、差别化战略和集中化战略等几种不同的战略。

(3) 开发战略。

在市场开发，特别是市场进入的初期，企业可采用不同的战略，如造势型、渗透型、依附型等。这些战略指导思想的确定对整个业务计划的制订具有重要影响。

(4) 布局战略。

业务单位所开展的业务将会在哪些市场上进行覆盖？会进入哪些区域？进入的顺序和方式是怎样的？这也是一个战略层面上的问题。例如，企业可以选择对市场的全方位覆盖战略，也可以选择重点覆盖或分片覆盖战略；可以采用跳跃式布局战略(即在各重要的战略目标市场，先行进入一些单位，然后再逐步扩展)，也可以采用梯次推进战略(即以重点或已有的市场为基础，逐步向周边滚动发展)。这对于业务计划中的资源配置具有重要影响，必须事先予以确定。

(5) 战略联盟。

在目前市场普遍处于寡头垄断的环境条件下，越来越多的企业认识到，要想在竞争中击垮对手，难度是很大的，有时甚至会导致"两败俱伤"的结局。而要在市场上保持稳定的份额和长远的利益，更可取的方式是开展企业间的合作和联盟，利用资源、市场、信息等方面的共享，来争取各企业利益的共同提升。于是，在业务战略计划中，发展战略联盟也就成为业务战略的重要方面，如我国各商业银行正在发展的"银联卡"业务计划，就是力图形成各银行信用卡的互通性。这样就可以使信用卡的用户感到更加便利，从而使信用卡市场的总量能够迅速地扩大，而参与联盟的各商业银行都能从中受益。战略联盟的前提是企业在各种经营要素方面的互补性，其目标则是能使市场的总量得以扩大。因为只有把"蛋糕"做大了，参与联盟的企业才可能得到利益上的增量。

从目前的情况看，企业间的战略联盟有多种类型，其中包括以下几种。

① 产品与服务的联盟。即不同的企业各自生产具有互补性的产品和服务，来共同满足目标市场的需要。

② 促销或渠道的联盟。为合作企业的产品进行促销，如在肯德基快餐店进行百事可乐的宣传和推广；利用合作企业的渠道销售产品，如骏网公司可为其联盟企业提供网上销售的服务等。

③ 后勤和物流的联盟。利用合作伙伴的后勤和物流设施分销或配送企业的产品，在不同的地点分别为对方进行储存或转运等。

④ 价格联盟。多家企业共同介入某种特定的价格合作体系，如旅行社、航空公司和宾馆共同制订针对旅游者的价格折扣计划。但价格联盟并不是指同行业的企业实行价格串通来操纵市场，那是属于违法行为，而不是合理的价格联盟。

5. 计划制订

业务单位在确定其业务战略之后，就应当制订出具体的业务计划来实现其战略。业务计划的制订必须是具体、明确和可靠的，一般应包含计划阶段、阶段目标、工作重点、成本预算和评价标准等。

（1）计划阶段。是指将实现某一业务战略目标的过程划分为几个相互衔接的执行阶段。这样就能使业务的开展具有明确的步骤和可操作性。

（2）阶段目标。是指对每一阶段的工作都必须设立相应的目标。阶段目标是业务战略目标的分解，各阶段的目标必须相互衔接、依次推进，最后使业务战略目标顺利实现。

（3）工作重点。是指在每个阶段中起核心作用的活动和任务。这是支撑业务战略目标，使其得以实现的具体行为，也是反映各阶段特征的主要标志，是实现业务战略的基本手段，必须在业务计划中予以明确。

（4）成本预算。在业务计划中，由于已经涉及各项具体的业务活动，成本和费用也就能得到反映，所以，在业务计划中必须对每项活动乃至整个业务战略计划的成本费用进行预算，以判断开展业务的最后成效。若成本过高，就必须对业务计划加以修正，以保证业务活动能取得理想的效益。

（5）评价标准。在业务计划中，还应当对业务的成效提出适当的评价标准，以作为最终检验业务计划执行效果的衡量尺度。评价标准应当根据业务战略目标来制订，必须有明确的、可测量的量化指标体系，同时，还应当明确评价的方法，从而使评价的结果能够科学合理。

6. 计划执行

业务战略计划的执行也是业务战略计划过程的一个重要组成部分。因为战略计划的制订并不能保证业务战略计划的成功，在计划执行的过程中，还需要依靠有效的组织体系、高素质的人员队伍、共同的价值认知以及良好的工作作风，这样才能使业务战略计划得到顺利的实施。若计划的执行人员的利益目标或价值认知同计划的制订者不一致，就有可能导致行为与计划的偏离，使计划的效果下降，甚至导致整个业务战略计划的流产。例如，当战略计划的制订者期望通过一次附带问卷的产品促销活动来搜集市场信息，为进一步的市场营销活动做准备时，若具体执行人员因怕麻烦而不能督促顾客将问卷答全，或在统计数据时出现重大差错，就可能使整个业务战略计划的实施效果受到很大影响。

因此，在业务战略计划的执行过程中，必须抓好动员、培训和激励三个环节。通过动员，让执行者了解具体行动方案的意义和实现战略目标的价值；通过培训，使执行者掌握落实计划的主要措施和行为原则；通过激励，调动执行者执行计划的主动性和积极性，从而保证计划能够得到充分落实。

7. 反馈与控制

业务战略计划在执行过程中应当受到及时的控制，这主要依靠对各阶段执行情况的检查和反馈，以了解与所设定的目标之间是否出现偏离。若发现出现偏离，就应当及时地检查原因，并予以纠正。这是保证业务战略计划能够顺利执行的重要一环。

在检查的同时，还必须对计划执行期间所发生的各种环境因素的变化进行了解，并及时反馈。要分析环境因素变化对计划目标实现是否产生影响及其影响程度，并在产生影响的情况下能够采取有效的应对措施，以保证计划目标的实现，有时还应当根据新的环境状况对业务战略计划进行必要的修订，以增强其对环境的适应性。对企业而言，效益目标是首要的，如果计划同环境不适应，就有可能使企业的效益下降。正如彼得·德鲁克曾指出的："做恰当的事(效益优先)比恰当地做事(效率优先)更为重要。"

1.5 本章小结

本章主要讲述了市场的由来、现代市场的形式、企业战略和业务战略的制订，以及市场营销和管理在企业经营中的重要性。从宏观到微观两个方面，使读者逐步了解了企业管理者所应具有的市场观念、经营思路及管理方法。

1.6 本章习题

（1）现代市场营销学中，对市场的定义是什么？

（2）市场营销学中的核心概念有哪些？

（3）企业任务的确定一般应当考虑哪些基本要素？

（4）企业业务战略规划过程共有哪几步？

（5）市场机会的产生和存在的形式有哪几种？

游戏市场概况

教学目标

● 了解世界游戏市场的发展与走向。

教学重点

● 中国游戏市场的运营环境分析。

教学难点

● 北美、日本等游戏市场的比较与分析。

本书讲述的游戏运营理论主要是针对网络游戏产品进行的，因此，需要针对网络游戏市场进行相关的介绍。

电子游戏作为一种新兴的现代娱乐方式，已经客观地存在于现实社会中，而且几乎渗透到每一台计算机和网络终端上。

游戏的产生与发展有其必然性。在人类的社会生活中，游戏占有很大的比重，每个人一生中都在不同程度地参与游戏。最初，游戏的内容基本上是对现实生活的模拟、对生产技能的训练。原始社会中，人们为了生存而进行必要的跑跳运动以逃避野兽的追踪，或者捕猎野兽，于是就产生了以跑、跳、投为内容的各种游戏，并最终发展为体育运动。古典的田径运动会就打上了原始社会人类生活的烙印。人类自进入了阶级社会之后就产生了战争，现在我们看到的很多竞技游戏都是对战争或准战争形态的模拟。最典型的就是足球，足球场变成了各国之间角逐的舞台，胜者为王的游戏每天都在全球各地上演。随着现代社会科学技术的发展，出现了飞机、汽车，所以就出现了飞行特技表演、航模比赛、赛车运动、跳伞运动以及相同题材的游戏。进入21世纪数字时代和网络时代后，我们的游戏同样体现了时代的烙印，最典型的就是网络化的电子游戏。可见，所有的游戏都是伴随着社会科学技术的发展和社会生活内容的变化而演变和发展的，并且反映出各个时代的特征。然而，与早期的游戏相比，随着社会的发展进步，现代游戏逐步褪去了最初的功利色彩，而成为一种纯粹的休闲娱乐手段。

不管我们承认与否，休闲娱乐已经成为这个时代的一个重要特征。这意味着人们在完成必需的工作和学习之外，可以自由支配并用于非功利的纯粹娱乐消费的时间和资金在增多。时代越进步，经济越发展，人们用于休闲娱乐的开销就会越大，这是社会进步的表征。

为了与娱乐消费需求相适应，娱乐产业也得到蓬勃发展。如今的娱乐产业早已超越了农业时代、工业时代及后工业时代的水平，而上升到一种前所未有的新阶段。现代娱乐产业是一种依托信息技术，特别是电子技术、计算机技术、软件技术、网络技术和无线技术，再加上娱乐内容的新型产业，其中数码娱乐产业、电子游戏产业则是全球数码娱乐产业的重要组成部分。

2.1　游戏市场的发展与概况

传统的游戏分类是按照游戏类型分为即时战略(RTS)、第一人称射击(FPS)、角色扮演(RPG)、策略(SLG)、冒险(AVG)、模拟(SIM)、射击(STG)、格斗(FTG)、益智(PUZ)、赛车(RAC)、运动(SPT)、动作(ACT)等类别。根据游戏运行平台的不同，可将电子游戏分为游戏机游戏、单机版PC游戏、互动电视游戏、在线游戏和手机游戏。此外，韩国政府将电子游戏业分为家用游戏机游戏、单机版PC游戏、网络游戏和街机游戏四大类。在互联网(局域网)技术出现之前，电子游戏都可以归于单机版游戏，即"人机对战"游戏，或最多是双人对战游戏。而随着互联网技术的出现，通过连接游戏服务器，上百、上千乃至上万的游戏玩家同时连线娱乐成为现实，这就大大增加了游戏的互动性、真实性，丰富了电子游戏的内涵。从网络游戏的分类来看，目前业界还没有一个比较统一的分类规范。这里我们将网络游戏分为角色扮演类大型网络游戏、棋牌类桌面休闲游戏和社区类网络游戏三类。在全球电子游戏产业中，网络游戏的增长速度最为迅猛，以网络游戏为代表的娱乐产业由于其庞大广泛的用户群体和快速的发展，而成为全球信息产业的一个亮点。

据Newzoo发布的最新一期《全球游戏市场报告》季度报告显示，全球游戏玩家在2016年创造了大约996亿美元的收入，比2015年增加8.5%。移动平台占比约37%，达到369亿美元的收入，首次超越PC，全球增幅达21.3%。亚太地区继续主导全球市场，占比约47%。仅中国市场就占到了全球游戏收入的1/4。Newzoo预测，到2019年，全球游戏市场将以6.6%的复合年增长率持续发展，最终达到1186亿美元的市场总额，其中移动游戏收入将为525亿美元。

2.1.1　北美游戏市场概述

据Newzoo的相关报告显示，美国2015年游戏市场规模为220亿美元，移动游戏为6亿美元，到2016年底，美国作为北美第1、全球第2大游戏市场，规模约为236亿美元。

美国人口约3.2亿，截至2016年年底，美国互联网普及率为全球最高，达到88.5%，并且多达20%的美国家庭只使用移动互联网，美国智能手机普及率为72%，安卓市场约为苹果的2倍。游戏是美国民众日常的主要娱乐项目之一。美国娱乐软件协会(ESA)报告称，63%的美国家庭至少有1人会定期玩游戏。

2.1.2　北美的主要手游发行商

美国游戏及移动游戏开发商在美国本土以及全球都非常有影响力。美国游戏市场被本土游戏公司所垄断；在全球其他西方国家，App Store畅销榜Top10也至少有过半都是美国公司开发的游戏。此外，App Annie在2015年发布的全球顶尖52个发行商名单中，美国当地的发行商占据17个名额，同时，这些发行商也都是开发商，美国本土游戏开发商的实力可见一斑。

Activision Blizzard是美国一家互动游戏和娱乐公司，总部位于加利福尼亚州圣莫尼卡，2008年由Vivendi Games和Activision合并而成，公司特许经营Call of Duty、Destiny、Skylanders、Blizzard Entertainment开发的World of Warcraft、StarCraft、Diablo、Hearthstone、Heroes of Warcraft，以及King公司开发的Candy Crush Saga、Pet Rescue Saga和 Farm Heroes Saga。

Electronic Arts(EA)，创建于1982年，总部位于美国加利福尼亚州红木城，是全球著名的互动娱乐软件公司，主要经营各种电子游戏的开发、出版及销售业务。品牌旗下主要有动作类、角色扮演类、赛车类、格斗类游戏。除了传统盒装零售的单机游戏，还出品有大型多人在线网络游戏(MMO)。EA于2011年收购了《植物大战僵尸》开发商美国休闲游戏开发与发现公司PopCap。旗下代表游戏有《模拟人生》系列、《疯狂橄榄球》等。

Machine Zone成立于2008年，总部设在加利福尼亚州的帕洛阿尔托，其前身是Addmired，一支来自美国创业孵化器Y Combinator的创业团队，经过多年打拼之后开始进入游戏领域，从事免费增值模式游戏开发，之后才成为现在的Machine Zone。该公司凭借旗下策略移游戏Game of War - Fire Age，使其在过去几年中获得了巨大收益，从而成为美国最赚钱的手游公司。

Caesars Entertainment Corporation是美国的一家娱乐集团公司，总部位于内华达州，公司拥有和经营着超过50个赌场和酒店，以及7个不同品牌的高尔夫球场。Caesars是世界上第四大游戏公司，也是一家上市公司，由多个私募股权公司共同持股。该公司旗下的Playtika公司共有10款知名的博彩类游戏，分别是Slotomania、Caesars Casino、Bingo Blitz、House of Fun、World Series of Poker、Vegas Downtown Slots等。

Zynga是美国一家社交视频游戏运营公司，成立于2007年7月，总部位于美国加利福尼亚州旧金山。该公司开发的社交游戏可在手机平台独立运行，或通过其网站Zynga.com运行，或在社交网站上运行。Zynga在Facebook上推出了其最著名的游戏FarmVille，在Facebook游戏排行榜中（根据AppData数据，MAU排名），前5名中有3款游戏是Zynga开发的游戏：FarmVille 2、Texas HoldEm Poker（现在名为Zynga Poker）和ChefVille。

2.1.3 美国游戏市场的关键点

1. 明星产品高寿霸榜

美国移动游戏市场现处于高速发展期的中后段，随着游戏产品数量的暴增，应用商店的马太效应加剧，畅销榜单长期被明星产品霸占，除此之外的绝大多数游戏很难被玩家发现。为此，手游发行商开始增加市场推广投入，通过社交网络、广告联盟、电视媒体、游戏直播平台等多渠道进行营销，这使得用户获取成本快速增加，行业门槛提高。在这种背景下，小厂商的成功概率也越来越低。

2. 发行垄断分发单一

美国移动游戏发行商在本土及全球都非常有影响力，美国游戏市场被本土游戏所垄断，所以海外游戏若要在美国发行，同当地发行商的合作显得尤为必要。

不同于中国复杂的游戏分发市场，美国主要依靠iOS和Google Play商店。同时，受制于应用商店内推广资源的稀缺，游戏厂商应在美国本土建立更加多元且畅通的推广渠道，可根据目标玩家群的分布，合理组合Facebook、Twitter等社交媒体、垂直游戏媒体以及移动广告联盟等，来进行游戏推广与营销。

3．博彩游戏几近饱和

美国玩家对博彩类游戏情有独钟，前面也有提及，美国2016年收入榜单Top100中博彩类游戏最多，有30款。此外，App Store美国畅销榜前30常年有七八款赌博游戏盘踞，而且美国的博彩游戏市场也同样被本土游戏垄断，DoubleDown Casino、Slotomania和Big Fish Casino这3款本土产品的稳定性非常高，霸占美国畅销榜Top10长达三四年之久。所以对于海外开发而言，虽然博彩游戏在美国受欢迎，付费率高，但若没有与前面提及的几款游戏抗衡的能力，就不要发行博彩类游戏。

虽然策略类游戏在美国也很受欢迎，但策略类游戏同样被大牛Supercell和本土策略游戏垄断，建议海外发行商在美国市场可以尝试一下角色扮演类游戏和模拟经营类游戏。

4．VR游戏热度持续走高

2016年北美VR游戏市场规模大约为15亿美元，而美国VR游戏市场或占据全球44%的市场份额，成为最大的虚拟现实头显和内容市场。随着HTC Vive、Oculus Rift VR以及PlayStation VR的先后上市，VR游戏市场得到了巨大的推动，不同平台的游戏开发商都表示会将重心逐渐转向VR。除了能够带来新的游戏体验外，VR还能够在一定程度上提升游戏的知名度。2017年VR游戏在全球持续走高，首当其冲的，自然是美国VR游戏市场。

2.2　北美游戏市场的状况

EDAR发布了《2016北美手机和平板游戏解析报告》，包括市场规模和构成、市场用户和行为、手游分析以及手游内容分析四个部分。报告显示，截至2015年第三季度，北美手游玩家数突破3.52亿，平均每个玩家的消费金额为82.65美元，北美手游收入为86.3亿美元。

报告的第一部分主要介绍北美市场规模；第二部分专注于玩家行为、用户构成以及玩游戏原因等方面；第三部分分析手游的参与度以及货币化等方面；第四部分分析市场规模、玩家数量以及特定手游领域的KPI。以下内容为GameLook网站编译的完整报告。

图文报告：

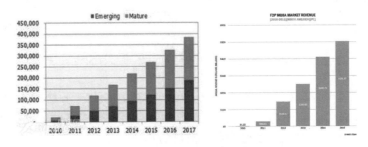

北美手游玩家增速比例

北美地区13岁以上持有智能机和平板设备的用户量为1.95亿人，其中73%是手游玩家，也就是说，北美活跃手游玩家为1.42亿。在2012Q3～2015Q3期间，北美手游玩家增长了3860万人，主要得益于新的智能设备不断普及，年轻人购买智能机和平板的比例增长。

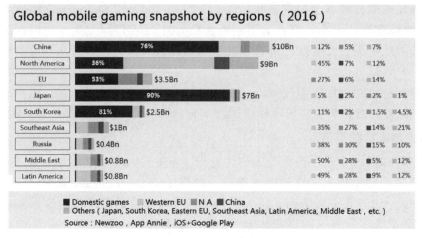

全球手游玩家操作系统比例分布

在北美手游玩家当中，50%(7100万)的人同时使用智能机和平板玩游戏，35%(4970万)的人只用智能机玩游戏，另外15%(2130万)的人只用平板玩游戏。在操作系统方面，Android占据52%的智能机市场份额和46%的平板市场份额，iOS分别占据40%和42%的智能机和平板份额，Windows Phone占4%的平板市场份额。

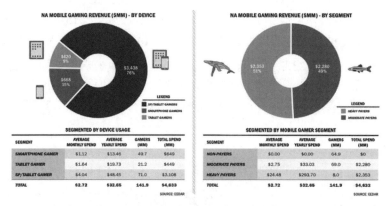

2015年北美市场按设备(左)和用户类型(右)的收入比例

至2016年第三季度，北美手游市场规模达46.3亿美元，平均每位用户贡献收入为52.65美元。按照设备划分，智能机和平板双平台玩家贡献了76%的收入，重度消费玩家带来了51%的收入。2016年，北美重度付费玩家数量为900万人，平均每月消费44.48美元，年消费493.7美元。

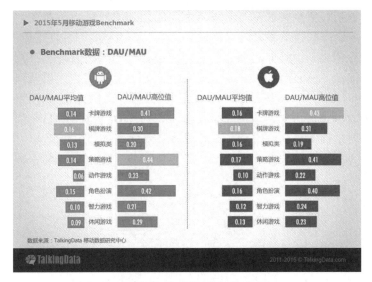

2016年北美手游用户分布图

从性别上来看，男性在重度付费、中度付费方面比例较高，女性则在手游玩家数量以及非付费玩家比例方面领先。从年龄构成来看，非付费玩家的平均年龄低于重度付费玩家，手游玩家的平均年龄男性为34.6岁，女性为27.7岁。美国移动游戏玩家中，21～35岁的男性占比最高，份额为21%，其次是21～35岁的女性，占比18%。玩家的男女比例接近1∶1，性别分布较为均衡。此外，51～65岁的美国移动游戏玩家比例为10%，高于中国同年龄段的玩家比例。

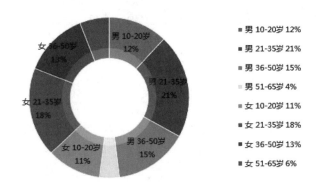

北美手游玩家年龄分布图

从玩家游戏时间方面来看，2016年北美手游玩家平均每周投入的时间平均为5.5小时，非付费玩家每周时间几乎持平，重度付费玩家每周游戏时间为9.9小时，比2013年的11.8小时有所降低。玩家总时间出现增长的原因在于中度付费玩家，这部分玩家的比例较大，而且每周游戏时间增长到了6小时。在设备方面，玩家们大多数的时间用在智能机平台，但重度付费玩家在平板上投入的时间也占到了47%。

　　该公司的数据显示，家里、卧室是北美玩家最常用的游戏场所；大多数人玩手游的原因是打发时间，另外，放松、获得多平台游戏体验及低价等也是玩家们选择手游的重要原因。

　　尽管玩家的资金投入对于开发商们非常重要，但玩家们的时间投入也是一款手游能否长期成功的重要标准。因此，EEDAR专门研究了不同付费用户的时间投入以及所喜欢的游戏类型：轻度玩家(每周游戏时间低于1小时)中的非付费玩家喜欢休闲游戏，中度付费玩家喜欢半休闲游戏，重度付费玩家喜欢中核游戏；中度玩家(每周游戏时间超过1.5小时)中的非付费玩家喜欢半休闲游戏，重度付费玩家选择中核游戏，重度付费玩家则选择半核心游戏；重度玩家(每周游戏时间大于5小时)中的非付费玩家喜欢中核游戏，中度付费玩家喜欢半核心游戏，重度付费玩家喜欢核心游戏。

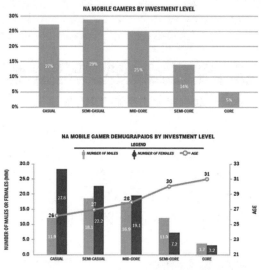

北美手游玩家的时间投入和年龄分布

　　从时间投入上来看，北美56%的玩家属于休闲玩家，在每周时间低于1小时的玩家当中，27%是非付费用户，83%的重度付费用户每周的游戏时间超过5小时。64%的休闲玩家为女性，平均年龄在27岁左右；重度非付费玩家占19%，其中24%的男性玩家都是重度付费用户，平均年龄达到30岁。

　　从手游曝光率方面看，占据下载榜高位、口碑传播、获得应用商店推荐以及看到其他人在玩是手游用户发现手游的几个最重要因素。另外，21%的用户是因为好友的Facebook分享才看到游戏。

　　关于玩家们下载手游的原因最重要的依然是价格(66%)，其次是游戏内容(45%)、好友推荐(42%)、画面质量(42%)、听到人们谈论(41%)、用户评价(39%)、付费游戏的Lite版本、应用商店评分、下载榜排名较高，以及品牌影响等。

　　随着用户购买成本的增长，通过口碑传播以及游戏内社交方式等传播渠道对于开发商们降低成本的意义越来越大。直接的社交分享依然是游戏内容分享的主要方式。其中，38%的玩家通过社交分享告诉好友这款游戏的存在，29%的玩家则是分享自己在游戏中的体验、成就等。尽管视频分享依然是比较关注的渠道，但需要指出的是，这种方式的使用率依然并不高。对开发商们来说，尤其值得注意的是，要在游戏中创造简单易用的视频分享渠道。在玩家们分享的游戏当中，他们最喜欢的是"易于上手但玩法有挑战性"的游戏。有75%曾在一款游戏中至少投入100美元的玩家，以及67%至少投入300美元的玩家对自己的消费体验很满意。

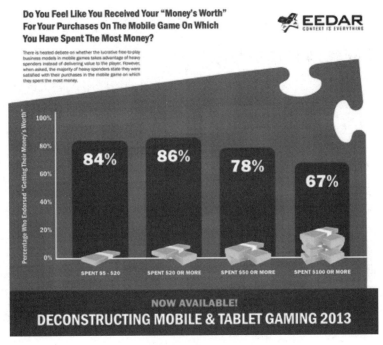

玩家们消费的图表

　　北美大多数的手游收入都来自于IAP（超过90%），而且主要是来自免费手游。在收入分布方面比较集中，其中很大一部分的收入来自于很小比例的玩家，而且重度付费玩家比其他付费玩家的消费额更大，比如中度付费玩家平均每月消费20.34美元，而重度付费玩家的月平均消费为48.97美元。在玩家消费原因方面，53%的人是为了加快游戏进度。另外，48%的玩家希望在多人竞争方面获得优势，38%的玩家希望自己的角色外观与众不同，36%的付费用户希望可以给好友赠送礼物。玩家们的消费类型和IAP原因有直接的关联，而且重度付费玩家的IAP消费频率较高。

　　玩家们流失的原因有很多，其中比较重要的原因分别是：不支付费用就无法继续游戏进度（54%）、游戏内容变得过度重复（48%）、游戏体验不是我所期望的（46%）、为了一小段进度必须等很长时间（45%）、游戏内容已结束（41%）、游戏加载时间太长（40%）、开始玩新游戏（37%）、游戏质量比不上同类游戏（37%）、游戏变得太难了（30%）等。

从游戏类型方面看，战斗城建类游戏比例最高，达到3.36亿美元，消除解谜类游戏收入2.2亿美元，博彩游戏收入1.8亿美元，城建游戏收入9980万美元，模拟游戏收入5520万美元，其余类别收入均不超过5000万美元。

数据来源：该报告根据EEDAR在2016年7月份开始的一份调查，受调查者为美国和北美地区的6500名活跃手游玩家(过去3个月里至少玩过一款手游)，对他们在手游方面的态度及游戏行为进行了调查。

2.3　北美网络游戏快速增长

网络游戏在北美家庭的普及率逐年增加，它凭借着能同时多人联机的优势，使玩家能与来自各地的人士一同在虚拟世界中生活，从而吸引了越来越多消费者的喜爱。

过去的网络游戏主要是在PC平台上。而依托迅速发展的互联网，近年来，PC平台的网游的增长十分迅速，如著名的暴雪公司出品的《魔兽世界》。根据NPD集团最近发布的报告，基于电视游戏机、便携游戏机平台的网络游戏市场占有率有所上升。但PC平台依然是网络游戏的主力平台。这是因为目前PC在工作、上网、娱乐的多功能性上占优势，使得联机游戏在PC平台上较为方便，因此电视游戏机网络游戏的占有率短期内仍难与PC平台相抗衡。北美地区民众的日常休闲活动中，玩游戏也是其中重要的一部分。在北美市场中，根据报告，尽管其他游戏机平台的市场占有率也有显著增长，但Xbox360仍以50%的比率位居游戏机平台网游之首，从而体现出了Xbox360平台在网游市场的强大实力。任天堂的Wii市场占有率也在上升。网络游戏凭着能使玩家之间互动的优势，摆脱了过去单机仅能1～2人游戏的形式，逐渐在游戏市场中获得了玩家的青睐，而且无线联网游戏在硬件环境渐趋完善的趋势下发展越来越迅速。因此，可以预见未来主导全球的北美游戏市场又将有一番变化。

2.4　欧美厂商的优势与发展策略

迅猛的发展速度、极低的成本、极高的市场回报、高效的运作方式，使世界各国的软件开发商在游戏产业领域展开了激烈的市场竞争。由于各国历史发展与产业发展的方式稍有不同，因此在竞争中的着眼点和策略也不尽相同。

欧美游戏商主要争夺的战场还是在欧美地区及与欧美文化传统接近的国家和地区。作为电子游戏的发源地，美国游戏在游戏产业中的地位可以说一直比较稳固。一方面，美国的科技全球第一，经济实力也是全球第一，在支持游戏开发上具有先天优势。举一个非常简单的例子，DirectX游戏软件应用程序的开发界面API就是美国微软开发的，其后的若干年中，全球的游戏制作公司都无法避开这个功能强大的开发软件而单独制作一个游戏软件。另一方面，对电脑游戏而言，操作的平台大多建立在Windows操作系统基础之上，所以在制作游戏时，必须遵守Windows的运行规则。如果说是美国人凭其强大的经济、科技实力制订了游戏技术的"游戏规则",并垄断了这一"游戏规则",这说法大概并不为过。因此,从电子游戏诞生的那天起,美国的游戏就已占有先机,并一直制约着他国游戏的发展。

欧美的商业传统也大大助力了游戏产业的发展。在没有产生电子游戏之前,欧美人,尤其是美国人就知道,开发游戏的目的是赚钱;在电子游戏诞生之后,他们更加知道,越是制作精良、科技含量高的游戏,就越能赢得市场。因此,在大力推广其电子游戏的同时,欧美游戏开发者也在随时更新他们的生产技术,升级换代他们的游戏产品。此外,在推销与宣传方面,欧美的各种经济学理论,如产品定位理论,也都远远领先于其他国家和地区,从而能给游戏推广以智力上的支持。欧美游戏者在推广游戏时,尤其是在传统渊源很深的国家和地区进行推广时,不仅拥有眼光独具的操作手法,更有一整套成熟的运作系统。这一切都给美国游戏,甚至欧洲游戏的发展带来了巨大成功。无论是作为经济的新亮点,还是作为欧美文化推销的重要手段,欧美游戏开发者在全球范围内的扩张都显得霸气十足,甚至盛气凌人。

2.5 日本游戏市场概述

在全球移动游戏市场中,日本市场一直是最为特别的市场。

一方面,这个市场曾是最大的游戏市场,目前市场规模依旧稳居前三名。根据伽马数据(CNG)发布的《日本移动游戏市场发展机会研究报告》显示,日本18岁以上智能机用户为6620万人,其中移动游戏用户为4580万人,智能机用户转化为移动游戏用户的比例高达69.7%,超过中国10个百分点以上。报告显示,2016年,日本移动游戏市场规模为9450亿日元(约合人民币573亿元)。

此外,报告还提到,日本的用户下载量与美国相差近5倍的情况下,收入却反超美国,可见日本游戏市场的用户价值极高。

另一方面,这个市场高度封闭,其中当地游戏占据了主要地位。伽马数据监测的12个不同地区移动游戏市场,中国国产游戏在日本移动游戏市场的收入份额占比最低,仅为3%。

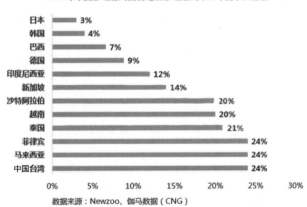

2016年中国移动游戏占各地区移动游戏市场中的收入份额

数据来源:Newzoo、伽马数据(CNG)

下图是2016年主要移动游戏市场各国游戏占有率统计，其中黑色部分代表本国游戏占有率，由此可见进入日本市场的难度。

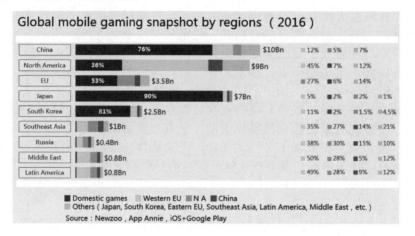

随着国内移动游戏市场竞争日趋激烈，获取流量的成本不断加大，打入海外市场已经成为中国移动游戏产业发展的大势所趋，而日本作为除中国外最大的游戏市场，已不容忽视，游戏企业突破日本市场的意愿与措施都在强化。

伽马数据首席分析师王旭认为，海外市场、移动游戏、电竞游戏是当前支撑中国游戏产业市场实际销售收入增长的重要驱动力。日本是亚洲游戏产业代表之一，曾经在主机游戏时代将大量游戏销售至欧美市场。在移动游戏时代，日本市场占全球份额仅次于中国、北美地区，但进入门槛较高，用户对游戏品质要求高，近9成份额被本土移动游戏产品占据。国产移动游戏能够进入该市场并取得成绩，标志着国内企业开始逐渐摒弃换皮换语言出口的思路，从游戏研发和本地化运营方面开始寻求突破。

根据伽马数据统计的2017年4月日本iOS游戏畅销榜月排名，共有5款国产移动游戏进入畅销榜前50名。伽马数据观察这5款国产移动游戏后发现，它们大体可以归为3个类型：二次元手游、军事类手游和女性向手游。

APP	畅销排名
拳皇98终极之战OL	30
战舰帝国	33
COK列王的纷争	34
偶像梦幻祭	35
阴阳师	35

2017年4月日本iOS畅销榜国产游戏的月排名

结合中国移动游戏产业特征与日本游戏市场的偏好，伽马数据认为，这3类手游能够在日本移动游戏市场中占据一席之地并非偶然，也在一定程度上代表了国产手游进入日本游戏市场的方向。

1. 二次元手游: "国民级" IP容易引起日本用户共鸣

近几年,二次元手游逐渐成为国内厂商开发的热点。由于中国国内用户长期受到日本动漫、游戏文化的影响,较容易接受日系风格的手游,这给中国游戏厂商开发、发行此类游戏提供了客观条件,《阴阳师》《崩坏3》等国产二次元游戏也因此在国内移动游戏市场中取得了不错的成绩。

中国音数协游戏工委、伽马数据(CNG)发布的《2017年1~3月移动游戏产业报告》显示,《阴阳师》在2017年第一季度TOP10移动游戏收入榜中排名第二,二次元手游逐渐在中国移动游戏市场显示出不错的影响力。

根据伽马数据监测的2017年4月日本iOS游戏畅销榜排名显示,《阴阳师》在其中排在第35位,当月7次进入畅销榜前30名,历史最高曾达第16位;《崩坏3》则位于畅销榜的第74位,历史最高曾达第19名。

伽马数据认为,虽然《阴阳师》《崩坏3》等国产二次元手游在日本移动游戏市场表现稍显不足,但未来该类手游在日本市场仍具有较大提升空间。由于国内针对二次元手游的开发刚刚兴起,产业模式还处于摸索状态,在日本市场取得一定的成绩还需要一定的时间。但由于国内厂商具备IP改编的经验,能够将这部分经验应用在二次元手游上。随着国产二次元手游在国内市场的增多,会有更多形式的游戏进入日本市场,被日本用户所接受的机会将会更大。

其中,国内游戏厂商已经通过将日本"国民级"IP改编成手游,在日本市场取得了一定的成绩,比如由掌趣科技和玩蟹科技共同开发的《拳皇98终极之战OL》。伽马数据监测发现,这款由SNK授权、国内厂商研发的游戏,在日本iOS游戏畅销榜中长期维持在前50名之内,最高排名曾经到达第7位,能够获得这样的成绩,在一定程度上说明了国内厂商可以通过这一方向进入日本移动游戏市场。

这里提到的"国民级"IP,是指已经在日本市场得到过验证的、曾经产生过较大影响力,甚至至今在日本仍有大量粉丝的动漫、游戏产品。根据伽马数据整理发现,日本iOS游戏2017年4月收入榜前10名中,有5款是拥有超过10年用户积淀的"国民级"IP类游戏,说明在以二次元为主导的日本移动游戏市场中,"国民级"IP游戏有着不错的用户基础。

收入排行	APP
2	Fate/Grand Order
5	Disney Tsum Tsum (迪士尼松松)
6	Dragon Ball Z Dokkan Battle
8	Fire Emblem Heroes (火焰纹章英雄)
10	Pokémon GO

2017年4月iOS和Google Play综合收入榜排名,

其中迪士尼属于拥有较多动画作品的IP,故将其归入此类

2. 军事类手游：易被了解本国战舰和战争题材的日本用户接受

国内游戏厂商开发的军事类游戏也在日本市场获得了一定的成绩，其中就有华清飞扬的《战舰帝国》和智明星通的《COK列王的纷争》。根据伽马数据监测发现，《战舰帝国》《COK列王的纷争》这两款游戏在2017年4月日本iOS游戏畅销榜中的排名分别为第33名和第34名，这在国产游戏中并不多见。

报告认为，《战舰帝国》之所以能够取得一定的成绩，是因为其在登陆日本市场之后，加入了大量日本用户所熟知的本国二战传奇战舰，提升了日本用户在游戏中的收集欲，从而在一定程度上促进了用户对游戏的喜爱，带动了用户付费。而《COK列王的纷争》则是以日本用户比较感兴趣的欧洲中世纪为故事背景而制作的游戏，易于被日本用户接受。

从报告对日本市场的监测情况来看，日本舰船类和战争题材类在日本移动游戏市场还比较少见，但并不意味着军事类手游在日本市场中没有潜在价值。事实上，日本舰船类和战争题材类都曾出过很多产品，不过目前此类题材的移动游戏在日本市场中竞品较少，仍处于蓝海阶段。伽马数据认为，这两种军事类题材在日本市场获得成绩的可能性较高，分别有其各自的原因。

首先，日本人对于旧日本海军有着特殊的感情。从日俄战争胜利以来一直到太平洋战争战败，旧日本海军和英国皇家海军与美国海军构成了全球范围内的世界三大海军，仍为某些日本民众心中"荣耀"的象征，所以这类题材的动画、游戏也就因此有了市场。

其次，日本人对于战争题材的游戏也同样感兴趣。无论是中世纪的骑士文化，还是日本自身的战国历史、中国的三国时代，都曾在日本这片土地上产生过大量的动漫、游戏产品，日本人或多或少对此类内容都有所了解。

3. 女性向手游：受到单身年轻女性追捧

近几年国内女性用户对移动游戏需求的不断增加，带动了国内部分厂商对女性向移动游戏细分领域的挖掘，国内市场逐渐出现针对女性用户的女性向手游。随着国内厂商在该细分领域中不断累积经验，为进入日本市场奠定了一定的基础，其中不乏在日本取得较好成绩的案例。

报告中提到的由乐元素开发的《偶像梦幻祭》，就是一款在日本移动游戏市场取得较好成绩的女性向游戏。根据伽马数据对App Annie畅销榜监测发现，该游戏长期稳定在日本iOS游戏畅销榜前40名，2017年4月排名位于第30位，当月有4次进入榜单前20位，是国产游戏在日本市场中排名最高的游戏，而且超过多款日本本土制作的女性向游戏。这也在一定程度上说明，国内游戏厂商在该细分领域中能够与日本游戏厂商竞争，并获得一席之地。

日本女性用户对女性向游戏需求逐渐明显，推动了日本市场中的恋爱类女性向移动游戏的发展，使这一细分领域存在机会。根据日本相关机构对日本5000名18岁至34岁的未婚男女的调查结果显示，有结婚意愿的女性接近90%，其中没有异性交往对象的比例，女性为59.1%，日本单身年轻女性占比较高，为日本市场的女性向游戏提供了发展条件。

根据App Ape有关女性向移动游戏的统计数据显示，2013年11月至2016年8月，日本女性向移动游戏市场的用户规模增长超过13倍，其中以20多岁的年轻女性用户群体增速最快，达到21倍，日本年轻女性对女性向游戏需求较高。

伽马数据认为，随着日本女性用户群体对恋爱类女性向游戏的需求不断增加，日本女性用户在日本移动游戏市场的地位逐渐凸显，女性向游戏也逐渐成为国产移动游戏进入日本市场的一个方向。

4. 日本游戏产业步入高成本开发危机

日本是游戏的发源国之一，但从20世纪80年代初期一直到2005年年底，它却由一个原本占全球游戏市场产值50%以上的游戏输出国，下跌到目前占全球游戏市场产值20%不到的萎缩规模。日本游戏产业萎缩的原因在于游戏开发成本的急速攀升，而游戏销量(收入)却没有按相同的比例增长，在入不敷出的情况下，大大增加了游戏产业的风险，一些"体质较弱"的中小型厂商难逃倒闭的命运。

在1983年的红白机时代，只要几个人就能开发一款游戏(成本约1000万日元)，到了1990年的超任主机时代，其成本已经增加到了数千万日元，但是当时日本游戏界正在蓬勃发展，游戏随便都能卖几十万套甚至突破百万套，所以游戏厂商也赚得多。目前，日本一些大型厂商都是在这一时期积累资本而发迹的。

到了1994年的PS时代，游戏开发成本增加到了1亿日元；2000年的PS2时代要开发一款游戏动辄数亿日元，但游戏销售套数却持续萎靡，1年内销售能突破百万套的游戏屈指可数。在开发成本大增而游戏销售情况(收入)却大幅减少的情况下，从2000年开始，日本游戏公司就出现了倒闭现象，这促发了日本游戏界近年来密集的合并事件(SQUARE与ENIX、SEGA与SAMMY、NAMCO与BANDAI、TOMY与TAKARA、KONAMI并购HUDSON、SQUARE-ENIX并购TAITO等)。

2006年，游戏时间表步入了PS3/Xbox360/REV的次时代主机，所需的游戏开发资本则以10亿日元起跳，一些大规模的游戏甚至需要20亿日元。次时代游戏之所以开发费用大增，主要是因为游戏开发难度高、开发器材贵、对于设计需求大增(刚好设计又是最花人力的地方，占了游戏一半的开发成本)；也因为次时代游戏开发风险太高，仅仅一个日本市场绝对养不活游戏厂商，必须要以跨平台、全球化、厂商共同合作等方式来降低风险。

根据日本CESA协会统计，日本游戏软件在1997年还达到年产值5800亿日元，但在2004年则萎缩到了2358亿日元。相对于日本市场的萎缩，欧美游戏市场却在此时快速成长，所以日本游戏市场的规模绝对养不活全部的游戏公司，挺进欧美市场是绝对必要的，同时，一款游戏的跨平台化也是一种有效获利的方式。如果日本游戏产业在这时又错过机会，将会如同20世纪70年代日本电影产业错过与好莱坞一较长短的发展良机一样，到时日本将再也无法追回全球游戏产业的关键地位。

5. 日本网络游戏市场持续增长

日本TV Game游戏市场虽然低迷已久，但从2002年开始，网络游戏似乎有逐渐增长的趋势，而根据日本经济产业省的统计，2007年日本在线游戏市场规模约达1121亿日元，较2006年增长了110%，增长势头明显。

从2002年开始，就有越来越多的日本游戏公司投入网络游戏的运营，包括SQUARE-ENIX、SEGA、KOEI、KONAMI等日本游戏公司，以及来自韩国、中国台湾的网络游戏的叩关，这似乎酝酿了日本线上游戏发展的新契机。据统计，2004年年底，日本当地已经有68家游戏厂商共投入187款线上游戏，而日本网络游戏玩家累积登录会员数达1942万人，似乎有不小的成长空间。

在网络游戏营业额方面，2004年，日本线上游戏市场总产值为878.9亿日元，其中包含游戏包装销售的311.93亿日元，以及游戏月费收入的567亿日元(日本线上游戏需要另外收费)。虽然相较于日本TV Game市场总产值5490亿日元，网络游戏市场产值978.9亿日元规模只有其1/6，但可以看出网络游戏仍有其发展潜力，因而也可以预估未来日本网络游戏市场会有更大幅度的成长空间。

6. 日本厂商奋起反击

日本曾经是世界游戏的霸主，现在却输给了竞争对手美国和欧洲，这是为什么？《商业周刊》曾撰文进行了深入的调查，分析了日本游戏业存在的硬伤和软肋，并为日本游戏业的发展指点迷津。

过去，在洛杉矶举行的电子娱乐产品博览会上，任天堂一直是外界注目的焦点。但是，最近任天堂却风光不再、江河日下。记得在1998年，任天堂占据了美国市场25%的份额，在世界前10位游戏生产商中销售额排在第5位。

显然，对于任天堂，对于日本的游戏业，昔日的辉煌已经成为历史。近年来，北美游戏市场快速成长，而日本游戏制造商却收获稀薄。据Arcadia投资机构分析师约翰·泰勒统计，日本游戏在北美的市场占有率从1998年的49%猛跌到2008年的29%。日本游戏在北美市场节节萎缩的同时，西欧游戏却乘虚而入。在市场前20个热门游戏中，美国公司EA生产的就占9个，诸如Activision、Take-Two等其他欧美游戏公司占了6个。

当日本游戏开发商还在迷茫之际，精明的欧洲游戏商已针对美国玩家口味量身开发。许多欧洲游戏开发商取得了好莱坞的版权许可：《哈利·波特》、《蜘蛛侠》以及汤姆·克莱西的几部小说。现在，运动类游戏方兴未艾，美国的EA成为这一市场的大鳄，而索尼游戏质量欠佳，技嘉游戏行销缺术，市场前景暗淡。野村证券分析师Yuta Sakurai称："西方游戏市场由刺激类游戏向大众类游戏转型，这就是为什么EA的运动类游戏和好莱坞游戏大受欢迎的原因所在。"

在过去的10年里，诸如Eidos、Atari、Ubi Soft等欧洲公司通过收购美国游戏开发商不断涉足北美市场，这种收购活动使欧洲公司接受了现代商务运作的熏陶和市场行销的实际经验，而这些都是绝大多数日本游戏开发商所欠缺的。

现在，一些日本游戏开发商开始调整策略，硬着头皮购买美国的版权。NAMCO、CAPCO、技嘉、SQUARE等公司已获得了好莱坞叫座影片《纽约大逃亡》、《黑客帝国》及《米老鼠》的版权。最近，Konami公司把游戏部门总部从日本迁到了洛杉矶，SQUARE和NAMCO瞄准了PC游戏市场，尤其看好网络游戏，它们将和美国游戏开发商Flagship Studios合作，开发诸如Final Fantasy Xi以及另一部尚未取名的角色扮演类游戏。

在所有人都关注手游的同时，很多人开始意识到的一个现实是，日本传统主机市场仍然在持续下滑，但并不是说主机游戏在日本的地位就不再重要，特别是对任天堂来说。

对游戏业来说，2015年是忙碌却偶尔略显奇怪的一年，我们也可以非常确定地说，游戏业在这一年保持了继续增长，尽管有些不太看好的评论者们提出各种问题，但实际上游戏业在过去10年里增长了非常多。比如日本市场，2015年的规模比2005年翻了1倍，该地区仍然是全球游戏消费前五的顶级市场，接近100亿美元的市场对全球游戏业来说是举足轻重的。

日本市场过去10年规模翻倍可能是看起来比较好的标题，但这个数据里却有很多比较复杂的东西需要了解，这些也是看衰游戏业的评论者主要担心的。自2007年以来，游戏硬件和软件销售就出现了轻微下滑。虽然PS4的销售很成功，但所有的数据都显示，日本市场2015年的传统游戏业收入仍然在下降，手游和在线游戏服务的收入弥补了传统游戏带来的降低。目前手游占据了日本游戏市场最大的份额，甚至超过了主机游戏的颠峰时期。

7. 日本两家最大的传统游戏发行商转型手游

2015年日本游戏业发生了两件大事，即日本最大的传统游戏发行商Konami和任天堂的手游转型。两家公司转型手游的意图可能是相同的，但两家转型的方式却有很大的不一样。任天堂选择了与日本顶级手游发行商DeNA进行合作，希望将其主机游戏IP搬到手游平台，其中的5款游戏有一些是免费模式。这表明了任天堂对该策略的谨慎态度，目前该公司最看重的仍然是主机游戏，合作推手游只是试水。虽然Wii U的表现比较失败，尽管得益于《Splatoon》和《Super Mario Maker》等游戏的推动，2015年该硬件在日本销量并不算特别差，但这仍然是任天堂销量最差的家用游戏主机。任天堂并没有准备把所有的业务和创意都转到手游领域，至于其中的原因则很明显，因为手游领域的成功是难以捉摸而且具有风险的。

而Konami在这个方面做得就比较大胆，该公司的手游一部分在日本市场取得了不错的成绩，所以它决定投入更多的资源到手游市场，据称还放逐了对该公司主机游戏时代有着深远影响的员工(小岛秀夫)，还传出了虐待业绩不好的员工的丑闻。但这些并不能阻止Konami今年的收入表现，《合金装备5》的发布依然很成功。当然，小岛秀夫与Konami之间的恩怨情仇有很多传闻，作为局外人，我们只是看到了一连串的离职传闻和消息。

Konami转型手游或许是2015年企业沟通和PR最差的案例，因为当时还导致了日本游戏业内的广泛关注。每一家日本大型游戏发行商都在进入手游领域，其中很多公司都在加大投入。碰巧的是，尽管Square Enix的《最终幻想15》并没有能够发布到主机平台，但其制作人北濑佳范(Yoshinori Kitase)却把一个带有复杂背景和战斗系统的RPG游戏《莫比乌斯：最终幻想》于6月份推向了手游平台，所有的传统发行商都对此感到向往。Mixi的《怪物弹珠》也在年中的时候取代了GungHo的《智龙迷城》，最高单日收入达到了400万美元左右。在9月份举行的TGS展会上，最受关注的就是索尼的PlayStation展台，而Cygames的RPG手游《宏蓝幻想》的展台也同样尊贵和受欢迎。

（1）主机游戏市场持续缓慢衰退。

在所有人都关注手游的同时，很多人开始意识到的一个现实是，日本传统主机市场仍然在持续下滑。但并不是说主机游戏在日本的地位就不再重要，特别是对于任天堂来说。有时候，作为一家昔日的顶级主机游戏公司，这是很难的决定，毕竟坐在东京看着其他区域的表现下滑并不好受。虽然该公司从来没有再达到过Wii及DS时代的辉煌，但任天堂始终是日本举足轻重的游戏公司之一。基本上日本每一款最畅销的游戏都是3DS游戏，全年的顶级游戏有8～9款都是3DS游戏。而至于家用主机，PS4完胜Wii U，任天堂销量最差的主机仍然无法和索尼匹敌。

日本主机行业之所以仍然占据非常重要的地位，其中任天堂占据了不小的功劳，特别是儿童们非常喜欢的《妖怪手表》等系列游戏。或许由于在线内容或者成本的原因，儿童们玩3DS主机仍然比智能机更多，这也是《妖怪手表Busters》能够成为2015年最畅销游戏的原因之一。这并不是说日本的成年人就不玩游戏，《DQ》系列仍然非常受欢迎，销量较高的《Animal Crossing: Happy Home Designer》系列也不是儿童所喜欢的，成年人也占据游戏业消费很重要的一部分。

但有些因素仍然不能忽视，在线RPG游戏近些年在日本逐渐壮大，而欧美玩家对于NES和SNES时代的《最终幻想》或许更为熟悉，这些传统大作对于很多领域都有影响，比如《智龙迷城》与该游戏联动之后也取得了收入的增长，而《宏蓝幻想》和《最终幻想：记忆水晶(Final Fantasy Record Keeper)》仍然能够让人想起20世纪90年代初期的RPG风格。

很多年以来，一直有人担心怀旧游戏能否继续为这么大的玩家群带来影响，因为当年的粉丝们都已经到了三四十岁，而这些游戏对于新玩家的影响力已经不如当时。或许这个说法是有依据的，毕竟很多年轻的玩家已经把智能机作为了首选游戏平台。另一个原因是，掌机已经主导了日本的游戏市场，所以转型手游已经不再是那么不合时宜，主机游戏占据最大市场份额的时代已经不再。3DS今年在日本的销量达到了最高纪录，预计会超过2000万，PS Vita几乎在海外已经彻底失败，但在日本450万的销量与PS4相差无几，如果你要做一款日本游戏，那么Vita市场的规模可能是PS4的2倍。

（2）手游转型和海外扩张：更多的是未知因素。

如果看2016年的日本主机游戏市场，可能会有人预计PS4的销量会超过3DS，帮助索尼拿到多年来未曾夺回的家用机市场冠军，但主机市场还在萎缩。任天堂神秘的NX设备还没有发布，主机硬件和软件的销售还在继续下滑，尽管这个速度很慢。即使是PS4的销量超过了3DS，而其软件收入仍旧处于下风，比如2015年，3DS游戏的销量是PS4游戏的3倍。

不过，未来日本市场最值得关注的是手游市场，尤其是在本土大获成功的开发商们能否在海外站稳脚跟。当然，这种可能性依然不高，因为该地区的游戏市场已经与其他地区有非常明显的差异，本地的游戏运营商的经验和技巧在海外吃不开。不过，日本此前有过海外游戏销售表现非常好的历史，所以把日本公司海外成功可能性完全抹杀的做法也是不科学的。

在未来，日本或许有更多的知名游戏公司出现，因为该地区仍然在向手游领域转型，比如Square Enix几乎把自己所有知名的游戏都搬到了手游设备上。但是，更多的是未知因素，日本仍然有大量的优秀研发人才，而且其中很多人更适合做主机游戏而不是手游，所以日本的手游转型究竟可以发展到什么地步，也是值得期待的。

2.6　韩国游戏市场概述

据外媒This Is Game报道，韩国文化产业振兴院（KOCCA）公布的数据显示，2015年韩国游戏市场收入规模超过了93亿美元。在2016年，韩国游戏市场的收入规模为95亿美元。

虽然韩国游戏市场总收入可观，不过值得注意的是，该国市场呈现出两极分化的趋势。绝大部分收入都流向了国内知名的大型游戏公司，而中小规模游戏公司的业绩并不理想。

根据KOCCA在2016年对885家韩国游戏公司的问卷调查结果显示，82%参与调查的公司称它们的年收入低于86964美元。

从2013年到2015年，韩国游戏市场的收入增幅分别为0.3%、2.6%和7.5%。

在2015年，韩国三大游戏公司Nexon、网石和NCSoft的总收入占韩国游戏市场整体收入规模的35%。以下是2016年韩国收入最高的前10家游戏公司及排名。

1. Nexon —— 16.1亿美元

2. 网石 —— 13亿美元

3. NCSoft —— 8.55亿美元

4. NHN娱乐 —— 5.61亿美元

5. Smilegate —— 5.22亿美元

6. Com2us —— 3.77亿美元

7. Gamevil —— 1.32亿美元

8. 4:33 —— 1亿美元

9. Sundaytoz —— 6930万美元

10. Dev Sisters —— 1696万美元

2.6.1　韩国游戏市场的风云变幻

说到中国网络游戏，"韩流"是永远绕不过去的主题。虽然在手游时代，韩国网游并不如端游年代强势，但成熟的研发环境仍然让韩国开发团队拥有强悍的战斗力。2016年，重新完成积累的韩国CP再次大举进入中国。

#	收入排行		
1	Everybody's Marble (모두의마블)	▲2	LINE (ライン) / Netmarble (넷마블)
2	Raven (레이븐)	▼1	Netmarble (넷마블)
3	MU: Origin (全民奇迹)	▲1	Kunlun Games (昆仑游戏) / Webzen / OurPalm (掌趣)
4	Seven Knights (세븐나이츠)	▼2	Netmarble (넷마블)
5	We Fire (全民突击)	▲37	Netmarble (넷마블) / Garena Online

韩国市场现状：老牌强者与新秀并存

作为韩国的支柱产业之一的游戏产业，对中国的影响力绝对不可小觑。从早些年推出过《天堂》系列，以及《剑灵》的MMORPG王者NCsoft，再到盛产《泡泡堂》、《冒险岛》等休闲网游的NEXON，韩国游戏公司和作品在中国大陆一直颇具盛名。

到手游时代，端游大鳄们完成了华丽转身，在保留端游产品线的同时，研发高水准的移动游戏产品。如前面提及的NEXON，其代理的《HIT》和《冒险岛M》在2015年连续6周霸占Google Play畅销榜榜首；NCsoft借助端游的积累，陆续推出的《永恒之塔》、《天堂》乃至《剑灵》的手游版本，游戏尚未正式推出就受到玩家的热烈追捧。

公司排行榜
Google Play - 游戏 - 全球 - 2015年11月

#	下载排行		总部	应用
1	Electronic Arts	=		167
2	King	▲1		24
3	Doodle Mobile (涂鸦移动)	▼1		117
4	Gameloft			77
5	Outfit7	=		24
6	Miniclip			36
7	Rovio	=		30
8	Kiloo			5
9	Supercell	▲1		3
10	Glu	▼1		131

#	收入排行			
1	Netmarble (넷마블)	▲3		76
2	Supercell	=		3
3	Mixi (ミクシィ)	▼2		24
4	King	▼1		24
5	GungHo Online (ガンホー・オンライン)	▲1		49
6	BANDAI NAMCO (バンダイナムコ)	▲1		178
7	LINE (ライン)	▼2		80
8	COLOPL (コロプラ)	▲2		236
9	Elex Technology (智明星通)	▼1		39
10	SQUARE ENIX (スクウェア・エニックス)	▲1		114

　　在时代背景的推动下，不仅老牌强者需要及时应变，其他公司也在及时把握向手游转型的机会，以改变长期以来被压制的局面。譬如目前排名韩国第一、全球第五的Netmarble（网石），在2014年脱离CJ E&M后就高调出击，两年内陆续推出了《天天富翁》、《七骑士》、《全民打怪兽》等一系列作品。这些产品一上线便取得了骄人的战绩，不仅在当时韩国排行榜上风头无限，之后更是通过引入中国，成了首批登陆中国大陆的韩国手游作品之一。

　　作为中生代的实力派4:33游戏公司也在积极突围，2015年年底发布的全新策略RPG《永恒冲突》（Eternal Clash）在GS表现优异，在Gstar上高调亮相的《失落国度》（Lost Kingdom）以及开启预登录的《开火》（Open Fire）和《幻影突袭》（Phantom Strike）也受到业界追捧。

　　这些作品至今还保持着相当的活跃度，从这一点也可以看出韩国手游的品质。2012年的韩国手游依然活跃，但要找出一款拥有同样活跃度的同年国产网游，却极其困难。

　　现如今在韩国本土，大量优秀原创手游产品展开了惨烈的市场厮杀。为了减缓其国内的竞争压力，拓展更大市场，韩国手游开始追寻当年端游发展的道路——向更广阔的市场进军，于是中国市场再次受到广泛关注。

　　韩国移动游戏主要类型是消除、RPG和模拟类，玩家选择倾向分别为55.4%、30.7%和30.4%，这和中国主流渠道的游戏类型分布十分类似，非常容易被中国玩家接受。韩国游戏产品在画质上普遍较国内产品优秀，玩法上都进行了微创新，再进行有针对性的本地化改造后，非常具有当期爆款的潜质。

　　韩国优质网游在中国大陆受欢迎的程度，从《魔灵召唤》这款游戏就可看出。在2014年，还没有进行完全本地化和推广的情况下，最高登上中国RPG游戏下载榜第2名，畅销榜第5名的优异成绩，并经久不衰，在2016年1月31日，上线21个月后，还处于中国区策略和RPG游戏下载榜29名的成绩。

　　《疾风之刃》这款ARPG手游则从另一方面表现出韩国游戏的优势——以端游打击爽感的核心卖点，传承了3D特效画面、刀刀见肉的打击反馈等亮点，开创了ACT手游之先河；同时画风精美，人设带感，极具震撼力的招式动作更让玩家具有身临其境之感。

不过其设计再美轮美奂，玩法再让玩家热血，也难掩其长达1年的本地化和调整。在这1年内，有太多游戏对其地位发起了冲击，徒增风险。如果能压缩韩国游戏本地化时间，缩短上线周期，减少时间和人员成本，则韩国游戏在中国市场会拥有更大优势。

韩国的各类优秀手游，需要中国大陆广阔市场，而中国大陆发行商，则亟须应对当前同质化严重、产品过剩的困境，闯出一片蓝海。高契合度的双向需求，急需一个畅通的渠道完成对接。雍秦网络的Excon平台应运而生。

雍秦通过在韩国的子公司，确保Excon平台能够持续收集与接入韩国游戏手游。同时还对韩国发行商进行严格的背调，以保留最优质合作伙伴。同时，依托雍秦游戏长达5年的丰富运营经验，Excon平台还对韩国CP进行完整的汉化指导，从最基础的翻译工作，到中国最流行的商业模式培训，甚至是各种便利的数据工具和渠道接入工具，帮助韩国CP快速推出符合中国特色的汉化版本，

伴随着不断积累，Excon平台上集中了大量韩国优质手游供中国发行商进行甄选。从文字介绍到图片及视频的直观展示，充分展示了各个游戏的特性。难能可贵的是，Excon平台上的所有游戏都完成了汉化以及具备不用VPN即可登录的便利，让中国发行商能像评估国内游戏一样评估韩国游戏。充分的准备能扫清中国发行的理解障碍，在变化极快的手游市场上减少引入的时间，赢得商机。

在游戏对接的过程中，雍秦网络的服务不限于产品本身，还提供广泛的支持和服务资源供给、全程的游戏项目管理体系、周到完善的游戏本地化服务包，尽最大努力保障游戏产品发行的顺畅和成功。

2.6.2　与国家的经济发展紧密联系

在短短的几年中，韩国游戏产业便得到了蓬勃发展，取得了巨大的业绩，这得益于韩国政府的大力扶持，其力度之大在世界各国都是罕见的，韩国明确地将游戏产业与国家的经济发展紧密地联系在一起。

在20世纪90年代末的亚洲金融危机之后，韩国政府逐渐将IT、娱乐产业视为新的经济增长点，大力扶持，实行产业振兴政策，为游戏产业的发展奠定了基础。

第一，由其文化观光部出面组建韩国游戏支援中心，向韩国游戏产业提供从资金到技术上的多方面支援；成立游戏投资联盟，政府每年向游戏产业投入的资金多达500亿韩元，并为游戏企业提供长期的低息贷款；设立信息化基金和文化产业基金，为游戏产业服务；对指定的风险企业实行各种税制优惠政策，减少甚至免除游戏企业的税务负担；建设游戏产业基地以扶持中小游戏企业的发展；对从事游戏产业的高科技人才免除两年的兵役。

第二，韩国在游戏产业的对外政策上实行扩大国外市场，制定分地区、分阶段占领国外市场的战略，扩大国际交流，开办国际游戏展会，每年由韩国游戏制作协会和游戏展示集团携手合作，举办韩国游戏展示会KAMEX，截至2004年已是第10届了。韩国Gstar组织委员会为

了整合游戏与娱乐产业，于2004年12月宣布将韩国游戏展示会（Korea Amuse World Game Expo，KAMEX）、韩国街机游戏展（Korea International Amusement Parks & Attractions Show，KOPA）、韩国数位内容博览会（Digital Contents Fair，DCF）三大展览整合，并且另外安排了其他相关活动。到目前为止，此游戏展览是世界排名第二的展览，仅次于美国E3游戏展，2016年的游戏展览会共有来自17个国家的162家公司厂商，共计3000多名海外游戏方面的工作人员前去参展，接纳了将近19万名访客前去捧场游览，盛况空前。

第三，政府部门或直属部门成立相关的管理和指导机构。例如，韩国软件振兴院（KIPA）是韩国信息产业部下属的分支机构，旨在促进韩国IT产业的发展，就有关IT产业政策的制订向韩国信息通信部提供相关的建议，支持与促进初创企业的发展，提供CEO培训计划，支援韩国IT企业的全球化发展，建立和运营海外IT发展中心，与国外相关的机构进行国际合作，支持IT人力资源的发展，推广和发展数字内容产业，支持数字内容的传播等。类似地还有韩国游戏制作协会、韩国游戏产业开发院（KGDI）、韩国文化振兴院以及地方的釜山信息产业振兴院和全州信息映像振兴院等机构，为企业在宏观调控和决策、可持续性的成长、教育和咨询、装备设施的支援、市场营销和技术上的支援等各方面给予管理和指导，促进了游戏产业的健康快速发展。有资料表明，从2002年至今，韩国游戏产业从业者有33870多人，平均每家开发公司拥有18人。

第四，韩国的游戏产业发展迅速与政府和社会大力发展游戏专业教育有密切关系。韩国政府建立了从职业教育到大学教育等各个教育层次，2003年的游戏相关教育机构共有84家，研究生院有8个，大学有5个，如韩国著名的世宗大学；私立教育机构有22个，高中有3个，如韩国动画大学（Korea Animation High School）。在培养游戏人才的方式上，除了在一些学校开办了游戏设计专业外，韩国政府为解决游戏开发人才不足的问题，通过两年的时间成立了构筑其国内游戏的坚实基础，开发和普及VR（虚拟现实）等以游戏技术为主要领域的专业研究机构——"游戏研究所"（Game Academe）。

2.6.3　韩国游戏产业策略

韩国文化观光部文化产业振兴院北京代表处的首席代表权基永曾指出，韩国的游戏产业正在飞速发展，即使处于经济发展速度下降的大环境下，游戏产业仍能够达到每年10%的惊人增长速度（2004—2008年的数据统计）。2015年，韩国的游戏产业市场规模已经达到了248亿美元。其中，网络游戏和手机游戏发展迅速，网络游戏已成为游戏市场的主导，占整个市场的62%；手机游戏持续快速发展，增长率达到45%。而相比之下，电脑游戏、投币游戏等单机游戏呈现下降趋势。

在韩国游戏市场，网络游戏和手机游戏是今后有望发展及投资的游戏平台，而有望投资的游戏体裁的前两项是战略/模拟和RPG类游戏。

2.7 中国游戏市场概述

1. 中国内地单机游戏市场概述

2016年中国网络游戏市场规模继续上升，硬件的升级促成了这个产业的重点转移。随着用户接入互联网的主要端口从PC转向移动，移动游戏超过端游市场份额，成为最大的细分市场。游戏人口红利逐步消退，质量提升成游戏行业的新方向。

本报告从2016年中国网络游戏市场发展现状、发展特点、发展趋势等几个角度进行深入分析。

本报告中的重要观点如下。

（1）网游市场规模不断扩大，2016年达1789亿元。

（2）中国首次超越美国，成为世界最大的游戏市场。

（3）泛娱乐化、全民化、重度化助力游戏产业再攀高峰。

2. 网络游戏市场规模增长放缓，行业进入平台期

2016年中国网络游戏市场规模继续上升。主要得益于三个方面：从硬件上看，光纤网络和移动4G网络的全面普及为网络游戏的发展提供了良好的硬件设施；从需求上看，人民生活水平快速提升，人们对娱乐的需求越来越重；从企业经营来看，游戏泛娱乐化，影视文学动漫游戏化，文娱产业间的跨界联动频繁，拓宽了游戏产业的外延。

但随着人口红利的用尽，行业的增长将进入一个较为稳定的状态。随着监管的介入，行业会向更规范、更健康的方向发展。

2011-2020年中国网络游戏市场规模

注释：1.中国网络游戏市场规模统计包括PC客户端游戏、PC浏览器端游戏、移动端游戏；2.网络游戏市场规模包含中国大陆地区网络游戏用户消费总金额，以及中国网络游戏企业在海外网络游戏市场获得的总营收；3.部分数据根据在艾瑞2017年网络游戏相关报告中做出调整。
来源：综合企业财报及专家访谈，根据艾瑞统计模型核算。

3. 移动游戏成为网络游戏市场中最大的细分市场

硬件的升级促成了这个产业的重点转移，随着用户接入互联网的主要端口从PC转向移动，移动游戏超过端游市场份额，增长至57.2%，成为最大的细分市场。移动端和PC端游戏虽然在玩家的游戏时间上是竞争关系，但手游在承接端游流失用户的同时，还会吸引更多新的游戏玩家。而现在很多端游IP都推出了手游版本，两者实际是相互导流，相互促进，共同提升了游戏IP的价值。手游和端游，只是游戏在不同平台的不同展现形式，对应的是用户在不同时期不同场景的不同需求。能不能吸引用户，给用户带来快乐，进而让用户愿意留下来，还是要看游戏本身的可玩性和创新度。

随着游戏全民化和重度化的发展，主机游戏将有较大幅度的提升。随着技术的成熟，以VR、AR等新技术为卖点的创新游戏也预计在2018年前后迎来爆发。

2011-2020年中国网络游戏产业细分

注释：1.中国网络游戏市场规模统计包括PC客户端游戏、PC浏览器端游戏、移动端游戏；2.网络游戏市场规模包含中国大陆地区网络游戏用户消费总金额，以及中国网络游戏企业在海外网络游戏市场获得的总营收；3.部分数据将在艾瑞2017年网络游戏相关报告中做出调整。3. 其他游戏指主机游戏、VR游戏等PC和移动游戏以外的游戏类型。
来源：综合企业财报及专家访谈，根据艾瑞统计模型核算。

4. 游戏人口红利逐步消退，质量提升成为游戏行业的新方向

2016年移动游戏用户规模约5.21亿人，而PC端游戏用户规模约为4.84亿人。移动游戏经过前两年的爆发式增长，人口红利逐步消退，用户规模几乎达到天花板。而由于移动市场的冲击，PC游戏用户规模更是出现明显下滑，相比2015年，2016年的用户规模下降了12%。艾瑞分析认为，无论是PC端，还是移动端，游戏的用户规模均已经达到了瓶颈，中国游戏市场规模要想进一步提升，需要在精细运营、产品创新、产业融合、国际化发展等方面寻找突破口。

iUserTracker-2011-2017年中国PC游戏用户规模

来源：iUserTracker.家庭办公版 2017.4，基于对40万名家庭及办公（不含公共上网地点）样本网络行为的长期监测数据获得。

mUserTracker-2011-2017年中国移动游戏用户规模

来源：mUserTracker.2016.12，基于日均400万手机、平板移动设备软件监测数据，与超过1亿移动设备的通讯监测数据，联合计算研究获得。

端游市场前景预测

玩家对高品质端游的期待依旧很高

只有12%的玩家明确表示不愿意尝试新游，大多数玩家对新游持积极态度。而游戏评价、朋友推荐、大制作是他们看中一款游戏的主要因素。老牌端游产品已经各自形成了自己的文化圈和粉丝群，有着较长的生命周期和稳定的收入。玩家对新的高品质的端游又有着较高的尝试意愿。所以综合来看，端游市场虽然目前看来比较低迷，但会是一个相对稳定的市场，短期内不会有大幅萎缩的风险。如图2-18所示。

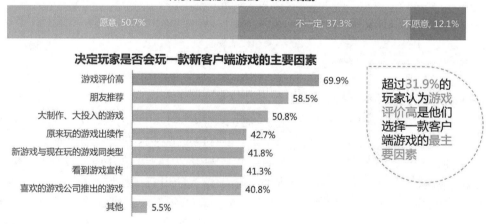

玩家是否愿意尝试一款新端游

决定玩家是否会玩一款新客户端游戏的主要因素

超过31.9%的玩家认为游戏评价高是他们选择一款客户端游戏的最主要因素

注释：ZC_08a.您是否有玩一款新的客户端游戏的意愿？ZC_09a.什么情况下您会玩一款新的客户端游戏？
来源：N=945，于2015年12月通过艾瑞iClick社区联机调研获得。

5. 2016年中国首次超越美国成为全球最大的游戏市场

全球游戏产业分布图

来源：1. 全球游戏市场规模数据取自 Newzoo 2016 Global Games Markert Report；2. 中国网络游戏市场规模由艾瑞综合企业财报及专家访谈，根据艾瑞统计模型核算。
注释：1. 中国网络游戏市场规模统计包括PC客户端游戏、PC浏览器端游戏、移动端游戏；2.网络游戏市场规模包含中国大陆地区网络游戏用户消费总金额，以及中国网络游戏企业在海外网络游戏市场获得的总营收；3. 部分数据将在艾瑞2017年网络游戏相关报告中做出调整。

6. 中国移动游戏占比远高于全球移动游戏占比

中国与全球游戏产业细分结构对比

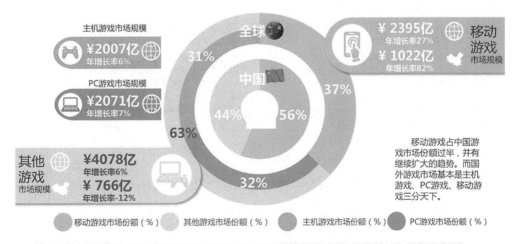

来源：1. 全球游戏市场规模数据取自 Newzoo 2016 Global Games Markert Report；2. 中国网络游戏市场规模由艾瑞综合企业财报及专家访谈，根据艾瑞统计模型核算。
注释：1. 中国网络游戏市场规模统计包括PC客户端游戏、PC浏览器端游戏、移动端游戏；2.网络游戏市场规模包含中国大陆地区网络游戏用户消费总金额，以及中国网络游戏企业在海外网络游戏市场获得的总营收；3. 部分数据将在艾瑞2017年网络游戏相关报告中做出调整。

7. 从衍生到深度植入相互导流

如果说2015年是影游联动元年，2016年可以说是影游联动的升级年。影游联动完成了从1.0到3.0的飞跃。游戏和影视不再是衍生与被衍生的关系。两者真正做到了相互导流，相互促进。

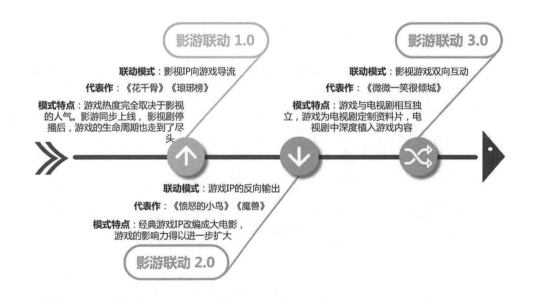

影游联动的升级与进化

8. 影游联动3.0时代——以《新倩女幽魂》为例

3.0时代的影游联动，不再是简单的根据一款游戏制作一部电影，或根据一部影视剧制作一款游戏，而是两者就合适的内容展开合作。《微微一笑很倾城》（简称《微微》）中从《新倩女幽魂》（简称《倩女》）借鉴了一些游戏设定、角色形象、服装、剧情的内容。而《新倩女幽魂》在不影响游戏本身平衡的前提下，将影视剧中的一些场景、任务增加到游戏里，使游戏内容有所更新。

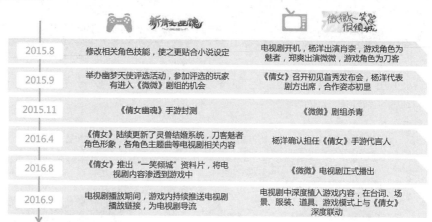

9. 中国著名游戏开发品牌

（1）腾讯——以用户为基础，建立全方位产品线。腾讯游戏2016年营收超过700亿元，是中国也是全球游戏收入最高的公司。腾讯的核心优势在于其以社交为核心的庞大用户基数，这让腾讯在流量为王的移动互联网时代所向披靡。其次，坚持研发与发行并重，从最开始的休闲类游戏，逐渐丰富产品线，加深游戏的深度，扩大游戏品类，用不同的产品吸引不同的用户。就像传统快销品需要以多品牌战略抢占货架一样，面对有限的广告位、榜单位，游戏一定程度上也需要以量取胜。最后，腾讯从2015年起提出泛娱乐战略，并逐步丰富这一战略的内涵，扩宽游戏业务外延，将所有文娱相关产业串联起来，形成泛娱乐生态闭环。

（2）网易暴雪。暴雪游戏的本土化之路：2016年最引人瞩目的端游莫过于暴雪出品的动作射击游戏《守望先锋》，由网之易负责中国区的发行工作。采用了国人接受度不高的预付费模式，截至2016年年底，国内销量突破500万份，创下预付费游戏的新纪录。

为了更好地适应国内玩家的游戏习惯，在不损失游戏内容的情况下，网易跟暴雪在游戏的本土化运营上下了很多功夫。

在《守望先锋》的推广上，运用了多样化的营销模式，适时地制造话题。即使没有很多广告宣传，却利用官方的漫画、玩家创作的段子、同人等让人们对这款游戏产生好奇，进而吸引到了大量玩家。

冻住，不许走！
dong zhu ， bu xu zou ！

将《魔兽世界》的收费模式由时长点卡制改为月卡制。这一改动虽然在国内毁誉参半，但符合大多数国内MMORPG玩家的付费习惯，成功地提高了该游戏的用户覆盖量。

（3）西山居。坚持武侠梦，打造持续活跃的玩家社区。

坚持做精品武侠类游戏　　　　以玩家为中心经营玩家社区文化

端游

剑侠情缘网络版叁
（简称剑网3）

手游

剑侠情缘手机版
（基于剑侠情缘壹制作的手游版）

大量的Coser同人图
百度图片搜索显示，"剑三 cos"可以搜到近4.5w张图片

百度贴吧关注用户246万
累计发帖2亿

官方论坛注册用户461万
累计发帖3476万

每年举办周年庆，邀请玩家一起为游戏庆生，并发布最新游戏内容，828周年庆逐渐成剑三的官方线下品牌活动

还有很多同人画作、小说等……

（4）空中网。第一，由游戏厂商向泛娱乐平台转型。空中网通过游戏业务，累积了一批高质量、高黏性的优质用户。并在互联网品牌管理、产品研发、精细运营方面有着丰富的经验。借此优势，空中网不断外延业务，加深泛娱乐布局，涉及影视、网络文学、直播、金融、体育等领域，在"泛娱乐"领域有条不紊地加深布局。通过集团化、平台化的运作，让人们看到了未来空中网能够有的更多的可能。

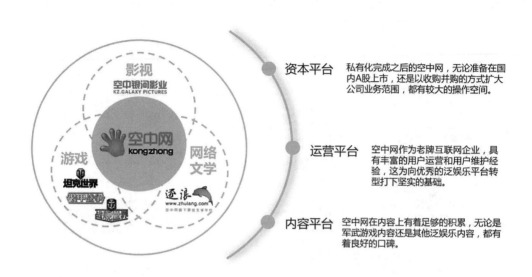

第二，深耕军武题材游戏，线上线下同发力，打造军武文化。空中网一直专注于军武题材，陆续推出了数款军武PC客户端游戏，完成覆盖"海、陆、空"的立体战争游戏产品线，并推出了相应的手游产品。通过6年的坚持，空中网累积了多款军武游戏产品，吸引了大量泛军迷用户。通过电竞和直播，为用户提供了丰富的线上娱乐活动，保持长久的新鲜感。通过线下活动，增强用户间的忠诚度与品牌黏性。树立了极具特色的军武文化娱乐品牌形象。在业内，成为深挖一个游戏题材，成功建设品牌形象的典范。

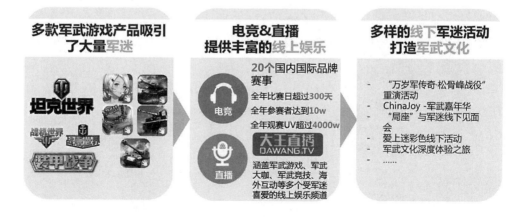

（5）新浪微博游戏。第一，基于平台优势，完成从社交游戏到社交+游戏的转型。新浪微博作为社交类超级App，本身具有大量的优质用户。游戏用户与微博用户有着较高的重合率，微博本身也是大家方便快捷地讨论各种游戏内容的首选平台之一。2012年，微博推出微游戏平台，游戏内容以农场类模拟经营类游戏为主。随着移动游戏的强势崛起，传统社交游戏逐渐衰落，微博也顺势而为，将游戏业务从社交本位逐渐过渡到游戏本位，游戏为微博提供了话题，微博用高话题度、长尾流量反哺游戏，形成良好的社交+游戏的良性循环。如图2-30所示。

第二，以内容为核心，全程参与，多样化分发。相比传统应用商店榜单型的游戏分发方式，新浪微博作为内容传播平台，在做游戏分发时，有更多的社会化分发。也就是以内容为核心，灵活运用多样化的传播方式，从游戏上线前的预热到后期游戏版本更新，都适时地为游戏推广服务。艾瑞分析认为，社会化分发作为传统分发的补充，在现阶段的存量市场阶段，能更好地触达用户、服务用户、抓住用户。

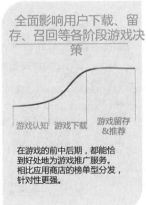

10. 游戏的发展趋势

（1）泛娱乐化——是游戏，也是一个世界。游戏是继绘画、雕刻、建筑、音乐、诗歌（文学）、舞蹈、戏剧、电影等八大艺术形式之后被人们公认的"第九艺术"。与其他八大艺术一样，游戏以自己独有的语言，向玩家呈现了另一个虚拟世界的模样。游戏的艺术性决定了其向其他艺术形式转化的可能。对游戏来讲，其要点就在于鲜活的角色形象、完整的世界观、丰富的剧情内容以及适时推出的话题点。

游戏泛娱乐化的四大要素

鲜活的角色形象　　　　　　　　　　完整的世界观

丰富的剧情内容　　　　　　　　　　适时推出的话题点

（2）全民化——老少咸宜，祖孙三代一起玩。丰富的游戏类型能够满足各类人群的需求，游戏覆盖的人群越来越广。

而且，游戏的拟真度越来越高，很多现实生活中的传统行业都可以在游戏中得到体现。有很多游戏已经不单单是一个游戏这么简单，那是一个完整的世界，玩家可以在里面生活、学习、恋爱、就业。游戏里面也有金融、教育、社交等元素。随着VR / AR / MR技术的进步，游戏的拟真度会进一步提升，跟现实生活的结合也有可能会越来越紧密。

游戏文化扩散示意图

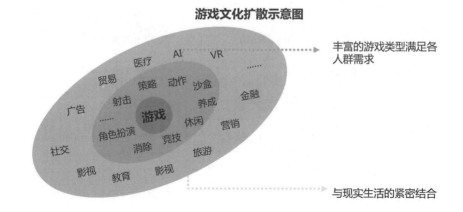

丰富的游戏类型满足各人群需求

与现实生活的紧密结合

（3）重度化——端游页游产品的移动化使得手游重度化愈加明显。随着端游和页游厂商纷纷介入移动游戏，将原来大体量的端游页游产品移植到移动端来，拉长了移动游戏的平均游戏时长。艾瑞调研数据表明，仅有18%的用户表示其游戏时长小于半小时，28%的玩家表示玩移动游戏的时间变长了。

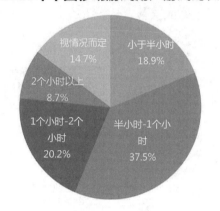

2015年中国移动游戏用户游戏时长

28%
玩家表示
玩移动游戏的时间变**长**了

注释：[ZB_03a]请问您最近平均每天玩移动游戏的时长是多少？[ZB_04a]请问和去年相比您最近玩移动游戏的时长是否有变化？
样本：N=1138；于2016.2.通过艾瑞iClick社区联机调研获得。

（4）社会化游戏分发——社交流量入口成为游戏分发的必争之地。人口红利用尽后，游戏市场逐渐从增量市场向存量市场过渡，如何抢夺现有的游戏用户成了游戏厂商最为头疼的问题，而用户每天都必然会接触到的社交软件成了兵家必争之地。社会化游戏分发的重要性逐渐凸显。

	传统分发渠道	社会化分发渠道
用户印象	应用下载渠道 用户使用目的性强（下载应用）	社交渠道 用户间的内容传播可信度高
游戏分发方式	应用商店广告位 榜单曝光、搜索优化	App内广告位 玩家分享、话题讨论
游戏分发特点	1. 下载渠道畅通 2. 游戏选择丰富 3. 由用户需求驱动，用户通常主动寻找某类游戏	1. 分享渠道畅通 2. 游戏相关话题内容丰富，形式多样 3. 由用户好奇驱动，口碑带动下载，用户质量高

2.8　中国网络游戏2018年度产业规模及未来预测

2016年上半年，中国游戏用户达到4.89亿人，同比增长6.7%。其中，端游用户1.38亿，同比增长3.1%；页游用户2.79亿，同比下降8.7%；手游用户4.05亿，同比增长10.7%。

2016年上半年，中国游戏市场销售规模达到787.5亿人民币，同比增长30.1%，其中网游国内收入570.4亿人民币，同比增长24.5%；网游国外收入25.3亿美金，同比增长43.7%；端游收入281亿人民币，同比增长5.2%；页游收入100.6亿，同比下降2.1%；手游收入374.8亿，同比增长79.1%；单机游戏收入0.8亿人民币，同比下降42%；电视游戏收入4.6亿人民币。

2016年，中国网络游戏市场保持了快速增长的态势，在相关政府机构的政策引导、网民数量的增加、上网条件的改善、休闲网游的繁荣以及家庭用户中的普及等多种因素共同作用下，中国网络游戏市场的规模达到1640.8亿元，同比增长了52.2%。从全球范围来看，2017年中国网络游戏市场的收入约占全球27%的份额，排名第二，美国以29%位居榜首。

艾瑞咨询的报告指出，2008年按照全球网络游戏产业的发展趋势，中国市场的占有率将以每年5%左右的速度递增。随着中国网络游戏产业的多元化、平台化发展，以及用户群体的不断开拓，其市场规模也将进一步增长。2015年中国网络游戏的市场规模同比增长约为49.6%，达到810.8亿元。预计到2018年，中国网络游戏的市场规模将达到1200.8亿元，全球市场占有率将达到46.9%。

1.　中国网络游戏2017年度用户规模及未来预测

随着电脑的使用率不断降低，客户端游戏在保持多年的快速增长后首次出现收入同比下滑。2016年中国客户端游戏实际销售收入达582.5亿元(−4.8%)，首次出现负增长；而用户数量达到1.56亿(+1.4%)，重新回归正增长。端游新产品数量持续走低，主要依靠老款精品游戏和电竞游戏保持活跃度。

当前电子竞技依然以端游渠道为主，电子竞技的火爆带动用户回流。但竞技类客户端游戏用户付费率与ARPU值相对偏低，对市场收入增长的带动有限，无法抵消RPG、MMORPG、MOBA等端游用户流失造成的收入减少。此外，许多客户端知名游戏IP改编为同名手游，用户分流也影响了客户端游戏市场实际销售收入的增长。

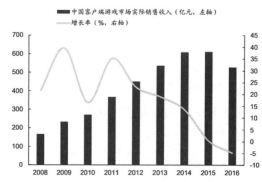

2008−2016年客户端游戏市场规模和增长率

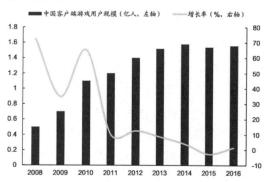

2008−2016年客户端游戏用户规模和增长率

2. 端游产业价值特点凸显研发能力的重要性

客户端游戏产业链主要由"游戏开发商——游戏运营商——用户"等组成。

（1）开发商获得收入的方式是通过研发游戏，向运营商提供游戏版本，来获取授权金以及后续的运营收入分成。如果游戏开发商具备较强的实力和话语权，就能够在收入分成中处于有利地位。

（2）网络游戏运营商获得收入的方式是通过运营游戏，直接从游戏玩家处获得支付金或通过收取广告投放费用获得。收费模式主要有按时长收费、按道具收费、按交易收费和游戏内置广告收费。

除了运营商向研发商支付版权金外，对于后续游戏内产生的流水，开发商和运营商一般是各50%进行分成，强势研发商可能会要求分到更多，分成比例通常不固定。

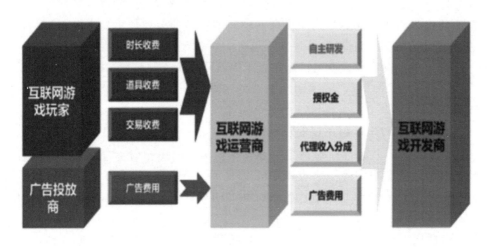

端游行业的主要产业链价值体系

2.9 中国游戏运营环境分析

中国游戏产业已经走过了近20年的发展历程，取得了巨大成就。但时至今日，它仍然算是一个新兴产业、一个朝阳产业。到2017年，中国游戏市场规模为1655.1亿元，中国网络游戏市场的收入约占全球27%的份额。排名第二，美国则以29%居于榜首。

为什么中国的网络游戏产业在经历了前几年的爆发式增长之后，前进的脚步有了放缓的趋势呢？究竟是什么在阻碍着该产业的发展？

中国网络游戏产业已经走过瞬间创造财富的积累期，互联网泡沫破灭之后的风险资本在利益的驱使下，纷纷涌入这个朝阳产业，从而展开新一轮的淘金热。在产业内部竞争的背后，产业自身的弱点也逐渐暴露无遗。

（1）产业管理混乱。中国软件业和硬件业的快速发展都不能脱离开国家和各级地方政府的政策指导和产业扶持，而对于网络游戏这个新兴产业，国家对其缺少政策统筹。在产业发展的初期，因为它是个新生事物，对其不了解、不认识，所以各方对其管理很少。在进入新世纪之后，随着该产业的蓬勃发展，吸引了越来越多的注意力。此时，包括国家官方机构和非官方机构在内的管理者突然多了起来，而且彼此交叉，造成管理效率低下。

（2）企业成长乏力。中国网络游戏产业庞大的市场空间吸引着越来越多的投资者进入。2014年初，国内的网络游戏运营商只有80余家，该数字在2016年年底达到创纪录的180家。越来越多竞争者的加入，必将促进行业的重新洗牌和市场的细分。

据统计，该行业内只有约10%的运营商是赢利的，其余的企业都是亏损的。造成该结果的重要原因，在于国内企业没有拥有自我知识产权的产品，没有掌握网络游戏产业开发的相关技术和积累相关的专业技术人员和营销队伍，企业自身缺乏成长的空间和动力。

（3）社会认知落后。网络游戏在发展的初期仅仅被认为是一种休闲娱乐的方式。随着互联网的发展，以及其自身内容和形式的不断变化，它吸引了越来越多人士的注意。由于该产业的受众群以年轻人为主，而且76.5%的人使用该娱乐方式的地点在网吧，年轻人自我控制力的脆弱、网络游戏内容的暴力化和色情化、网吧管理的松懈和混乱，所有这些原因都导致了中国社会主流人群对网络游戏仍然存在抵触和厌恶情绪，特别是一些学生的家长。

中国网络游戏产业的管理者及其开发商、运营商和渠道商在经历了短暂的行业阵痛之后，已经开始了新的探索和尝试，正在走出一套符合中国国情的产业发展之路。

第一，文化部成为国家网络游戏的主管部门。文化部文化市场司网络文化处在一份名为《文化部文化市场司网络文化处就管理互联网文化的政策法规依据做出说明》的文件中指出，国家近期颁布的政策已经明确将网络游戏归文化部管理，所谓"网络游戏管理职责交叉"已不存在。

第二，国产网络游戏的研发和营销成为产业的工作重点。国产网络游戏研发已经成为众多网络游戏运营商的重点，而且门户网站和网络数码娱乐企业诸如腾讯等巨无霸企业也进入了该领域。中国网络游戏产业已经掌握了世界领先的网络游戏研发技术，如网络游戏引擎技术，而且由于网络游戏研发瓶颈并不高，众多与中国传统、优秀文化相结合并在其基础之上实现突破和创新的新产品已经陆续出现。

第三，净化市场，打造绿色网络游戏产业。中国网络游戏产业在高速发展的同时，必须保护消费者的合法权益，为消费者营造一个诚实、守信、放心的网络环境。在净化网络环境的过程中，推进网络游戏的分级是势在必行的。

2.10　本章小结

游戏产业随着科技的日新月异和网络的飞速发展，其原有的市场格局正在逐渐变化。并且随着一些国家，如中国经济的飞速发展，游戏产业市场情况也在逐渐地发生变化。因此，我们在了解游戏历史的同时，还必须了解游戏产业发展的趋势，这样才可以准确地掌握游戏市场的动态。

2.11 本章习题

（1）比较分析PC游戏与电视游戏的发展优势和劣势。

（2）列举当今次世代主机的机型，通过查阅资料的方式写出各厂商次世代主机的影响。

（3）通过查阅资料的方式了解当今各大游戏展的状况。

（4）通过查阅资料，对原创韩国网游和中国网游的现状进行比较分析。

（5）你对中国游戏运营环境还有什么新的见解？

游戏运营概述

教学目标

- 了解游戏运营的发展。
- 了解游戏运营工作的步骤。

教学重、难点

- 游戏运营工作的步骤。

游戏运营过程通常从游戏开发前的市场调研、产品立项开始，进入游戏产品的开发或代理引进、产品测试、上市、收费等阶段，直到因为某种原因游戏产品离开市场，不再向用户销售此产品，才算从真正意义上结束了一款游戏产品的运营工作。

通常，我们将游戏运营学定义为将人力、物料、设备、技术、信息、能源等生产要素(投入)变换为有形产品和无形产品(服务)产出的过程，而运营(又称生产与运作管理)是任何一个企业都具有的职能。

3.1 游戏运营的观念与演变

与其他国家的游戏市场环境相比，中国的游戏市场环境非常特殊的地方在于，在过去的几十年间，中国对知识产权的保护不利，因此，单机版游戏的发展一直受制于盗版的猖獗。2000年，随着大陆华彩软件代理发行的中国第一款中文MMORPG《万王之王》的正式推出，游戏运营商发现了规避盗版最有利的方法，从此标志着中国游戏行业运营时代的到来。

中国游戏运营的演变历程大致可分为运营理念登陆中国、运营经验摸索发展、运营公司自主研发、高成本或多样化经营四个阶段，在每个阶段中都会有一些公司处于主导地位。

1. 港、台公司登陆中国内地，运营理念基本形成

这一阶段最主要的特殊性在于港、台公司进入中国内地市场。

从中国游戏行业诞生之日至20世纪90年代中期，中国台湾游戏公司进入中国内地，促进了中国游戏行业的发展。例如，第一家进入中国内地市场的智冠和中国第一款网络游戏运营商华彩软件，以及紧随其后进入中国内地市场的第三波、华义、游戏橘子等都是港、台的专业游戏、软件公司。其公司运营模式直接照搬港、台公司，中高层管理人员大部分为港、台人士，港、台公司研发或代理的海外产品成为当时中国内地游戏产品的主角。华彩软件发行了中国第一款网络游戏《万王之王》，游戏运营从此应运而生，一大批港、台公司陆续发布了自己的网络游戏，并为中国游戏行业带来了整套的运营理念。

2. 运营经验逐渐成熟，内地公司得到发展

随着游戏行业市场前景的逐渐明朗，大批内地游戏运营公司也应运而生，最早一批的游戏公司有新天地、世纪雷神、天人互动等，这些公司的产品大部分都是购买海外版权，在国内发行，如比较知名的有《古墓丽影》、《奥尼》、《索尼克》等。

最初，这些内地公司的运营模式与中关村的批发商差不多，主要的业务就是购买版权、制作产品及宣传推广、销售。随着盗版软件的猖獗泛滥，这些公司的利润空间几乎被榨干，由此出现了一套游戏用8张或更多张光盘发行的案例，其单张销售价格甚至低于盗版游戏的销售价格。

通过一段时间批发商似的运作，在内地经营的游戏公司都发现版权问题严重影响了这个行业的发展。与此同时，华彩软件发行了中国第一款网络游戏《万王之王》，加之中国互联网的飞速发展，使各游戏公司重新看到了希望，可以直接避免与盗版链条的利益冲突。于是，各家公司纷纷从海外购买网络游戏版权，开启了网络游戏风靡全国的局面。在这之中，各家游戏公司选择渠道各不相同的产品，如韩国产品《传奇》、《天堂》，北美产品《无尽的任务》、《魔剑》，日本产品《魔力宝贝》、《石器时代》等。由于文化差异、运营成本等各方面的原因，使得一些游戏运营商倒闭，但也造就了一些网络时代的游戏公司，如盛大，成为这段时期最成功的企业。

3. 运营思路逐渐成熟，拥有自主知识产权

网络时代的到来造就了一批成功的企业，同时也带来了一些问题。由于国内大量产品不是运营商自主研发的产品，导致产品版权合同到期后被开发商收回，从而造成运营公司"为别人做嫁衣"的尴尬局面。在短短的两三年间，数十款游戏上市，数十款游戏死亡，产品的更新速度使大量的玩家应接不暇。在此期间受到广大网民关注的盛大与《传奇》开发商的授权协议之争，突出体现了当时游戏运营公司所面临的尴尬处境。

这些问题都使在中国内地运营的游戏公司发现，运营不仅要做好产品的运作管理，同时还要拥有自主知识产权的产品。盛大事件发生半年后，其自主研发的《传奇世界》开始公测。随后一批新的游戏运营商也发布了自主知识产权的产品，如网易的《大话西游》、金山公司的《剑侠情缘》，这两款游戏产品不仅是国内运营商自主研发的，而且还是具有中国文化特色的产品，满足了中国玩家对具有中国传统文化特色游戏产品的迫切需求。由此可见，国内的运营商已经进入了一个冷静看待市场需求、完善游戏运营理念的阶段。

4. 运营理念逐渐完善，高成本或多样化经营

经过一段时间的迷茫与摸索，现在的游戏运营公司已经具有相当成熟的运营观念，开始着手进行大规模的产品投资，并且获得了可观的利润。

网络游戏产业是一个新兴的朝阳产业，经历了20世纪末的初期形成期段，以及21世纪初的快速发展阶段，现在中国网络游戏产业处在成长期，并快速走向成熟阶段。

我国网络游戏产业呈现快速稳定的良好发展态势，不仅形成了日渐完善的产业链和相对成熟的产业发展环境，而且本土原创网络游戏在实现由量变到质变跨越的同时，还积极拓展海外市场。网络游戏在游戏品种、数量、题材类型、市场规模和从业人员数量等方面，都实现了持续快速的增长。从单一大型多人在线游戏到网页游戏、社区游戏、手机网游等新品种不断涌现，从以魔幻类游戏题材为主到益智、军事等游戏均已投放市场。

2015年中国游戏市场规模为212亿美元，其中移动游戏市场有71亿美元，到2016年年底，中国作为亚太第一、全球第一大游戏市场，市场规模基本达到244亿美元(约合人民币1682亿元)。

中国有约14亿人口，是全球第一人口大国，据中国互联网络信息中心(CNNIC)报告显示，截至2016年6月，中国网民规模达7.1亿，互联网普及率达到51.7%，超过全球平均水平3.1个百分点，超过亚洲平均水平8.1个百分点，网民规模连续9年位居全球首位。

中国智能手机普及率为58%，手机网民规模达6.56亿，随着人口红利逐步消失，用户增长将趋于稳定。

中国目前是全球第一游戏大国，中国移动游戏市场在经历了2009—2011年的探索期，2012—2013年的启动期后，2014年起进入高速发展时期，到2015年稳定发展，再到2016年人口红利逐步消失，游戏市场增长开始放缓。当前中国的游戏市场已经由增量市场逐步转入存量

市场，整个行业的竞争也愈演愈烈，中小厂商批量死亡将成为现实，或者中小厂商与大企业合作共生将成为市场常态。

据中国产业调研网发布的2016—2020年中国网络游戏行业现状研究分析及发展趋势预测报告显示，我国网络游戏将获得规范化发展。2015年1月4日国务院办公厅下发了《关于转发知识产权局等单位深入实施国家知识产权战略行动计划(2014—2020年)的通知》，提出规范网络作品使用，严厉打击网络侵权盗版，优化网络监管技术手段。

图3-1显示了2016年中国移动游戏市场的研究报告，从中我们可以看出，2016年运营商的收入是2011年的16倍多。

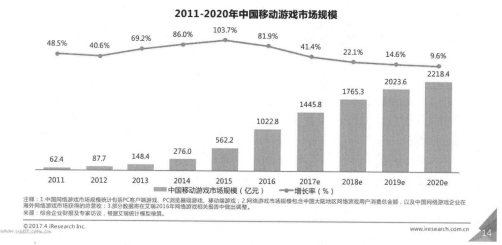

图3-1　2016年中国移动游戏市场研究报告

当游戏运营进入成熟阶段后，很多国内互联网行业的巨头也加入到了游戏运营行列中。随着网易、新浪、搜狐、九城、腾讯的加入，各个大型游戏运营商之间不仅在竞争产品品质、游戏用户，而且还将其各自的资源整合，进行一系列竞争。例如腾讯公司，拥有大量的在线注册用户，其开通的游戏平台，运营着排名前三的客户端游戏《英雄联盟》、《天涯明月刀》、《穿越火线》，手游排名前三的游戏有《CF手游》、《王者荣耀》、《皇室战争》，页游排名前三的游戏有《贪玩蓝月》、《传奇霸业《铁骑冲锋》等。针对不同类型的用户，提供了道具、换装、点卡等多种多样的收费模式，从而进一步深入开发了用户资源，增加了赢利模式。

3.2　游戏运营概述

3.2.1　制订企业战略

企业在决定进入游戏行业之前，首先需要对企业资源及资金投入进行评估，看是否有足够的资金做后盾，是否有足够的人力来参与这个项目，是否有足够的时间和资源来运作这个项目。与其他成熟的行业相比，这个领域存在着太多的不确定性、不稳定性。也许我们投入了大笔的资金、充足的人力、大量的时间与用户，却由于市场定位的失误而损失惨重；同时也有可能是只投入了少量的资金、人力、时间和资源，却得到了不错的收益。正是因为如此，这个行业造就了马化腾、陈天桥、丁磊这些大佬的业内神话。

当企业有这种实力进入游戏行业时，市场调研将是每一个投资者首先要做的事情。企业需要通过市场调研来给自己的投资以一个定位：是单机游戏，还是网络游戏；是直接运营开发成熟的游戏，还是自主开发；是寻找一个有丰富经验的开发公司，还是重新组建一个团队。这些方面都需要企业仔仔细细地考虑到，并且需要将各方面的因素制作成商业化文档。

因此，在制订企业战略时，要进行市场调研、做目标市场定位、制作商业文档这三部分工作，这些将在第4章进行详细介绍。

3.2.2　项目管理

如果通过市场调查，确定公司定位于运营网络游戏，那么就要组建开发团队。组建团队时，可以在业内寻找那些有丰富游戏开发经验的老手，也可以适当吸收一些有想法和创意的新人。需要注意的是，担任游戏项目主要职务的最好都是有丰富经验的人，因为游戏开发需要熟练的开发过程和经验，这样可以让项目少走很多弯路。

至于选择开发什么类型的游戏，主要由市场调查的结果来决定，如市场上玩家所喜爱的游戏类型、游戏模式、收费方式等相关信息，经过游戏团队的项目负责人分析后，决定将要开发的游戏的具体框架及如何推广游戏。项目负责人还应提交出一份项目报告，其中要详细介绍将要开发的游戏的具体内容。如果项目得到认可，就可以进入游戏开发阶段了。

游戏开发是一个漫长的过程，如果一切都从头开发设计，那么一款游戏甚至需要2～3年的时间才能面世。因此，制订适合自己的开发模式就显得尤为重要，我们将在第5章进行详细阐述。

当然，如果企业仅仅希望代理某个产品，而不考虑上面所提到的那些成立专业游戏开发团队的事情，那么选择代理的游戏产品将成为最重要的一环。

在进行项目管理阶段，不论是产品自主开发，还是代理某个产品，都需要做技术团队组建、产品定位、开发或代理产品这三部分工作。

3.2.3 产品推广

当你和你的团队历经艰难困苦，终于开发完成或洽谈成功得到了一款游戏时，接下来要做的，就是让全世界都知道这款游戏的存在，让全世界的玩家都来体验这款游戏。这就需要市场推广。推广游戏和开发游戏一样，首先需要一个运营团队。这个团队要制订前期推广策略，进行各种方式的宣传，打通各个渠道，甚至要直接和网吧打交道，还要利用各种可以利用的资源进行商务合作，借助别人的力量来推广自己的产品。

关于如何组建一支良好的运营团队，将在第6章进行讨论，产品市场推广的内容将在第7章做详细介绍。

3.2.4 渠道销售

一个产品从开发到发布不是直接就可以跳转过去的，其中需要经历内部测试、公开测试，解决游戏本身所存在的问题，然后才可以正式发布并收费。当你达到这个阶段时，就意味着你在此之前所有的投入终于有了回报。

但这时还需要想办法让所有的玩家都认为你的游戏物有所值，尽可能地提高产品的市场占有率，所以制订价格策略、建立销售渠道就显得非常重要了。渠道的意义重大，它不仅是收回前期投入的回报通道，同时也是与玩家沟通、拓展玩家资源的通路。关于渠道销售，将在第8章进行详细介绍。

3.2.5 产品的技术支持及管理

要使游戏成为经典的游戏，在发布了游戏以后，还需要发布游戏的补丁以不断地升级和完善游戏。

网络游戏的特殊性在于它不仅是有形产品，而且还要提供无形服务。网络游戏一个很大的特点就是后期的维护和升级，服务的重要性不言而喻。如果你不能对游戏进行及时的维护和不断的升级，将很难保证游戏在后期的运营和维护中得到优质的服务。

关于产品的技术支持及管理将在第9章进行详细介绍。

3.2.6 售后服务

网络游戏运营商提供服务的重要性不言而喻，它有别于传统行业的售后服务可以直接为用户退换货这种简单的处理方式，网络游戏运营商面对出现问题着急解决的玩家，要及时提供处理客户投诉的服务，在游戏内提供游戏管理员，来维持游戏虚拟世界的安宁，还要经常接近玩家，听取玩家对游戏的意见和反馈，及时做出对产品更新升级的调整。售后服务将维持住大量对公司品牌以及产品忠实的玩家，而这些玩家正是游戏公司收入的主要来源。

关于售后服务将在第10章进行详细介绍。

3.2.7　游戏周边

与国内游戏市场丰富的产品和快速成长相比，游戏周边产业品种单一，产业发展缓慢。在单机版游戏时代惯用的游戏海报、游戏纸带等，一直作为游戏厂商推销豪华版游戏或促销活动中的赠品免费发放。在网络游戏一统天下的时代，不少运营商开始着手拓展游戏周边市场，但是其重视度以及运作意识还有待提高。目前，游戏周边产业的发展已经由大量非官方资源自发形成一定的市场规模，如虚拟物品交易、游戏私服、形象玩偶、竞技活动、游戏公会等游戏周边业务。目前，制约游戏周边产业发展的因素主要包括版权问题、品种单一、渠道方式、资金占用、产品和服务价格等亟待解决的难题，尤其是渠道问题，更成为困扰游戏厂家发展周边产品的瓶颈。与游戏庞大的市场规模以及国外同行的发展相比，中国的游戏周边产业尚处于十分不完善的初级阶段。

关于游戏周边，我们将在第11章进行详细介绍。

3.3　本章小结

游戏运营是以市场营销学、企业经营管理学、人力资源管理等为基础的，同时还包含数学、统计学、数理统计、开发技术等相关知识，并且学习本学科还应具备相关的实际工作经验，了解游戏公司的运作流程、技术流程特点，这样可以更好地学以致用。

本章从游戏运营工作流程的角度，概述性地讲解了有关游戏运营的相关内容，为以后学习具体的内容做了铺垫。

3.4　本章习题

（1）简述近几年来中国游戏厂商的运营思路。

（2）比较自主开发和引进外国游戏产品的运营方式的优劣。

（3）简述游戏运营工作的各个环节。

04 运营策略

教学目标

- 掌握市场细分的理论依据、意义及原则。

- 了解市场细分的层次。

- 了解用户市场细分。

- 了解市场调研。

- 了解项目三角的内涵。

教学重点

- 掌握产品的定义以及产品生命周期的阶段。

教学难点

- 了解游戏与项目三角的关系。

对于营销人员来说，认识市场是进行营销活动的基础，本章将介绍如何对市场进行细分，使市场营销人员及企业的管理者能更好地认识、了解营销环境，以制订出符合企业和产品特点的运营策略。

4.1 市场细分

市场细分是指根据消费者的消费需求和购买习惯的差异，将整体市场划分为由许多消费需求大致类同的消费者群体所组成的子市场群。市场细分也被称为市场分割或市场区域化。

4.1.1 市场细分的意义

市场细分的观点是美国学者温德尔·史密斯在20世纪50年代提出的，被誉为创造性的新概念。它主要的理论依据有以下两个。

(1) 消费需求在客观上存在绝对的差异性。如个性、心理、社会地位，以及对商品的品种、数量、价格、样式等要求都会有所不同，并且，这些差异是绝对的，因此，以消费需求为中心的营销活动就自然地建立在对这些客观差异的识别和区分，即市场细分上。

(2) 消费需求客观存在着相对同质性。处于同一地理条件、社会环境和文化背景下的人们，往往会形成具有类同的人生观、价值观的亚文化群。正因为消费需求在某些方面的相对同质，市场上绝对差异的消费者才能按一定标准聚合成不同的群体，每一个群体都是一个有相似欲望和需求的市场部分或子市场。

综上所述，消费需求的绝对差异造成了市场细分的必要性，消费需求的相对同质性则使市场细分有了实现的可能性。

实践已证明，市场细分是现代企业从事市场营销活动的重要手段，是企业通向成功的阶梯。企业对市场进行细分的主要意义在于以下几个方面

1. 有助于企业深刻地认识市场

消费者的不同特征和不同需求使市场变得极其复杂，市场细分为我们提供了极好的分析工具，通过按不同标准细分，仿佛从不同的角度把复杂的市场分开，再拼起来。这样使我们既清晰地认识了每一个部分，又了解了各部分之间的联系。企业在市场细分的基础上，对市场整体有了既清晰又全面的把握，可以详细分析每一个细分市场层面的需求及其满足情况，寻找适当的市场机会。

2. 有助于企业发现最佳的市场机会

企业利用市场细分就能及时、准确地发现属于自己的市场机会。因为消费者的需求是没有穷尽的，总会存在尚未满足的需求，企业只要善于进行市场细分，总能找到市场需求的空隙。有时候，一次独到的市场细分就能为企业创造一个崭新的市场，百事可乐公司就是通过市场细分为自己发现了绝妙的市场机会，并在此基础上采用一系列营销手段和努力，成功地改写了可乐市场上可口可乐一统天下的局面。当时可口可乐在消费者心目中几乎就是饮料的代名词，其他品牌的饮料根本无法与之相提并论。百事可乐首创不含咖啡因的七喜，并以饮料中是否含有咖啡因作为标准，硬是将饮料市场一分为二——含有咖啡因的饮料市场和不含咖啡因的饮料市场，并成功地让消费者认同：可口可乐是前一个市场的霸主，而七喜则是后一个市场的领导者。

3. 有助于企业确定经营方向，开展针对性的营销活动

慎重地选择自己所要满足的那部分市场，使企业的优势资源得以发挥，是至关重要的。通过市场细分，一方面，企业把市场分解开来，仔细分析比较，及时发现竞争动态，避免将生产经营过度集中在某种畅销产品上与竞争者一团混战；另一方面，又可以选择有潜力又符合企业资源范围的理想顾客群作为目标，有的放矢地进行营销活动，集中使用人力、物力和财力，将有限的资源用在刀刃上，从而以最少的经营费用取得最大的经营成果。

例如，美国钟表公司决定其经营方向之前，仔细地考察了手表市场，对消费者的购买动机进行了细分。他们发现大约23%的购买者购买手表时，希望价格低廉，46%的人购买经久耐用、质量较好的手表，还有31%的人购买可以在某些重要场合显示身份的手表。当时，美国市场上一些著名的手表公司都全力以赴地争夺第三个市场，它们生产价格昂贵、强调声望的手表，并通过大百货商店、珠宝店出售。美国钟表公司分析、比较了这三个市场层面后，决定把精力集中到前两个竞争较弱的细分市场，并适应这两个消费者群的需求特点，设计开发了一种名为"天美时"的物美价廉的手表，选择更贴近目标顾客的超级市场、廉价商店等零售商和批发商为分销渠道出售。正是这一成功的市场细分战略，使该公司迅速获得了很高的市场占有率，成为当时世界上最大的手表公司之一。

4. 对小企业具有特别重要的意义

与大企业相比，小企业的生产能力和竞争实力要小得多，它们在整个市场或较大的细分市场上无法建立自己的优势。而借助市场细分化，小企业可以发现某些尚未满足的需要，这些需要或许是大企业忽略的，或许是极富特殊性，大企业是不屑去为之专门安排营销力量的。无论何种情况，只要是小企业力所能及的，便可以见缝插针，建立牢固的市场地位，成为这一小细分市场的专家。小企业还可充分发挥"船小调头快"的优势，不断寻找新的市场空隙，使自己在日益激烈的竞争中得以生存和发展。

4.1.2　市场细分的层次

市场细分通常分为四个层次，即细分、补缺、本地化和个别化。

1. 细分营销

细分市场由在市场上大量可识别的各种群体组成。一个开展细分营销的公司认识到，购买者的欲望、购买实力、地理位置、购买态度和购买习惯各不相同，但同时，公司也不愿意而且也不可能为每个个别的顾客定制一组产品或宣传，所以公司就会把构成市场的大细分片独立出来。例如，一个汽车公司分析出四组大细分片，分别为寻求基本运输的汽车购买者、寻求高性能的汽车购买者、寻求豪华的汽车购买者、寻求安全驾驶的汽车购买者。

因此，细分片是介于大众化营销与个别营销之间的中间层群体。属于一个细分片的消费者群体是假设他们有相同的需要和欲望，但他们并非等同一人。因为在一个细分片中的消费者同样有各种各样的不同需求，但相对来说，他们的共同点多一些。所以，对市场的细分不可能精确到每个人，但相比大众化营销来说，就精确了许多。

细分营销相对于大众化营销有几个优点：能创造出更适合目标受众的产品、服务和价格，选择分销渠道和传播渠道更方便，如果竞争者也注重市场细分的话，公司将面临较少的竞争对手。

2. 补缺营销

补缺营销是在细分市场的基础上再细分市场。营销者确定补缺市场的方法是把细分市场再细分，或确定一组有区别的为特定的利益组合在一起的少数人。例如，超级游戏迷的子细分市场片是喜欢玩联机对战游戏的超级游戏迷和喜欢玩网络游戏的超级游戏迷。

细分市场是相当大的，并且吸引了许多竞争者，而补缺市场相当小，并只吸引一个或少数竞争者。一般只有小竞争者才对补缺市场感兴趣，而大竞争者，例如波音公司，它会把市场的碎片丢给补缺者。

补缺营销要求高度了解补缺者的要求，以至于他们的客户愿意出溢价来获得商品或服务。一个有吸引力的补缺市场具有这样一些特征：补缺市场的顾客有明确和复杂的一组需要，他们愿为提供最满意需要的公司付出溢价；"补缺者"应具有所需的技术以服务于超级流行样式的补缺市场；补缺营销者需要实行经营专门化后才能成功；补缺公司并不为其他竞争者所重视，补缺者只能自己依靠自己；补缺市场应有足够的规模、利润和成长潜力。

3. 本地化营销

日益增多的目标营销者采用地区和本地化的营销方法，把营销方案裁剪成符合本地顾客群所需要的计划(贸易地区、邻近区域，甚至个性化商店)。

例如，神舟电脑各区域分公司进行本地化的角色扮演，可以针对当地消费习惯、行政政策，制订相应的销售策略，成为总部与专卖店间沟通的纽带。统一渠道，使得神舟在价格变动、新品推广时，能够及时做出反应，迅速将信息传达到神舟的各个卖场。再比如，肯德基每几个月就推出一道符合当地消费者口味、颇受当地消费者欢迎的食品，从最初的奶油口味家乡鸡到现在的中国口味吮指原味鸡，从炸鸡翅到蒜味的奥尔良烤翅、樟茶鸡翅等。

当然，这种营销方案由于减少了规模经济而相应地增加了制造成本和营销成本，而且，市场的后勤和服务体系也随之相应扩大。

4. 个别化营销

个别化营销就是"细分到个人"、"定制营销"或"一对一营销"。例如，制造商为每个大客户定制供应品、送货和开账单，茅台集团为特殊的集团顾客或个人专门定制、收藏一定数量的茅台酒，这些都是典型的个别化营销。

说到奔驰，懂车的无人不识，提起改装奔驰，搏速(BRABUS)的名声在业内绝对声名显赫，它是世界最大的奔驰汽车改装厂商。在国外，搏速拥有独立的销售网络和专卖店，所有经过改装的奔驰车都经过奔驰原厂的测试与验证，因此，它可以把自己的商标"B"贴在奔驰的车头，相当于一个独立的汽车品牌以整车形式进行销售与上牌。可以说，搏速就是奔驰车的"形象顾问"，根据顾客的需要，改变奔驰的内饰，把电脑、卫星通信、导航装到了车上。

防弹改装更是搏速为奔驰制订的"健身计划"，马来西亚总理马哈蒂尔驾驶的就是一款经过改装的防弹车，车的整体装甲和玻璃都经过特殊改装，经得起肩扛式火箭弹的袭击。

4.1.3 市场细分的模式

市场细分的方法有很多种，除了用人文统计学或生活方式进行细分外，我们也能识别偏好细分市场。假设我们向冰淇淋的购买者询问甜份和奶油两个产品属性，由此将产生三种不同的偏好模式，如图4-1所示。

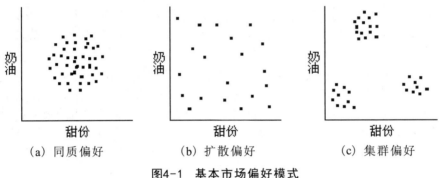

（a）同质偏好　　　　（b）扩散偏好　　　　（c）集群偏好

图4-1　基本市场偏好模式

（1）同质偏好：图4-1(a)显示了一个所有消费者有大致相同偏好的市场。这个市场并不存在惯常的细分市场。我们可以预言，现存的品牌将会是类同产品，并且都处在甜份与奶油两者偏好的中心。

（2）扩散偏好：是指消费者的偏好可能在空间四处散布，如图4-1(b)所示。这表示消费者对于产品的要求存在差异。先进入市场的品牌可能定位在市场的中心，以迎合最多的购买者。一个位于中心的品牌可使所有消费者总的不满为最小。新进入市场的竞争者，可能把它的品牌设置在原先的品牌附近，从而引发一场争夺市场份额的战斗；或者把它的品牌设置在一个角落里，以赢得那个对位于市场中心品牌不满的消费者群体。如果这个市场上有多个品牌，则它们很有可能定位于整个空间的各处，各自显示其实质差异，来迎合消费者偏好的差异。

（3）集群偏好：市场可能出现有独特偏好的密集群，这些密集群可称为自然的细分市场，如图4-1(c)所示。第一个进入此市场的公司有三种选择：它可以将产品定位于中心，以迎合所有的群体(普及销售)；也可以将产品定位在最大的细分市场内(目标销售)；还可以推出好几种品牌，分别定位于不同的细分市场。显而易见，如果公司只发展一种品牌，那么竞争者就会进入其他的细分市场，并在那里引进许多品牌。

4.1.4 用户市场细分

概括起来，细分用户市场的变量主要有四类，即地理变量、人文变量、心理变量和行为变量。以这些变量为依据来细分市场就产生出地理细分、人文细分、心理细分和行为细分四种市场细分的基本形式。实际中，企业一般是组合运用有关变量来细分市场的，而不是采用单一的某个变量。

1. 按地理变量细分市场

由于地理位置环境的不同，用户对于同一类产品往往有不同的需求与偏好，对企业采取的营销策略与措施会有不同的反应。比如，我国南方沿海一些省份，某些海产品被视为上等佳肴，而内地的许多消费者则觉得味道平常。又如，由于居住环境的差异，城市居民与农村消费者在室内装饰用品的需求上大相径庭。

按照用户所处的地理位置、自然环境来细分市场时，常用的变量有国家、地区、城市规模、气候、人口密度、地形地貌等，如表4-1所示。

表4-1　细分市场地理变量

变　量	划分标准
地区	南方、北方；东北、华北、西北、华东、华南、华中、东南；珠江三角洲、长江流域、胶东半岛、渤海经济圈、大西北开发区；或以中心城市为圆心来划分，比如北京、上海、广州、成都、西安、沈阳、武汉等
城市或标准都市统计区大小	小于5000，5000～19999，20000～949999，50000～99999；100000～249999，250000～499999，500000～999999，1000000～3999999；4000000或4000000以上
人口密度	都市、郊区、乡村
气候	严寒、温暖、炎热；干旱、潮湿、多雨

要注意，处于同一地理位置的用户其需求仍会有很大差异，所以，简单地以某一地理特征区分市场，不一定能真实地反映用户的需求共性与差异，企业在选择目标市场时，还须结合其他细分变量予以综合考虑。

2. 按人文变量细分市场

用户需求、偏好与人文统计变量有着很密切的关系，比如，只有收入水平很高的用户才可能成为高档服装、名贵化妆品、高级珠宝等的经常买主。

人文统计变量比较容易衡量，有关数据相对容易获取，这也是企业经常以此作为市场细分依据的重要原因。经常用于市场细分的人文统计变量包括年龄、性别、家庭规模、家庭生命周期、收入、职业、教育程度、宗教、种族、国籍等。实际上，大多数公司通常采用两个或两个以上人口统计变量来细分市场，如表4-2所示。

表4-2 细分市场人文变量

变 量	划分标准
年龄	15以下，15～18，19～25，26～35，36～55，56以上
性别	男，女
家庭规模	1～2人，3～4人，5人以上
家庭生命周期	青年，单身阶段；青年新婚阶段，无子女；青年满巢阶段1，已婚，最小子女不到6岁；青年满巢阶段2，已婚，最小子女6岁或6岁以上；较年长满巢阶段，已婚，与子女同住；较年长满巢阶段，已婚，子女都超过18岁；较年长孤独阶段，单身；其他
收入(元/月)	少于500，500～1000，1000～1500，1500～2000，2000～3000，3000以上
职业	专业技术人员、工人、管理人员、官员或老板、教育工作者、职员、工匠、农民、退休人员、学生、家庭主妇、失业
教育程序	小学、中学、大学及大学以上
宗教	天主教、基督教、犹太教、伊斯兰教、印度教，其他
种族	汉族、回族、满族等
国籍	中国、美国、英国、俄罗斯等
社会阶层	下下，下上，劳动阶层，中，中上，上下，上上

下面对常用的变量划分标准进行说明。

（1）年龄。不同年龄的消费者有不同的需求特点，如青年人对服饰的需求与老年人的需求差异较大。青年人需要鲜艳、时髦的服装，而老年人需要端庄、素雅的服饰。

（2）性别。由于生理上的差别，男性与女性在产品需求与偏好上有很大不同，如在服饰、发型、生活必需品等方面均有差别。像美国的一些汽车制造商，过去一直是迎合男性要求设计汽车，现在，随着越来越多的女性参加工作和拥有自己的汽车，这些汽车制造商正在研究市场机会，设计具有吸引女性消费者特点的汽车。

（3）家庭生命周期。一个家庭，按年龄、婚姻和子女状况大致可划分为如下七个阶段。在不同阶段，家庭购买力、家庭人员对商品的兴趣与偏好会有较大差别。

①单身阶段：年轻、单身，几乎没有经济负担，新消费观念的带头人，娱乐导向型购买。

②新婚阶段：年轻夫妻，无子女，经济条件比较好，购买力强，对耐用品和大件商品的欲望、要求强烈。

③满巢阶段1：年轻夫妻，有6岁以下子女，家庭用品购买的高峰期。不满足现有的经济状况，注重储蓄，购买较多的儿童用品。

④满巢阶段2：年轻夫妻，有6岁以上未成年子女。经济状况较好，购买趋向理智型，受广告及其他市场营销刺激的影响相对减少。注重档次较高的商品及子女的教育投资。

⑤满巢阶段3：年长的夫妇与尚未独立的成年子女同住。经济状况仍然较好，妻子或子女皆有工作。注重储蓄，购买冷静、理智。

⑥空巢阶段：年长夫妇的子女离家自立。前期收入较高，购买力达到高峰期，较多购买老年人用品，如医疗保健品。娱乐及服务性消费支出增加，后期退休收入减少。

⑦孤独阶段：单身老人独居，收入锐减。特别注重情感、关注等需要及安全保障。

（4）收入。高收入消费者与低收入消费者在产品选择、休闲时间的安排、社会交际与交往等方面都会有所不同。比如，同是外出旅游，在交通工具以及食宿地点的选择上，高收入者与低收入者会有很大的不同。正因为收入是引起需求差别一个直接而重要的因素，在诸如服装、化妆品、旅游服务等领域根据收入细分市场相当普遍。

（5）职业与教育。按消费者职业的不同、所受教育的不同以及由此引起的需求差别细分市场。比如，农民购买自行车时偏好于载重自行车，而学生、教师则喜欢轻型的、样式美观的自行车。又如，由于消费者所受教育水平的差异所引起的审美观具有很大的差异，诸如不同消费者对居室装修用品的品种、颜色等会有不同的偏好。

3. 按心理变量细分市场

根据购买者所处的社会阶层、生活方式、个性等心理因素细分市场称为心理细分。

（1）社会阶层。

社会阶层是指在某一社会中具有相对同质性和持久性的群体。处于同一阶层的成员具有类似的价值观、兴趣爱好和行为方式，不同阶层的成员则在上述方面存在较大的差异。很显然，识别不同社会阶层的消费者所具有的不同特点，对于很多产品的市场细分将提供重要的依据。

（2）生活方式。

通俗地讲，生活方式是指一个人怎样生活。人们追求的生活方式各不相同，如有的追求新潮时髦，有的追求恬静、简朴；有的追求刺激、冒险，有的追求稳定、安逸。西方的一些服装生产企业，为简朴的妇女、时髦的妇女和有男子气的妇女分别设计不同服装；烟草公司针对烟草公司针对挑战型吸烟者、随和型吸烟者及谨慎型吸烟者推出不同品牌的香烟，均是依据生活方式细分市场。

（3）个性。

个性是指一个人比较稳定的心理倾向与心理特征，它会导致一个人对其所处环境做出相对一致和持续不断的反应。俗语说"人心不同，各如其面"，每个人的个性都会有所不同。通常，个性会通过自信、自主、支配、顺从、保守、适应等性格特征表现出来。因此，个性可以按这些性格特征进行分类，从而为企业细分市场提供依据。在西方国家，对诸如化妆品、香烟、啤酒、保险之类的产品，有些企业以个性特征为基础进行市场细分，并取得了成功。

4. 按行为变量细分市场

根据购买者对产品的了解程度、态度、使用情况及反应等将他们划分成不同的群体，称为行为细分。许多人认为，行为变数能更直接地反映消费者的需求差异，因而成为市场细分的最佳起点。表4-3是几种常用的行为变量及划分标准。

表4-3　细分市场行为变量及划分标准

变　量	划分标准
使用时机	普通时机，特殊时机
追求的利益	质量，服务，经济
使用者状况	从未用过，以前用过，有可能使用，第一次使用，经常使用
使用率	不常用，一般使用，常用
品牌忠诚程度	无，一般，强烈，绝对
准备阶段	未知晓，知晓，已知道，有兴趣，想得到，企图购买
对产品的态度	热情，积极，不关心，否定，敌视

下面介绍按行为变量细分市场的几个主要方面。

（1）使用时机。

根据消费者提出需要、购买和使用产品的不同时机，将他们划分成不同的群体。例如，生产果珍之类清凉解暑饮料的企业，可以根据消费者在一年四季对果珍饮料口味的不同，将果珍市场的消费者划分为不同的子市场。

（2）追求的利益。

消费者购买某种产品总是为了解决某类问题，满足某种需要。然而，产品提供的利益往往并不是单一的，而是多方面的。消费者对这些利益的追求时有侧重，如对购买手表有的追求经济实惠、价格低廉，有的追求耐用可靠和维修方便，还有的则偏向于显示出社会地位等，不一而足。

（3）使用者状况。

根据顾客是否使用和使用程度细分市场，通常可将其分为经常购买者、首次购买者、潜在购买者、非购买者。大公司往往注重将潜在使用者变为实际使用者，而较小的公司则注重于保持现有使用者，并设法吸引使用竞争产品的顾客转而使用本公司的产品。

（4）使用数量。

根据消费者使用某一产品的数量大小细分市场，通常可将其分为大量使用者、中度使用者和轻度使用者。大量使用者的人数可能并不很多，但他们的消费量在全部消费量中占很大的比重。美国一家公司发现，美国啤酒的80%是被50%的顾客消费掉的，另外一半顾客的消费量只占消费总量的12%。因此，啤酒公司宁愿吸引重度饮用啤酒者，而放弃轻度饮用啤酒者，并把重度饮用啤酒者作为目标市场。公司还进一步了解到大量喝啤酒的人多是工人，年龄在25～50岁之间，喜欢观看体育节目，每天看电视的时间不少于3～5小时。很显然，根据这些信息，企业可以大大改进其在定价、广告传播等方面的策略。

（5）品牌忠诚程度。

企业还可根据消费者对产品的忠诚程度来细分市场。有些消费者经常变换品牌，而另外一些消费者则在较长时期内专注于某一个或少数几个品牌。通过了解消费者品牌忠诚情况和品牌忠诚者与品牌转换者的各种行为与心理特征，不仅可为企业细分市场提供一个基础，同时也有助于企业了解为什么有些消费者忠诚于本企业的产品，而另外一些消费者则忠诚于竞争企业的产品，从而为企业选择目标市场提供启示。

（6）购买的准备阶段。

消费者对各种产品的了解程度往往因人而异。有的消费者可能对某一产品确有需要，但并不知道该产品的存在；还有的消费者虽已知道产品的存在，但对产品的价值、稳定性等还存在疑虑；另外一些消费者则可能正在考虑购买。针对处于不同购买阶段的消费群体，企业可进行市场细分并采用不同的营销策略。

（7）态度。

企业还可根据市场上顾客对产品的热心程度来细分市场。不同消费者对同一产品的态度可能有很大差异，如有的喜欢持肯定态度，有的喜欢持否定态度，还有的则处于既不肯定也不否定的无所谓态度。企业可针对持不同态度的消费群体进行市场细分，并在广告、促销等方面有所不同。

4.1.5　市场细分的原则

企业可根据单一因素或多个因素对市场进行细分。选用的细分标准越多，相应的子市场也就越多，每一子市场的容量相应就越小。相反，选用的细分标准越少，子市场就越少，每一子市场的容量则相对较大。如何寻找合适的细分标准，对市场进行有效细分，在营销实践中并非易事。

一般而言，成功、有效的市场细分应遵循以下基本原则。

1. 可衡量性

可衡量性是指细分的市场是可以识别和衡量的，即细分出来的市场不仅范围明确，而且对其容量大小也能大致做出判断。有些细分变量，如具有"依赖心理"的青年人，在实际中是很难测量的，以此为依据来细分市场就不一定有意义。

2. 可进入性

可进入性是指细分出来的市场应是企业营销活动能够抵达的，即是企业通过努力能够使产品进入并对顾客施加影响的市场。一方面，有关产品的信息能够通过一定媒体顺利传递给该市场的大多数消费者；另一方面，企业在一定时期内有可能将产品通过一定的分销渠道运送到该市场。否则，该细分市场的价值就不大。比如，如果将我国中西部农村作为一个细分市场，游戏公司恐怕在一个较长时期内都难以进入。

3. 有效性

有效性是指细分出来的市场，其容量或规模要大到足以使企业获利。进行市场细分时，企业必须考虑细分市场上顾客的数量，以及他们的购买能力和购买产品的频率。如果细分市场的规模过小，市场容量太小，细分工作繁琐，成本耗费大，获利小，就不值得去细分。

4. 对营销策略反应的差异性

对营销策略反应的差异性是指各细分市场的消费者对同一市场营销组合方案会有差异性反应，或者说对营销组合方案的变动，不同细分市场会有不同的反应。如果不同细分市场的顾客对产品需求差异不大，行为上的同质性远大于其异质性，此时，企业就不必费力对市场进行细分。另外，对于细分出来的市场，企业应当分别制订出独立的营销方案。如果无法制订出这样的方案，或其中某几个细分市场对是否采用不同的营销方案不会有大的差异性反应，便不必进行市场细分。

5. 行动可能性

行动可能性即为吸引和服务细分市场而系统地提出有效计划的可行程度。

4.2 市场调研

市场调研是指以科学的方法，系统地、有目的地收集、整理、分析和研究所有与市场有关的信息，特别是有关消费者的需求、购买动机和购买行为等方面的市场信息，从而提出解决问题的建议，以作为营销决策的依据。

市场调研是企业了解市场的重要手段，通过市场调研，企业可以对影响市场供求状况的因素及市场走势做出正确的判断，可以有针对性地制订营销策略，发挥本企业的优势，在竞争中不断提高经营管理水平，从而取得良好的营销效益。

随着信息时代的到来，企业营销人员和管理者所需要的信息量越来越大，但是正如一位分析家指出的那样："现在缺少信息已不是问题，成问题的是被信息淹没。"营销人员常报怨有用的信息太少，而不适用的信息太多，有用的信息收到得太晚，或信息内容不准确。所以，营销人员和管理者需要更多更好的信息。营销信息系统可以帮助解决上述问题。

4.2.1 确定问题和调研目标

确定问题及调研目标往往是整个调研过程中最难的一步。决策者可能知道出现了问题，但却不知道确切的原因是什么。例如，一家游戏公司的区域销售经理仓促地认为销售额的下降是由于市场广告宣传不当造成的，于是调查公司的媒介投放，当调查结果显示目前的广告在信息内容及目标玩家方面都没有问题时，他们感到很困惑。最终的结果是，游戏活动中没有能够兑现广告中承诺的服务。所以，仔细地确定要调查的问题，可以节省用于调查的时间和费用。

决策者必须和调查人员密切合作，共同确定问题，决定调研的目标。决策者比较了解制定决策所需的信息，而调研人员了解市场调研及如何获取信息。

决策者应对营销调研有足够的了解，以便更好地筹划调研活动和解释调研结果。如果没有足够的了解，他们就可能获得错误的信息，接收错误的结论，或要求成本过高的信息。而有经验的营销调研人员能了解决策者的要求，因此也应加入到这一决策中来。决策者应能够帮助经理们确定需要调查的问题，对如何调查能更好地帮助他们制订决策提出各种建议。

仔细确定了调查的问题之后，营销人员和调研人员就必须设定调研目标。一个营销调研计划不外乎下列三种目标之一。

(1) 探索性调研的目标是收集初步信息，以帮助确定要调研的问题和提出假设。

(2) 描述性调研的目标是对诸如某一产品的市场潜力或购买某产品的消费者的人口与态度等问题进行详细的表述。

(3) 因果性调研的目标是检验假设的因果关系。营销者常以探索性调研为开端，而后会做描述性或因果性调研。

调研问题与目标的表述指导整个调研过程。经理人员和调研人员应将这一表述做成书面材料，以确保他们对调研的目的和预期结果看法一致。

4.2.2 制订调研计划

营销调研的第二步应该是确定所需信息、制订有效收集信息的计划并向决策者提出该计划。这个计划应简述现存信息的来源，指出调研人员收集新信息的特定的调查方法、接触方式、取样计划和调查工具。

1. 确定信息需求

调研目标必须被转换为特定的信息需求。例如，盛大公司决定要进行一项调查，看公司进入网络电视行业用户将如何反应。新产品会贵些，但是用户能在电视上享受更多功能，而且还可以玩盛大的游戏。这个调查将需要下列特定的信息。

（1）目前经常使用电视的人口分布、经济状况和生活方式。

（2）用户使用电视的目的。

（3）零售商对新产品的反应。

（4）用户公司和家用电视的数量。

（5）用户对新产品的态度。

（6）对新业务和现有业务产品的销量的预测。

若能得到以上问题的答案，将对盛大公司决定是否进入新行业有很大的帮助。

2. 收集二手信息

为了满足营销人员的信息需求，调研人员可以收集二手信息、原始信息或者两者都要。二手信息是指已存在的为其他目的而收集的信息。原始信息是指为目前的目标而专门收集的信息。

调查者通常首先收集二手信息。一般来说，二手信息比原始信息的获得要快，而且成本也低。例如，上网查一下，就可以使盛大公司获得所需要的电视使用情况的全部资料，而且几乎没有任何花费，而如果去收集原始数据，就可能需要几周甚至几个月的时间，而且要付出很多的费用。另外，二手信息又可以提供公司靠自己的力量无法获得的信息——公司无法直接获得或收集成本太高的信息。

二手信息也会带来问题。也许所需信息并不存在，调查者很少能从二手信息中获得他们所需的全部信息。调查者必须仔细判断二手信息的价值，以确保其相关性(适合调查计划需要)、准确性(可靠的收集与报告)、及时性(最新的资料以便做出当前的决策)及公正性(客观的收集与报告)。

二手信息是进行调研的良好开端，而且对确定问题与调研目标很有帮助。但在大多数情况下，公司还必须收集原始信息。

3. 原始数据的收集计划

好的决策需要好的信息，正如调查者必须仔细评估二手信息的质量一样，他们也必须仔细收集原始信息，以确保做到相关、准确、及时和无偏见。表4-4显示设计原始数据的收集计划时需要做出几方面的决策：调研方法、接触方式、取样计划和调研手段。

表4-4 原始数据的收集计划

调研方法	接触方式	取样计划	调研手段
观察 问询 试验	信函 电话 个人电脑	抽样对象 样本规模 抽样程序	问卷 机械装置

4.2.3 调研方法

1. 观察性调研

观察性调研是收集探索性信息的最佳方式，是通过观察相关的人、行为和环境来收集原始数据。例如，某游戏公司这样测试他的游戏产品效果：在玩家进行游戏的时候，测量其眼部运动、脉搏及其他身体反应。而一家银行可以通过调查交通状况、周围环境和竞争性分行的位置来评价可能的分行新址。

观察性调研可用于获取人们不愿或不能提供的信息。在有些情况下，观察可能是获得所需信息的唯一途径。反过来说，有些事是观察不到的，例如感情、态度、动机或私人行为。长期的或偶然的行为也很难去观察。由于这些局限，调研人员在使用观察法的同时，还要使用其他的数据收集方式。

2. 问询式调研

问询式调研是收集原始数据中使用最广泛的一种方式，而且常常是一项调查研究的唯一方式。问询式调研的主要好处是灵活性强，它可以用来收集许多不同场合下的不同信息。如果设计得好，它可以比观察性和试验性调研更快、更便宜地提供信息。

然而，问询式调研也存在一些问题。有时人们不能回答调查的问题，因为他们想不起来或从来没想过他们做了什么、为什么去做；或是因为人们不愿回答陌生提问者的问题，或认为涉及个人隐私；被调查者也可能在不知问题答案时乱答一通，以显得自己聪明或知道得多；或是他们想帮助调查者，而提供让人高兴的答案。此外，忙碌的人可能不愿抽出时间来回答问题，或讨厌有人打扰他们的个人生活。

在问询式调研中，问卷是目前为止最常用的工具，使用很灵活，可以用各种各样的方式来提问。问卷的制作必须非常仔细，而且在大规模使用之前应做测试。

在准备一张问卷时，营销调研人员首先必须决定问什么问题。问卷有时会漏掉应该被回答的问题，包含一些不能被回答、不愿被回答或不需要去回答的问题。对每个问题都应该加以检查，看其对调研目的有无帮助。

问题的形式会影响回答的结果。一般来说，营销调研人员把问题分成两类：限定答案的问题和开放回答的问题。

限定答案的问题给出所有可能的答案，调查对象在其中做出选择。例如多项选择问题和标准问题。如性别、学历等类似的信息就可以使用限定答案的提问方式进行，因为它有明确的几个备选答案，不会使被调查的人产生迷惑，能得到正确的信息。

开放回答的问题允许应答者用自己的话来回答问题。例如，在对游戏玩家的调查中，企业可能这样提问："你对本公司的印象如何？"或者可以让玩家完成一个句子："当你选择游戏时，最看重的是……"这些和其他的开放回答的问题经常比限定答案的问题更能揭示人们的想法，因为对应答者的回答没有限制。开放回答的问题在探索性调查中特别有用，因为探索性调查是要找出人们想什么而不是衡量有多少人这样想。而限定答案的问题所提供的结果较容易解释和分类。

调研人员还应注意问题的措辞和顺序，应使用简单、直接、无偏见的语句。问题应有逻辑上的顺序。第一个问题应该尽可能地引起人们的兴趣，而较难或私人性的问题应最后出现，这样应答者不会变得过于拘束。

3. 试验性调研

试验性调研最适于收集因果关系信息。试验涉及挑选适合的目标群体，将他们区别对待，控制无关因素，并检查不同群体的反应。通过这些方式，试验性调研力图解释因果之间的关系。试验性调研也可采用观察和调查的方法。在试验性调研中，调研人员通常采用机械装置作为调研手段。

4.2.4 取样计划

有时面对较大的群体，营销调研人员需要从总消费群体中抽取一小部分样本进行研究，然后得出关于总体的结论。这里的样本是指从总体中挑选的能代表总体的一部分。理论上，样本应具有代表性，以便调查者能准确地估量总体的思想与行为。

设计样本需要做以下三个决策。

（1）确定调查对象（抽样对象）。有时答案并不一定很明确。例如，为研究家庭购买汽车的决策过程，调查者的询问对象应该是丈夫、妻子、其他家庭成员、经销商的销售人员，还是所有这些人都应询问？调查者必须决定需要什么信息，以及从谁那里能得到的这一信息。

（2）调查人数（样本规模）。大样本要比小样本可靠。营销调研人员没有必要为得到可靠答案而去调查整个目标市场或其中的一大部分，只要选择得当，占总体不到1%的样本就可以提供可靠的答案。

（3）如何选取样本（抽样程序）。使用概率样本，总体中的每个人都有被抽取的机会，而且调查者可以计算可信度，以计算取样误差。不过，如果概率抽样成本太高或费时太长，营销人员就会采取非概率样本，如果这样，取样误差就无法计算出来。不同的取样方法有不同的成本和时间限制，其准确度和统计属性也不相同，最佳方式的选择取决于调查项目的需要。

4.2.5 实施调研计划

调研计划的实施包括收集、整理和分析信息。信息收集可由公司的营销调研人员进行，也可交给其他公司。使用自己的人员收集数据可使公司更好地控制收集程序和信息质量。然而，外部的专业信息公司可以用更快的速度和更低的价格完成这项工作。

营销调研过程中的数据收集阶段是花费最多和最容易出错的阶段，调查者应密切关注现场工作，以保证计划的正确执行。应避免在下列方面出现问题：接触对象的方式、对象不合作或提供不诚实或有偏见的答案、调查者犯错误或想走捷径。

调查者应整理和分析收集到的数据，分离出重要的信息和结论。他们需要对问卷表中的数据进行检查，以确保准确性和完整性，并把数据编成代码以便计算机分析。最后调查者要将结果列表并计算出平均值和其他统计值。

4.2.6　调研数据结果分析汇总

在这一步中，调查者应解释调查结果，进行总结，并向决策者进行汇报。调查者不应以大量的数字和统计技术来淹没决策者，而应提供对决策者有用的重要结果。

然而，解释工作不仅仅是调查者的事务。调查者是调查设计及统计学上的专家，但决策者更了解面临的问题和应做的决定。许多时候，结果可以采用不同的方式来解释，调查者与营销者的讨论对找到最佳的解释方式是非常有帮助的。营销人员还会思考调查计划是否正确运行以及是否进行了所有必要的分析，或者在见到调查结果后，营销人员会提出另外的问题，可以通过对数据的进一步筛选而得出答案。最后，营销人员是最终确定根据调查结果而采取什么行动的人。或许调查者甚至可以直接把数据提供给决策者，让他们自己去进行新的分析或测验新的关系。

解释是营销过程中的重要步骤。如果营销人员无察觉地从调查者那里接受错误的解释，那么调查做得再好，也毫无意义。同样，营销人员也可能会带偏见地解释——他们容易接受与自己预期结果相同的调查结论，而拒绝未曾预料或不想要的调查结果。因此，营销人员应和调查人员密切合作，共同解释调查结果，双方对调查过程和产生的决策应承担共同责任。

4.2.7　营销信息系统

营销信息系统(Marketing Information System，MIS)是指能够为营销决策者及时准确地收集、整理、分析和评估信息，并分送转达所需信息的人员、设备和程序。图4-2所示的是营销信息系统示意图。

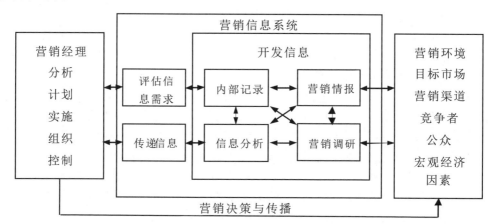

图4-2　营销信息系统

营销经理为了实施他们的分析、计划、执行和控制的责任，需要营销环境的开发信息。营销信息系统的作用是评估经理的信息需要，收集所需要的信息，为营销经理适时分配信息。该系统通过公司内部报告、营销情报收集、营销调研和信息分析来开发所需的信息。

1. 评估信息需求

一个好的营销信息系统能够在决策者想要得到的信息和他们真正需要，又能得到的信息之间找到均衡点。收集、整理、储存及提供信息的成本会随着信息量的增加而增加。企业必须知道由信息带来的利益是否高于获取它的成本。而信息的价值和成本都是很难估价的。单从信息本身来讲，它没有价值，信息的价值来自它的用途。决策者不能总是认为信息越多越好，而是应该仔细比较获取额外信息的成本及利用信息所能获取的利益。

2. 开发信息

企业决策者所需要的信息可以从公司内部记录、营销情报和营销调研中获得，然后信息分析系统会进行处理，将其变成对决策者更有用的信息。

（1）内部记录。

许多决策者经常使用内部记录和报告，特别是在做日常计划、实施及监控决策的时候，内部记录信息由从公司内部各部门收集的信息组成，用来评价营销业绩，指出营销所存在的问题和面临的机遇。不同的部门会提供不同的信息，如会计部门提供财务报表，并留有销售、成本和现金流量的详细报告；生产部门报告关于生产计划、装运和存货的情况等。决策者可以利用这些信息来评价业绩、发现问题及创造新的营销机会。

内部记录比其他信息来源的获得要更快、更便宜，但也存在一些问题。因为内部信息是为其他目的收集的，所以对于制订营销决策来说，就可能不够全面，或者形式不合适。另外，大公司产生的信息数量巨大，很难全面掌握。营销信息系统必须收集、整理、处理和分配这些信息，以便决策者能更方便、快捷地得到信息。

（2）营销情报。

内部记录为决策者提供结果数据，而营销情报则为决策者提供正在发生的数据。营销情报是指关于营销环境日常发展情况的信息。营销情报系统决定哪些情报是所需的，然后通过市场调研获得这些信息并提供给决策者。

营销情报可以通过许多渠道获得。大量的情报可以由本公司职员提供，如经理、工程师、销售人员和客服人员。但公司职员平时太忙，以致不能提供重要情报。公司必须向职员宣传收集信息的重要性，训练他们发现新情况的能力，并督促他们向公司汇报。

公司还必须说服供应商、经销商和顾客提供重要情报。关于竞争对手的情报，公司可以从竞争对手的年度报告、讲话、新闻报道以及广告中获得，可以从商业刊物和贸易展览中获取。公司还可以观察竞争对手在做什么，购买竞争对手的产品，关注它们的销量，并查阅最新专利情况。

（3）营销调研。

营销调研的定义是：系统地设计、收集、分析和报告与某个组织面临的特定营销问题有关的各种数据和资料。每个营销者都需要做营销调研。营销调研者的活动范围极广，从研究市场机会和市场份额，到评价顾客的满意程度和购买行为及研究定价、产品、分销和促销活动。

企业可以用自己的调研部门进行营销调研，也可以借助于其他公司进行营销调研。公司是否利用其他公司来调研，取决于它自己的调研技术和资源。尽管许多大公司都有自己的营销调研部门，但它们还是经常利用外部公司来做专项调查或研究。没有调研部门的公司就更需要从调研公司那里购买服务了。

（4）信息分析。

对于通过公司的营销情报和营销调研系统获得的信息，常需要进行进一步分析，而且决策者在把信息应用到营销问题和决策中时，也需要一定的帮助。信息分析还包括能够帮助决策者做出最佳决策的数学模型。每个模型均表示某个真实系统、过程或结果，这些模型可以帮助解决"如果……会怎样"和"哪个是最好的"这类问题。在过去的20多年中，营销科学发展了一系列的模型，可以帮助营销决策者做出更好的营销决策、设计销售区域和销售计划、选择零售渠道、发展最佳广告组合以及预测新产品的销售。

3. 传递信息

只有当决策人员利用信息做出了更好的决策时，营销信息才具有价值。通过营销情报系统和营销调研获得的信息，必须在合适的时间提供给合适的决策者。

许多公司有集中化的营销信息系统，为经理们提供普通业绩报告、最新情报和调查报告，经理们可以用这些日常报告来制订常规计划，实施和控制决策。但营销经理同样会需要针对特殊场合和现场决策的非日常信息。例如，与客户打交道遇到困难的销售经理会需要一份关于这个客户上一年度销售额和利润率的报告。如果一个公司只有集中化的信息系统，经理们就必须向营销信息系统提出信息要求，还得耐心等待。通常是信息来得太迟，错过了利用的机会。因此，信息传递的速度将成为企业营销信息系统关注的问题所在。

4.3　产品定位

4.3.1　什么是产品

电脑、游戏软件、音乐、海报图片、演唱会、旅游、律师的咨询意见等，所有这些都是产品。产品是指那些能够提供给市场从而引起人们注意，供人取得、使用或消费，并能够满足某种欲望或需要的任何东西。产品不仅仅是指有形商品，从广义上讲，它包括有形物品、服务、人员、地方、组织、构思，或者这些实体的组合。服务产品包括可供出售的行为、利益和满意，例如存储服务、居住服务、咨询服务和网络服务等。服务都是无形的，而且不涉及所有权问题。

产品开发者需要从三个层次来研究产品和服务。其中，最基础的一个层次是核心利益，它提出了这样一个问题：购买者真正想买的是什么？如图4-3所示，核心利益位于整个产品的中心，它是指消费者在购买一样产品或一项服务时所寻找的能够解决问题的核心利益。一位女士买口红，她买的远不只是口红的颜色。露华浓的查尔斯·雷弗森很早就认识到了这一点："在工厂里，我们生产化妆品；在商店里，我们出售希望。"因此，在设计产品时，营销人员首先必须确定产品将带给消费者的核心利益是什么。

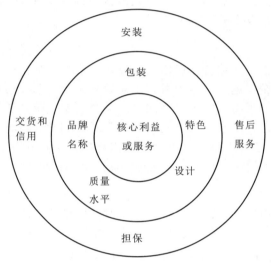

图4-3 产品的三大层次

产品设计者接下来要做的是围绕核心利益制造出实际产品。实际产品可有五大特征：质量水平、特色、设计、品牌名称和包装。例如，一款网络游戏便是一件实际产品。它的名称、游戏软件的界面、音效、特色、包装和其他特征，经过精心的组合，就形成了它的核心利益——在网络娱乐中享受高质量游戏的效果。

最后，产品设计者必须围绕核心利益和实际产品，通过附加的消费者服务和利益，建立起外延产品。例如，网络游戏运营商不仅要为玩家提供游戏安装程序，还要提供游戏上手指南。因此，当玩家购买了这款游戏后，游戏运营商和他的经销商还要提供游戏补丁和游戏稳定性担保、保证玩家在游戏中财物的安全性，必要时还要快速处理服务，以及提供解答疑难问题的免费电话。

因此，产品不仅仅是指一组有形的特色。消费者倾向于把产品视为满足他们需要的复杂利益集合。在开发产品时，营销人员首先必须找出产品将要满足的核心消费者需要，然后设计出实际产品并找到扩大产品外延的方法，以便创造出能最大程度满足消费者要求的一系列利益组合。

4.3.2 产品生命期概述

在游戏运营的过程中，想要洞悉一个产品竞争状况的动态变化，产品生命周期（Product Life Cycle，PLC）是一个重要的概念。为了充分理解产品生命周期，我们首先需要溯本求源，即解释需求/技术生命周期。

1. 需求/技术生命周期

产品是作为满足一种需要的众多手段中的一种。例如，人类对计算能力的需求，几个世纪以来，随着贸易的发展，这种需要也在不断增长。这种一直在演变着的需求水平，可用需求生命周期曲线来描述，这就是图4-4(a)中最上面的那条曲线。这条曲线分为如下几个阶段：首先是出现期(E)，然后是加速成长期(G1)、缓慢增长期(G2)、成熟期(M)和衰退期(D)。就计算能力而言，迄今可能尚未进入成熟和衰退的阶段。事实上，如今对计算能力有着比以往更大的需要。

现在的每种需要都会借助某种技术而得到满足。对于计算能力的需要，人们最初是借助手算而获得满足；然后是算盘；再接着是计算尺、累加机、小型计算器；最后是电子计算机。每种新技术通常都曾一度最好地满足了各种需要。每种新技术都有一个需求/技术生命周期，如图4-4(a)中的需求曲线(T1和T2)。每个需求/技术生命周期都包括：出现期、迅速增长期、缓慢增长期、成熟期和衰退期等阶段。

在给定的需求/技术生命周期内，人们将会发现一系列的产品形成于满足某个时期某种特定的需求。例如，袖珍计算器在过去某一段时期为计算能力的需求提供了新技术。开始，这种产品的形式就是一个相当大的塑料盒子配上一个小型屏幕和数字键，它只有四项功能：加、减、乘、除。这种产品形式延续了几年，接踵而来的是体积更小的袖珍计算器，它可以进行更多的数学运算。现在的产品形式并不大于名片。图4-4(b)所示的是一系列产品形式的生命周期：P1、P2、P3和P4。以后我们要说明每一种产品形式都包括一组品牌，它们都有自己的品牌生命周期。

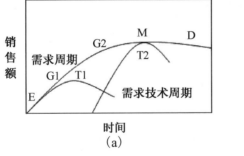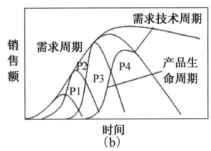

图4-4　需求—技术—产品生命周期

如果公司只注意自己的品牌生命周期，就会鼠目寸光，总有一天会发现自己的企业已经失败。例如，一个生产计算尺的厂商不应该只把注意力集中于计算尺的品牌上，而应该担心新技术，如袖珍计算器，因为这将置计算尺于死地。

公司必须决定向哪个需求技术投资，以及何时转向新的需求技术。安索夫称需求技术为战略业务领域(Strategic Business Area，SBA)，即"公司想要或可能想在其中做生意的有特色的环境细分市场"。现在的公司面对许多变化中的技术，但又不能向所有的技术投资。它们所处的地位，只能是在能够赢利的需求技术上下赌注。它们可能把大部分赌注压在一种新技术上，或者同时在几种技术上压少量赌注。如果是后一种情况，它们就难以成为领先者。开拓性公司在赢利的技术上可能会抓住或掌握领导权。如此看来，公司必须仔细地在它们将经营的范围内选择其战略业务领域。

2. 产品生命周期的阶段

我们现在可以集中讨论产品生命周期。产品有一个生命周期，其中包括以下四个含义。

（1）产品有一个有限的生命。

（2）产品销售经过不同的阶段，每一阶段对销售者都提出了不同的挑战。

（3）在产品生命周期的不同阶段，产品利润有高有低。

（4）在产品生命周期的不同阶段，产品需要不同的营销、财务、制造、购买和人事战略。

大多数关于产品生命周期的讨论，就是把一种典型产品的销售历史描绘成一条钟形曲线，如图4-5所示。这条曲线的特点分为四个阶段，即引入、成长、成熟和衰退。

引入：产品引入市场时是销售缓慢增长的时期。在这一阶段，因为产品引入市场所支付的巨额费用所致，利润几乎不存在。

成长：产品被市场迅速接受和利润大量增加的时期。

成熟：因为产品已被大多数的潜在购买者所接受而造成的销售增长缓慢的时期。为了对抗竞争，维持产品的地位，营销费用日益增加，利润稳定或下降。

衰退：销售下降的趋势增强和利润不断下降的时期。

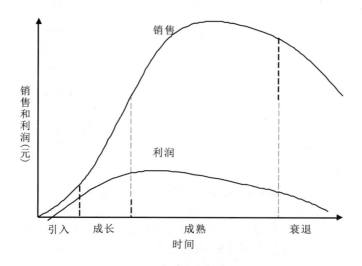

图4-5 销售和利润生命周期

要精确地表明每个阶段的起点和终点是比较困难的，这些阶段通常以销售增长率或下降率的显著变化处作为区分点。因此，营销者应该审查产品阶段的正常演进和各个阶段的平均持续时间。公司必须对各个阶段的时间长度进行定期审查。激烈的竞争导致了产品生命周期的时间缩短，这意味着产品必须在较短的期间内获得利润。

事实上，并非所有的产品都能呈现图4-5所示的钟形产品生命周期。通过研究，确定了6～17种不同的产品生命周期形态。图4-6列出了几种常见的形态。

图4-6(a)显示了成长—衰退—成熟的形态。小型厨房设备常常具有这种特点。例如，电动刀具在首次引入时销量迅速上升，然后就稳定或"僵化"在该水平上。这一僵化水平之所以能维持，是因为后期消费者的首次购买与早期消费者的更换产品。

图4-6(b)显示了循环—再循环的形态，常常用来描绘新药的销售。制药公司积极推销其新药，于是出现了第一个周期；后来销量下降，公司又对新药发动第二次促销，这就产生了第二个周期(通常，规模和持续期都低于第一个周期)。

图4-6(c)是另一种常见的形式——扇形，它是因为发现了新的产品特征、用途或用户，而使其生命持续向前。例如，尼龙销售就显示了这种扇形特征，因为许多新的用途——降落伞、袜子、衬衫、地毯，一个接一个地被发现。

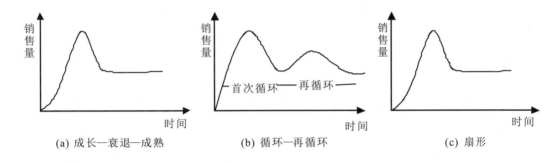

图4-6 一些常见的产品生命周期形态

3. 产品种类、产品形式和品牌生命周期

产品生命周期的概念能够用于分析一个产品种类(游戏)、一种产品形式(网络游戏)、其中的一种形式(大型网络游戏)或一种品牌(魔兽世界)。

(1) 产品种类具有最长的生命周期。许多产品种类的销售在成熟阶段是无限期的，这是因为它们与人口变化规律高度相关。有些主要的产品种类，如雪茄、报纸、咖啡，似乎已经进入产品生命周期的衰退阶段。而另一些种类，如传真机、移动电话，明显已进入成长阶段。

(2) 产品形式比产品种类更能准确地体现标准的产品生命周期的历史。例如，手动打字机经历了产品生命周期的引入期、成长期、成熟期和衰退期，然而，当前的打印机正在重演被取代的类似历史。

(3) 产品或者遵循标准的产品生命周期形式，或者表现为其他形式。

(4) 品牌产品显示了最短的产品生命周期历史。但有些老品牌仍然经久不衰，如象牙、吉露、好时，它们也被用来命名新产品。例如，我们可以想到好时糖果，好时还成功地推出了好时饼、好时杏仁果糖和好时饼干等。又如，宝洁公司相信它能把强生品牌的名字永远使用下去。

4.3.3　产品开发决策

图4-7显示了在产品和服务的开发和营销过程中的几项重要决策。我们将着重介绍以下决策：产品属性、建立品牌、包装、标签和产品扶持性服务。

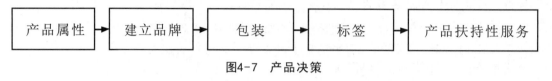

图4-7　产品决策

1. 产品属性

开发产品或服务需要规定其所能提供的利益，这些利益是通过三大产品属性——质量、特色和设计来提供给消费者的。在游戏产品中，游戏的运行速度、稳定性、安全性、游戏Bug均属于产品质量范畴，特色包括游戏可玩性等，而画面、音效等则属于设计范畴。

（1）产品质量。

产品质量是营销人员的主要产品定位工具之一。产品质量有两个尺度，即级别和一致性。在开发产品时，营销人员必须选择一个质量级别。这里，产品质量是指性能质量，即产品发挥作用的能力，它包括游戏产品的耐玩性、安全度、运行效果、操作及升级的简便程度，以及其他有价值的属性。例如，《魔兽世界》之所以被公认为世界顶级游戏产品，是因为其在剧情设计、游戏效果、游戏可玩性以及其UI控件等方面都很出色。因此，《魔兽世界》的价格比较昂贵，适合于对游戏有较高要求的市场。但游戏开发商很少去追加高性能质量标准，因为没有几个游戏运营商负担得起顶级游戏产品的运营。相反，企业选择的质量级别往往和目标市场的需要以及竞争产品的质量级别相一致。

除了质量级别以外，高质量还指高水平的质量一致性。在这里，产品质量是指符合标准质量，即没有产品缺陷，以及目标性能、质量标准能保持前后一致性。所有企业应努力追求高层次地符合标准质量。在这种情况下，也许很多游戏的总体水平无法超越《魔兽世界》，但是其质量也许可以和《魔兽世界》媲美，虽然它们没有被认为是世界顶级游戏产品，但是它们的质量同样能够与玩家的希望相吻合，实现物尽其值。

现在，越来越多的企业正在采纳一种"质量回报"的产品质量解决方法，视质量为一种投资，并靠花在质量上的努力来保证最低限度的效益。因此，当今许多企业已把质量转变为一种强有力的战略武器。它们在与对手的竞争中，通过不断地努力来满足顾客的需要和对质量的偏好，取得竞争优势。事实上，质量现在已成为竞争的必要内容。例如暴雪公司的《魔兽》系列产品和EA公司的《模拟人生》系列产品均是在质量上非常出色的产品，形成了在行业内的口碑，造就了世界顶级的游戏制造商。

（2）产品特色。

一种产品可以具有多种不同的特色，这也是使企业产品区别于竞争对手的产品的竞争性工具。抢先推出一种有用并有价值的新特色给顾客，是最有效的竞争方法之一。

那么，企业怎样才能发现新特色，并将那些新特色添加到原有产品上去呢？企业应定期调查产品使用者，并向他们提出如下问题：你对产品的喜爱程度如何？该产品的哪一点是你最喜欢的？我们可以增加哪些特色来改进产品？您愿意为每种特色支付多少钱？这些调查问卷为企业带来丰富的有关特色的建议。然后，企业就能够估计每一种特色对顾客的价值和它对企业的成本之比，如果顾客价值与成本的比值很小，也就是顾客得利小而成本高，则这种特色不足取；反之，如果比值很高，则应该添加这种特色到产品上去。

（3）产品设计。

运用与众不同的产品设计是增加顾客价值的方法之一。一些企业因出众的设计而闻名，例如《魔兽世界》的剧情设计、形象设计、任务设计等。但是，许多企业缺乏一种"设计感"，它们的产品设计根本不起什么作用，产品形象十分单调、普通，而产品设计却是企业营销宝库中最厉害的竞争武器之一。

设计的概念范围比式样大。式样仅指产品的外观。式样新颖别致，往往能夺人耳目；式样陈旧呆板，只能让人反感。一种轰动的式样能引起人们的注意，但是却未必能够改进产品的性能，在有些情况下，甚至会适得其反。例如，我们常可以看到游戏海报、包装、广告上很漂亮的角色，但是进入游戏后却发现角色形象并不好看，或看不清。设计不同于式样，它的内涵更深一层——它还涉及到产品的核心。一项好的设计应该不仅能够改善产品的外观，而且能够提高产品的实用性能。

设计是对产品和服务进行市场定位及差异化的最重要的工具之一。良好的设计能够吸引顾客的注意力，提高产品的性能，降低生产成本，并为该产品在目标市场上创造一个强有力的竞争优势。例如，《MU》以其精美的形象设计、华丽的动作特效一度成为中国最受关注的游戏产品。

2. 建立品牌

品牌是一个名称、术语、标记、符号、图案，或者是这些因素的组合，用来识别产品的制造商和销售商。它是卖方做出的不断为买方提供一系列产品特点、利益和服务的承诺。由于消费者视品牌为产品的一个重要组成部分，因此建立品牌能够增加产品的价值。例如，绝大多数玩家都认同EA公司和暴雪公司出品的游戏产品，一件产品即便不是由它们自己的开发团队开发的，但只要由EA或暴雪出品，那么身价自然就高了。

现在，建立品牌已经变得如此重要，以至于几乎没有无品牌产品。盐装在有品牌的容器里，拉锁上印着制造商的名字，水果和蔬菜也被冠上了品牌，就连装修的钉子和沙土也有了自己的品牌名称。

建立品牌在许多方面有利于购买者：品牌名称帮助消费者找到可能有利于他们的产品；品牌名称成为报道产品特殊质量的基础；品牌还为购买者提供产品质量信息。经常购买同一种品牌的消费者都知道，他们每次都会买到相同质量的产品。

建立品牌也给销售者带来许多优势，主要包括以下几方面。

（1）建立品牌，销售者就能够比较容易地处理订单和追查问题，所以游戏运营公司接到的是一款游戏点卡的订单，而不是要"一些可以玩的游戏"。

(2) 品牌名称和商标还为已有的产品特色提供法律保护，否则就可能会被竞争对手仿制。

(3) 建立品牌能吸引一批忠实的消费者，为企业带来利润。

(4) 建立品牌能够帮助销售者细分市场。

3. 包装

包装是指为产品设计和生产容器或包裹物的行为。包装的基本作用是装载和保护产品。包装物包括产品的基本容器(专门放游戏软件的盒子)、使用产品时会被丢弃的第二层包装(游戏软件外面的塑料袋、点卡包装塑料袋等)，以及存储、识别和运输产品所需的装运包装(装有多个游戏产品的瓦楞纸箱)。标签也是包装的一部分，指印在包装上或随包装一起出现的信息。

根据以往的传统，包装决策归根到底取决于成本及生产要素。但在最近，包装在众多因素的作用下已成为一项重要的产品营销工具。越来越激烈的竞争以及在零售店货架上的相互拥挤，都意味着包装必须执行多项销售任务，包括从吸引消费者注意新推出的产品，直到促成一次销售为止。好的包装能够引起消费者对企业或其品牌的立即确认，许多企业已认识到了包装的这一重大作用。但是，随着网络游戏时代的到来，大量的游戏运营商已经不再注重产品包装的价值所在，曾经处在单机版时代的游戏公司也逐渐放弃了自己的产品在货架上的竞争观念，都开始倾向于让玩家轻易获得的网络传播方式。在这个竞争激烈的市场环境中，包装或许是销售者向购买者营销的最后机会，它变成了一则"五秒钟商业广告"。而近年来比较好地利用包装宣传自身产品的当属九城公司在发布《魔兽世界》时进行的限量版产品发售，它不仅吸引了大量对《魔兽世界》不太了解的人们的关注，而且树立了良好的品牌形象。

4. 标签

标签可以是贴在商品上的简单签条，也可以是作为产品一部分的复杂图案，标签各式各样，名目繁多，它们有好几种作用，因此销售商必须决定发挥哪些作用。最低限度，标签应该用来识别产品或品牌。例如，贴在鲜橘上的品牌——新奇士。标签可以起到为产品分等级的作用。例如，在欧美市场上将DVD、VCD都贴有年龄限制观看等级标识。标签也可以说明一些情况：谁生产这一产品，在什么地方生产，什么时候生产，产品的内容是什么，如何使用这一产品，以及如何安全使用等。最后，标签还可能以其有吸引力的图案来促进产品的销售。

5. 产品扶持性服务

顾客服务是产品服务的另一大要素。企业对市场的进入通常还包括一些服务，这些服务可以是全部供给的较小部分，也可以是较大部分。扶持产品的服务即用以扩大实际产品外延的服务。越来越多的企业正在运用扶持产品服务策略，把它当作取得竞争优势的主要手段。

企业设计的产品环境和扶持性服务应该能够满足目标市场的需要，并获得赢利，在决定顾客服务需要以及不同服务的顾客价值时，并不是简单地查查免费电话里或意见卡上的顾客投诉就了事的，企业应该定期调查顾客，以便估计现有服务的价值和获得新的服务点子。

企业一旦估算出各类扶持性服务对顾客的价值，就必须同时估计提供这些服务的成本是多少，然后才能采取一揽子既能取悦顾客，又能为公司创造利润的服务行动。

4.3.4 选择商业模式

游戏行业是一个比较新的行业，与其他成熟的行业相比，这个领域存在着太多的不确定性、不稳定性。因此，企业在决定进入这个行业的时候，首先需要考虑的问题是如何获得运营的游戏产品。很多人在这一环节中考虑得不够周全，从而导致选择自主研发产品时投入大量的人力、物力，而产品却一塌糊涂；或是选择代理游戏运营，导致后期版权或产品品质等一系列问题。每一个游戏运营项目，不论是千万预算的在线多玩家游戏，还是一个几万元的手机游戏项目，都需要对自己的企业和运营环境做出良好的评估。也许管理者根本没有打算在整个游戏项目中赚钱，或者游戏运营只是一次试探性商业投资，但是仍需要明确为什么要选择这个游戏，以及运营这款游戏的目标。

对于目前的市场环境趋势来讲，自主研发游戏产品将有助于企业在后期的产品运营过程中获得最大的利益。因此，我们将从自主开发游戏产品的角度来衡量对于商业模式的选择。

一个分析游戏项目开发方向的有效方法，就是建立一个三个顶点分别代表不同意义的三角形(见图4-8)，它们分别是：按预算、按时间、高质量。软件开发有一个商业法则(是关于任何类型软件的法则)：在任何项目的开发中，你不可能同时达到三个目标，最多只能达到其中的两个目标。也就是说，我们需要在三个目标上做好权衡。

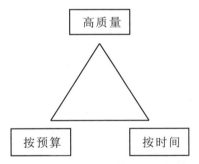

图4-8 项目三角——在三个目标中只能达到两个目标

1. 项目三角的内涵

项目三角的每一条边表示的是该边对应的顶点与目标之间的关系，每一条边根据管理者不同的决定而被加上不同的标签。这个三角说明，每一个管理良好的项目最后都会有一种负面的表现：项目延迟、超出预算或者存在质量问题。这听起来好像很悲观，但这是事实。项目三角再次说明：一个管理良好的项目可能会延迟、超出预算或者质量较差；管理不太好的项目可能存在其中两方面的负面效果；而管理很差的项目可能同时存在这三方面的负面表现。

在市场上，有几种不同的软件开发策略，比如迭代、瀑布模型、极限方法、统一化方法，还有其他的一些方法。所有的这些软件开发方法都没有神奇的效果，管理者还是要面对如何最好地管理当前项目的问题及挑战。这些方法都说明了如何管理成本、时间和软件特征集的问题。但是，当把软件项目放到一定的商业环境中的时候，管理者必须考虑怎样管理项目，并且决定实现三个目标中的哪两个目标，以及如何很好地控制另外一个目标。

（1）保证预算和开发时间：意味着管理者必须接受一些质量上的问题，如图4-9（a）所示。

（2）保证预算和质量：意味着管理者必须接受在时间上的延迟，如图4-9（b）所示。

（3）保证质量和开发时间：意味着管理者必须接受一定程度上的超出预算，如图4-9（c）所示。

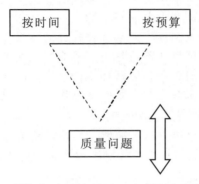

(a) 一个保证预算和时间的项目一定要更加关注质量问题

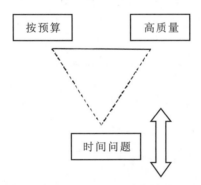

(b) 一个保证预算和产品质量的项目一定要更加关注项目期限

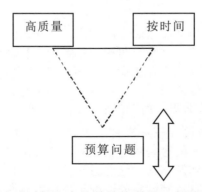

(c) 一个保证完成时间和产品质量的项目一定要注意预算问题

图4-9　项目三角的选择

2．不同的游戏和项目三角的关系

项目三角的实现情况和成功有什么关系？下面列举一些不同的游戏来说明。

(1) 《模拟人生》(The Sims)系列：高质量。

《模拟人生》可能是PC游戏历史上质量最好的游戏，同时却因其超长的五年开发时间以及超出预算而"出名"。但是为什么《模拟人生》只达到了一个目标却可以如此成功呢？这个游戏满足了模拟上帝控制人们日常生活的大量需求，其消费者覆盖了不同的年龄阶段，特别是满足了女性的游戏需求。《模拟人生》的设计者知道，他们必须让这些模拟真实、正确，如果它是乏味、功能不全的，人们就会把它从自己的硬盘中删掉，不再玩这个游戏。所以，他们一次又一次地改进游戏中模拟人物的行为，并把大量的精力都放在图像制作上面，没有人能够将人模拟得如此形象。《模拟人生》的设计人员做了英明的事情，他们认识到了自己项目的关键问题是什么，并且把主要精力放在主要问题上——游戏中的人物行为。当然，他们本来可以早一些做完这些事情。他们可以早一些找好员工，用不到一年的时间完成研究和开发阶段，然后用另外一年的时间来完成整个游戏的开发。如果可以这样，对于电子艺界(Electronic Arts)公司更加有利，它可以早一点儿赚到这些钱，可以更早地让开发团队成员着手于《模拟人生》的扩展。项目结束之后，回头看游戏开发项目，似乎很容易地以游戏开发经理的口气说说怎样可以把事情做得更好。但事实上，在《模拟人生》项目开发的早期，执行经理本身也很难理解游戏并做出最好的决定。

(2) 《暗黑破坏神》(Diablo)系列：高质量并且在预算之内。

《暗黑破坏神》系列是暴雪(Blizzard)公司开发的让PC游戏行业十分羡慕的一个项目。在此之前，暴雪公司在《魔兽争霸II》的开发中获得了巨额利润。《魔兽争霸II》是一个《魔兽争霸I》的实时策略版本，并且将其改进，成为暴雪公司的标志性产品。

暴雪公司开发大型游戏项目的方法是：不考虑游戏的预算，用大批的员工(暴雪公司报告说，在现在正在开发的两个游戏项目中有大约200个全职员工)，尽量将游戏做得最好。暴雪公司知道自己是以高质量的游戏著称的，它发布的每一个产品都可能毁坏很费力才建立起来的形象。暴雪公司可能是游戏行业最值得信赖的投资对象。在游戏行业有一个这样的玩笑：如果暴雪公司很需要现金，它只需要做一个上面印有《星际争霸II》或《暗神破坏者III》的包装盒，给预订货物的批发商装载一百万的空盒子就会得到预订的现金了！对于质量的关注使得暴雪公司(及其所有者)得到了相应的回报。暴雪公司对于项目三角的答案是：将质量作为重点，稍微注意时间，尽量减少超出的预算。

暴雪公司对于超时工作要求的描述很清楚地说明，公司也希望像如今游戏行业通常的做法那样尽快地完成公司的游戏。至于在项目三角中的另外的那一点(所谓不能实现的那一点)的问题，暴雪公司并不是完全不考虑，而是说项目三角中那一点可以有一定的灵活性。了解在哪一方面有一定的变通，可以使自己的项目不至于在中途停滞。

(3) 《星舰指挥官》(Starfleet Command)系列：在预算之内并且按时发布。

《星舰指挥官》这个游戏在整个项目中是准时且在预算之内的，这意味着项目最具有灵活性的是游戏的质量，而发布时间和预算是不可变的。进行《星舰指挥官》开发的时候，

Interplay公司正在进行完全公开项目开发进度和紧缩财政的政策制度。Interplay公司那时候同时开发了好几个游戏，包括三个其他的《星际迷航》游戏：《克林贡学院》、《新世界》和《复仇女神的秘密》。当然，在所有的《星际迷航》游戏中，《星舰指挥官》被认为是最不重要的，因为该游戏的重点在于根据已有20年历史的《星际舰队大战》进行星舰飞船的实时策略模拟。《克林贡学院》是一个迷人的3D空间游戏，其中有超过110分钟的、生动的、关于一些舰长的电影片断。《复仇女神的秘密》将人们带到了一系列关于教会、斯波克和骨头的原创数字化的动画之中。《新世界》的重点在于制作实时策略类型的游戏，并且关注于如何将星际宇宙中的地面部队转化为惊险的3D图像。

《星舰指挥官》本身所拥有的特点并不占优势。由于它只有固定的预算和确定的发布时间，项目开发的重点关注于工作组所要开发的游戏：实时策略战争。为了使游戏具有可玩性，项目组注册了棋类射击游戏《星际舰队大战》，并利用这个游戏，设计了许多具有可玩性的机制，经过不断的测试，并用了几年的时间进行改进。但是，这是一些关于棋盘游戏、纸上游戏的可玩性机制，直到20世纪90年代，这些都不是一个商业游戏的游戏机制。经过长时间的讨论，设计组决定设计这样一个界面：玩家可以看到他自己的3D造型的飞船在一个不可见的平面上飞行，通过操作飞船上的各种设备进行电子战争，包括航天飞机、拖拉机、运输车、舰队、重型武器等，在黑暗中与敌人的飞船作战。《星舰指挥官》属于按时完成并且未超出预算的游戏，虽然在游戏发布的时候游戏本身有一些Bug，但是，在项目失败十分普遍的游戏市场上，这是一个很有影响力的游戏。

（4）《雷神之锤》（Quake）系列：高质量并且在预算之内。

《雷神之锤》和《暗黑破坏神》一样，在项目三角中有比较好的表现。这两个游戏都是享有盛誉的游戏开发机构创造的，它们的公司都有"游戏做好了才发布"的政策，最终它们的公司都因而获得了回报。

有趣的问题不是暴雪公司和id公司什么时候发布了它们的游戏，而是它们怎样获得了今天拥有的地位，它们怎样开发了第一个具有影响力的游戏，使得它们可以有足够的资金进行之后的游戏开发。在2001年初，暴雪公司讲述了公司创建前10年的商业状况，那些内容已经不在它的网站上发布了，那是一段不很风光的历史。暴雪公司的历史开始于一个叫作Silicone and Synapse的游戏。它像所有的游戏开发者一样，与其他的投资商签约开发游戏。具有讽刺意义的是，暴雪公司开始进入游戏行业的时候是与Interplay公司签约开发游戏的，如今暴雪公司已经完全掩盖了Interplay公司的光辉。暴雪公司是在戴维森的投资下进行《魔兽争霸》开发的，而戴维森可以说是一个十分离奇而英明的投资者。

id公司软件开发的历史也可以追溯到10年前，那时候，John Carmack与他的员工开发了游戏平台上的游戏《指挥官基恩》，这是一个关于头戴钢盔进行橄榄球比赛的游戏。Apogee公司的3D《德军总部》游戏，使得很多开发商致力于开发3D游戏，也使得id公司开始着手开发《Doom I》、《Doom II》、《雷神之锤I》以及《雷神之锤II》，这些成为id公司以后众多成功的游戏项目的发动机。

这些人能够创造这些成就并不是因为幸运，而是因为他们是富有创造力的天才，他们考虑到了市场的因素。在以往的10年中，虽然创造游戏的关键性因素发生了很大的变化，但是他们一直在努力工作着。如果你想成为一个游戏开发商，非常想开发一个自己的游戏，那么请清楚地分析一下你所开发的游戏关键性因素是什么？这些因素——可能是受限因素或者必要因素，并不会让你产生焦虑，而是使你明白为了完成这个游戏的开发所必须进行的工作。

3. 其他需要考虑的问题

要选择合适的商业模式，这里有一些很直接的问题，并且希望有一个明确的答案。

● 你想通过这个游戏实现什么？

● 你必须在什么时候完成这个游戏？

● 你有多少资金用于这个游戏的开发？

● 你必须有什么样的人完成这些工作？

那么，仔细地思考这些问题到底有什么作用呢？

(1) 降低游戏开发的成本。

如果利用自己的空闲时间和一些零花钱开发一个游戏，那么将会在很大程度上受到游戏开发资金的限制。解决的办法之一是将游戏的项目分给别人去做，朋友、家人甚至在网上找到的一些人。在这个游戏项目中，与一些志愿者协作也是很有挑战性的。大部分这类项目最终都没能完成就被放弃了。但是，id软件公司使用了这种开发方法，避免了公司只能停留在软盘行业。Sliver Creek娱乐公司(Sliver Creek Entertainment)的创始人提到，他的第一次游戏开发尝试就是一个自己在空余时间进行的项目。进行这一类项目开发的人一般都认为开发游戏是很有趣的，而且他们想要证明自己的能力，以便于以后可以在游戏行业有一个全职的职位。这里有两种可以采纳的方法：制作一个小游戏，或者对现有商业游戏进行一定的修改(叫作mod，也就是说，利用游戏引擎或者在其他游戏的基础上所开发的游戏)。

很多人觉得有些简单的实时策略(Real-time Strategy，RTS)游戏存在不完整的人工智能(Artificial Intelligence，AI)、较差的艺术设计或者没有声音等问题，他们充满热情地想要创造一个大的商业实时策略游戏。是的，可以充满热情，但那可能不会成为一个很好的范例。就像市场上的很多游戏，可能不需要有超过10种特征集的游戏，玩家更希望看到的是只有三四种特征但是制作得很精细的游戏。了解需要多长时间能够完成某个特征并不重要，重要的是需要多长时间可以制作一个高质量的特征。

Sliver Creek娱乐公司的员工很用心地制作了很多优秀的棋牌游戏，比如《Hardwood Spades》、《Hardwood Hearts》和《Hardwood Solitaire》。这些人在这些经典的棋牌游戏中只有一些简单的特征集，但是有很多漂亮的2D图片，几乎没有缺陷的在线多玩家模式以及一些智能的特征，比如自定义自己的头像或者向自己的对手投掷火球。Sliver Creek娱乐公司创始的时候，只有一个充满热情的、想要开发自己的棋牌游戏的艺术设计师和另外两个开发者，如今他们可以不需要投资商的投资，经营自己的开发公司，开发自己的网络游戏。这是一个伟大的成就，因为他们实现了很多开发者的梦想——自己出资开发游戏，而且他们所做的是风险很大的领域——网络游戏。

　　想要采用这种模式取得成功，你需要找到一个简单但是具有可玩性、少数几个开发者就可以实现的游戏项目，而且需要根据你的时间确定建立精细的特征集中包括的内容。

　　进行商业游戏的再创造是低预算的另外一种方式。最典型的例子是Cliffe和Minh Le两个人根据另外三个人的纹理设计，非常成功地对《半条命》进行再创造，开发了《反恐精英》。他们利用《半条命》的游戏引擎，而《半条命》利用的是《雷神之锤》的游戏引擎。《半条命》是Valve软件公司定位于未饱和的、有吸引力的游戏故事情节的射击类游戏市场。从一个成功的商业游戏起步进行游戏再造，决定了改造后的游戏具有相当的市场潜力，通常都会成为一个成功的游戏。

　　《半条命》的引擎是很容易被用户修改的，其游戏菜单提供了自定义的游戏类型内容。《反恐精英》是由一个富有经验的团队完成的，他们曾经参与过《雷神之锤II》的开发，也曾做过其他再造游戏，进行游戏再造是他们自己开发项目的起步。这是他们第三个没有包括其他开发者(包括Valve公司)的项目。由于这个团队有丰富的开发经验以及在游戏再造领域曾创造的成绩，他们得到了Valve公司空前的支持，包括设计反馈、技术支持，甚至项目开发资金。

　　《反恐精英》成了在预算之内以高质量完成的游戏项目的典型例子，但是他们的开发时间成为具有可变性的因素。CS在1999年夏天发布了第一个Beta测试版本，之后又用了两年的时间进行了四次主要的发布，最后以《半条命》的升级版进入零售市场。

　　(2) 固定的预算、固定的发布时间。

　　要完成这一类游戏，需要从发布的时间开始，回推至相应的Alpha测试和Beta测试时间。开发时间和预生产时间比较灵活。一般来说，任何项目都应该将15%～35%的项目开发时间花费在预生产上，这样可以对项目开发所需要的人/月进行粗略的估计，然后得到这么多人/月应该拥有的预算。

　　现在，有了人/月预算，就可以大致确定这个游戏项目的特征集，再将游戏特征分为三个部分：基本特征、第二特征和第三特征(所有的游戏都有基本特征、第二特征和第三特征，开发者应当有一个划分级别的游戏特征列表，最终实现它们)。这里会讨论怎样确定游戏的核心特征，使它与第二特征和第三特征区别开来。然后就可以在基本特征的基础上分析依赖关系和风险，制订一个项目计划。

　　在进行这些游戏项目开发的过程中，开发者会发现，在时间不够的时候，可能会把第二特征变成第三特征，或者将基本特征变为第二特征；或者在时间宽裕的时候，将第二特征或第三特征的优先级提高。这样，就不会因为时间不够，而把一些必需的特征从计划中删除，这对开发团队来说是非常重要的。为了开发者的团队、开发的游戏，开发者需要将游戏特征按照优先级分为三个不同的类别。不断地取得进展可以使开发成员感觉像一个胜利者，这样也促使他们对于能够抓紧时间完成第二特征或第三特征感到非常兴奋。把游戏特征分为三个层次最吸引人的原因在于：所有的特征都有一个优先级别，你可以在开发过程中进行选择。但是，开发者只有通过正式的方式，将这些游戏特征的优先级别明确在开发计划中，真正确定每一步骤，才可能从这种特征优先级分类的方法中得到好处。

（3）引人注目的、高质量的游戏。

暴雪公司、id公司、Verant公司或Bioware公司出品的引人注目的大型游戏，都曾遇到过不同的挑战——它们都面临整个游戏行业和游戏爱好者对于这些出色的开发者的下一个游戏的高度期盼。这意味着它们每次发布的游戏都应该能够表明游戏行业的进步。为了更好地理解一个大型游戏开发的情况，最好能够去掉蒙在这些大型游戏上的面纱，来了解开发者到底是怎样开发的，这个过程叫作建立逆向设计文档或者逆向工程。

如果对大型游戏做一个逆向设计文档，不论是《雷神之锤》、《模拟人生》、《横扫千军》，还是其他的一些游戏项目，可以发现，这些游戏都有十分清晰、严谨的特征集，并且达到了它们的竞争者不可能达到的精细程度。事实上，Michael Abrash准备加盟id软件公司有很多理由，但是其中他要加入《雷神之锤》项目组的一个重要原因在于，在项目开发的早期，John Carmack想要在该游戏中增加一种新的技术，使得玩家可以在电脑空间中很容易地从一张地图跳到另外一张地图环境中，这看起来十分吸引人。这些特征在正式开发的时候被删除了，事实上这一特征根本没有加在《雷神之锤》最初的特征描述中。

很多人都以为非常成功的开发商会毫不犹豫地给他们的游戏项目增加一些特征，但事实上，他们从不增加特征，即使他们的游戏设计已经比较落后了。他们只是雇用一些开发团队或子团队来实现这些特征吗？不，这是一个太简单的答案。团队中能力强的开发者和一个能力较差的开发者之间的区别不仅是工作的线性产出量，而是他们的生产率可能会有十倍、百倍甚至更高的差距。事实上，John Carmack曾经委派一个一直专门开发网络程序的程序员来完成《雷神之锤》的网络代码，由于某些原因，这些代码的运行效果并不好，这个程序员因此被辞退了。在之后的两个月内，John Carmack抓紧时间解决该游戏的网络问题，构建了一个2000代码行的健壮的网络层，正如John Carmack以前的出色工作一样，他又创造了一个多玩家网络游戏的新标准。正如Frederick Brooks写的《人月神话》里面表述的一样，你不可能简单地像家杂货店的甜瓜一样，将你的项目开发者简单地相加。令人惊奇的是，很多人都想通过雇用更多的开发者、完成更多的工作来给项目施加压力，而且通常会按照增加人数的比例来缩短相应的时间。

管理者可以通过雇用一个独立的协约人或者一个额外的人员来完成一些有意义的工作，但是这并不是必然的规律。管理者需要组织、管理这个额外的开发者。增加员工就会增加管理层的工作，随着项目组人数的增加，管理者额外得到的好处越来越少，即使项目组的每一个人都是胜任的，最终，项目组人数的增加会成为一种负面作用。其主要原因在于，随着项目组人数的增加，项目组内部所需的交流越来越复杂。

大型项目的开发者认识到，如果不限制开发组的规模，他们就不可能开发出一个清楚的、吸引人的游戏项目。由此，游戏的特征也限制在团队成员可以完成的范围内。

综上所述，我们了解了自主研发一款游戏所需要考虑的各方面的产品因素以及设计的人事、财务和市场方面的因素。在选择自主研发游戏产品前，需要大家仔细检查自身团队是否具备这些条件、经验丰富的业内人士以及良好的管理机制。如果没有充足的准备条件，那么你可以选择购买版权，代理运营游戏产品。

4.4 制订商业计划书

任何事业要成功，必先有所规划，游戏运营也是如此。特别是这个新兴产业发展至今不过数年，不似成熟产业那般容易了解，因此一份说得清楚、经得起反复讨论的计划书，对未来运营的发展性以及融资工作的进行具有关键性的影响。

一份好的计划书应具有下列三项功能。

● 协助管理者认清策略方向及经营形态。

● 提供公司未来成长的蓝图。

● 协助公司进行资金募集。

实际上，一份成功的计划书并没有一定的格式，但是，一般都会包括以下四大要素。

（1）经营理念。

优良的经营理念及优秀的经营企业对于新创事业的企业是非常重要的。以Yahoo!为例，原始创业者杨致远及David Filo固然是今天Yahoo!居功至伟的催生者，但若是没有以Tim Koogle为首的经营企业，Yahoo!就可能没有今天的规模及成功。

（2）产品/服务/技术。

由于网络快速发展与蔓延的特性，先进入游戏运营行业的企业虽然会遇到硬件或软件方面的障碍，但是，由于技术在市场上可取性高且网络产品及服务的易模仿性，使得如何表现出产品/服务间的差异化及与竞争对手的区别成为相当重要的一环。所以，如何将产品/服务/技术表现出显著的价值，决定了公司在消费者心目中的独特地位，以降低使用者群体转移成本，才是在游戏行业竞争的关键所在。

在游戏行业中，将产品/服务/技术放在经营模式（Business Model）中加以描述，以体现其在经营活动中的重要性，将是理清经营问题的好方法，这一点也许是游戏运营商们应该多关注的重点。

（3）市场/营销计划。

在网络游戏行业中重要的市场/营销计划，包括如何了解玩家们的需要；如何满足玩家的需求；要首先以收费方式来赚取公司存活的资金收入为目标，还是初期以建立品牌形象及市场占有率为优先目标，而将可赚取的利润留待以后回收。对以上问题提出不同的解答方式，均可能在网络游戏市场中衍生出各不相同的经营模式。而且实际的市场及营销计划也随网络运用形态而各有差异，并由此延伸出形式多样的市场及资源分配问题，故清晰的逻辑及企业间的辩证区分将是创业者在复杂的网络市场中脱颖而出的重要因素。

（4）资金规划。

经营企业、产品/服务/技术、市场/营销计划等三大要素若皆已完备，则企业欠缺的将主要是资金的投入。由于游戏中有许多花钱甚多（Burn Money）的例子，且有大多数新兴网络游戏运营公司目前仍在亏损状态，如何让投资人认同运营企业的经营模式，将有赖于结合可行的经营逻辑及精细的财务规划。

切实可行的财务规划是投资者注资的主要参考依据，因此，网络创业企业除了以创新的理念开发新市场运作模式外，财务规划也是不可偏废的工作。

游戏运营企业如何将构思的想法或借以形成的计划清楚地表达出来，则有赖于市场计划书的撰写与分析，撰写历程即为企业对经营理念的沙盘演练，及援引外界资讯修正内容使其完善的过程。借此企业或在实际运作前，事先发现可能的机会、威胁及企业组成的优势和劣势，从而提高创业成功的机会。

可以看出，无论是新建企业还是发展中的企业，商业计划书都是一份非常重要的文档，可以使企业的目的更加明确，增强了投资人的信心；为企业的发展定下比较具体的方向和重点，使员工了解企业的经营目标，并激励他们为共同的目标而努力；更重要的是，它可以使企业的出资者以及供应商、销售商等了解企业的经营状况和经营目标，说服出资者(原有的或新来的)为企业的进一步发展提供资金。正是基于上述理由，商业计划书将是风险企业家所写的商业文件中最主要的一个。

那些既不能给投资者以充分的信息，也不能使投资者激动起来的商业计划书，其最终结果只能是被扔进垃圾箱里。为了确保商业计划书能起作用，要在商业计划书中表述清楚以下几点。

(1) 关注产品。

在商业计划书中，应提供所有与企业的产品或服务有关的细节，包括企业所实施的所有调查，这些问题包括：产品正处于什么样的发展阶段？它的独特性怎样？企业分销产品的方法是什么？谁会使用企业的产品，为什么？产品的生产成本是多少，售价是多少？企业发展新的现代化产品的计划是什么？把出资者拉到企业的产品或服务中来，这样出资者就会和风险企业家一样对产品有兴趣。在商业计划书中，企业家应尽量用简单的词语来描述每件事 —— 商品及其属性的定义对企业家来说是非常明确的，但其他人却不一定清楚它们的含义。制订商业计划书的目的不仅是要出资者相信企业的产品会在世界上产生革命性的影响，同时也要使他们相信企业有证明它的论据。

(2) 敢于竞争。

在商业计划书中，风险企业家应细致分析竞争对手的情况：竞争对手都是谁？他们的产品是如何工作的？竞争对手的产品与本企业的产品相比，有哪些相同点和不同点？竞争对手所采用的营销策略是什么？要明确每个竞争者的销售额、毛利润、收入以及市场份额，然后再讨论本企业相对于每个竞争者所具有的竞争优势，要向投资者展示，顾客偏爱本企业的原因是什么。例如，本企业的产品质量好，送货迅速，定位适中，价格合适，等等。商业计划书要使它的读者相信，本企业不仅是行业中的有力竞争者，而且将来还会是确定行业标准的领先者。在商业计划书中，企业家还应阐明竞争者给本企业带来的风险以及本企业所采取的对策。

(3) 了解市场。

商业计划书要给投资者提供企业对目标市场的深入分析和理解，要细致分析经济、地理、职业和心理等因素对消费者选择购买本企业产品这一行为的影响，以及各个因素所起的作用。商业计划书中还应包括一个主要的营销计划，计划中应列出本企业打算开展广告、促销以及公共关系活动的地区，并明确每一项活动的预算和收益。商业计划书中还应简述一下企业的销售战略：企业是使用外面的销售代表还是使用内部职员？企业是使用转卖商、分销商还是特许商？企业将提供何种类型的销售培训？此外，商业计划书还应特别关注销售中的细节问题。

（4）表明行动的方针。

企业的行动计划应该是无懈可击的，在商业计划书中应该明确下列问题：企业如何把产品推向市场？如何设计生产线，如何组装产品？企业生产该产品需要哪些原料？企业拥有哪些生产资源，还需要什么生产资源？生产和设备的成本是多少？企业是买设备还是租设备？解释与产品组装、储存以及发送有关的固定成本和变动成本的情况。

4.5 本章小结

运营策略是一家公司对是否进入游戏行业所需要做的相关的行业了解、分析和判断的过程，在这个过程中涉及很多市场、管理方面的知识和技术。在市场细分的过程中，管理当局和营销人员应充分了解市场细分的方法，确定目标市场，制订有针对性的运营战略。

科学的市场调研方法、完善的调研系统以及不断对市场行情调研分析是保持企业的发展方向不发生偏差的基本要点。

将上述结果应用到对新产品的定位中，企业才能推出可以被市场接受的产品。关于产品的提供方式，通过商业模式的分析，即可得到适合自己企业的结果，再撰写一份完善的商业计划书，来约束所有的执行人员按照既定的企业目标发展。一个企业的运营策略是一个复杂庞大的工程，它不需要太多技术人员的参与，而需要更多的决策者与市场人员共同努力，这样才可以为企业的发展指出明确的道路。

4.6 本章习题

（1）市场细分的理论依据是什么？

（2）市场细分的原则是什么？

（3）市场调研的意义是什么？

（4）市场调研的基本方法有几种？其调研方式是什么？

（5）试述什么是产品。

（6）产品生命周期分为几个阶段？

（7）项目三角的内涵是什么？

（8）商业计划书必须要说明的内容有哪些？

（9）下面是一张问卷调查表中的几个问题，请说明这些问题的提问方式是否合适，并说明理由。

① 你的收入最接近多少？

② 对于你的孩子参加游戏培训一事，你是一个强的还是弱的支持者？

③ 你的孩子在学校里表现好吗？是（   ）否（   ）

④ 有多少个培训机构去年向你寄过宣传材料？今年呢？

⑤ 你认为剥夺你孩子通过职业培训选择就业的机会是正确的吗？

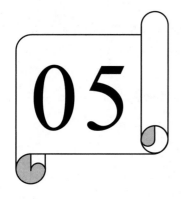

新产品生成

教学目标

● 了解新产品的开发过程。

● 了解游戏代理方面公司管理层需要面对和处理的问题。

教学重点

● 影响采用过程的因素。

教学难点

● 游戏品质分析包括的内容。

公司确定目标市场后，就要开始为目标市场开发和推出合适的新产品。公司可以通过收购或开发新产品两种方式获得新产品，可以只选择一种方式进行，也可以两种方式同时进行。

收购途径有两种形式：购买一家公司，或者从其他公司购买许可权或特许经营权。新产品开发可采取两种方式：自己开发新产品、与其他机构或开发公司订立合同来开发特定的新产品。

5.1　开发游戏产品

5.1.1　开发新产品面临的挑战

根据新产品对于公司和市场的"新"的程度，可将新产品分为以下六种类型。

(1) 新问世产品：开创全新市场的新产品。

(2) 新产品线：使一个公司首次进入已建立市场的新产品。

(3) 现行产品线的增补品：公司已建立产品线上增补的新产品(例如系列游戏产品或不同角色、场景、道具的版本游戏)。

(4) 现行产品的改进更新：提供改进性能或有较大的可见价值的新产品，并替代现行产品。

(5) 市场再定位：以新的市场或细分市场为目标的现行产品。

(6) 成本减少：以较低成本提供同样性能的新产品。

所有新产品中，只有10%是真正属于创新或新问世产品。由于它们对公司和市场来说都是新的，因此，这些产品包含了非常高的成本和风险。大多数公司实际上着力于改进现有产品，而不是创造一个新产品。在索尼公司，80%以上的创造新产品活动是改进和修正其现有产品。

不论是新公司还是已经营多年的公司，都要使产品适应消费者不断变化的需求，不开发新产品的公司就要承担被市场淘汰的风险。但是，进行新产品开发也是要承担较大的风险的。例如，福特汽车公司在它生产的"伊德斯尔"汽车上遭了殃，损失了2.5亿美元；杜邦在它的被称为"可仿"的合成皮革上，损失了1亿美元；法国的协和式飞机很可能永远无法收回它的投资。

不难看出，对于开发新产品，公司将面临一些因素的影响，以下几个方面会影响到公司的新产品开发。

第一，不重视市场调研，强行推行个人喜欢的产品构思。产品的构思和创意要切合实际，符合公司的目标市场群体。对游戏开发成本的预算也很重要，有时，一个公司为了找出少数几个好的新产品，必须提出大量的新产品构思。公司面临着不断上升的研究与开发费用、营销费用，当费用超出预算时，在公司财力不能达到的情况下，有可能会造成游戏产品的开发无法进行下去。

第二，没有开展有效的广告活动、对产品定价过高，甚至竞争对手的激烈反击超出了事先估计以及对市场规模的估计过高，都直接影响产品的开发。

第三，细分成碎片的市场。激烈的竞争导致市场更加分化，各公司不得不把新产品对准较小的细分市场，而不是一个大众化市场，这意味着每种产品只能得到较小的销售量和较少的利润。

第四，社会和政府的限制。新产品必须符合公共的标准，例如消费者的安全和生态平衡以及社会公德等。例如，中国政府的要求规定娱乐业不得有色情及赌博内容，因此使得包括游戏行业在内的产品设计和广告决策变得复杂化，在工业设备、化工产品、汽车和玩具业中也是如此。

第五，新产品开发完成的时限缩短。许多公司很可能同时得到同样的新产品构思，而最终的胜利往往属于行动迅速的人。反应敏捷的公司必须压缩产品开发的时间，其方法可采用计算机辅助的项目管理和开发技术，公司建立战略合伙人开发，提早进行产品概念试验及采用先进的营销计划等。现在也可以使用一种同步新产品开发的方法，在这种方法中，一个跨职能部门的工作组将参与产品开发到上市的全过程，如果一个职能领域发生问题，该小组参与攻关，而其他人员继续前进。同步开发像足球比赛而不像接力赛，小组成员之间前前后后传递着这项新产品，直到实现共同目标。艾伦—布拉德利公司(制造工业控制设备)提供了使用同步开发产品而获利的一个例子。该公司所有的部门都在设计和开发新产品，最近，它们开发一个新的电子控制设备只用了两年，而在旧系统中，它需要6年。

第六，成功产品的生命期缩短。当一种新产品成功后，竞争者会非常快地进行模仿，从而缩短了新产品的生命周期。索尼公司在竞争者大量仿制其产品前曾享受了3年的领先时间。现在松下和其他竞争者仿制其产品只要6个月，因此，留给索尼重新创新的时间就更少了。盛大公司在《传奇》事件发生短短几个月内就发布了自己的产品《新传奇》(即《传奇世界》)。

面对这些挑战，公司用什么来确保它开发新产品能成功呢？库珀和克兰施米特发现了成功的首要因素。

（1）独特的产品优势。如更高的品质、新的性能、在使用中有更高的价值等。

（2）在产品开发前就已明确定义产品的概念，因此，公司在操作前，便可仔细地界定和估计目标市场、产品要求和利益。

（3）技术与营销的协同性、在每一产品开发阶段执行工作的质量和市场吸引力。

5.1.2　有效的组织安排

成功的新产品开发要求公司建立一个有效的组织，以管理新产品开发过程。一个组织是否有效，首先取决于最高决策层。由于有很多书籍介绍游戏开发各个工种的技术知识，因此，本书不再提及工种的工作安排，而是针对运营、开发、团队的管理角色及管理机制进行相关的阐述。

最高决策层对新产品成功的成绩负有最终的责任。新产品开发工作要求最高决策层必须规定公司应着重要涉及的业务领域和产品种类，因此，最高决策层对接受新产品构思必须建立明确的标准，这对于大型多国公司特别适用。例如，古尔德公司建立了下列接受标准。

● 该产品在5年内能进入市场。

● 该产品的市场潜在销售量至少有500万美元和15%的增长率。

● 该产品至少有30%的销售回报率和40%的投资回报率。

● 该产品将取得技术或市场领先地位。

最高决策层必须决定新产品开发需用多少预算支出。研究和开发新产品的结果是非常不确定的，以致按照常规的投资标准来编制预算变得十分困难。有些公司解决这个问题的方法是采用鼓励措施和财务支持，以争取尽可能多的项目建议书，并寄希望于从中择优录用。另一些公司采用传统的销售额的百分率或根据与竞争者相当的费用，来确定本公司的研究和开发预算。还有些公司先确定到底需要多少成功的新产品，然后再倒过来估计研究与开发所需的投资额。

在美国，以新产品研究与开发闻名的是总部在明尼阿波利斯的3M公司。

3M公司生产6万多种产品，包括标准纸、胶黏剂、软盘、接触镜片、贴纸等。每一年，3M公司都推出200多个新产品。公司130亿美元雄心勃勃的目标是：在最近5年内，公司40个部门的每个部门在其上市的产品中至少获得25%的收益。更令人惊异的是，他们成功了。下面是3M公司创新方法中的主要特点。

第一，3M公司不仅鼓励工程师，而且鼓励每个人成为"产品冠军"。公司的15%法则允许所有员工在工作时间内有15%的时间研究个人感兴趣的项目。

第二，每一个积极的新创意都交给由"执行冠军"领导的、受多种训练的开发小组处理。

第三，3M知道失败与教训是难免的，它的口号是"为了发现王子，你必须与无数个青蛙接吻"。

第四，3M公司每年向开发组颁发"金牌奖"，这些新产品在正式上市的3年中，在美国市场获得了200多万美元的销售额，在世界市场的销售额为400万美元。

表5-1说明了一个公司怎样计算新产品开发的投资成本。在一个大的包装消费品公司里，新产品经理回顾了他的公司考虑的64个新产品创意的处理结果。通过创意筛选阶段的只有1/4，即16个，在这一阶段鉴别每一创意的成本是1000美元。通过概念测试阶段的是其中的一半，即8个，每一个成本是2万美元。在产品开发阶段中留下来的只有4个。在市场试验中状况良好的剩下2个，每一个的成本为50万美元。当这2个新产品创意推向市场时，每一个的成本为500万美元，并且只有一个是非常成功的。因此，这个成功的创意花费了公司572.1万美元的开发费用。在这个过程中，63个其他的创意在中途被抛弃。由此可知，开发一个成功的新产品的总成本是1398.4万美元。

表5-1　寻找一个成功的新产品的估计成本(从64个新创意开始)

阶　　段	创意个数	通过比率	每个产品创意的成本(美元)	总成本(美元)
创意筛选	64	1:4	1000	64,000
概念测试	16	1:2	20,000	320,000
产品开发	8	1:2	200,000	1,600,000
市场试验	4	1:2	500,000	2,000,000
推向市场	2	1:2	5,000,000	10,000,000
合　计			5,721,000	13,984,000

公司在处理新产品开发组织结构中，有若干种方法。最常见的有以下几种。

(1) 产品经理：许多公司把新产品开发工作交给它们的产品经理们。实际上，这种制度有一些缺陷，如产品经理忙于管理生产线，除了对品牌更改和扩充感兴趣外，很少有时间考虑新产品；同时，他们也缺乏开发新产品所需的专有技能和知识。

(2) 新产品经理：通用食品公司和强生产品公司设有隶属于产品经理领导的新产品经理职位。一方面，这个职位使得开发新产品的功能专业化；另一方面，新产品经理的工作局限于他们的产品市场范围的产品改进和产品线的扩展。

(3) 新产品委员会：大多数的公司都有一个高层管理委员会负责审核新产品建议。

(4) 新产品部：大公司常设立一个新产品部，该部的主管拥有实权并与决策层密切联系。其主要职责包括产生和筛选新构思，指挥和协调研究开发工作，进行实地试销和商品化。

(5) 新产品开发组：新产品开发组由各业务部门的人员组成，负责把一种特定产品或生意投入市场。他们暂时被解除其他职务后，给予预算、时间期限并"参与战斗"和"安排工作"。现在，M公司、陶氏公司、西屋电器公司、孟山都公司和通用面粉公司等把新产品开发的主要工作指派给新产品开发组。

管理创新过程最高级的工具是阶段关卡系统。其基本思路是把创新过程分为几个独立的阶段，在每个阶段的最后有一扇门或一个检查站，项目负责人及工作组了解满足各个阶段的标准，他们拥有从项目开始到走向市场或终止的决定权。

各个公司在新产品开发、从一个部门到另一个部门、领导人的变换中做法各异。阶段关卡系统对公司带来好处，包括建立在创新过程中强有力的纪律、制度，使每一步骤有章可循，并阐明了项目负责人和工作组在各个方面的责任。

5.1.3　新产品的开发过程

新产品开发过程共包括八个阶段：创意产生、创意筛选、概念发展和试验、营销战略、商业分析、产品开发、市场试销、商品化。新产品开发过程中，各个阶段和决策的描述如图5-1所示。

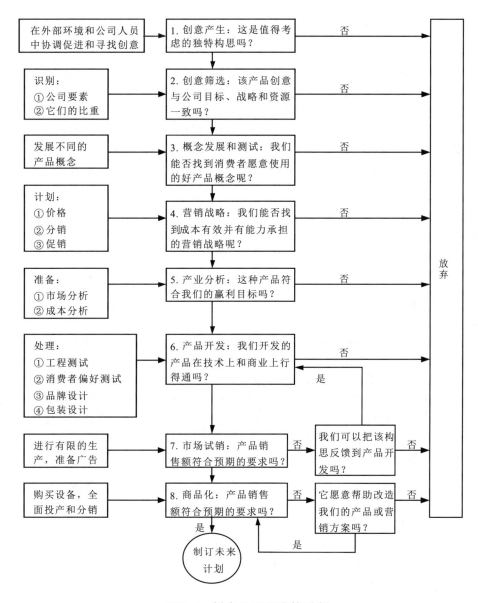

图5-1　新产品开发决策过程

1. 产品创意的设计与筛选

（1）创意的产生。

新产品开发过程的第一个阶段是寻找产品创意。决策层应确定要着重研究的产品与市场范围，并指出新产品开发的目标，还应该阐明对开发原始产品、改进现行产品和仿造竞争者产品应做出多大的努力。

下面列出了新产品创意来源的一些途径。

① 顾客。

依照市场营销的概念，顾客需求和欲望是寻找新产品创意的合乎逻辑的起点。希培尔曾经论证过，大量产品的新创意起源于用户。游戏产品公司的许多信息的获得可以通过一组特定的领先用户，即首先使用公司的产品和比其他顾客先认识到产品需要改进的用户。公司可以通过对顾客的直接调查法、投影测试法、深度小组访问法以及顾客建议和诉说信件，来确定顾客的需求和欲望。例如：暴雪公司询问玩家对《魔兽世界》喜欢不喜欢的意见以及各种族需要做哪些调整或增加哪些道具、任务、场景等。这种调查会对产品后来的改进提供大量的创意。

② 公司雇员。

公司还可以依靠它的雇员得到新产品创意。成功的公司建立了公司的文化，以鼓励每一个员工寻找关于改进公司生产、产品和服务的新创意。丰田宣称，它的员工每年提出200万个创意，平均每个员工提35项建议，它们有85%以上被执行；柯达和一些美国公司给年度内提出最佳创意的员工以奖金和鼓励。

③ 竞争者。

公司通过对竞争者产品和服务的监视也能发现新创意。公司可以倾听分销商、供应商和销售人员讲述在工作中的情况和问题。一个公司应该对谁在购买和为什么购买竞争者的新产品做出评估。许多公司买进竞争者的产品，分析它们，然后制造更好的产品。当然，它们的竞争战略只能说是一种产品的仿造和改进，而不是产品创新。这种形式的创新我们在国内的游戏行业也可以看到很多例子，如在《魔兽世界》上市后，一些RPG游戏的场景开始向《魔兽世界》的设计方向发展，包括在国内市场运营的相似游戏产品也是随处可见。

④ 经销商。

公司的销售人员和经销商是新产品创意的特别好的来源，他们掌握着顾客需求和抱怨的第一手资料，通常也是第一个知道竞争发展情况的人。为了产生新的创意，越来越多的公司正在培训和奖励它们的销售人员和经销商。例如，电子制动和联动报警器公司的董事长比尔·基夫要求公司销售人员列出每个月推销访问的表格，然后汇报他们在顾客访问中所听到的三个最有发展潜力的产品构思。董事长每个月都要阅读这些创意并批示意见，然后将其交给公司的工程师、生产经理等人，以深入探究这些较为优秀的构思。

⑤ 高级管理人员。

高层管理当局是新产品创意的另一个主要来源。有些公司的领导者，例如宝丽来公司的前任总经理艾德温·兰德，亲自负责他们公司的技术创新工作。这种方法并非总是建设性的，特别是当高层主管对市场规模和用户兴趣没有做彻底的调查研究而推行他得意的创意时，就会遭到失败。当兰德为他的公司推出宝丽来摄影机计划(即时摄制电影)时，因为市场上对用录像带来捕捉行动更感兴趣，兰德的计划以失败告终。

在公司的创新活动中，高层管理当局所要做的不是自己参与创新产品，而是尽可能地使其他人参与和督促他们。例如，普惠公司的总经理刘易斯·普拉特相信，高层管理当局的作用是创造一种环境，鼓励业务经理参与冒险和创造新的成长机会，在普拉特的领导下，普惠被建成为一个高度自动化的企业。

除此以外，新产品创意的其他来源有：发明家、专利代理人、大学和商业性的实验室、顾问、广告代理商、营销研究公司、出版物和其他"创意人"。

由于创意来自于许多渠道，各种创意受到认真注意的机会就落到了该组织中对产品创意负有责任的某个人身上。这个人必须本身热心于产品创意，否则，再好的创意也不可能受到认真的考虑。

(2) 创意产生的技术。

产生产品创意的技术主要有以下几种。

① 属性一览表法。

该技术要求把一个现行产品的主要属性列成一览表，然后对每一项属性进行处理，以找到一个改进后的产品。例如，一款赛车游戏，它的属性是：竞速类、回合制、真实场景、车型仿真、无人物角色、单机游戏等。现在为了改进游戏产品的效果和引起玩家新的爱好，我们可以要求一个小组提供属性改进意见。例如，竞速类改为障碍竞速或道具竞速，真实场景改为卡通场景，仿真车型改为Q版车型，增加Q版人物形象，单机版游戏改为网络游戏。通过对一个游戏产品和它的属性提出下列问题，可以激发有用的创意：有没有其他玩法？适应？扩大？缩小？取代？重排？跳转？合并？

② 引申关系法。

这种方法是将几个不同的物体排列出来，然后考虑每一个物体与其他物体之间的关系。我们看到，联众将大家平时喜欢玩的麻将、扑克牌、围棋、象棋等组合到一起，成功地推出了联众棋牌游戏平台。

③ 物型分析法。

这种方法就是辨认一个问题结构的各个方面和审查它们之间的关系。假如一个问题被描述为"这是一种游戏，可以让参与者之间一边聊天一边玩"。这个问题结构上的重要方面有：游戏形式(实物游戏、联网游戏)、玩游戏所需的媒介(房屋、桌子、椅子、电脑、手机)、游戏参与人数(限制人数、不限制人数)、游戏奖惩制度(体力惩罚、计分)等。然后无拘无束地自由联想各种组合，可以想象一种以电脑为媒介，采用计分制度的网络游戏。

④ 需要/问题分析法。

前三种创造性技术都不要求消费者参与创意的产生过程，而需要/问题分析法是从另一方面，即从消费者角度开始的方法，它要向消费者询问需要、问题和创意。例如，它要求消费者提出他们使用一个特定产品或产品类型时所遇到的许多问题。这个技术也可以采用相反的程序进行。消费者收到一张问题一览表，请他们指出根据表上的每一个问题所联想到的某种产品。

⑤ 头脑风暴法。

通过头脑风暴法技术，会激发参加该座谈小组会成员的极大的创造想象力，其原则是由阿兰克斯·奥斯博开发的。头脑风暴法会议可以帮助人们产生许多创意。一般来说，参加小组讨论的人数限于6～10人，议题必须明确，会议持续时间大约一小时，会议召集人的开场白为："请记住，我们将尽可能地想象创意——越多越好，越广越好，不做任何评价。"于是，创意联想开始，一个创意激起另一个创意，在一小时之内，录音机将录下100多个，甚至更多的创意。为了使会议得到最大的效率，奥斯博提出了下面的四个准则。

● 不准批评：对任何创意的不同意见必须在以后提出。

● 欢迎自由发挥：思路越宽越好，沉闷往往比启发思维容易。

● 鼓励数量：联想的数目越多，所包含的有用的创意就可能越多。

● 鼓励对创意合并和改进：会议参加者应该建议如何把其他人的创意合并而成为更加新颖的创意。

⑥ 提喻法。

头脑风暴法座谈会下结论太快，使相当多的观点得不到足够的展开。而提喻法则可以把问题规定得广泛一些，以便讨论小组得不到关于某个特定问题的暗示。例如，一个公司需要设计一套适合处理高能燃料的工作人员穿的密封防气衣服的防气方法。

提喻法有以下五个原则。

● 迟延：首先寻找观点，而不是解决问题的答案，解决方案放在后面。

● 目标自主：让问题自生自灭，自然形成目标。

● 利用普通事物：利用熟悉的事物作为迈向陌生事物的跳板。

● 深入研究／超脱思考：对问题的具体特点交替采用深入研究和超脱思考两种方法，以洞察全貌。

● 利用隐喻：利用表面上不相关的偶然事件，提供类比，以成为新观点的来源。

（3）创意筛选及创意的分等设计。

筛选的目的，是尽可能早地发现和放弃错误的创意。其理由是每一后继发展阶段的开发，成本都提高得非常可观。

大多数的公司要求主管人员把新产品创意填入一张标准的表格内，以便于新产品委员会审核。表格包括产品名称、目标市场、竞争状况以及粗略推测的市场规模、产品价格、开发时间、开发成本、制造成本和报酬率。

然后执行委员会根据一套标准来检查每一个新产品创意。在日本的花王公司里，委员会要考虑以下问题：该产品对顾客和社会真正有用吗？它的成本明显优于竞争产品吗？广告与分销容易吗？

图5-2详细地说明了产品创意筛选是否与公司的目标、战略和资源相吻合。对这些问题中的一个或更多个都不能满足的创意当然应该淘汰。

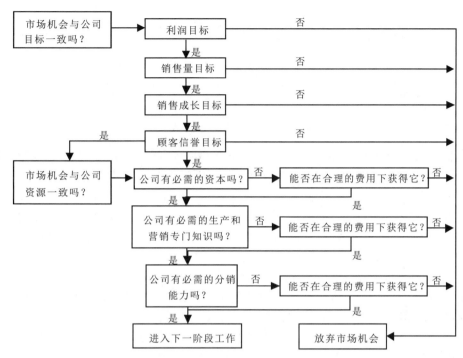

图5-2　根据公司目标和资源条件评价市场机会

经筛选后剩下的创意，用指数加权法进行分等。这种基本的分等设计方法可以考虑进一步的改进，其目的是为了促进有系统地对产品创意进行评价和讨论——它并不能取代管理层的决策。

表5-2中的第一列列出了产品成功地投入市场所必需的因素，第二列是管理层根据这些因素的相对重要性而给予的权数。

表5-2　产品创意的分等设计

产品成功的必要因素	相对权数(1)	产品能力水平(2)	评分(1×2)
产品的独特优点	0.40	0.8	0.32
高的绩效成本	0.30	0.6	0.18
高的营销资金支持	0.20	0.7	0.14
较少的强力竞争	0.10	0.5	0.05
总计	1.00		0.69*

*分等标准：0.00～0.30分为差；0.31～0.60分为尚可；0.61～0.80为佳。最低接受标准：0.61

先要测验，在每一因素上对公司的能力进行由0.0～1.0的分等级处理，最后将每一成功因素的权数和本公司的能力水平相乘，得到公司成功地把这种产品引入市场的能力总评分。

作为例子，这里的产品创意得0.69分，它处在"尚佳创意"水平。

在新产品创意的发展过程中，公司需要不断地对它的总成功率进行评价，一般可采用下列公式。

$$总成功率=技术完成率 \times \left(\begin{array}{c} 在技术完成率 \\ 确定后的商业化率 \end{array} \right) \times \left(\begin{array}{c} 商业率 \\ 确定后的经济成功率 \end{array} \right)$$

例如，估计这三个比率分别是：0.50、0.65和0.74，公司计算出总成功率为0.24。然后，公司判断这个成功率是否可以使公司下决心进一步把新产品开发工作继续下去。

在筛选阶段，公司必须避免"误舍"和"误用"两种错误。"误舍"是公司使某一有缺点但能改正的好创意草率下马。例如，施乐公司看中了切斯特·卡尔森公司的复印机，认为它是有新颖性和希望的产品，而国际商用机器公司和柯达公司却忽视了它；美国无线电公司能够预计到无线电的革新机会，而胜利唱机公司则不能。

"误用"错误发生于公司容许一个错误的创意投入开发和商品化阶段。我们应该区分这种结局下产品失败的三种类型：第一种称为产品的绝对失败，它损失了金钱，其销售额连变动成本都不能收回；第二种称为产品的部分失败，它也损失了金钱，但是它的销售可以收回全部的变动成本和部分固定成本；第三种称为产品的相对失败，它能产生一定的利润，但是低于公司正常的报酬率。

2. 概念的发展和测试

产品创意经筛选后需要发展成产品概念。我们应该区分产品创意、产品概念和产品印象。产品创意是公司本身希望提供给市场的一个可能产品的设想；产品概念是用有意义的消费者术语表达的精心阐述的构思；而产品印象是消费者得到的实际产品或潜在产品的特定形象。

（1）概念发展。

我们用下面的例子来说明概念的发展。一家游戏公司获得一个制造卡通网络游戏的创意，它能增加游戏的趣味性，让玩家在游戏中可以放松心情。这就是产品创意。然而，消费者不会去购买产品创意，他们要买的是产品概念。

任何一个产品创意都能转化为几种产品概念。

首先，要问的问题是谁玩这款游戏？这款游戏的对象可以是儿童、少年、青年、中年、老年或女性。第二，这款游戏的主要亮点是什么？界面、形象、音效、关卡？第三，这款游戏的主要模式是什么？回合型、关卡型、循环型、成长型？根据这些问题，公司就会形成以下几个产品概念。

概念1：一款供儿童进行启蒙教育的游戏。

概念2：一款供青年、中年人放松压力的娱乐游戏。

概念3：一款供老人娱乐的休闲游戏。

其中每一个概念代表了目录概念，即他们把每一个创意定位在一个目录中。确定一个产品竞争目标的是目录概念，而不是产品创意。启蒙教育游戏必须与启蒙图书、玩具和其他启蒙教育培训方式相互竞争，老年人娱乐的休闲游戏需要面对棋、牌、健身球等实物产品的竞争。

假定启蒙教育游戏概念看上去最佳，下一个任务就是确定该产品与其他启蒙教育产品之间的位置。图5-3(a)是一张关于成本和准备时间的二维产品定位图，它显示了启蒙教育游戏与其他启蒙产品的相对位置。启蒙教育游戏使购买者感到又有声又有影，可以包括其他一些产品的特色，形式新颖独特。最接近它的竞争产品是动画片，距离最远的竞争产品是图书。这些对比在把产品概念投放市场时可加以利用。

下一步，产品概念必须转化为品牌概念。图5-3(b)显示了一个品牌定位图，表示三种启蒙教育产品的定位情况。公司需要决定生产这款游戏的要价是多少和包含多少内容。一个新的品牌可以被定位于中等价格和初级启蒙教育的市场部位，或定位于高价格和高级启蒙教育的市场部位。该公司不想在现有品牌的旁边定位，因为在那里将要为竞争市场份额开展商战。

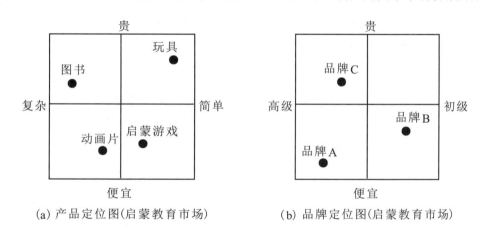

(a) 产品定位图(启蒙教育市场)　　(b) 品牌定位图(启蒙教育市场)

图5-3　产品和品牌定位

(2) 概念测试。

概念测试需要与合适的目标消费者小组一起测试这些产品概念，然后收集消费者的反应。这些概念可以用符号或实体形式来展示。在这个阶段，用文字和图形描述就足够了。但是，概念测试与最后的产品形状越近似，这个概念测试的可靠性就越高。今天的计算机技术和开发流程已改变了传统的做法。今天的公司能够在计算机上设计出产品模型(如演示版)，给预期的消费者观察这些模型和要求他们评论。

如今许多公司使用一种被称为顾客驱动工程的方法，它们用这种方法设计新产品。顾客驱动工程是在工程的最后设计中高度重视顾客的偏好意见。假定一家大汽车公司决定为每天走长距离路程上班的、中高档收入的人设计汽车。这些人向往什么样的汽车呢？通过小组座谈讨论，研究人员发现并做出如下结论：舒服的坐椅、饮料托盘、公路付费的投币狭缝、加速迅速、观察转弯的良好镜子等。以上称为顾客属性(CAs)。一旦顾客属性被确立，营销部门就把它们转移给工程师，以完成到工程属性(EAs)的转换，包括功率、重量、传动速率、风的阻力等指标。这些从顾客属性转换成工程属性的工作，称为顾客驱动工程，它能在规定的吸引力和成本之间做出最好的选择。

游戏行业经常会考虑用户对操作界面的使用习惯、按钮位置、颜色疲劳度等因素。因此，游戏行业作为新兴行业，还有很多需要从业人员调查和考虑的消费者偏好。

概念测试的一个重要内容，是必须把精心制作的概念说明书呈现在消费者面前。这里是一个概念的例子。

一款提供给儿童的启蒙教育游戏产品，其中包括影音效果，方便不认字的儿童学习，提高儿童学习的兴趣，操作简单。其内容包括天文、地理、历史、自然等多方面的科学知识，每门学科为一张光盘，一套共计12张。

消费者在收到这些信息后，我们要求他们回答表5-3中的问题，从而判断该概念对消费者是否具有足够充分有力的吸引力。这些回答信息还告诉公司新产品与其他产品的比较以及他们的最理想目标产品是什么。需求—差距程度和购买意图程度可用某类产品的标准来校核，以便看出该概念是否可能成功，是否只是大胆的尝试，还是可能要失败。某游戏公司对"肯定要购买"得分低于40%的概念一律予以摒弃，如表5-3所示。

表5-3 概念测试表

问 题	产品衡量范围
你是否清楚该产品概念并相信其利益	可传播性和可信度。如果得分低，这个概念就必须重新界定或修订
你是否认为该产品解决了你的某个问题或满足了某一需要	需求程度。需求越强烈，预期的消费者兴趣就越高
目前是否有其他产品满足这一需求并使你满意	新产品和现有产品的差距。差距越大，预期的消费者兴趣就越高。"需求"程度可与"差距"程度相乘，乘积为"需求"—"差距"分数，"需求"—"差距"分数越高，预期的消费者兴趣就越高。"需求"—"差距"的高分意味着消费者认为该产品满足了强烈的需求或者消费者对可供选择的产品还未满足
相对于价值而言，价格是否合理	认知价值。认知价值越高，购买意图就越高
你是否会买该产品(肯定、可能、可能不、肯定不)	购买意图。我们会认为，购买意图对确切地回答了括号内前三个问题的消费者来讲是非常重要的
谁可能会使用这一产品，在什么时候购买和使用频率怎样	用户目标、购买时间和购买频率

3. 制订营销战略

测试以后，新产品经理必须提出一个把这种产品引入市场的初步营销战略计划，这个营销战略将在以后的发展阶段中不断完善。

营销战略计划包括三个部分。第一部分描述目标市场的规模、结构和行为、计划产品的定位和销售量、市场份额、开头几年的利润目标；第二部分描述产品的计划价格、分配策略和第一年的营销预算；第三部分描述预期的长期销售量和利润目标，以及不同时期的销售战略组合。

下面是启蒙教育游戏产品的营销计划。

启蒙教育游戏的目标市场是有孩子的家庭，它们接受先进的、方便的、新颖的和便宜的启蒙教育方式。公司的产品品牌将在市场上定位于较高价格、较新颖、较先进。公司的最初目标是销售50万套或占启蒙教育市场份额的10%，第一年的亏损不超过100万元；第二年的目标是销售70万套或占市场份额的14%，计划赢利700万元。

该产品具有影音互动效果，包括天文、地理、历史、自然等多方面的科学知识，每套售价120元。每箱16套，批发给中间商时每套的价格为100元。（最初两个月经销商每销售1箱可获得100元奖励，加上广告合作津贴、促销活动和邮购承担的邮费，总的促销预算为200万元，广告预算为400万元，以对半的比例分配给全国/本地。其中2/3用于电视和1/3用于报纸。广告文稿应着重启蒙教育的重要性和产品简单方便的利益概念，广告宣传概念将以"聪明的孩子是玩出来的"为核心，第一年营销调研将花费10万元，用于购买商店审计和消费者固定样本信息，以观察市场反应和购买率。）

该公司希望最后获取25%的市场份额和实现20%的税后投资回报率。为了达到这个目标，产品质量的起点要高，并且随着时间的推移，通过技术研究对产品不断更新。价格在刚投入市场时，采用高价位水平定价，然后逐渐加量不加价，以扩大市场和对抗竞争者。总促销预算每年递增20%左右，初期广告费与促销费的比例为70∶30，最后发展成50∶50。在第一年以后，营销调研费将削减到每年6万元。

4. 商业分析

一旦决策层发展了它的产品概念和一个营销战略，它就能够对这个建议的商业吸引力做出评价。决策层必须复审销售量、成本和利润预计，以确定它们是否满足公司的目标。如果它们能符合，那么产品概念就能进入产品开发阶段。随着新情报的到来，该商业分析也可做进一步的修订。

估计销售量：决策层需要估计销售量是否高到公司足够能回收一项令人满意的利润。销售量的估计方法取决于它们究竟是属于一次性购买的产品（如订婚戒指、退休住房）呢，还是属于非经常性购买的产品或经常性购买的产品。对一次性购买的产品，开始时销售量上升，到达高峰，然后当潜在的购货人逐渐减少时，销售量下降而逐渐趋近于零，如图5-4（a）所示。但是，如果新的购买者在不断地进入该市场时，此曲线不会下降到零。

非经常性购买的产品，例如汽车、烤面包炉和工业设备显示出更新周期，它们既受实体磨损的支配，又会受式样、特点和口味变化的影响而被废弃。对这类产品的销售预测要求分别做出首次销售量和更新销售量，如图5-4（b）所示。

经常性购买的产品，例如消费者和工业购买的非耐用品，有与图5-4（c）相类似的产品生命周期销售量。开始时，首次购买人数逐渐增加，然后递减到剩下为数较少的购买者（假设人口固定）。如果该产品使某些顾客深感满意，他们就会成为稳定客户，此时重复购买很快就产生了。销售曲线最后落在一个稳定的水平上，即表示一个稳定的重复购买量，到这时，该产品就不再属于新产品的范畴了。

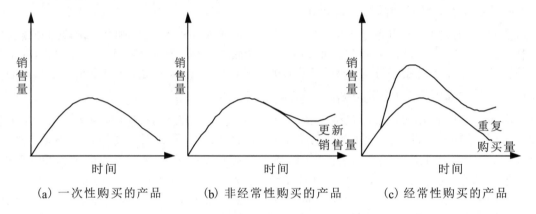

图5-4　三种小产品的销售生命周期

5. 产品开发阶段

如果产品概念通过了商业测试，就移至开发部，把它发展成实体产品。到这个时候，它还只是一段语言描述、一张图样或一个非常原始的模型。产品开发阶段需要大量的投资，相比之下，前面阶段的构思评价成本要小多了。在本阶段要解决的问题是，产品构思能否转化为在技术上和商业上可行的产品。如果失败了，公司除了获得在这过程中有用的信息外，它的积累投资会被损失掉。

开发部将开发关于该产品概念的一种或几种实体形式，它希望能找到满足下列标准的一种产品原型：消费者觉得它是产品概念说明中关键属性的具体体现；在正常使用和正常条件下，该原型安全地执行其功能；该原型能够在预算的制造成本下生产出来。

开发一个成功的原型可以花费数日、数周、数月甚至数年。例如，众所周知的《魔兽世界》从其原始创意到出品，经历了开发人员多年的辛苦工作。

开发人员不仅要设计符合要求的功能特性，而且要知道如何通过实体暗示来传达心理上的见解。消费者对不同颜色、尺寸、重量和其他实体暗示的不同反应是什么？例如，在牙膏的开发中，黄色象征着"防腐"的效用，红色象征着"清新"的效用，绿色象征着"凉爽"的效用。市场营销人员需要和开发人员一起工作，告诉他们消费者是怎样判别所寻求的产品品质的。

原型准备好以后，必须通过一系列严格的功能测试和消费者测试。功能测试是在实验室和现场条件下进行的，以确保产品运行的安全和有效。新的飞机必须会飞行；新药不能产生危险的副作用；新的网络游戏必须能在家庭网络环境中正常运行。我们在广告中可以看到很多相关测试的内容。例如，立白洗衣粉和吉列剃须刀的广告以及众多的牙膏、减肥产品的广告，都是通过测试对比来证明产品的功效。

6. 市场测试

在决策层对产品功能测试的结果感到满意以后，该产品就要被准备确定品牌名称、包装设计和制订一个准备性的营销方案，在更可信的消费者环境中对它进行测试。市场测试的目的是了解消费者和经销商对处理、使用和再购买该实际产品将如何反应。

大多数公司都知道市场测试能够获得有价值的信息，包括购买者、经销商、营销方案的有效性、市场潜力和其他事项等。主要问题是要搞多少市场测试和选用哪一种方式。

市场测试的数量一方面受到投资成本和风险的影响，另一方面也受到时间压力和研究成本的影响。高投资(风险)产品值得进行市场测试，以防铸成错误，市场测试的成本将在项目本身的成本中占微不足道的比例。高风险产品——那些创造新产品品种(首次推出的新类型游戏)或具有新奇的特性(最早推出的网络游戏)比某些改良的产品(传统模式游戏)更值得进行市场测试。但是，如果由于市场大环境刚刚开始变化或竞争者即将推出它们的品牌，公司把它的品牌引入市场会受到强大的压力，市场测试的金额可能会受到严格的限制。如果该公司宁可冒产品失败的风险，也不愿冒失去高成功产品的分销或市场渗透的风险，那么市场测试的成本也将对测试次数和方式产生影响。

7. 商品化

市场试销大体上为决策层提供了足够的信息，以便对是否推出新产品做出最后的决策。如果公司决定将该产品商品化，它将面临到目前为止的最大的成本。公司必须建立一个全面的生产制造组织，组织的规模将是关键的决策变量。为了安全起见，公司可建立一个比销售预测小的组织。

另一个主要成本是市场营销。为了把一种主要的新的消费包装用品引入全国市场，在第一年公司可能必须花费巨额的广告费和促销费。在第一年里，把新的游戏产品引入市场的营销费用通常要达到销货额的57%。

(1) 时间性。

时间性即何时进入市场。在新产品正式上市时，进入市场时机的选择是个关键问题。假定某公司已几乎完成其新产品的开发工作，并已知道某竞争对手也接近完成其新产品开发工作，则公司面临着以下三种选择。

① 首先进入。

首先进入市场的公司通常可得到"主动者好处"，包括掌握了主要的分销商和顾客以及得到有声望的领先地位。另一方面，如果产品未经过彻底的审查而匆匆上市，则该公司可能会获得有缺陷的形象。

② 平行进入。

公司可决定与竞争对手同时进入市场。如果竞争对手是急速进入，公司也同样如此；如果竞争对手慢慢进入市场，公司也可这样做，利用时间来改进产品。

③ 后期进入。

公司可有意推迟进入市场，而等竞争对手进入后再进入。这有三个潜在好处：竞争对手已为开拓市场付出了代价；竞争对手的产品可能暴露出缺陷，而后期进入者却能避免；公司可了解到市场规模。例如，英国EMI公司是CT扫描仪的市场领先者，但美国通用电气公司后来居上超过了它，其原因是通用电气公司的制造技术更出色和对医院的分销工作更强大。

时机决策还包括了其他的考虑因素。假如新产品替换公司另一产品，在正常销售的情况下，它应该推迟到老产品存货销完为止。如果需求具有很高的季节性，那么该新产品在没有到达合适的季节时应延迟推出。

（2）地理战略。

公司必须决定新产品是否推向单一的地区、一个区域、几个区域、全国市场或国际市场。具有信心、资本和能力把新产品推向全国的分销市场的公司是很少的，一般公司的做法是随时间推行有计划的市场扩展。小公司特别会选择一个有吸引力的城市和实行闪电战以进入市场，它们也可能一次进入另外的几个城市。大公司将会把它们的产品引入某一整个区域，然后再进入另一区域。

具有全国分销网的公司，例如游戏公司，除非服务力量不足，否则会将它们的游戏一下子推向全国市场。在这点上，更多的游戏公司是将某一区域或某些城市作为推广重点，例如"边锋"曾经在东北地区非常热门，但是在西南、华南地区却少有客户。

注意到大多数公司主要为国内市场的销售设计它们的新产品是很有意思的。然后，如果产品成功了，公司开始考虑将它们推向邻近国家或全球市场，如有必要，也会重新设计。库珀和克兰施米特在研究工业产品中发现，只为国内市场设计的国内产品有较大的失败率、低市场份额和低成长性。然而，这是公司在设计新产品时最为普遍的方法。从另一角度看，为世界市场设计的产品，或至少考虑邻近国家的产品，获得了可观的高利润。根据库珀和克兰施米特的报告，只有17%的产品采取了后一种设计方法。他们的结论是：公司想要取得新产品成功的高比例，就必须在设计和新产品开发中采用国际导向。他们应更加仔细地研究产品的命名、材料的选择、特点的设计等，这样综合考虑将会降低成本。

在对新产品首次展示营销采取行动之前，公司必须对不同市场的吸引力做出评价。候选的市场排成横行，初次展示时的吸引力条件排成纵列。这些主要的评价条件是市场潜量、公司的当地信誉、通道铺设成本、该地区研究数据的质量、该地区对其他地区的影响和竞争渗透。

（3）目标市场展望。

在新产品首次展示市场中，公司必须把它的分销和促销目标对准最有希望的购买群体。这时，公司已经根据前一阶段的市场试销描绘出主要的预期销售对象。理想的新消费产品的主要潜在购买者应该具有下列特点。

① 他们将是早期采用者。

② 他们将是大用户。

③ 他们将是意见带头人。

④ 和他们接触成本不高。

同时具备这些特点的群体是很少的，但是，公司可以根据这些特点，对各种预期的群体做一评价，然后把目标对准最有希望的顾客群体。公司的目的在于尽快地获得高销售额，以激发销售队伍和吸引其他新的预期购买者。

许多公司惊奇地发现了真正购买它们产品的人及其原因。微波炉的大量发展仅仅是因为用微波炉做爆米花的发展；当只读光盘多媒体特征被引入后，家用电脑的购买戏剧性地增加了。

(4) 导入市场战略

公司必须制订一个把新产品引入首次展示市场的实施计划。一个新游戏的介绍和推出一般会在各网络游戏媒体及杂志的排行榜上。

为了对新产品推出工作的活动进行排序和协调，决策层可采用各种网络技术，例如项目进度排序法。项目进度排序法要求设计一张表示同时发生和有次序的活动，这些活动对于产品的推动都是会发生的，通过估计每项活动的时间，计划员估计全部活动的时间。在项目进度上，任何一项活动的推迟都会影响整个项目。如果该产品必须提早推出，计划员就要审视用时最短的项目进度和寻找减少时间的方法。

5.1.4 消费者采用的过程

潜在的消费者怎样认识新产品、试用它们和采用或拒绝它们？决策层为了在早期的市场渗透中建立一个有效的战略，必须了解这个过程。消费者忠诚过程位于消费者采用过程之后，而消费者忠诚过程乃是现有的生产者所要关注的问题。

若干年前，新产品的营销人员在推出他们的产品时，应用大众化市场的方法，他们把产品到处分销，并把广告做得家喻户晓，其观点是绝大多数的人都是潜在的购买者。然而，这种大众化市场的方法有两个缺点：它需要庞大的营销费用；它在非潜在消费者身上耗费了太多的费用。这些缺点的改进导致了第二种方法，即大用户目标营销，在那里该产品一开始就对准大用户。这种方法只有在大用户可以被确认，并且他们包含在首次试用该新产品的顾客之内时才有意义。但是，即使是大用户群体，消费者对新产品和品牌的兴趣也是各不相同的。许多大用户相当忠诚于他们使用的现行品牌，而某些大用户常常比其他人更早地成为采用人。

新产品的营销人员要确定对准那些有可能成为早期采用人的消费者。早期采用者理论的内容如下。

① 在同一目标市场中的人，从他们接触新产品到试用该产品所需的时间有所不同。

② 早期采用者具有某些共同特点，他们与晚期采用者有区别。

③ 存在着针对早期采用者的有效宣传工具。

④ 早期采用者往往是意见带头人，这有助于成为新产品传播给其他潜在购买者的"广告宣传"。

现在转而讨论创新扩散和消费者采用理论，这一理论提供了辨认早期采用者的线索。

1. 采用过程的各个阶段

创新是指任何新的商品、服务或创意。这个创意可能已有很长的历史，但对把它看成是"新的"人来说，它就是一种创新。创新随着时间的推移会延伸到社会系统。罗杰斯对扩散过程所下的定义是"一个新的观念从它的发明创造开始到抵达最终的用户或采用者的传播过程。"而消费者的采用过程要重点研究一个人从第一次听到一种创新到最后采用的心理过程。

据观察，新产品采用者的发展过程有下列五个阶段。

（1）知晓：消费者对该创新产品有所觉察，但缺少关于它的信息。

（2）兴趣：消费者受到激发，寻找该创新产品的信息。

（3）评价：消费者考虑试用该创新产品是否明智。

（4）试用：消费者小规模地试用该创新产品，以改进其对产品价值的评价。

（5）采用：消费者决定全面和经常地使用该创新产品。

这一系列的采用过程分析，可以启发新产品的营销人员如何使消费者通过这些阶段，成为本公司的用户。

2. 影响采用过程的因素

对消费者进行概括是非常困难的事情，但是不管怎样，市场营销学通过营销人员长期的工作经验总结了一些真谛。

（1）人们在准备试用新产品的态度上有着明显的差别。

在每一产品领域中，总有人倾向于成为消费先驱和早期采用者。例如有些人首先采用服装新款式或新的家用器具；有些医生首先用新药配方；也有些农民首先采用新的耕作方法。另有一些人很晚才采用新产品。如图5-5所示把人们分为几种采用类别的情况。在开始时缓慢发展，然后采用的人数日益增加，直至达到一个高峰，然后再逐渐减少，最后只留下少数不采用这一创新的人。

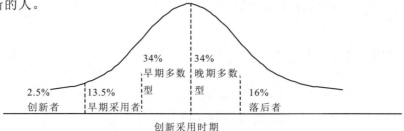

图5-5　以接受创新相对时间为基础的采用者分类

罗杰斯认为，这五类采用者的价值导向是不同的。创新者是冒险的，他们愿意冒风险试用新创意；早期采用者被尊敬所支配，他们是社会上的意见领袖，采用新创意较早，但态度谨慎仔细；早期多数型的态度慎重，虽然他们不是意见领袖，但比一般人先采用新创意；晚期多数型所持的是怀疑态度，他们要等到大多数人都已试用后才采用某种创新；最后，落后者受到传统束缚，他们怀疑任何变革，由受传统束缚人组成，他们只有在创新的自身变为传统事物后才采用它。

这种采用者分类方法，要求一个创新的公司应该研究创新者和早期采用者的人口统计、心理和媒体的特征以及如何直接具体地同他们互通信息。辨认早期采用者通常是不容易的。例如，研究结果表明：创新型的农民很可能比非创新型的农民有较好的教育和高效率；创新的家庭主妇比非创新的更爱交际和有较高的社会地位。有些社会阶层里早期采用者的人数较多。根据罗杰斯的假设，早期采用者相对年龄较轻，有较高的社会地位，财务状况较佳，他们比晚期采用者更善于利用较客观和广泛的信息来源。

(2) 个人影响在新产品采用过程中起着重要的作用。

个人营销是指某个人使其他人的态度或购买可能有所改变的效果。虽然个人影响是一个重要的因素，但它的意义在有些场合和对某些个人比在其他一些场合和个人更大。与其他阶段相比，在采用过程的评估阶段中的个人影响显得更为重要，它对后期采用者的影响胜过早期采用者。与安全环境相比，在风险环境下它更显得重要。

(3) 创新的特征对其自身的采用率有影响。

有些产品几乎只用一个晚上的时间就大受欢迎(如飞盘)，而有些产品要经过一段长时间才会被接受(如柴油发动机汽车)。在对创新采用率的影响中，有五个特征显得特别重要。下面我们结合家用个人计算机采用率，对这些特征进行讨论。

第一个特征是创新的相对优点——优于现行产品的程度。如果使用个人计算机被认识到相对优点很大，譬如说，在统计所得税和记财务账方面，则个人计算机就会更快地被采用。

第二个特征是创新的一致性——新产品与社会中个人的价值和经验相吻合的程度。例如，个人计算机非常适宜中上层家庭的生活方式。

第三个特征是创新的复杂性——了解和使用新产品的相对困难程度。个人计算机是复杂的，因此要经过一段长时期，才能渗透到普通家庭。

第四个特征是创新的可分性——新产品在有限制的基础上可能被试用的程度。个人计算机租赁和购买相结合，可以增加它们的采用率。

第五个特征是创新的传播性——新产品的使用结果能被观察到或向其他人转述的程度。个人计算机能自动演算和描述的事实，将帮助它们较快地在社会系统中扩散。

其他一些特征也会影响采用率，如初始成本、运行成本、风险和不确定性、科学上的可靠性、社会的赞许等。新产品的营销人员在设计新产品和营销方案时，必须研究所有这些因素，同时，应对关键性的因素给予最大的关注。

同样的道理，对组织机构也可以根据它们准备试用和采用新产品的情况进行分类。例如，一种新教学法的推行者需要去确定那些有较高采用可能的学校；一种新医疗设备部件的生产者需要去确定那些有高采用可能的医院。采用与否，跟各种组织的环境(社会进步、社会收入等)、组织本身(大小、利润、改变的压力等)和管理者(教育水平、年龄、经验等)有联系。当一组有用的指标被企业发现后，就能够利用它们，来确定最好的目标组织。

5.2 代理游戏产品

在企业自主开发游戏产品的过程中，需要面对市场、管理、销售等问题。而代理某个产品，则可以不考虑那些开发游戏产品的麻烦事情。但是，面对国际市场上种类繁多的游戏产品，怎样选择一款较为成熟的产品，成为最重要的一环。

在本节中，我们将针对网络游戏运营阐述在游戏代理方面游戏公司管理层需要面对和处理的问题。

5.2.1 游戏品质分析

通过对游戏品质的分析，找出其优缺点，从中可以发现这款游戏与目标市场的定位是否相吻合，能否适合在国内或地区代理。

1. 游戏运行配置要求

接触一款游戏之前，首先需要了解的就是游戏运行时对计算机配置的要求。在评测一款游戏的配置要求时，最重要的原则就是参考目标客户主要使用的媒介及媒介标准。在中国内地市场，网络游戏用户主要集中在网吧，因此，选择游戏时，需要参考中心城市网吧的主流机器配置是否符合游戏的配置要求，网吧的主流配置相比游戏的配置要求如果太低或太高，都不合适。

2. 视觉效果

眼睛是获取信息最重要的器官，因此，人和外界的大部分交流都是通过视觉来完成的。同样，对于游戏来讲，主要是通过画面视觉效果来传递主要信息给玩家，因此，视觉效果是将产品利益传递给玩家的最简单、直接的方式。一般来说，可以通过色调设计和画面设计两方面来评测一款游戏的视觉效果。

(1) 色调设计。

一般来讲，如果为了在游戏中传递阴森、恐怖的感觉，场景可以设置为暗淡色，这必然给玩家一种莫名的压抑感觉；若为了表达比较轻松活泼的感觉，场景一般则设置为以鲜艳色系为主。

按照同样的方法，也可以进行游戏角色的设计。为游戏的角色设计不同的服装，可以表达不同的性格，年轻活泼的女孩子大都采用鲜艳的颜色和亮丽的服装，而反面的魔王则需要黑色或灰色的服装。

（2）画面设计。

早期的游戏受到技术的限制，计算机只能显示非常简陋的图形，例如只能显示方块、圆形等几何图形和简单的点阵图像，因此这个时候的游戏主要是在游戏的玩法上取胜，玩家对画面没有过多过高的要求。例如，俄罗斯方块、珠宝拼图等益智游戏，或者简陋的类似警察抓小偷这样的小游戏，而一些冒险游戏甚至直接就是文本方式，根本不涉及图形，玩家照样玩得津津有味。

后来，随着计算机技术的发展，游戏逐渐开始有能力来显示精美的图像，这个时候美术设计的作用就显示出来了。有些时候，仍然受到计算机处理能力的限制，图像的大小和精细程度不能太高，屏幕上能够同时显示的颜色类型也有限等，例如，在个人计算机上，代表显示技术一大飞跃的VGA标准中，就只能在640×480大小的屏幕下使用16色，然而，很多优秀的美工即便在这个条件下也能显示非常精美的图像。当然，这个时候的显示，一般都比较倾向于动画风格，主要原因还是显示技术的限制，使得这种风格更为适合。

到了目前的显示技术的水平，可以说能够实现非常逼真的图形图像，包括环境、人物等，都可以在多个角度下进行显示，可以进行实时互动而不会影响游戏的响应速度。因此，如果必要，游戏可以营造出非常逼真的画面，来烘托游戏的气氛。

比如以格斗游戏为例，早期的格斗游戏背景图片非常简陋，人物的形象也很简单，在这种游戏刚刚出现的时候，玩家只不过喜欢这种特别的玩法，可以在屏幕上打倒一个假想的对手。不过时间长了，玩家的热情就降下来了，因为玩家不清楚这次打倒的对手和下一次打倒的有什么区别，人物过于简单而导致区别不大，没有办法很好地区分出人物做出的一些"必杀技"动作，也没有办法从背景的变化很好地加入一些剧情，这样玩家就很难保持玩下去的热情，很快就会厌倦这种单调的画面。

但是，现代的游戏则不同，除了玩法和机制的不同，在画面的质量上也得到了大大的提高，可以算是非常华丽，也可以加入影响玩家心情和情绪的各种特征。比如，可以通过背景的切换来表达不同的剧情，通过不同的对手来区分不同的关卡故事，通过不同的操作产生的不同技巧来区别不同对手的特点等。这样，就能使玩家能够进一步沉浸在游戏中，甚至对于玩家旁边的观众来讲，即使不玩也有一种观看战斗的身临其境感觉，好像自己正在搏斗或者正在旁观搏斗，显然可以更好地吸引玩家。

3. 音乐音效

除了眼睛之外，人第二个重要的感觉器官是耳朵，耳朵用来接收声音，用来分辨它是有用的语言，还是表达情绪的音乐，或是其他表示某种事件发生的偶然性声音。然后，人们可以根据不同的信息进行不同的处理：如果是语言，则需要大脑进行分析，看看是否需要回答；如果是音乐，可能会影响个人的情绪；而如果是代表某种事件发生的声音，大脑会指示个人进行对应的处理。

在游戏的表现上，游戏设计人员也经常利用声音来强化游戏的品质与玩家的感受。由于游戏水平的发展，对游戏的品质要求非常严谨，声音已经是游戏必不可少的一部分，虽然不能直接左右玩家的情绪，但它却是加强这种情绪气氛的重要原因。例如，对于跳舞毯这样的游戏，如果只能看到屏幕上的上下左右箭头在移动，而不能听到任何音乐，玩家只能对着那些箭头踩踏板，而不能跟着音乐的节拍起舞，那么这个游戏便一点趣味也没有了。

通常在游戏中，不会通过交谈的方式和玩家沟通，这主要是计算机的技术水平还不足以达到让计算机直接理解人类话语的水平。因此，在游戏常用的声音方面的处理方式，一般就只能是音乐和音效。在游戏中，经常需要一些不同种类的音乐，根据游戏的需要而播放。例如，在战斗的时候，需要播放紧张节奏的音乐；在探险的时候则播放压抑的音乐；在男女主角一起游历美丽风景的时候，则可以选用轻松的音乐，用这种方法来打动玩家的情绪，使其进一步沉醉在游戏中。

音效也同样非常有用，可以提示玩家有什么样的事件发生，例如是否被敌人击中、是使用哪种武器和技巧等，这样才能给玩家更逼真的感受。

4. 游戏可玩性

在游戏中，为了丰富可玩性，让玩家产生留恋感，游戏设计人员会为角色设计多种身份，玩家可以进行选择，选择不同身份会有不同的技能特点，在一些游戏中，这又称为职业或种族。这种情况在网络游戏中最为明显，例如在游戏中可以设计战士、牧师和法师等不同职业或人族、兽族、亡灵、精灵等种族。

不同的身份一定要设计不同的特点，包括优点和缺点，或者说，一种必需的条件。比如说，目前比较普遍的三角职业结构——法师、战士、牧师，分别有如下特点。

- 法师：远程魔法有强大的攻击力，但防御较弱，不可让敌人近身。
- 战士：近身攻击力强大，血厚防高，但远程攻击能力弱。
- 牧师：攻防都居中，但有强大的辅助性魔法，可以使其他职业的能力增强。

这样特点鲜明的设定才能保证所有的身份角色都有玩家来玩，否则，一些没有任何优势的身份设定就没人选择，那样的身份完全就是形同虚设。

假设战士在游戏中厉害过法师，又有强大的远程攻击力，而法师的防御力又明显低于战士，试问，有谁会去玩法师呢？当然，对游戏数值策划人员来讲，很难保证所有的职业完全平衡，但至少要保证，某些职业在有弱点的时候，同时还拥有别的职业所没有的长处，例如，在《魔兽世界》中的法师，这个职业在初期防御能力很差，攻击范围也并不理想，作用相对小些，但到了后期，装备了长袍和法杖之后，威力还是很强大的，并且虽然是远距离攻击，但是自身的防御力等都与别的职业有一定差距。

职业平衡的另一重要因素是技能设定。在一款游戏中，技能的种类有很多，大体可分为主动技能、被动技能、辅助技能，不管什么样的技能，一定要保证每种技能都有它存在的意义，而且绝不能允许有"无敌技能"的存在。当然，不同技能可以被设计成具有不同的学习曲线，以保证不同技能的特点，例如，某种技能在低级别没有什么攻击力，但一旦达到高级，就能发挥很大的威力。

任何一款成功的游戏，都不可能出现某一种职业成为摆设品的情况，在评测一款游戏的可玩性时，这一点尤为重要，千万不可忽略。

5．道具设定

在网络游戏中，道具已经成为必不可少的设定。道具包括武器、防具、药物、宝物等。对一款游戏的道具进行评测时，主要是从两方面进行：视觉效果和道具种类。

视觉效果指的是玩家拿起武器或穿上防具后的外貌效果。在游戏中，道具除了可以增加角色的能力数值外，另一重要的作用就是对自身的美化，俗话说人靠衣装马靠鞍，精制的武器和绚丽的服饰会极大地提高玩家对道具的追求程度。

除了视觉效果外，道具的种类也需要丰富。在道具的设定上必须充分地考虑到玩家在游戏中各个成长时期的需要，不同时期要提供给玩家相应的道具。举个简单的例子，比如玩家最高可以成长到300级，那就应该有15套左右的武器防具，使玩家平均每提升20个等级就可以换一套新装，这也是把玩家留在游戏中的一项重要因素。

需要强调的是，道具的掉落率必须设定得科学严谨。任何物品都是因稀少而珍贵，因此，越是效果好的宝物，应该越少或者出现概率越低，否则物品过滥就使得游戏变得失去乐趣。此外，由于不同的职业或者技能与不同类型的宝物相关，因此宝物出现的几率也涉及职业平衡和技能平衡。以《传奇》为例，如果法师的骨玉权杖每天爆几十把，战士的裁决一个月还不出一把，从另一个角度来看，就是变相地降低了战士的攻击力；另外，法师的骨玉多了，变相地提升了法师的攻击力，同样会引起职业间的不平衡。

6．玩家互动

网络游戏和单机游戏最大的区别在于：单机游戏是玩家和电脑之间互动，而网络游戏是玩家之间的互动。如果成千上万的玩家在游戏中只是各自为战，分别和电脑互动，就变得没有任何意义。

玩家之间的互动包括两方面的内容：交流沟通与团队配合，下面详细说明一下对这两方面内容的评测标准及原则。

（1）交流沟通。

聊天是玩家在游戏中不可或缺的重要活动之一，不论是朋友之间的闲聊，还是在市场上买卖货物都需要使用游戏提供的聊天系统。因此聊天系统对一款游戏来说是很重要的设定，在评测时，要注意聊天的设定是否能最大限度地为玩家提供方便。

首先看一下聊天频道的划分是否详细，通常情况下，聊天频道按照接收信息的目标人群分为同屏、队伍、战盟、家族、市场等；另外，看一下频道转换的操作是否方便、聊天信息的显示位置是否合理，以及聊天窗口是否过多地占用游戏画面等。

（2）团队配合。

在玩家互动的过程中，除了交流沟通之外还有团队配合。一款好的网络游戏，在游戏规则的设定中需要鼓励玩家互相配合而不是单兵作战。一款只靠个人练功就能成为高手的游戏不会在市场中维持太长的时间，只有提供了丰富的团队配合方式，让玩家小至三五成群地组合游戏，大至成百上千人地组合成立公会、战盟之类并且制定一系列的发展规则，游戏的可玩性才能充分地体现出来，游戏的生命周期才会延长。

7. 任务系统

网络游戏的老玩家或许早就发现了一个问题，在升级过程中，一直都是枯燥无味地杀怪练级、找装备等重复性的动作，很容易使玩家对游戏产生厌倦感。尽管这种方式还是游戏中成长的主流，但可以充分利用游戏任务的设定来减少玩家的这种枯燥感。在评测一款游戏的任务系统时，除了考察这款游戏任务数量的多少之外，还要看一下任务剧情的趣味性和可玩性以及是否有体贴玩家的新任务。

另外，任务的可持续性也是任务系统中重要的一环。因为无论多少任务，玩家都可以很快地完成，这样游戏开发团队增加新任务的速度远远跟不上玩家完成任务的速度，所以任务的可持续性及可循环性就显得尤为重要。既要让任务可以循环完成，又要在每次的循环过程中不出现重复，这样的任务设定是最理想的。

8. 可操作性

在玩游戏的过程中，玩家是进入一个虚拟环境，并利用游戏中的角色来完成自己的想法和意图的，而玩家与角色之间的联系是依靠操作来完成的。从理论上讲，玩家与游戏角色之间形成完美的统一，使玩家根本感觉不到自己是通过角色来进入虚拟环境的，这种情况是最理想的状态。

作为一个玩家，十分清楚地知道他在游戏世界中扮演的角色应该做什么，但实际操作却往往不允许他实现出来，没有什么比这更令玩家失望的了。优秀的游戏操作绝对不会把问题留在操作控制方面，不会让玩家去摸索如何去操作游戏，而是让他们去探索游戏世界。

游戏的操作界面是真实世界和游戏虚拟世界的分界点，为了让玩家在游戏世界中的经历更真实，玩家必须按他操作真实世界的模式凭直觉操作游戏世界，如果玩家每次都需要考虑"我需要按什么键"，那么对游戏的投入状态就被破坏了。

虽然很多游戏的控制看起来很复杂，尤其是一些3D动作类游戏，但是保持游戏操作的简洁还是有很多诀窍的。实际上，那些成功的游戏，如Diablo、Command&Conquer等，它们的成功都归功于一个重要因素，就是玩家可以出一只手玩游戏，玩家只需要鼠标就足够了。

如果使用得当，鼠标可以是一个强大的控制设备，而且最为重要的是，它是计算机的标准设备，每个电脑用户都非常熟悉它。这使得玩家对只使用鼠标的游戏很容易上手，从而减少了玩家学习如何操作游戏的时间。

设计一个基于鼠标的操作界面，很大的一部分是要制作一个系统，它应该看起来不像Windows内部的窗口或者对话框，因为那样的风格既没有创意又过于商业化，最为关键的是明显与游戏本身的风格不一致，会破坏玩家在游戏中的感觉。这个界面应该能保持使用方面的简易性，保持和平时同样的操作习惯。

设计具有吸引力的界面应该是一种艺术，要做到既要有吸引力，又不失去直观性。无论何时，当一个艺术家建议做一个按钮的时候，设计者必须考虑这个新设计是否会符合玩家的理解能力。通常，游戏设计人员可以从其他的界面借鉴一些简单易用的图标，例如另一个游戏或现实世界的设备中，如CD播放器，每个人都非常清楚录音机上的快进按钮功能，如果使用得当的话，玩家很快就可以知道这个按钮是做什么的。在游戏中设计易于掌握的按钮，并使它看起来很吸引人，还有非常重要的一点，就是在游戏测试时进行详细的测试，如果游戏的测试人员发现游戏的按钮不是很明显，而且让人感到困惑，那么就需要重新设计了。

设计操作界面的时候有一个误区就是想实现的东西太多，有时，"简单就是最好的"这种说法还是有意义的。每次在游戏中加入一些按钮和功能键时，游戏设计人员就需要考虑一下刚刚增加的游戏控制的复杂程度是否与其要实现的功能相当。对于电脑游戏来讲，这个问题很明显，因为电脑键盘上提供了相当多的功能，比游戏需要的多。如果为了想要用到所有的按键，而给每个按键都捆绑上了某种独特的功能，这样的做法也许对于这个游戏的老手来讲没有问题，甚至会受到欢迎，但是对新手则增加了上手的难度，可以吓跑很多不熟悉这种操作方式的玩家。因此，一些流行的游戏把所有的操作都通过鼠标来完成是非常有道理的。

游戏操作复杂性的提高，大部分原因是因为实时3D游戏，因为这些游戏试图模仿现实世界的动作，例如向前向后、向上向下、左右移动、左右转向、抬头和低头等，仅仅为了做这些动作就已经需要定义大量的操作方式了。因此，要想直观并且简单地控制3D空间中完全自由的角色的确很困难，目前也不能说已经有完美的解决方案，因此迄今为止的3D游戏中，允许玩家完全自由控制角色的成功游戏非常少。那些成功的3D游戏，例如Quake、Tomb Raider等，也限制了一些平面上的运动。

另一种使操作方法更直观的技术是，允许使用多种操作方法来实现一个目的，这样玩家可以根据自己的喜好选择不同的方式。比如在StarCraft中，玩家可以先点击选择对象，再选择操作按钮，并选择地图上打算让对象进行操作的地点，然后对象将执行对应的操作。玩家也可以点击这个对象来选择它，然后在地图上右击，那么游戏会显示出一个允许进行的合理操作，提供给玩家选择。此外，StarCraft也允许玩家通过热键来完成相应的操作，而不用点击相应的按钮。

保持界面简单对于新手来讲是重要的，但是也有副作用，就是操作过程略微复杂一些。而老手则可以花时间记住那些热键，以便能简化操作，从而提高他们的游戏技巧。

在游戏设计方面有很多可以有新创意的地方，但是在游戏的操作方面发挥创造力应该谨慎，因为游戏玩家已经在其他游戏中熟悉的操作规则很容易被带到新的游戏中来，如果游戏的操作模式类似，就简化了玩家学习新游戏的操作难度。很多街机游戏，基本上玩家可以直接上手，一方面是操作简单，另一方面就是都有几乎一致的操作方式。

但是，在游戏的设计和开发人员这里，可能感觉不到操作的难易程度问题。因为在一边开发一边测试的过程中，即便是操作方式设计得很差劲，由于多次重复，也会很快习惯这种方式，而不能发现其中蕴含的问题。但是对于一个新玩家来讲，可能一下子就失去信心。因此，一个游戏的测试需要很多第一次玩这个游戏的玩家，而且要认真听取这些玩家关于如何去玩这些游戏的建议，在得出"他们愚蠢"的结论之前，先考虑一下是否是操作方式设计得不够合理。

设计玩家可以直观发现的操作方法，对游戏设计人员来讲，是相当有挑战性的任务。特别是在电脑游戏市场，由于键盘中按键的数量较多，甚至不同的国家还有多种不同的键盘类型，这样问题就尤为严重。例如，很难判断什么才是FPS的标准操作模式。几款成功的FPS游戏的操作模式都存在差异，甚至游戏本身允许玩家重新定义自己的游戏操作方案，如重新定义每个键的功能，这对于那些需要多个键的游戏来讲非常必要，因为游戏的老手可以根据自己的习惯来定义自己的操作方案。但是，由于是新手或者是缺乏计算机的操作经验，很多玩家仍然使用默认的键盘设置。因此，游戏设计者需要尽量设计一个合理的默认键盘设置方案，不能因为设计者喜欢或者其他的什么原因，在游戏中提供一个奇怪的默认键盘设置方案。

特别是在FPS游戏中，如果操作方式非常完美，那么玩家一下子就能进入游戏世界中，就可以感受到他就是游戏世界中的角色，这是一个进入游戏的标志。最佳的操作方式是玩家意识不到自己的操作方式，完全根据需要进行相关的操作。当然，这对于新手是不可能的，但如何让玩家尽快熟悉这种操作方式，就要看设计人员设计的技巧了。

9. 界面设定

游戏界面不需要过多的创新，但如果遵循几个原则，就可以更容易和更简单地对一款游戏的界面做出评测。

（1）设计人性化界面。

操作界面是游戏和玩家之间的沟通渠道，它越人性化，玩家就越容易理解；反之，界面越生硬和计算机模式化，则玩家就会需要额外的思考，使操作变得更为复杂。

这种人性化还表现在对操作的智能简化方面，比如玩家选择一个战士，那么下一步操作可能就是训练或者战斗；选择一个农夫，那么对应的操作就是种田等，在游戏中不会出现当前不需要用到的指令，使得整个界面更为清晰和干净。

一般来讲，除非必要，玩家并不乐意去阅读游戏使用手册，玩家显然有一种一拿到游戏就要开始玩的冲动。因此，如果游戏设计人员把操作搞得非常复杂，玩家必须阅读手册，就是走向了歧途。而如果游戏设计人员将操作界面设计得简明扼要，那么玩家很容易就能发现他应该如何操作。

（2）避免游戏界面干扰游戏显示区域。

最好的游戏界面就是没有界面，全部采用游戏世界本身的显示来告诉玩家情况。当然，这是一个理想情况，现实情况下，则还是需要游戏界面传递一些信息的。一般来讲，可以将游戏界面尽量放在屏幕的边角位置，以免干扰正常的游戏显示区域。

有些情况下，游戏世界需要临时性地出现一些类似于对话框的信息，例如游戏中的对话，如果游戏操作界面中没有安排它的位置，那么它就会显示在屏幕中心，对游戏本身进行遮挡，从而影响显示效果。因此，如果游戏属于有大量对话的AVG游戏，最好还是给对话在游戏操作界面上留出相应的空间，以免游戏界面干扰游戏显示区域。

（3）简化控制模式。

在游戏中，一般可以采用键盘和鼠标进行操作，或者使用二者的组合。但对于玩家来说，过于复杂的输入环境不但令玩家非常困扰，而且键盘配置又不容易记忆，这种情况在很多时候都有发生。

对于键盘操作的情况，最大的问题是在动作类或运动类游戏中，由于这类游戏要求反应特别快，如果要玩家做出组合动作，玩家要想同时按下几种不同的按键，确实需要很高的技巧，所以，有些时候，玩家宁可用鼠标，因为鼠标不同方向的滚动可以表示为不同的动作形式。

另外需要注意的是，通常在键盘的设计中，为了防止重复按键，对于按键的反应和重复时间是有限制的，反而是鼠标的实时性更高，这在一些高手对战的时候差距是明显的，所以在这些游戏中，鼠标的操作设计是必然的。

5.2.2　游戏产品的其他情况调查

除了对游戏品质进行考察外，如果评测的游戏在其他地区运营过，或者游戏开发商有其他的产品在市场上运营过，那么它的运营情况就非常具有参考价值。

首先需要统计的是产品的内测时间、公测时间、收费时间及已经运营的时间，以月为单位统计每月的月销售额及平均在线情况。当然这些数据在市面及普通媒体上是得不到的，不过，既然要与对方合作，就要要求对方提供这些数据及相关的表格和图表，如表5-4所示。

表5-4　运营情况表

项目 月份	游戏名称					
	月销售额(万元)	增长率1(%)	平均在线(人)	增长率2(%)	最高在线(人)	购买者数(人)
2015年5月	532		14,082		62,674	16,867
2015年6月	4,521	750	33,331	137	116,312	104,355
2015年7月	9,953	120	70,356	111	177,716	232,482
2015年8月	11,182	12	88,290	25	194,714	265,606
2015年9月	13,381	20	81,812	-7	209,534	293,643
2015年10月	15,083	13	83,854	2	226,135	328,317
2015年11月	16,420	9	95,927	14	290,065	334,681
2015年512月	19,261	17	112,158	17	310,120	379,263
2016年1月	19,640	2	150,000	34	297,590	401,023
累计	109,973	3593		965		
平均	12,219		81,090			261,804

说明：①"增长率1"为月销售额增长率，"增长率2"为平均在线增长率。

②表格中的数据是为举例而随意填写的，并非实际内容。

5.2.3　本地游戏市场情况调研

在洽谈产品代理的过程中，游戏运营公司决策层需要注意的是不仅要针对产品进行详细的考察，同样还要对本地市场、公司实力等进行调查与分析。尤其是对市场发展趋势、目标市场大小、同类产品以及竞争对手进行详细的调查与分析，以判断这款产品是否适合在本地运营、运营前景如何、市场利润空间以及可能会遇到的竞争方式等。

游戏运营公司与玩家接触最密切，最了解玩家的需求，因此游戏运营公司不仅需要拥有一款适应市场的产品，还需要为该产品提供多种配套服务，才可以形成完整的运营产品，以满足本地玩家的需求。所以，游戏公司需要在代理价格、游戏后续开发和市场利润空间等相关问题上做到清晰明了，才可以提出自己的代理采购计划，从而在谈判桌上做到主动。做好这个环节的工作，不仅可以便于公司对该产品进行运营，而且还可以在谈判桌上增加己方的谈判筹码。

5.2.4　游戏引进可行性分析报告

对一款游戏产品进行全方位的评测之后，应书写一份正式的"游戏引进可行性分析报告"。值得注意的是，这份报告并不是评测部门的主管来写，而是所有参与评测的人员都要写，所有人员的报告都会被提交到公司上层，由公司领导对这些报告逐一地进行分析汇总，最后给出是否引进该款游戏的决策。

在前面的内容中详细说明了评测一款游戏的各个角度及评测原则，为方便测评人员书写这份游戏引进可行性分析报告，在附录B中提供了一个实例，详细介绍了报告的书写规范及模式，同时推荐了一个实用的书写模板。

报告共分八个部分：摘要、开发商基本信息、配置要求、游戏简介、游戏品质分析、游戏技术分析、目前运营状况、本地市场状况，请读者配合实例查看说明。

5.3　本章小结

当一家游戏运营公司决定进入游戏行业，并且确定目标市场后，就要开始为目标市场开发或寻找合适的新产品。游戏公司可以通过收购或开发新产品两种方式获得新产品，可以只选择一种方式进行，也可以两种方式同时进行。

收购途径有两种形式：购买一家公司，或者从其他公司购买许可权或特许经营权。新产品开发可采取两种方式：自己开发新产品；与其他机构或开发公司订立合同来开发特定的新产品。

不论是开发新产品还是购买产品，游戏公司都需要清楚地了解产品的品质。不仅需要明确产品的基本情况(游戏配置要求、视觉效果、音乐音效、可玩性、道具设定、玩家互动、任务系统、可操作性、界面设定)，还需要了解产品的创意、发展方向、商业价值，需要对产品进行测试，并且针对产品制订营销战略，进行商业分析、市场测试，最终将产品商业化。

当一款产品可以面向市场推出时，营销人员需要了解消费者的采用过程，并且针对消费者的习惯对产品进行相应的推广。

5.4　本章习题

(1) 根据新产品对于公司和市场的"新"的程度，新产品可分为哪些类型？

(2) 新产品开发过程共包括哪些阶段？

(3) 产生产品创意的技术有哪些？

(4) 新产品采用者的发展有哪几个阶段？

(5) 游戏品质分析包括哪些内容？

06 运营团队管理

教学目标

- 了解现代营销部门的组织方法。
- 掌握营销执行的含义、营销控制的类型。

教学重点

- 营销执行的定义和营销控制的类型。

教学难点

- 营销部门的赢利控制分析方法。

    合理有效的组织结构可以使团队的能力得到更大限度的发挥，传统的公司组织结构可以采取直线制、矩阵制或职能制的方式，但在现代多变和竞争日益增强的市场环境中，企业还是应根据实际的运作情况来确定组织结构，以便可以充分发挥出营销的作用，推进业务的发展。

    游戏运营公司的主要任务是将有形的游戏产品销售给终端用户(游戏玩家)，同时，所需要提供的不仅仅是有形的游戏客户端软件，还需要为游戏玩家提供服务器端程序、不定期的游戏更新、稳定的网络输出、安全和谐的游戏环境、及时有效的客户投诉处理等无形服务。因此，游戏运营公司的组织结构是一个综合性的组织结构，其中不仅要包括市场与销售部门，还需要开发、网管、客户服务(Call Center)、游戏管理员(GM)等部门的配合。而这些部门与市场、销售部门之间的合作需要更加紧密，一般是由跨职能小组来负责工作协调、管理，游戏运营公司的组织层次因为其业务需要也是相对较少的，并且务必要让各部门员工全部都认识到他们的工作是选择该公司产品的顾客所给予的，如图6-1所示。

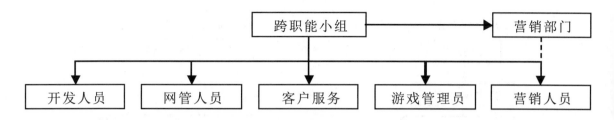

图6-1 游戏运营公司的组织结构

从图6-1中可以看出，在游戏运营公司中，是将营销部门放在与职能部门平行的位置，以达到统筹运作的功效。下面就对营销组织及其组织方式，以及营销执行和控制进行讲解，以便可以使公司的营销战略得到有效实施。

6.1 营销组织

6.1.1 营销部门的演进

随着营销观念的不断发展和演进，传统的营销部门和组织也在不断变化中，我们大致可以将营销部门的发展过程划分为六个阶段，如图6-2所示。

下面对这几种形式所适用的公司规模及特点进行简单介绍。

1. 简单销售部门

小公司习惯上由一名主管销售的副总经理领导，该副总经理既负责管理销售队伍，自己也直接从事某些推销活动。如果公司需要进行市场调研或做广告，由主管销售的副总经理聘请外部力量来帮助，如图6-2(a)所示。

2. 销售部门兼有营销功能

随着公司的扩大，公司需要更经常的、连续的、有专门经验的营销调研、广告及顾客服务。例如，麦当劳公司计划向中国扩展业务，它首先要进行营销调研以了解顾客的需要与市场潜力。如果它要在中国立足，还必须对它的名称与产品进行广告宣传。因此，主管销售的副总经理就需要雇用一些专家来执行这些功能。主管销售的副总经理还可以雇用一名营销主任，负责对这些功能的规划与管理，如图6-2(b)所示。

3. 独立的营销部门

公司的不断发展，使得市场营销的其他职能——营销调研、新产品开发、广告和销售促进、顾客服务——更具有投资效益。尽管如此，销售副总经理还是继续把过多的时间与精力放在销售队伍上。营销主任要求一个较大的预算，但实际上得到的总比他的需要少得多。

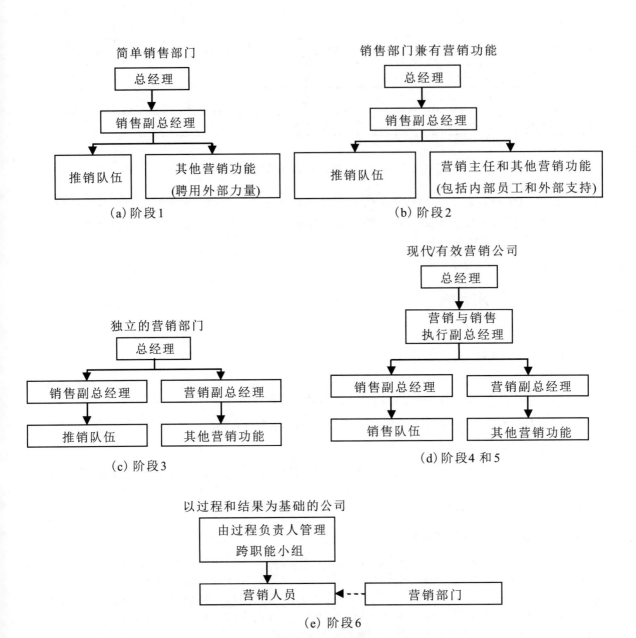

图6-2　营销部门演进的六个阶段

公司总经理最终也将认识到，设立一个相对独立于主管销售副总经理的营销部门是有好处的。营销部门由主管营销的副总经理领导，营销副总经理与销售副总经理共同向总经理或常务副总经理负责，如图6-2(c)所示。在这个阶段，销售和营销是公司组织机构里应当密切合作的两个相互独立的职能部门。

这种安排使总经理有可能对公司的发展机会和存在的问题有比较正确的看法。现假定这个公司失去了一些买卖，总经理询问销售副总经理如何解决。销售副总经理可能建议：增加销售人员，提高销售报酬，开展销售竞赛，或进行销售培训，或者为使产品易于推销而削价。接着，总经理向营销副总经理询问解决的办法。营销副总经理不准备提出解决目前的价格与销售人员问题的办法，更多的是从顾客的立场来理解这个问题：是不是公司跟在顾客后面走；目标顾客怎样看待公司及其产品与竞争对手的关系，以及竞争对手产品的性能、式样、包装、服务、配销、促销方式等的变动是否正确。

4. 现代营销公司

虽然销售副总经理与营销副总经理的工作应当步调一致，但实际上，他们之间的关系常常带有互相竞争和互不信任的色彩。销售副总经理不甘愿让销售队伍在营销组合中的重要性有所降低，而营销副总经理则寻求在扩大非销售队伍的预算上有更多的发言权。

营销经理的任务是确定机会，制订营销战略和计划，而销售员的责任是执行这些计划。营销者依赖于营销调研，努力确定和了解细分市场，花费时间在计划上，从长计议，其目标是产品利润与获得市场份额。销售者与他不同，依赖于实际经验，努力了解每位购买者，花费时间在面对面的推销上，从短期利益考虑问题，并努力完成销售定额。

如果销售活动和营销活动之间的冲突太大，公司总经理可以将营销活动置于销售副总经理的管理之下，也可以交由常务副总经理处理那些可能出现的矛盾，或者也可以由营销副总经理全权处理这类事务，包括负责对销售队伍的管理。许多公司终于采纳了最后一种解决办法，并形成了现代营销部门的基础，即由营销副总经理领导营销部门，管理下属的全部营销功能，包括销售管理，如图6-2(d)所示。

5. 有效营销公司

一个公司可以有一个出色的营销部门，但在营销上可能会失败。这是因为成功与否取决于公司的其他部门对顾客的态度和它们的营销责任。如果它们把营销都推向营销部门并说"他们是做营销工作的"，该公司就不可能有效地执行营销功能。只有公司的全部员工都认识到他们的工作是选择该公司产品的顾客所给予的，该公司才可以成为有效的营销公司。

令人啼笑皆非的是，随着公司成本的削减、规模下降、反应缓慢，营销与销售部门会受到重创，即便它们的任务在年年增加。例如1992—1994年，某公司的销售和营销部门有超过28%的白领下了岗。为了保留有效和有价值的员工在组织中，营销者和销售员必须在产生和让渡顾客价值和公司利润上更富创造性。

6. 以过程和结果为基础的公司

现在许多公司把组织结构重新集中于关键过程而非部门管理。部门组织被许多人看成是顺利执行功能性业务过程的障碍，例如在新产品开发、顾客获得和维持、订单履行和顾客服务工作上，为了获得过程结果，公司现在可任命过程负责人，由他管理、训练跨职能的小组工作，然后把营销人员和销售员作为过程小组成员参与活动。最后，营销人员对这个小组可以有一个实线联系责任，而营销部门与它是虚线联系责任，如图6-2(e)所示。每个小组定期发出对营销部门营销人员的成绩评价。营销部门还有责任做计划以训练它的营销员工，安排他们加入新的小组并评价他们的总成绩。

6.1.2 营销部门的组织方法

现代营销部门有以下六种组织方法。无论是哪种组织形式，都必须适应营销活动的四个基本方面：功能、地理区域、产品和顾客市场。

1. 按功能设置的营销机构

这是最常见的营销机构组织形式，这种营销机构由各种营销功能专家组成，他们分别对营销副总经理负责，营销副总经理负责协调他们的活动。这种机构里有五种专业人员。除此之外，公司还可以根据需要增加其他专业人员，如客户服务经理、营销计划经理和实体分销经理。

按照营销职能设置营销机构的主要优点是易于管理。但另一方面，随着公司产品品种的增多和市场的扩大，这种组织形式越来越暴露出其效益太低的缺点。首先，由于没有人对任何产品或市场担负完全的责任，因而就会发生某些特定产品和特定市场的计划工作不完善的情况，未受到各职能专家偏爱的产品就会被搁置一旁；其次，各职能部门都争相要求使自己的部门获得比其他部门更多的预算和更重要的地位，营销副总经理不得不经常仔细审核相互竞争的各职能部门的专家所提出的各种要求，并面临着如何进行协调的难题。

2. 按照地理区域设置的营销机构

一个从事全国范围销售的公司，如游戏运营公司，通常都按照地理区域安排销售队伍(有时还包括对其他功能的安排)。一位负责全国的销售经理领导区域销售经理，区域销售经理领导省级销售经理，省级销售经理领导多位直接销售经理，直接销售经理再领导销售人员。

有些公司为了支持销量较高、特色市场的营销努力，增加了地区营销专家(地区或本地的营销经理)。例如，一个市场可能是北京，它的外来人口占46%，而它邻近的天津的外来人口只有14%。在北京地区的营销专家对北京的顾客及贸易组成了如指掌，他们帮助总部的营销经理，调节北京的营销组合力量，以便能最大限度地利用市场机会。地区销售专家要制订年度计划和长期计划，以销售公司在北京的产品，并帮助本地销售人员制订新的销售方案。

3. 按产品和品牌设置的营销机构

运营多款游戏的公司，常常建立一个产品(或品牌)管理组织。这种产品管理组织并没有取代功能性管理组织，只不过是增加了一个管理层次而已。产品管理组织由一名产品主管经理负责，下设几个产品经理。在游戏公司所运营的各产品差异很大，或运营游戏数量太多，或按功能设置的营销组织无法处理的情况下，建立产品管理组织是适宜的。

产品管理组织在1927年最先出现在宝洁公司。当时，一种称为佳美的新产品香皂境况欠佳，一位名叫纳尔的年轻负责人(后来升任宝洁公司总经理)受命专管这一新品种的开发和推销。他的工作取得了成功，公司随后又增设了其他产品经理。从那时起，许多行业的公司纷纷建立了产品管理组织。现在，游戏行业也有与产品经理类似的职务。

产品经理的职责是制订产品开发计划并付诸实施，监测其结果和采取改进措施。产品经理的责任可以细分为以下六项任务：发展产品的长期经营和竞争战略；编制年度营销计划和进行销售预测；与广告代理商和经销代理商一起研究广告的文稿设计、节目方案和宣传活动；激励推销人员和提升经销商经营该产品的兴趣与支持；不断收集有关该产品的性能、顾客及经销商对产品的看法、产品遇到的新问题及新销售机会的情报；组织产品改进，以适应不断变化的市场需求。

这些基本功能，是产品经理的工作重点。由于游戏产品经理所负责的产品品种相对较少，这样，游戏产品经理就能够在广告和销售促进活动方面投入更多的时间。

产品管理组织有好几个方面的优点。第一，产品经理能够将产品营销组合的各要素较好地协调起来；第二，产品经理能比一个专家委员会更快地就市场上出现的问题做出反应；第三，由于有产品经理专管，产品可以较少地受到忽视；第四，产品管理组织对年轻的经理们来说，是一个经受锻炼的大好场所，因为在那里几乎可以涉及公司经营的每一个领域的活动。

然而，产品管理组织并非没有缺点。第一，产品管理的组织设置会产生一些冲突或摩擦，其中最典型的是产品经理们未能获得足够的权威，以保证他们有效地履行自己的职责。他们得靠劝说的方法来取得市场部门、销售部门、生产部门和其他部门的配合。虽然别人说他们是"小总经理"，但实际上他们常常只被人视为低级别的协调者。他们要处理大量的日常文书工作，经常不得不争取别人的理解和支持，才能做好事情。第二，产品经理虽然能成为自己所经管的产品的专家，但很难成为公司其他功能的专家。他们既要摆出专家的样子，又会在真正的专家面前相形见绌。当产品需要依赖某种特殊专长的时候，产品经理就会处于这样的窘境。第三，产品管理组织所需要的费用常常高出原先的预计。起初，公司只指定一个人经管一种主要产品，后来，又会安排另一些人去专管其他的产品。每一产品经理都忙得不亦乐乎，他们就要求增加一名助理品牌经理。过了一段时间，产品经理和品牌经理又都忙不过来了，他们又说服上级经理部门给他们增配一名品牌助理。人员增加，工资支出随之也增加。与此同时，公司其他功能性专业人员，如广告设计、包装、广告媒体、促销、市场调查、统计分析等专业人员的数量也在不断增加。第四，品牌经理任期通常都很短，过不了几年，他们就可能被调去经管另一种品牌或另一种产品，或者离开公司另谋高就，或者完全脱离产品经理部门。他们较短的工作任期使公司的营销计划也只能是短期的，从而影响了产品长期优势的建立。第五，分裂的市场使品牌经理很难开发一个从总部角度出发的全国战略。品牌经理必须更多地研究地区贸易群体、更依靠当地的销售队伍和开展当地的促销活动。

例如皮尔逊和威尔逊为了改善产品经理制度的工作，提出了以下五项措施。

（1）明确规定产品经理对产品管理所承担的职责范围。在许多公司，他们主要是建议者，而非决策者。

（2）建立一个战略发展与检查程序，为产品经理的工作规定恰当的职责范围。有太多的公司，产品经理离任时只留下肤浅的营销计划，罗列了许多统计数字，很少涉及战略性建议。

（3）在规定产品经理和功能性专业人员的责任时，要仔细考虑那些可能产生矛盾冲突的方面。要明确哪些需要产品经理负责，哪些由专业人员负责，哪些需他们共同负责。

（4）建立一个正式的程序，使产品经理部门和功能部门间所发生的冲突，都能提交最高管理当局研究。双方都书面向总经理报告，以求冲突的妥善解决。

（5）建立一个衡量产品经理工作成效的制度。如果产品经理能够证明他们为公司获得了更多利润的话，公司应赋予他们对营利性有影响的因素更大的支配权。

产品管理组织的另一种方法是把产品经理的方式改为产品小组的方式。在产品管理组织中的产品小组的结构有三种类型，如图6-3所示。

第一种，垂直型产品小组：这种小组由一个产品经理、一个助理产品经理和一个产品助理组成，如图6-3(a)所示。产品经理是产品管理小组的负责人，负责对其他人员的管理与协调工作。助理产品经理协助产品经理工作，并做一些文书事务处理工作。而产品助理专门负责文书的处理和各种外勤。

第二种，三角形产品小组：这种小组由一名产品经理和两名专业的产品助理组成，一名助理比方说负责营销调研，另一名助理负责信息传播，如图6-3(b)所示。

第三种，水平产品小组：这种小组由一名产品经理加上几名营销和非营销专业人员组成，如图6-3(c)所示。例如3M公司按照这种形式将其商用磁带部门分成九个业务计划小组，每个小组由一名负责人和来自推销、营销、实验室、工程技术、会计和营销调研等各部门的代表组成。陶氏谷物公司建立的小组有5～68人不等，每个小组管理一个产品、市场或过程。例如，有一个小组管理制造过程并把硅推销给制造洗发精的公司，另一个小组管理印刷电路板上的涂层并把它们销售给计算机公司。

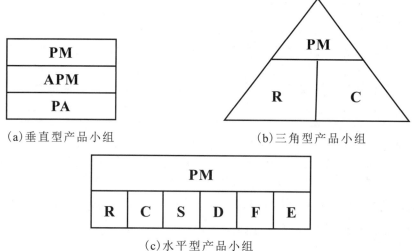

(a)垂直型产品小组　　　　　　　　　(b)三角型产品小组

(c)水平型产品小组

PM=产品经理；APM=助理产品经理；PA=产品助理；R=市场调研人员；
C=信息传播专家；S=销售经理；D=分销经理；F=财务(会计)专家；E=工程师

图6-3　产品小组的三种类型

还有一种方法是取消次要产品的产品经理，让其余的每一个产品经理兼管两个或更多的小产品。这一方法，对那些具有相似需要的一组产品颇为适用。这样，美容化妆品公司就不必再分设各产品经理，因为化妆品都能满足一个共同的需要——美容；而卫生用品公司却有必要给牙膏、肥皂和洗发精分设产品经理，因为这些产品的用途不同，它们对消费者的吸引力也各不相同；而游戏公司可能在同时经营两款或多款MMORPG游戏，也没有必要分设太多的产品经理，如果还有休闲网络游戏，因为其娱乐性质、针对用户不同，需要分设产品经理。

最后一种方法是引进类目管理，公司集中在产品类目上管理它的品牌。例如，宝洁公司发现自己的品牌在每个类别中有太多的内部竞争：它的珀立顿和克里斯洛油为增加预算而争吵；快乐牌清洁剂开始模仿汰渍的宣传，以致冲淡了汰渍的定位。宝洁公司的结论是：产品经理有责任成为类别管理的新队伍，他解决冲突，保护定位，安排预算和为类别开发新品牌。类目经理也有责任在市场中重新安排以类目为基础的购买产品线。当然，类目管理也并非是万能良药，原因很简单，它是产品驱动，而非顾客驱动系统。高露洁最近已从品牌管理(高露洁牙膏)转换成类别管理(牙膏)，再进入新阶段，即"顾客需要管理"(口腔健康)，这最后一步最终使组织把重点置于顾客需要之中。

4. 按市场细分设置的营销机构

多数公司把产品向多种多样的市场销售，当客户可以按不同购买行为或产品偏好分为不同的用户类别的时候，设立市场管理组织是颇为理想的。一名市场主管经理管理几名市场经理(又称市场开发经理、市场专家或行业专家)。市场经理开展工作所需要的功能性服务由其他功能性组织提供。分管重要市场的市场经理，甚至还可以有几名功能性服务的专业人员直接向他负责。

市场经理实质上是参谋人员，并不是第一线指挥人员，他们的职责与产品经理相类似。市场经理负责制订主管市场的长期计划和年度计划，他们需分析主管市场的动向，分析公司应向该市场提供什么新产品。他们的工作成绩常用市场份额的增加状况进行判断，而不是看其市场现有的赢利状况。这种市场管理组织制度有着与以产品管理组织制度相同的优缺点。其最大的优点是：市场营销活动是按照满足各类显然不同的顾客的需求来组织和安排的，而不是集中在营销功能销售地区或产品本身。

许多公司正在按照市场系统重新安排它们的营销机构，马克·汉南把这些机构称作以市场为中心的组织，并主张"保证市场导向的唯一途径是把公司的组织机构集中在一起，使主要市场成为公司各部门为之服务的中心"。施乐公司已把公司按地理区域进行推销改为按行业进行推销。惠普也从地区式销售方法中走出来，现在的结构是把销售人员集中在各个行业的业务中。然而，不仅在制造业或包装商品公司开展以市场为中心的重组工作，金融界的商业银行最近也重组了它的零售营销功能，围绕以收入为基础的顾客细分片开展工作，它试图放弃长期阻碍其有效地为同一个市场交叉销售产品的产品仓库式做法。

有好几个调研报告已证明了以市场为基础的组织的有效性。纳瓦和斯莱特创建了衡量市场组织和分析它在业务赢利率上的有效性方法，利用对140个包括商业产品和非商业产品的业务单位样本的调查，他们找到了对这两类企业市场导向起正面效果的大量因素。

5. 按产品与市场的关系设置的营销机构

拥有多个产品并向多个市场销售的公司，可以采用产品管理组织制度，那就需要产品经理熟悉广为分散的各种不同的市场；也可以采用市场管理组织制度，那就需要市场经理熟悉销往各个市场的五花八门的产品；或者还可以同时设置产品经理和市场经理，形成一种矩阵式结构。

杜邦公司就是按矩阵结构设置营销机构的，如图6-4所示。杜邦公司的纺织纤维内部分别设有主管人造丝、醋酸纤维、尼龙、奥纶和涤纶的产品经理，同时也设有主管男式服装、女式服装、家庭装饰和工业用料等市场的市场经理。产品经理负责制订各自主管纤维品种的销售计划和赢利计划，集中精力研究如何改善自己主管纤维品种的赢利状况和设想如何增加这些纤维的新用途。他们的日常工作之一就是同各市场经理接洽，请他们估计该种纤维在他们市场上的销售量。另一方面，市场经理则负责开发有赢利前景的市场去销售杜邦公司现有的产品和将要推出的新产品，他们必须从市场需求的长远观点出发，更多地注意培植适应自己主管市场需要的恰当产品，而不仅仅是只管推销杜邦公司的某种纤维产品。在制订市场计划时，他们需与各产品经理磋商，以了解各种产品的计划价格和各种原材料的供应状况。各市场经理和各产品经理的最终销售预测总计数应该是相同的。

市场经理

	男士服装	女士服装	家庭装饰	工业用料
人造丝				
醋酸纤维				
尼龙				
奥纶				
涤纶				

（产品经理）

图6-4　产品管理与市场管理组织制度

类似于杜邦的公司还可以再向前走一步，即把市场经理作为采购者和把产品经理作为供应者。例如，男式服装的市场经理可被授权从杜邦的产品经理处采购纺织品纤维，但如果杜邦的价格太高，也可从外部购买。这种制度迫使杜邦的产品经理追求效益。如果杜邦的产品经理敌不过竞争供应者的"公平价格"，那就产生一个问题，杜邦有没有生产这种纤维的必要。

这种矩阵管理组织制度对那些多品种、多市场的公司来说是符合需要的。这种制度也有其不足之处，即费用大而且容易产生矛盾与冲突，此外，还会存在权力与责任应落实在何处的问题。在许多麻烦问题中，有以下两个值得一提。

（1）销售队伍应该如何组织：是按人造丝、尼龙和其他各种纤维品种，分别组织销售队伍，还是按男式服装、女式服装或者其他市场来分别组织销售队伍？或者销售员队伍不必是专业化的？（营销概念赞成按市场，而不是按产品来组织销售队伍。）

(2) 由谁负责制订各个产品在各个市场上的价格：尼龙产品经理是否应该有决定所有市场上的尼龙价格的权力呢？假如男式服装部的市场经理发觉要是尼龙价格不做特别让步就会丧失市场，那该怎么办？（然而，作者的观点是产品经理应保留在定价上的最终权力。）

在20世纪80年代早期，许多公司放弃了矩阵组织结构。但在今天，矩阵组织又出现并发展成"业务小组"的形式，它由全日制的专业人士组成并向小组的主要负责人汇报。其主要区别是，今天的公司提供了能使矩阵组织兴旺的正确内容——强调平稳和狭窄的小组组织，工作集中于削减跨职能的水平管理而以业务过程为中心。

6. 按公司与事业部的关系设置的营销机构

随着多产品公司经营规模的扩大，公司常把各大产品部门升格为独立的事业部，事业部下再设自己的职能部门和服务部门。这样就产生了另一个问题，那就是公司总部应当保留哪些营销服务和营销活动。

实行了事业部化的公司，对这个问题的回答不一。然而，公司营销参谋人员应该如何安排，可以在以下三种模式中选择一种。

(1) 公司一级不设营销部门：有些公司不设公司一级的营销部门，它们认为，各事业部设立营销部门后，设立公司一级的营销部门没有什么实际作用。

(2) 公司一级保持适当的营销部门：有些公司，在公司一级设有规模很小的营销部门，主要承担以下功能：协助最高管理当局全面评价营销机会；应事业部的要求向事业部提供咨询方面的协助；帮助营销力量不足或没有营销部门的事业部解决营销方面的问题；促进公司其他部门的营销观念等。

(3) 公司一级拥有强大的营销部门：有些公司设立的营销部门除担负前述的活动外，还向各事业部提供各种营销服务。这种公司一级的营销部门可以提供专门的广告服务(如各种广告媒体的协调选用，旨在建立公司信誉的广告，从是否适合顾客爱好和是否有助于树立公司形象的角度检查事业部的广告安排，审查广告支出等)、销售促进服务(如公司范围的促销，促销资料的集中购买等)、营销调研服务(如先进的数学分析方法，对跨事业部的市场开发的研究等)、销售行政服务(如提供销售组织和销售政策方面的咨询，建立一般的销售报告制度，销售推广队伍的管理等)和相关的其他某些杂项服务(如提供营销计划工作方面的咨询以及雇用和训练营销人员等)。

不是所有的公司都在逐步趋向于采用上述三种模式中的某一种。事实上，有些公司最近刚开始设立公司一级的营销参谋班子，而其他一些公司已经把营销部门加以扩大，还有一些公司却缩小了营销部门的规模和职能范围，甚至还有一些公司已经撤销了它。

公司一级的营销参谋班子在公司不同的发展阶段所发挥的作用也不相同。大多数公司通常都是先从在各事业部设置规模较小的营销部门着手，再设立公司一级的营销参谋班子，通过教育、宣传和提供各种服务，把营销工作推向各事业部。其后，公司一级营销参谋班子中的某些成员被充实到各事业部的营销部门担任领导。随着事业部营销部门的日渐扩大，公司一级营销部门能向事业部提供的协助也就日益减少，有些公司会决定，公司一级营销部门已完成其使命而予以撤销。

6.1.3　营销与其他部门的关系

在营销部门内部保持平稳的工作关系非常重要，企业的各种职能协调地紧密配合，将更能实现该企业的总体目标。然而，实际上，企业各部门之间的关系却常常以激烈的竞争和严重的误解为特点。

部门间矛盾的产生原因和来源有很多，如在对什么是企业最大利益的问题上持不同意见，对部门利益与公司利益间进行权衡抉择等。当然，在实际工作中，各部门都会强调自己部门任务的重要性。这样也必然导致各个部门都从自己部门的角度去确定公司的目标和各种问题，这也是产生冲突的最主要的原因之一。

下面我们就从工作重点的角度来看看各部门与营销部门间的冲突原因及处理办法。

1．研发部门与营销部门的关系

在公司中，这两个部门代表着两种不同的文化观念。研发部门喜欢攻克技术难题，而对销售能否获利却不甚关心，通常较少谈及研究成本。然而，营销部门或推销部门因为对市场有实际的了解，更喜欢看到具有特色的新产品向顾客推销，而且注重产品的成本。

由此，营销人员认为研发部门的人不切实际，搞空头理论，带有狂想，不懂做生意；而研发部门的人则认为营销人员是惯耍花招、唯利是图的商贩，对销售的兴趣胜过对产品技术特点的兴趣。

为了有效地处理好这种冲突，使新产品的开发和推销工作能够顺利地进行，在技术驱动同营销驱动并重的公司里，研发部门与营销部门应建立有效的协调关系，为取得成功的以市场为导向的创新而共同承担责任。研究开发人员不再为发明而发明，而是从事有实效的革新创造；营销人员不再是只追求产品适合销售的新特性，而是协助研究开发人员寻找满足需求的新途径。

格普特、雷杰和威尔蒙的结论是：创新的成功与研究开发—营销一体化密切相关。研究开发—营销一体化的工作可采用以下几种方法。

（1）共同举办研讨会，实现相互了解和尊重对方的意图、目标、工作作风和遇到的问题。

（2）将每一个新项目同时分配给一名研究开发人员和一名营销人员，让他们在整个项目研究过程中密切合作。同时，研究开发与营销部门应在项目执行初期，共同确定营销计划的目标。

（3）与研究开发部门的合作，要一直延续到销售时期，包括编制复杂的技术手册，举办贸易展览、向顾客做商品的售后调查，甚至做一些销售工作。

（4）双方产生的矛盾应由高层管理者当场解决，随后要制订一个明确的程序。在同一个公司中，研究开发部门与营销部门应向同一个副总经理报告。

以下营销部门与其他部门之间的关系可以借鉴格普特、雷杰和威尔蒙的结论进行相应的问题处理，来促使部门间关系融洽，共同发展。

2．产品设计部门与营销部门的关系

产品设计部门负责寻找设计新产品和生产新产品过程中所需要的实用方法，设计师们对

技术的质量、较低的成本和简便的制造工艺感兴趣。如果营销人员要求生产多种类型的产品，特别是要求用定制组件而不是用标准组件去生产特色产品的时候，产品设计人员就会和营销人员发生矛盾。产品设计人员认为营销人员要求的只是在产品上"摇铃吹口哨"引人注目，而不是着重于产品的内在质量。不过这种情况，在那些由懂得生产技术的人担任营销经理的公司里并不突出，因为他们能与工程师们较好地沟通思想。

3. 采购部门与营销部门的关系

采购经理负责以尽可能低的价格得到所需数量和所需质量的元件的供应。他们认为，营销经理在一条产品线里同时推出多种型号的产品，会要求进行许多库存品种的小批量采购，而不是少数品种的大批量采购。他们认为营销人员对订购的材料和元件坚持提出过高的质量要求，他们讨厌营销人员不正确的预测，这种预测使得采购部门在不利的价格条件下仓促订货，并在别的时间里积压了过多的库存。

4. 营运部与营销部门的关系

"制造"这个术语用于工业企业是生产有形产品，而"营运"是用于创造和提供服务的行业。例如，在游戏公司，营运部门的人包括前台接待、游戏管理员、客户服务等。由于营销需要保证公司的服务水平，因此，营销与营运共同工作是十分重要的。如果营运人员没有顾客导向和促动因素，在口碑中起负面作用，最终也会使企业受损。营运人员可能会倾向于其方便性，表现一般的态度和提供习惯性的服务，而营销者想要这些员工集中于顾客方便性，表现积极和友好的态度并提供出色的服务。营销人员必须完全了解这些提供服务的人的能力和心态，不断地帮助他们改进态度和能力。

5. 财务部门与营销部门的关系

财务副总经理为能评价各业务部门的赢利问题而感到自豪，但是在遇到营销开支问题的时候，他们就没精打采了。营销副总经理要求大笔的预算用于广告、促销活动和促销人员的开支，但花了这些钱究竟能增加多少销售额却不能保证。于是财务副总经理就怀疑营销人员所做的预测都是为自己作打算的，他们认为营销人员没有花足够的时间认真考虑营销支出与销售额间的关系，没有认真考虑把预算用于更能赢利的方面。他们认为，营销人员轻率地杀价去争取订货，却不考虑如何通过定价去获得赢利。

在营销副总经理方面，他们常常认为财务人员把钱袋捂得太紧，不肯花钱用于长期市场开发的投资，似乎财务部门的人员过分保守、躲避风险，以致错过了许多宝贵的机会。要解决这些问题，办法就是对营销人员给予更多的财务知识的培训和对财务人员做营销训练。财务主管人员要运用财务工具和理论，支持对全局有影响的营销工作。

会计人员觉得，营销部门提交的销售报告拖拖拉拉，很不及时。他们对销售人员与客户达成的特别条款交易十分反感，因为这类交易需要特别的会计手续。营销人员则不喜欢会计部门在产品线各产品上分摊固定成本的做法。品牌经理可能觉得，自己主管产品的实际赢利要高于账面上反映的赢利状况，原因在于会计部门给它摊派了较多的管理费用。他们还希望会计部门提供有关各个销售渠道、各个销售地区、各种订购数量等的销售额与赢利率的特别报告。

6.2 建立全公司营销导向的战略

没有以市场营销为导向的公司将无法在市场上获得利润，因此许多公司开始认识到，它们并非是真正市场和顾客驱动，而是产品或销售驱动。有些公司，如巴克斯特、美国技术公司、福特、壳牌和J.P.摩根在努力重组它们自己，成为真正的市场驱动公司。这个任务是不容易的，它并不是光有总经理发表演说并鼓励每个员工"考虑顾客"那么简单。这个变化将要求体现在工作和部门定义、责任、刺激和关系上。表6-1是一份审计表，它列出了评估哪一个公司部门是真正顾客驱动的标准。

表6-1　公司各部门的特征是否是顾客驱动审计表

审计：公司各部门的特征确实是顾客驱动

研究与开发
—— 他们花费时间来会见顾客和倾听问题。
—— 他们对营销部门、制造部门和其他部门的每一个新项目表示欢迎。
—— 他们以最好的竞争产品为基准和寻求"同行最佳"的解决方案。
—— 他们征求顾客反应和建议作为项目方案。
—— 他们在市场反馈的基础上不断地改进和琢磨产品。

采购
—— 他们是预先积极地寻找最好的供应商，而不是仅仅为了业务在选择供应商。
—— 他们与为数不多的提供高质量的供应商建立长期关系。
—— 他们不会为了节约成本而降低质量标准。

制造
—— 他们邀请客户参观他们的工厂。
—— 他们拜访客户的工厂以观察客户是怎样使用公司产品的。
—— 他们为实现一个重要的交货计划的诺言会超时工作。
—— 他们不断地寻找用更快和更低成本来生产商品的方法。
—— 他们不断地改进产品质量，目标是零缺陷。
—— 只要能提高赢利能力，他们满足顾客要求为其"定制"产品。

营销
—— 他们研究顾客需要和欲望，以更好地界定市场细分片。
—— 他们从目标细分片的长期利润潜力出发来分配营销力。
—— 他们为每个目标细分片开发能赢利的提供物。
—— 他们不间断地衡量公司形象和顾客满意度。
—— 他们不断地收集与评估新产品构思、产品改进和服务，以满足顾客需要。
—— 他们影响公司的所有部门和雇员，在思维和实践中以顾客为中心。

销售
—— 他们对顾客的行业有专业知识。
—— 他们努力给顾客"最好的解决问题的答案"。

  —— 他们坚决履约。

  —— 他们向产品开发主管部门反馈客户需要和建议。

  —— 他们为相同顾客做长时期的服务。

后勤

  —— 他们建立了高标准的服务交付时间，并始终如一地贯彻这个标准。

  —— 他们经营一个对顾客知书达理的服务部门，能回答问题、处理投诉、解决问题、使顾客满意和及时提供服务。

会计

  —— 他们定期提供"赢利能力"报告，包括产品、市场细分片、地理区域(行政区、销售地区)、订货数量和个别客户情况。

  —— 他们定制顾客需要的发票，有礼貌和迅速地回答顾客的问题。

财务

  —— 他们理解与支持代表营销投资的营销费用开支(如形象广告)，它可以产生长期的顾客偏好与忠诚。

  —— 他们根据顾客的财务要求定制财务包。

  —— 他们对客户信用能迅速决策。

公关

  —— 他们散布对公司有利的新闻以及"破坏"和"控制"不利的新闻。

  —— 他们充当为使公司政策和实践做得更好的内部顾问与用户。

其他与顾客有接触的人员

  —— 他们是能干的、有礼貌的、愉快的、可信赖的、可靠的和富有同情心的。

  如果公司主要负责人希望创造一个市场和顾客驱动的公司，要采取哪些步骤？下面是一些主要步骤。

  (1) 说服有需要的其他经理变为顾客驱动。公司主要负责人必须使公司高级管理层相信，只有更加关注市场和以顾客为中心才会成功。主要负责人必须经常向雇员、供应商和分销商说明为顾客提供质量和价值的重要性，必须以身作则地示范强烈的顾客观点，并对在组织中做出成绩者予以奖赏。

  (2) 任命一个营销工作组。主要负责人应任命一个高层次的营销工作组，负责制订计划，将现代营销方法在公司中推广应用。这个营销工作组的成员包括总经理、销售、研究开发、采购、制造、财务、人事等部门的副总经理以及某些其他关键性人员。他们应当仔细研究对营销的需要程度，确定公司目标，预计应用营销观念后可能出现的问题，并制订出一整套营销战略。某些高层次的人应授权处理这些问题。在以后的几年中，这个营销工作组还应当定期举行会议，研究工作进展情况，并采取新的步骤与措施。

  (3) 得到外界帮助和指导。营销工作组在建立公司的营销文化方面，有可能从借助外界的咨询服务中得益。一些咨询公司在推广营销思想方面，富有经验而且颇有办法。

（4）改变公司内的报酬结构。如果公司要求部门的利益改变的话，公司就必须改变部门的报酬结构。当采购和制造部门从成本降低中得到报酬时，它们就会拒绝接受因提高服务质量而要求的成本支出。当财务部门把重点放在短期利润绩效上时，它们就会反对为建立顾客满意和忠诚的营销投资。

（5）聘用能干的营销专家。公司应当考虑从外部聘用经过良好训练的营销人才，特别是从领先的营销公司中聘用。几年前，花旗银行在营销中遇到了一系列问题，它就聘用了几位来自通用食品公司的营销经理。公司需要一位能干的营销副总经理，他不仅能管理营销部门，还能得到尊重并影响其他副总经理。多事业部门的公司可以从建立一个强有力的协调营销部门协商和加强各部门的营销计划中得益。

（6）开发强有力的内部营销训练计划。应当为公司的最高管理当局、事业部的经理、营销和销售人员、制造管理人员、研究与开发人员等举办公司内部的营销研讨班。研讨班的目的就是要改变各级经理人员对营销的了解、技术和态度。

（7）建立现代营销计划工作体制。培养人们经常考虑营销问题的最好方法是建立一个现代营销计划工作体制。计划工作的程序要求经理们首先得考虑营销环境、营销机会、竞争趋势和营销的其他问题，然后经理们为特定产品和细分片准备营销战略以及进行销售与利润预测，并说明工作绩效。

（8）建立年度营销卓越认可计划。公司应该鼓励业务单位相信，它们制订的计划应有具体内容和结果。一个特别委员会会审查这些计划，选出最佳计划，并用特别的仪式奖励优胜者。这些计划将散发给其他业务单位，作为"营销思想的样板"。实行这种计划方法的有阿瑟·安德森、贝克顿—迪金森和杜邦公司。

（9）考虑从以产品为中心的公司重新组成以市场为中心的公司。许多公司由产品部组成，每个产品部在许多市场上推销。例如，通用汽车公司的六个部门各自在汽车市场上推销产品。变为市场中心意味着建立一个以该特定行业需要为核心的组织(例如汽车业)，并协调企划，为每种行业提供公司各种各样的产品。

（10）从以部门为重点转变为以过程/结果为重点：公司应明确它走向成功的基本业务过程。它应该指派过程负责人和交叉培训小组，重组和执行这些过程，以确保营销人员在这些小组的工作时间多于在自己部门的工作时间。

这里我们可以举例说明。杜邦公司是一个成功地从内向型文化转向外向型文化的公司。在理查德·赫克特总经理的领导下，杜邦公司主动发起建立了一个"营销社团"，一些部门重新建成市场线。杜邦公司还推出了一系列的营销管理训练研讨班，已经参加的有300名高层人员、2000名中层人员和14000名员工。杜邦公司建立了一个集团营销奖励方案，并且从杜邦公司在全世界的雇员中奖励了32位杜邦员工，他们在开拓创新营销战略、服务改进等方面做出了贡献。

6.3　营销执行与控制

现在，我们转而讨论营销人员怎样才能有效地执行营销计划和管理当局如何控制营销活动。

6.3.1　营销执行

营销执行是将营销计划转化为行动和任务的部署过程，并保证这种任务的完成，以实现营销计划所制订的目标。

一个好的营销战略计划，如果执行不当，是不大会有成效的。请研讨下面的例子。

一家游戏公司认识到玩家并没有从竞争者那里得到优良的服务，于是该公司决定以让玩家享受更好的游戏环境及服务作为战略契机。当战略失败时，事后调查表明其原因是由于一些执行上的失误。游戏管理员和客户服务部门继续没有被最高管理层所重视和帮助；其人员不足；能力差的经理们被安置在这里。更进一步，公司的奖励制度继续把重点放在成本和现行赢利上。公司失败于未能做出对执行这一战略所要求的变动上。

波诺马认为，能够影响有效实施营销计划方案的因素有以下四个。

(1) 发现和诊断一个问题的技能。

(2) 对公司存在问题的层次做出评估的技能。

(3) 执行计划的技能。

(4) 评估执行结果的技能。

下面，我们将对这些技能分别讨论。

1. 诊断技能

当营销计划执行的结果未达到预期目标时，战略和执行之间紧密的内在关系就会提出一些困难的、需要诊断的问题，低销售率究竟是战略欠佳造成的，还是执行不当的结果？其次，还必须确定究竟是什么问题(即诊断)，应该对此做些什么(即执行)。对这些问题，在各种管理"手段"和解决措施方面，各有多种不同的组合。

2. 公司层次

营销执行问题，可能发生在三个层次上。一是行使营销功能的那一层，例如，怎样能使公司从其广告代理商处得到更多的创造性广告？另一个层次是营销规划，这一层把各种营销功能协调地组合在一起，该问题产生于怎样把产品推向市场。第三个执行层次是营销政策这一层，例如，公司希望每一个员工都把顾客放在第一位。

3. 营销执行和评估技能

营销者必须掌握一套能有效执行营销计划或政策的技能，这些基本技能就是分配、监控、组织和相互配合。

营销经理在功能、方案和政策上应用分配技能来预算资源(实践、费用和人员)，应用监控技能来评估营销活动的结果，应用组织技能来开发一个有效的工作组织。在贯彻有效执行中，对非正式营销组织和正式营销组织的了解是重要的。最后，他们应用相互配合技能，通过影响别人来完成自己的工作。营销人员不仅能够动员企业自己的人员去有效地实施预期的战略，而且还必须利用外部的力量——市场调研公司、广告代理公司、经销商、批发商、代理商，当然，他们的目标与本企业的目标也许并不完全一致。

6.3.2 控制营销活动

在营销计划实施过程中将发生许多意外的情况，营销部门必须连续不断地监督和控制各项营销活动。虽然有效的营销控制十分必要，但是许多公司并无合适的控制程序。这是在对不同行业的75家规模不一的公司所做的一项调查中得到的结论，其主要结果如下。

（1）小公司的营销控制比大公司弱。它们在建立明确目标和制订制度来衡量绩效等方面的工作做得很差。

（2）只有不到一半的公司了解它们个别产品的赢利率，约1/3的公司在确定和淘汰弱势产品方面尚无正规的检查程序。

（3）几乎有一半的公司无法将其价格与竞争者进行比较，无法分析仓储和分销费用，无法分析退货原因，无法对广告的有效性进行正式评价和检查销售队伍的访问报告。

（4）许多公司花4～8星期的时间来制订控制报告，而这些报告常常是不精确的。

营销控制的类型共有四种：年度计划控制、赢利能力控制、效率控制和战略控制。表6-2详细说明了每种类型的控制目的和方法。

表6-2 营销控制类型

控制类型	主要负责人	控制目的	方　法
年度计划控制	高层管理当局中层管理当局	检查计划目标是否实现	销售分析，市场份额分析，费用—销售额比率，财务分析，市场基础的评分卡分析
赢利能力控制	营销主计人员	检查公司在哪些地方赚钱，哪些地方亏损	赢利情况：产品，地区，顾客群，细分片，销售渠道，订单大小
效率控制	直线和职能管理当局，营销人员	评价和提高经费开支效率以及营销开支的效果	赢利情况：产品，地区，顾客群，细分片，销售渠道，订单大小
战略控制	高层管理当局营销审计人员	检查公司是否在市场、产品和渠道等方面正在寻求最佳机会	营销效益等级评核，营销审计，营销杰出表现，公司道德与社会责任评价

1. 年度计划控制

年度计划控制的目的在于保证公司实现它在年度计划中所制订的销售、利润以及其他目标。年度计划控制的中心是目标管理，包括四个步骤，如图6-5所示。首先，管理当局必须在年度计划中建立月份或者季度目标，作为水准基点。第二，管理当局必须监视在市场上的执行成绩。第三，管理当局必须对任何严重的偏离行为的原因做出判断。第四，管理当局必须采取改正行动，以便弥合其目标和执行实绩之间的缺口。这可能要求改变行动方案，甚至改变目标本身。

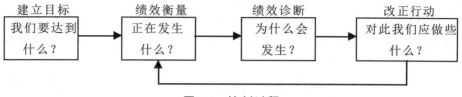

图6-5 控制过程

这一控制过程适用于组织的每一个层次。最高管理当局建立一年的销售目标和利润目标，这些目标被分解成每个较低层次的管理当局的具体目标。于是，每个产品经理就要达到某个销售水平和成本水平，每个地区经理和每个销售代表也被责成完成若干目标。最高管理当局定期检查和分析结果，并且查明需要采取哪些改进措施。

2. 赢利能力控制

公司必须衡量其不同的产品、地区、用户群、渠道和订货量的赢利率，这方面的信息将帮助管理当局决定哪些产品或营销活动应该扩大、收缩或者取消。

营销赢利率分析的方法（我们将利用下述例子说明营销赢利率分析的各个步骤）如下。

某游戏运营公司的营销经理要判断通过三种不同的零售渠道——网上商店、网吧、书报亭出售游戏点卡的赢利率，其损益表如表6-3所示。

表6-3 简化的损益表

单位：元

销售额		60,000
销售产品成本		39,000
毛利		21,000
各项费用		
工资	9,300	
租金	3,000	
供应品	3,500	
		15,800
净利		5,200

（1）确定功能性费用。假设表6-3中所列各项开支是由销售产品、广告、包装和运送产品、开账单和收款等活动引起的，第一个任务是衡量各项活动将引起多少费用。

假设销售代表的工资占大部分工资支出，其余的则是广告经理、包装和运送产品的工人和一个会计的工资，即将9300元分为4000元、2700元、1000元、1600元。表6-4表明了工资支出在这四项活动中的分配，还表明了3000元租金在这四项活动中的分配。由于销售代表们不在办公室里工作，因此在销售中并不发生建筑物租金费用。大部分场地费和租用的设备都用于包装和运送商品，一小部分则为广告经理和会计办公之用。最后，供应品支出包括促销材料、包装材料、运输用的燃料以及办公文具等。这个账目中的3500元再被分配到构成供应品费用的各项功能性活动中去。

表6-4　将按性质划分的费用分解为按功能划分的费用

单位：元

按性质划分的账户	总　　数	推　　销	广　　告	包装和运送	开单和收款
工资	9，300	4，000	2，700	1，000	1，600
租金	3，000	—	400	2，000	600
供应品	3，500	400	1，500	1，400	200
	15，800	4，400	4，600	4，400	2，400

（2）将功能性费用分配给各个营销实体。下一个任务是衡量伴随每一种渠道的销售所发生的功能支出。先研讨销售努力结果。销售努力结果用每个渠道的销售数表示，这个列在表6-5的销售栏里。这一时期共有275次销售访问，因为总的销售费用为4400元（见表6-5），所以平均每次访问的销售费用为16元。

表6-5　向各渠道分配功能性费用的依据

单位：元

渠道类型	销　　售		广　　告		包装和运送		开单和收款型	
网上商店	200	3，200	50	2，300	50	2，750	50	1，500
网吧	65	1，040	20	920	21	1，155	21	630
书报亭10	10	160	30	1，380	9	495	9	270
	275		100		80		80	
功能性支出(元)	4，400		4，600		4，400		2 400	
单位个数	275		100		80		80	
平均(元)	16		46		55		30	

广告费用可以根据不同渠道提出的广告数进行分配。因为一共要做100个广告，所以平均每个广告成本为46元。

包装和运送费用按照每一种渠道提出的订单数进行分配；开单和收款费用的分配也以此为依据。

（3）为每个营销渠道编制一张损益表。现在可以为每一种渠道准备一份损益表，其结果如表6-6所示。由于网上商店的销售占总销售额的一半（60000元的一半，即30000元），所以其产品销售费用也占一半（39000元的一半，即19500元）。这样，网上商店的毛利是10500元。毛利还必须减去网上商店所耗费的各种功能开支。根据表6-5，网上商店在总共275次的销售访问中占到200次，按每次20元的投入值计算，网上商店必须承担4000元的销售开支。表6-5还表明网上商店的广告目标是50个广告，按每个31元计算，网上商店要承担1550元的广告费。网上商店的其他功能性支出也可按照同样的原则计算。结果，网上商店的总支出为10050元。从毛利中减去这笔费用，通过网上商店出售商品的利润只有450元。

表6-6　渠道损益表

单位：元

	网上商店	网　吧	书报亭	整个公司
销售额	30,000	10,000	20,000	60,000
商品销售成本	19,500	6,500	13,000	39,000
毛利	10,500	3,500	7,000	21,000
各项费用				
推销(每次访问16元)	3,200	1,040	160	4,400
广告(每个广告46元)	2,300	920	1,380	4,600
包装和运费(每一个订单58元)	2,750	1,155	495	4,400
开单(每一个订单30元)	1,500	630	270	2,400
总费用	10,050	3,810	1,940	15,800
净利润(净损失)	450	(310)	5,060	5,200

对于其他渠道，也可重复上面的分析。这里需要注意的是，每个渠道的销售总额并不是每个渠道所获净利润的可靠指标。

3. 效率控制

假设利润分析揭示了公司在若干产品、地区或者市场方面的赢利情况不妙。要解决的问题就是，是否存在更有效的方法来管理销售队伍、广告、促销和分销等绩效不佳的营销实体活动。

有些公司设立了营销主计长的职位，以帮助营销人员提高营销效益。营销主计长在主计长室工作，在企业的营销方面也是专家。在诸如通用、杜邦、强生公司里，他们对营销费用和结果进行高级复杂的财务分析，检查利润计划和保持记录，帮助制订品牌经理的预算，衡量促销活动的效率，分析媒体使用成本，评价顾客与地区赢利率，教育营销人员懂得营销决策中的财务意义。

评估和分析包括以下内容。

(1) 销售队伍效率：各级销售经理都应该掌握自己地区销售队伍效率的几个关键指标。

① 每个销售人员平均每天进行销售访问的次数。

② 每次销售人员访问平均所需要的时间。

③ 每次销售人员访问的平均收入。

④ 每次销售人员访问的平均成本。

⑤ 每次销售人员访问的招待费。

⑥ 每百次销售访问的订货单百分比。

⑦ 每一期的顾客数目。

⑧ 每一期丧失的顾客数目。

⑨ 队伍成本占总成本的百分比。

（2）广告和公共宣传效率：许多经理认为，要衡量市场媒介人员从广告支出中获得多少好处几乎是不可能的。但是至少要掌握下述统计资料。

① 各种媒体类型、每一个媒介工具触及每千人的广告成本。

② 看到/联想和阅读印刷广告的人在其受众中所占的百分比。

③ 读者对广告内容和有效性的意见。

④ 产品态度的事前事后衡量。

⑤ 广告所激发的询问次数。

⑥ 调查的成本。

（3）促销效率：销售促进包括几十种激发买主购买兴趣和试用产品的方法。为了提高促销效率，管理当局应该坚持记录每一次促销活动及其成本和对销售的影响。 管理当局应注意下述统计资料。

① 销售所占的百分比。

② 100元的销售额中所包含的推广费用。

③ 回收率。

④ 示范表演所引起的询问次数。

（4）分销效率：管理当局应该调查研究分销经济。通过对存货控制和运输方式的效率分析，管理当局可以制订有效的解决方案。

4. 战略控制

公司方面必须经常对其整体营销效益做出缜密的评价。每个公司应该定期对其进入市场的总体方式进行重新评价。有两种工具可以利用，即营销效益等级评核和营销审计。

（1）营销效益等级评核。

一个公司或一个事业部的营销效益可以从营销导向的五种主要属性的不同程度上反映出来：顾客哲学、整合营销组织、足够的营销信息、战略导向和工作效率。每一种属性都能通过内部分析的方式得出结果，加以衡量。

（2）审计。

通过营销效益等级评核，找出营销薄弱的公司和事业部，着手进行一次更彻底的研究，即营销审计。

　　营销审计是对一个公司或一个业务单位的营销环境、目标、战略和获得所做的全面的、系统的、独立的和定期的检查，其目的在于决定问题的范围，提出行动计划，以提高公司的营销业绩。

　　营销审计的第一步是公司高级职员和营销审计人员一起开一次会，拟定有关审计目标、涉及面、深度、资料来源、报告形式以及时间安排。应该精心地准备一份详尽的计划，包括会见何人、询问什么问题以及接触的时间和地点等，这样就能使审计所花的时间和成本最小化。营销审计的基本准则是，不能仅靠公司经理收集情况和意见，还必须访问顾客、经销商和其他外界人士。许多公司既不真正了解其顾客和经销商对公司的看法，也没有充分理解顾客的各种需要和价值判断力。

6.4　本章小结

　　本章主要讲解了现代营销组织的演进、营销部门的组织形式以及设置组织结构时应该考虑的因素。通过本章的学习，我们还了解到了各职能部门与营销部门在工作职能和协调上对公司营销结果的影响。

6.5　本章习题

　　(1) 现代营销组织经历了哪六个阶段的演进过程？

　　(2) 现代营销部门的组织形式有几种？

　　(3) 控制营销活动的方法有哪些？

　　(4) 小公司如何控制营销活动的能力？提出你的一些意见。

　　(5) 通过查阅资料，尝试给某家游戏公司制作赢利损益表。

市场推广

教学目标

- 了解市场推广的选择、推广策略的制订以及组成方式。
- 了解广告的作用和评价方法。
- 了解销售促进及其主要决策。

教学重点

- 销售促进的主要决策。

教学难点

- 开发有效传播的步骤。

游戏运营不仅需要为玩家提供品质优良的游戏产品,还需要让广大玩家了解游戏,让游戏容易接触,并且被玩家接受。因此,游戏运营公司需要向潜在的游戏用户、销售商及其他有利益关系者进行宣传推广。

本章主要介绍市场推广工具的选择及推广策略的制订,以便使游戏运营公司可以将游戏的类型与价格、游戏的形象、游戏的配置要求、游戏的运行速度、客服人员的态度等信息传递给玩家。

7.1 市场推广概述

7.1.1 市场推广要素

市场推广就是关注如何在目标市场上获得玩家认知、树立公司形象或带动娱乐偏好。

为了使传播更有效，市场推广人员需要了解有效推广的功能性要素。图7-1展示了一个推广模式的9个要素。两个要素表示推广的主要参与者——发送者和接受者，另两个表示传播的主要工具——信息和媒体，还有四个表示传播的主要职能——编码、解码、反应和反馈，最后一个要素表示系统中的噪声(如页面的和竞争的信息，它干预了计划中的推广)。

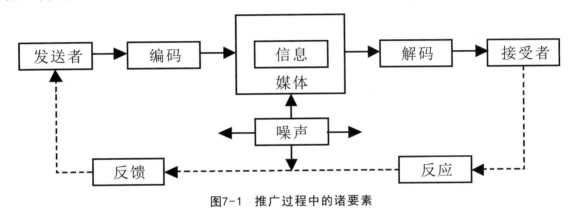

图7-1　推广过程中的诸要素

这个模式强调了有效推广的关键因素。发送者必须知道要把信息传播给什么样的接受者，要获得什么样的反应。他们必须是编译信息的能手，要考虑目标接受者倾向于如何解释信息，必须通过能触及目标接受者的有效媒体传播信息，必须建立反馈渠道，以便能够了解接受者对信息的反应。

要使信息有效，发送者的编码过程必须与接受者的解码过程相吻合，发送的信息必须是接受者所熟悉的。发送者与接受者的经验领域相交部分越多，信息越可能有效。信息源能编码，信息传播终点能解码，这需要以各方所具有的经验为条件。这也把负担压在来自某一社会阶层的信息传播者身上(如公司市场部)，他们要把信息有效地传播给另一个社会阶层(如学校的学生)。

发送者的任务就是把他的信息传递给接受者，但目标受众有时也可能不接受这些预期的信息，主要原因有以下几个。

第一，选择性注意：人们每天受到1600条商业信息的轰炸，只有80条被意识到和大约12条被刺激而有反应。因此，信息传播者必须设计能克服分散注意力的信息。选择性注意解释了为什么用大胆的通栏标题允诺某事的广告(例如"如何赚100万")与有吸引力的插图和简短文字结合在一起时，就有很大的吸引力。

第二，选择性曲解：人们对想要听的信息往往重复地听。接受者因已有自己的态度，而导致只期待他们想听或想看的事。他们只会听到符合他们想象的事，结果，接受者往往给信息加上些原来没有的内容(扩大)，并不注意原信息的其他方面(扯平)。信息传播者的任务是力争使信息简明、清楚、有趣和多次反复，使信息的主要点得以传递。

第三，选择性记忆：人们只能在他们得到的信息中维持一小部分的长期记忆力。信息是否通过接受者的短期记忆而进入他们的长期记忆，取决于接受者接受信息复述的次数和形式。信息复述并不意味着简单地重复信息，从某种方面说，是接受者对信息含义的精心提炼，使短期记忆进入接受者的长期记忆。如果接受者原先对目标的态度是肯定的，他或她所复述的又是支持性论点，这一信息就可能被接受，并有较强的记忆；如果接受者原先的态度是否定的，而且复述的是反对观点，信息就可能被拒绝，但也保持在长期记忆中。

信息传播者始终在寻找与接受者可说服程度相关的特性。一般地，一个能接受外界标准来指导自己的行为或具有较少自我意识的人，很容易接受劝说，一个自信心不强的人也容易劝说。然而，考克斯和鲍尔的研究表明，在自信心和可说服性之间呈曲线关系，那些有适当自信心的人具有最大的可说服性。

信息传播者还需要考虑在他们试图劝说时而产生的受众的知觉，人们对先前的劝说已表态和未表态者的反应是不同的。菲斯克和哈特利勾勒了影响信息传播的一些因素，具体如下。

（1）传播者对接受者的控制权越强，接受者的变化或在他们身上所起的作用对于传播者就越有利。

（2）信息与接受者的意见、信仰及倾向越一致，传播的效力就越大。

（3）传播可能对不属于接受者价值系统中心的不熟悉的、轻微感觉的、非本质的问题产生最有效的转变作用。

（4）当传播人被认为是有经验、地位高、较客观、和蔼可亲的人时，特别是有权力并能与人打成一片时，传播更可能有效。

（5）社会环境、社会群体和相关群体，不管其是否被承认，都是传播和产生影响的媒体。

对于游戏公司来说，当今流行的方式是把推广长期的玩家游戏过程作为管理工作，这包括在售前、售中、游戏中和游戏后诸阶段。因为玩家各不相同，推广方案需要为特定的细分片补缺市场，甚至是为个人而设计。提供新游戏产品时，公司必须不仅要自问"我们怎样获得我们的用户"，还要问"我们怎样发现一个方法使用户获得我们"。

因此，推广过程的起点是审计所有可能有反应的目标顾客是否有公司和产品的概念。例如，某些电脑用户会与其他人聊天，看电视广告，读网站、报刊、杂志的文章，在网吧里面看别人玩游戏。市场推广人员需要评估这些经验和印象在购买过程的不同阶段，哪一个有最大的影响力，这些见识将帮助市场推广人员更合理地安排他们的推广费用。

7.1.2　市场推广工具

市场推广通常由广告、销售促进、公共关系、人员推销和直接营销五种方式组成。

（1）广告：以付款方式进行的游戏产品的非人员展示和促销活动。

（2）销售促进（促销）：各种鼓励购买或销售游戏产品的短期刺激。

（3）公共关系：设计各种计划以促进和保护公司形象或它的个别产品。

（4）人员推销：与一个或多个可能的购买者面对面接触，以进行介绍、回答问题和取得订单。

（5）直接营销：使用邮寄、电话、传真、电子信箱和其他非人员接触工具沟通或征求特定用户和潜在用户回复。

每一种推广形式都可以使用不同的宣传工具和信息载体，如表7-1所示。

表7-1 不同推广形式的工具和载体

广　告	销售促进	公共关系	人员推销	直接营销
印刷和电台广告	竞赛、游戏	报刊稿子	推销、展示、陈说	目录
外包装广告	兑奖	演讲	销售会议	邮购
包装中插入物	赠品	研讨会	奖励节目	电讯营销
电影画面	试玩	年度报告	试玩	电子购买
简订本和小册子	交易会和展销会	慈善捐款	展览会	电视购买
招贴和传单	展览会	捐赠		传真邮购
广告复制品	示范表演	出版物		电子信箱
广告牌	赠券	关系		
陈列广告牌	回扣和返点	游说		
销售点陈列	招待	确认媒体		
视听材料	折让交易	公司杂志		
标记和标识语	商品组合	事件		

以上几种推广方式各有优缺点，若不能正确使用，不仅不会将信息正确地传递到目标受众的群体中，而且还会因短期化和昂贵而使推广费用增加。

下面进一步讨论三种推广工具——广告、销售促进和公共关系的性质和应用。虽然它们的作用很难衡量，但它们对市场推广工作的贡献却日益增强。

7.2　管理广告

7.2.1　广告的表现形式与作用

广告是公司用以对目标顾客和公众进行直接说服性传播的主要工具之一。我们对广告的定义是：广告是由明确的主办人发起，通过付费的任何非人员介绍和促销其创意商品和服务的行为。

广告主不仅包括商业性公司，还包括博物馆、慈善组织和政府机构，它们对各种目标公众做广告宣传。广告是一种经济有效的传播信息方法，不论它是为企业树立品牌偏好，还是进行教育国民的宣传。

无论是什么形式的广告，都可以起到以下几个作用。

（1）建立知名度：那些不知道这家公司或产品的潜在顾客可能会拒绝与销售代表见面。进一步而言，销售代表不得不花费大量时间来描述公司及其产品。

（2）促进理解：如果这一产品具有新的特点，对此进行解释的沉重负担就能由广告有效地传递。

（3）有效提醒：如果潜在顾客已了解了这个产品，但还未准备去购买，广告能不断地提醒他们，它比销售访问要经济得多。

（4）进行提示：广告中的回邮赠券，是销售代表进行提示的有效途径。

（5）合法性：销售代表采用在有影响的媒体上登载公司广告样张的办法，可证明公司和它的合法性。

（6）再保证：广告能提醒顾客如何使用产品，对他们的购买再度给予保证。

7.2.2 开发和管理广告计划

各种组织用不同的方法做广告。在小公司里，广告是由销售或营销部门的人管理的，这些人与广告代理商一起工作。大公司有自己的广告部，该部门的经理向营销副总经理负责。广告部的工作是制订总预算、批准广告代理商的广告活动以及从事直接邮寄广告、中间商商品展示和其他一些广告代理商通常不进行的广告活动。大多数公司都使用企业外的广告代理商，以帮助它们创建广告活动，以及选择和购买媒体。

在制订广告方案时，营销经理首先必须确定目标市场和购买者的动机，然后，他们才能做出制订广告方案所需的五项主要决策，也就是5Ms。

● 任务(Mission)：广告的目的是什么？

● 资金(Money)：要花多少钱？

● 信息(Message)：要传递什么信息？

● 媒体(Media)：使用什么媒体？

● 衡量(Measurement)：如何评价结果？

在图7-2中对这些决策做了进一步描述。

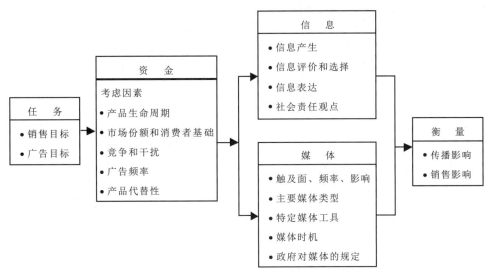

图7-2 广告的5Ms

1. 确定广告目标

制订广告规划的第一步就是确定广告目标，这些目标必须服从先前制订的有关目标市场、市场定位和营销组合诸决策。这些市场定位和组合战略限定了广告在市场推广规划中必须做的工作。

许多特定的推广和销售目标都可转让给广告。科利在其著名的《为衡量广告效果制订广告目标》一书中列举了52种可能DAGMAR(即上述图书的英文书名Defining Advertising Goals for Measured Advertising Results的缩写)的方法，将各种广告目的转化成若干易于衡量的目标。所谓广告目标，是指在一个特定时期内，对于某个特定的目标受众所要完成的特定的传播任务和所要达到的沟通程度。

广告的目标可分为通知、说服或提醒。表7-2列举了这些目标的例子。

通知性广告主要用于一种产品的开拓阶段，其目的在于促发初级需求。所以，游戏产品最初必须告知玩家有关游戏的各种特点和有趣之处，而网络游戏最初必须告知玩家有关这款游戏的游戏性和装备、任务等。

说服性广告在竞争阶段十分重要。这里，公司的目的在于建立对某一特定品牌的选择性需求。大多数广告属于这一类型。例如，某款游戏企图说服玩家，说该游戏与众不同，具有独特风格。有些说服性广告属于比较广告的范畴，它通过与这一类产品中的其他一种品牌或几种品牌的比较来建立本产品的优越性。汰渍洗衣粉设计了比较性广告，与某种洗衣粉进行清洗测试，证明其清洗彻底；高露洁声称，使用其牙膏可以抵抗酸性物质的侵害。在使用比较广告时，公司应确信它能证明其处于优势的宣传，并且不会遭到更强大的其他品牌产品的反击。比较广告在引出认知和同时影响动机时，效果较佳。

提醒性广告在产品的成熟期十分重要，其目的是保持顾客对该产品的记忆。登载在大量高档杂志上的昂贵的双色印刷的耐克广告，其目的既非通知，也非说服，而是为了提醒人们想起耐克产品。与此相关的一种广告形式是强化广告，其目的在于让现有的购买者相信他们购买这种产品的决定是正确的。汽车广告经常描绘满意的顾客对自己新汽车的某些特色是如何享用的。

表7-2　可能的广告目标

通　知	
向市场告知有关新产品的情况 提出某项产品的若干新用途 通知市场有关价格的变化情况 说明新产品如何使用	描述所提供的各项服务 纠正错误的印象 减少消费者的恐惧 树立公司形象
说　服	
建立品牌偏好 鼓励消费者转向你的品牌 改变顾客对产品属性的认知	说服顾客马上购买 说服消费者接受一次推销访问
提　醒	
提醒消费者可能在最近的将来需要这个产品 提醒他们何处可以购买这个产品	促使消费者在淡季也能记住这些产品 保持最高的知名度

广告目标的选择应当建立在对当前市场营销情况透彻分析的基础上。例如，如果产品种类在成熟期，而公司又是市场领先者，并且产品的消费率低，因此适当的广告目标应该是刺激消费者更多地使用这一产品，如目前市场运营的道具收费游戏。另一方面，如果产品种类是新推出的，公司不是市场领先者，而其产品又优越于领先者，那么适当的广告目标应该是通过广告宣传其产品优于市场领先者。

2．广告预算决策

确定了广告目标后，公司便可以着手为每一产品制订广告预算。广告的作用在于将产品的需求曲线向上移动。公司希望花费实现销售目标所需要的金额，但是，公司怎样才能知道支出的金额是否适当呢？如果公司的广告开支过低，则收效甚微；如果公司在广告方面开支过多，那么有些钱本来可以派更好的用场。有些批评者指责一些大的游戏运营公司在广告上开销太多，它们唯恐钱花得不够而采用多花钱的保险做法，而游戏开发公司会低估公司与产品形象的能量，因此，一般在广告上花钱较少。

可能有人会反驳对大的游戏运营公司在广告上开支太多的指责，他们认为，广告有维持一段时期的延期效应。虽然广告被当作当期开销来处理，但其中一部分实际上是可以用来逐渐建立被称为商誉的无形价值的投资。当把500万元资金投入资本设备上时，如果是分摊5年，在第一年仅仅开支了其1/5的成本；当把500万元花在新产品推入市场的广告上时，其全部成本必须在第一年销账。这种要公司在一年中承担全部广告费用的做法限制了新产品推出的数量。

在制订广告预算时，要考虑以下五个特别的因素。

（1）产品生命周期阶段：新产品一般需花费大量广告预算以便建立知晓度和取得消费者的试用。已建立知晓度的品牌所需预算在销售额中所占的比例通常较低。

（2）市场份额和消费者基础：市场份额高的产品，只求维持其市场份额，因此其广告预算在销售额中所占的百分比通常较低；而通过增加市场销售或从竞争者手中夺取份额来提高市场份额，则需要大量的广告费用。另外，如果根据单位效应成本来计算，打动使用广泛品牌的消费者比打动使用低市场份额品牌的消费者花费较少。

（3）竞争与干扰：在一个有很多竞争者和广告开支很大的市场上，对一种品牌必须更加大力宣扬，以便高过市场的干扰声，使人们听见。即使市场上一般的广告干扰声不是直接对品牌竞争，也有必要大做广告。

（4）广告频率：把品牌信息传达到顾客需要的重复次数，也会决定广告预算的大小。

（5）产品替代性：在同一商品种类中的各种品牌(如游戏、香烟、啤酒、软性饮料等)需要做大量广告，以树立有差别的形象。当品牌可提供独特的物质利益或特色时，广告也有重要的作用。

营销科学的专家们创立了一些广告开支模式，他们在创立这些模式时便考虑了上述这些因素以及其他对确定广告预算有影响的因素，最早的模式之一是维达尔和渥尔夫创立的。此模式从本质上说是要求增加广告预算，在此情况下，销售反应率越高，销售衰退率(即顾客忘记广告和品牌的比率)就越高，未开发的销售潜力也就越大。另一方面，此模式遗漏了其他某些重要因素，例如竞争性广告率和公司广告的有效性。

约翰·李特尔教授提出了一个确定广告预算的适应—控制模式。假设某公司根据最新的有关销售—反应的函数情报，确定了本公司下一时期的广告开支，除了任意抽取的2n个市场外，在所有市场中皆按此规定开支。然后，该公司在n个试验市场花费低于规定的广告费，在另外n个市场花费高于规定的广告费。这样，通过低、中、高三档广告支出的销售情况，就得到了平均销售量情报，这一情报可以用来更新销售—反应函数的参数。最后，借此最新函数来决定下一时期的最佳广告开支费。如果每个时期都进行一次这类附加试验，广告开支就会日益接近最佳广告开支水平。

3. 广告信息选择

广告活动与创意是有区别的，正如威廉·伯恩巴哈所说："光有事实是不够的……不要忘记莎士比亚曾应用了一些陈旧故事情节，在他的生花妙笔下却可化腐朽为神奇。"请研讨如下例子。

1987年，商业广告片展示加州带泥土的葡萄，马文·盖伊跳着舞说"穿过了葡萄藤，我听到了它"，广告景点是美国排在第一位的风景胜地，但在该景点的广告预算只占排名第五景点的1%。

很显然，广告活动的有效性远比广告花费的金额更为重要，一个广告只有获得注意才能增加品牌的销售量。广告格言是："除非激发兴奋，否则没有销售。"

然而，有一个警告需引起注意：在世界上所有有创意的广告并不能增加一个有缺陷产品的市场份额。

广告主通过下列四个步骤发展一项创造性战略：广告信息的产生、广告信息的评价和选择、广告信息的表达和广告信息的社会责任观点。

（1）广告信息的产生。

产品的信息—— 品牌提供物的主要利益在原则上应作为发展产品观念的一部分来加以确定：它表明品牌提供的主要利益。但即使在此观念下，还要为一些可能的信息留有余地。而且经过了一段时间，即使产品没有改变，营销人员或许需要改变信息，特别是当消费者正在寻求产品的新"利益"时更是如此。

富有创造性的人们运用不同的方法形成各种广告思想来实现广告诸目标。他们通过与顾客、经销商、专家以及竞争者的交谈，归纳性地进行创作。消费者是好主意的最重要来源，他们对于现有品牌的优势和不足的各种感觉为创造性战略提供了重要线索。

有些具有创造性的人运用演绎框架来产生广告信息。马罗内提出了一种框架（见表7-3），他认为购买者从一个产品中期望获得四种回报之中的一种：理性的、感觉的、社会性的或者自我满足。同时，购买者可以从使用结果经验、产品使用经验或者偶然使用经验中想象这些回报。综合这四种回报类型和三种经验，可以产生12种广告信息。

表7-3　12种诉求的例子

有关产品的潜在回报经验类型	潜在的回报类型			
	理性的	感觉的	社会的	自我满足
使用结果经验	使衣服更清洁	使胃疼完全消除	当您十分关心为社会提供最佳服务时	为了您的皮肤，值得买
产品使用经验	不用筛的面粉	淡啤酒的"色清味醇"	使您为社会所接纳的除臭剂	适用于年轻经理穿的鞋
偶尔使用经验	这种塑料盒可使香烟保持新鲜，携带方便	手提式电视机重量轻、携带方便	标志现代化家庭的家具	适用于具有鉴赏能力的人的立体声音响

广告主可以在12个格子的每一格中产生一个主题，作为其产品可能的广告信息。例如，"使衣服更清洁"这一诉求，乃是源于使用结果经验的理性回报，而"淡啤酒的色清味醇"这一短语则是一种与产品使用经验有关的感觉回报。

广告代理商在做出一项选择之前，应该制作多少个备选广告主题呢？广告制作得越多，代理商找到第一流广告的可能性也就越大。然而，制作广告花费的时间越多，成本也就越高。一个代理商为其客户创作和试验的备选广告，必有一个最适宜的数目。在现代佣金制度下，代理商的佣金为15%，因此他们不会去花大量时间创制和预试很多广告。幸运的是，制作广告雏形的费用在电脑桌面出版技术的优势下已迅速下降。一个广告创意部通过电脑文件库，在很短的时间内就可制作出不同的静止的产品形象、类型组合等。

（2）广告信息的评价和选择。

广告主应该评价各种可能的广告信息。一个好的广告通常只强调一个销售主题。特威塔建议，广告信息可根据愿望性、独占性和可信性来加以评估。信息首先要说明一些人们所期待的或者有兴趣的有关产品的事，还必须说明有别于同类产品中其他品牌的特色或者独到之处。最后，广告信息必须是可信的，或者是可以证实的。

广告主应该进行市场分析和研究，以确定哪一种诉求的感染力对目标受众最成功。

肖特是为工业企业和消费者制造玻璃的德国公司。肖特美国公司的技术玻璃事业部生产5万种产品，在1989年，它要求NYC广告公司的代理商哈蒙德·法雷尔帮助它的一个产品——塞拉。该产品在欧洲有高需求，但当肖特在美国的代表向它的目标市场上14家美国用具制造商销售塞拉产品时，公司发出了各种可使用颜色的样品和订单，却没有一张有回复。哈蒙德·法雷尔的市场调研表明，该产品实际上无人知晓，消费者不知道，所有重要的中间机构，如经销商、设计师和建筑师也不知道。该报告还有惊人的发现，在挑选购买或设计时，没有一个人关注肖特的代表所介绍的先进工程技术：长期保护、不损表面和隔热。哈蒙德·法雷尔于是巧妙地、非常成功地推出了广告口号"正式为你的厨房穿衣"和"比顶级还顶级，一种表示的方法"。

（3）广告信息的表达。

广告的影响效果不仅取决于它说什么，还取决于它怎么说。某些广告着重于理性定位，而另一些则着重于情感定位。美国广告通常被设计成对理性观念的诉求并展现了鲜明的特点和利益，如"使衣服更干净"、"迅速解除痛苦"等。日本广告(也就是指在日本使用的那些广告)都是间接的，并追求情感诉求，如日产公司的汽车广告表露的并非汽车，而是美丽的大自然，使你产生情感的联系和反应。

标题、文稿的选择等，能对广告的效果产生不同的影响。莱利特·曼里的研究报告说，她制定了两个广告方案，用来测试广告在不同方面的效果，第一个广告标题为"一款新游戏"，而第二个广告标题提出了一个问题："这款游戏适合你吗？"第二个标题说明了一种称为贴标签的广告战略，在这种战略中，顾客被标明是对这类产品感兴趣的人。两幅广告的不同在于：第一幅广告描述了游戏的特点，而第二幅描述了游戏的利益。经过试验，第二幅广告对产品在整个印象方面远胜于第一幅广告，读者对购买产品会产生兴趣，而且还有可能向朋友介绍。

富有创造性的人现在必须为表达广告信息找到一种形式、语调、用词和版式。所有这些因素都必须密切配合，并能表现出和谐的形象和信息。

① 形式。

任何广告信息都有下列不同的表达形式，或者是它们结合起来的应用。

生活片断：显示一个或几个人在日常生活中使用产品的情景。例如，一群年轻人在网吧里娱乐这样一个镜头，可以用来显示人们对于一款游戏的满意情况。

生活方式：它强调产品如何适应人们的生活方式。例如，一位漂亮潇洒的中年苏格兰绅士一手持着一杯苏格兰威士忌酒，另一手驾驶着他的游艇。

引人入胜的幻境：针对产品及其用途，设想出一种引人入胜的奇境。在某些游戏广告中用这种情景来吸引消费者。

气氛或想象：借助产品营造某种气氛或想象，如美丽、爱情或者安宁等。对任何产品只能建议人们去使用，而不应强求其购买。汽车和香烟的广告受人注意是因为使用吸引人的气氛或创造一种想象。其他产品种类也行动起来，特别注重寻求想象的变化。

音乐：例如它显示一个或几个人或几个卡通角色正在演唱一首有关产品的歌曲。许多可乐广告都采用这一形式，其中最著名的是可口可乐的歌曲"我喜欢"。

个性的象征：赋予产品以人的特性，这种特性可以表现为富有生命力的(劲量电池)或者是真实的(万宝路男士)。

技术特色：表示产品制作过程中企业的专长和经验。

科学证据：提供调查结果或科学证据，以证明该品牌优于其他品牌。这种形式常用于日常消费品、非处方药等。例如"舒肤佳"的一则电视广告展示了一个孩子洗完手后放大镜下显示的细菌存留，专业口吻的解说是"表明使用舒肤佳比使用普通香皂，皮肤上残留的细菌少得多"以及"唯一通过中华医学会认可"，其广告主题是："舒肤佳，爱心妈妈，保护全家！"

证词：这是以高度可信或者讨人喜欢的人士认可产品为特色的。他可以是一个名人，如姚明，或者普通人，陈述他(他们)如何喜爱该产品。

② 语调。

传播者还必须为广告选择一种合适的语调。宝洁公司一贯采用一种肯定的语调，它的广告总是介绍产品最好的方面，而不采用幽默的语调，以免转移人们对广告信息的注意力。与之相对比，斯特普尔斯办公用品超级商店在为其相当世俗的产品做广告时，集中于表现幽默情境，而非产品本身。其他一些公司则采用情感语调，特别是电影、电话和保险公司，它们注重人际联系和重大事件。

③ 用词。

广告用词必须便于记忆和引起注意。表7-4左边的各种主题若没有右边富有创造性的短语，则会逊色不少。

表7-4　用词对照

主　题	创造性文稿
七喜汽水不是一种可乐。	"非可乐。"
请乘坐我们的公共汽车，省得您自己开车。	"请乘公共汽车，让我们为您开车。"
买东西只需翻一下电话簿。	"请君以指代步。"
如果您想喝啤酒，舒佛牌啤酒是理想的饮料。	"君若欲痛饮，请用此啤酒。"
我们出租的汽车没有那么多，所以可以为顾客提供更多的服务。	"我们加倍为您效劳。"
红房子旅馆提供便宜住宅。	"睡得便宜的是红房子旅馆。"

标题的独创性尤为重要。标题有六种基本类型：新闻式（"前面是新的景气和更严重的通货膨胀……以及您在这方面能做些什么？"）、问题式（"您最近买它了吗？"）、叙述式（"当我在钢琴前坐下时，人们哄堂大笑，但是一旦琴声扬起，他们就肃静无声!"）、命令式（"请您把三个都试过以后再买"）、1—2—3法（"有12种方法可以减少您的所得税"）、如何—什么—为何（"他们为何不能停止购买"）。

④ 版式。

广告版式的大小、色彩和插图等版式要素对于广告的效果和费用有很大的影响。广告中一个技术上的小小改进，往往会在几方面提高广告的吸引力。篇幅较大的广告能引起更多的注意，但其费用不一定按同比例增加。用四色的插图取代黑白说明，会提高广告效果，当然，成本也会随之上升。在经过有计划地安排广告不同因素的相对优势后，便可取得最佳递增效果。用新型电子仪器对眼睛的运动所做的研究表明，对广告的主导因素用战略的眼光加以安排，便可吸引消费者的注意力，使其能从头到尾读完一则广告。

从事印刷广告研究的一些研究者指出，图画、标题和内容的重要性是按下列顺序排列的：图画是首先引起读者注意的东西，必须具有足够强烈的吸引力，以吸引读者的注意力；其次，标题必须能有效地推动人们去读广告的文字；再就是内容本身必须写得很好。即使如此，一则真正杰出的广告，受到接触此广告的读者所注意的人数还不足50%，接触到此广告的人约有30%可能会回忆起标题的要点，约有25%的人会记得登广告者的名字，读过大部分广告正文的还不到10%。

一项行业研究指出，在回忆和认知方面评分较高的广告具有如下特性：创新（新产品或新用途）、"故事性诉求"（一种吸引人们注意力的方法）、前后插图、示范表演、解决问题，以及成为某种品牌象征物的一些有关的人物角色（有些是卡通片中的人物，或者一些真人，包括名人）。

最近，广告行业内外对大量的中性广告和广告语表示不满，特别是非指定代词"它"，如"可乐是它"；耐克广泛使用的"just do it!"；以及那些最异乎寻常的犯规，如美乐公司的一则短命的广告声称"它是它和那是那"。经常会有人提出一些问题：为什么有这么多的广告如此类同？为什么广告代理人没有更多的创新？诺曼·布朗特、科恩和贝尔丁广告公司原先的负责人的答案是：在许多情况下，其责任在广告主，而不在他们的代理人。当他们的代理人进行一种高创造性活动时，品牌经理或高层管理当局就会担心其风险，或者拒绝或者要求进行过多的修改，以致失去了力量。他的结论是："许多广告缺乏创意是因为太多的公司追求舒适而不是追求创造性。"

（4）广告信息的社会责任观点。

广告主和他们的代理商必须保证他们"创造"的广告不超越社会和法律准则。大多数营销工作者致力于商业广告对消费者的公开性和诚实性，然而，错误也会发生，公共政策机构已制订了大量法律和规则以管理广告。

根据中国法律，公司必须避免虚假和欺骗广告。广告主不可以做虚假说明，例如说产品能治某某病。他们必须避免虚假展示，并且要避免出现"第一"、"最"之类的词语对消费者进行诱导。

在美国，广告主不可以创造有欺骗行为的广告，即使它在实际上无人相信。不可以在广告上说地板蜡能保护地板六个月，因为在一般情况下这是不可能的。中国广告同样有此方面的约束，问题在于如何区分欺骗和"吹捧"。

另外，销售者必须避免诱售式广告，它用虚假的假设来吸引购买者。例如，假如有销售者宣传1000元的电脑，当消费者试图购买这一广告产品时，销售者就不能拒绝，或降低产品性能，或展示其毛病，或用不合理的交货时间而使购买者转买更昂贵的其他产品。

为了实行社会责任，广告主还必须谨慎地不冒犯任何道德团体、少数民族或特殊利益团体。研讨下面的例子。

（1）都市女记者曾批评大量性别歧视广告，甚至导致部分产品广告停播。

（2）奈内克斯受到动物权利活动家的批评，因为它的广告展示了染上蓝颜色的兔子。

（3）黑旗杀虫剂的广告表现打死蟑螂的游戏，在退伍军人的抗议下改变了内容。

4. 媒体决策

广告主的下一个任务是选择负载广告信息的广告媒体，这一步骤包括决定预期的接触面、频率和影响；选择主要媒体类型；选择具体传播媒介工具；决定传播时间和决定地理媒体的分配。

（1）决定触及面、频率和影响。

媒体选择就是有关寻找向目标受众传达预期展露次数的成本效益最佳途径的问题。

我们所谓的预期展露次数是指什么呢？广告主可能以目标受众的某种反应为目标，如一定的产品试用水平。除了其他因素，产品试用率将取决于目标受众对产品品牌的知晓情况。假设产品使用率的上升是随着目标受众知晓水平递减的，如图7-3（a）所示，如果广告主以产品试用率T*为目标，那么它就必须达到A*品牌知名度。

下一个任务是决定多少次展露E*，才能导致A*的目标受众知晓度。展露对于目标受众知晓度的作用取决于它的触及面、频率和影响。

① 触及面(R)：在一定时期内，某一特定媒体一次最少能触及的人或家庭数目。

② 频率(F)：在一定时期内，平均每人或每个家庭见到广告信息的次数。

③ 影响(I)：使用某一特定媒体的展露质量、价值(例如，游戏广告刊登在《大众游戏》杂志上的影响就要比登在《瑞丽》上好得多)。

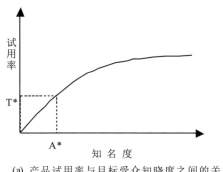
(a) 产品试用率与目标受众知晓度之间的关系

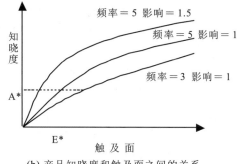
(b) 产品知晓度和触及面之间的关系

图7-3 试用率、知晓度和展露功能之间的关系

如果广告主打算将广告平均展露10次，那么用这笔预算可以触及2000万人(20000000÷10=20000000)。如果广告主想采用每1000次展露成本为10万元的质量较高的媒体，就只能触及1000万人，除非他或她愿意降低预期的展露次数。

下列概念包含了触及面、频率和影响之间的关系。

展露总数(E)：这是触及面乘以平均次数，即E=R×F。它又被称为毛评点(CRP)。如果某一媒体想要触及10%的家庭，平均展露次数为3，则该媒体的毛评点就是240(80×3=240)。如果另一媒体的毛评点为300，那么，它就具有更大的影响，但是，我们并不知道它的触及面和展露次数各为多少。

加权展露数(WE)：这是触及面乘以平均展露频率，再乘以平均影响，即WE=R×F×I。

媒体计划所要解决的问题是：在一定预算水平下，所要购买的触及面、频率和影响的成本效益最佳组合是什么。一般而言，当推出新产品、侧翼品牌、扩展驰名品牌或购买并不频繁的品牌，或追求一个界定不清楚的目标市场时，触及面是最重要的。当存在强有力的竞争者、想要传达的信息复杂、消费者阻抗力高或购买次数频繁时，频率是最重要的。

许多广告主认为，要使广告起作用，必须向目标受众多次展露，重复太少可能会造成浪费，因为它们没有被注意到。其他一些广告研究人员对多次展露的价值表示怀疑，他们认为，人们对同一个广告看了几次之后，不是感到厌烦，就是不再注意它了。克罗格曼曾经提出，展露三次就足够了。

第一次展露有独特的意义，正如任何东西的第一次显露一样，第一印象非常重要。广告的第一次展露所得到的反应主要是"它是什么"的认知反应，对一个刺激物的第二次展露将产生若干效果。一种是类似第一次展露的认知反应，这是由于目标受众在第一次接触广告时可能有许多地方遗漏了；而更多的则是一种"它有什么"的评价型反应来取代"它是什么"之类的反应。如果以评价的基础所形成的购买决策尚未转化为行动，第三次展露可继续起一种提醒作用。第三次展露也是从这一已完成的广告插曲中开始脱身和撤回注意力。

克鲁格曼主张展露三次的论点必须进一步加以论证。他的意思指的是实际广告展露次数，就是实际上看过三次广告的人，这不能同媒介载体展露次数混为一谈。所谓媒介载体展露次数，是指人们接触登载该广告的媒介载体的次数。如果看杂志广告的人只有读者的一半，或者如果读者每隔一期才阅读该杂志的广告，那么，广告的展露次数只有媒介载体展露次数的一半。多数的研究机构只估量媒介载体的展露次数，而不估量广告的展露次数。一个媒体战略家购买媒介载体展露次数必须超过三次，才能达到克鲁格曼所说的三次"命中"。

另一个造成广告重复的因素是遗忘。广告重复工作中有一部分是将广告信息输入记忆。关于产品品牌、产品类别或者广告信息的遗忘率越高，重复的次数也应该越多。

但是仅有重复也是不够的，那样广告的效果会减弱，目标受众会不耐烦。广告主不应该仅做一个令人厌倦的广告，而应该通过广告代理人推陈出新。例如，杜勒西尔有超过40个不同形式的广告作为它的基础广告。

（2）在主要的媒体类型中选择。

媒体计划者必须了解各类主要媒体在触及面、频率和影响等方面所具备的能力。

媒体计划者在进行媒体选择时，要考虑几个变量，其中最重要的有以下几个。

① 目标受众的媒体习惯：例如对青少年来说，网络和电视是最有效的广告媒体。

② 产品：妇女服装的广告登在彩色印刷的杂志上最吸引人，而宝丽来照相机的广告则最好通过电视做一些示范表演。各类媒体在示范表演、形象化、解释、可信程度和色彩方面具有不同的潜力。

③ 广告信息：一条宣布明天有重要出售的信息就要求用网络、广播或每天出版的报纸做媒介；一条包含大量技术资料的广告信息，可能要求选用专业性杂志或者邮寄件做媒介。

④ 费用：电视费用非常昂贵，而报纸广告则较便宜。当然，应该考虑的是每千人展露的平均成本，而不是总的成本。

关于媒体影响和成本的概念，必须做定期再检查。长期以来，电视在诸媒体中一直居于首位，而其他媒体则经常被人忽略。然而，媒体研究人员开始注意到，由于商业广告增加，互相干扰，电视广告的效益正在下降(广告主向电视观众传播大量的一闪而过的商业广告，使观众的注意力分散，广告影响减少)。由于有线电视与DVD的增多，商业电视减少了其观众。更有甚者，电视广告费用的增加大大超过了其他媒体的成本。有些公司发现，综合使用印刷广告、网络广告和电视广告，其效果常常比单独使用电视广告好。

另一个需要检查的原因是由于不断有新媒体出现。例如，在过去的10年中，网络广告、户外广告的开支实质性地增加了许多。户外广告是一种出色地接触本地消费者细分片的重要途径。

网络信息现在已经成为中国青年接触媒体的主要渠道，每年的广告费达数十亿元。网络信息的特点是采用更广泛的地域覆盖面，提供更狭窄的内容，例如美食、烹饪、汽车、GOLF、游戏专业网站或栏目——这些都要求营销者必须更加精准地选择好它的目标群体。

另一个推广新媒体的场所是卖场自身。如网吧，早期在网吧的促销工具，例如走廊墙壁上游戏海报，如今又增加了许多新的媒体工具。有些网吧出租空间给公司做展示，它们设计了易拉宝、数字电视，即在玩家经过或等待位置时，这些新媒体工具会发出一些信息供参考。

广告开始出现在最畅销的书、电影和录像带上，书面材料，如年度报告、申请表、目录单和新闻快报上也开始出现广告，许多公司在邮寄月账单(如信用卡公司、百货公司、公告汽车公司、航空公司等)时，也附有广告，有些公司甚至邮寄VCD给潜在的顾客。

在各类媒体特性已定的情况下，广告主应该决定如何对各类主要媒体分配预算。例如，某家游戏公司决定在全国四个主要市场上推出它的新游戏，媒体预算如下：游戏网站为300万元，游戏杂志为200万元，报纸为100万元。

(3) 选择具体的媒体工具。

媒体计划者下一步要选择一个具体的成本效益最佳的媒体工具。例如，游戏公司决定购买10秒的新闻联播广告，在公众的黄金时间转播，为1亿元，但在新浪游戏频道最好位置做广告，费用为7万元/天，或赞助类似超级比赛，费用为50万元。媒体计划者在如此众多的媒体种类中如何选择呢？媒体计划者可依靠媒体效果调查服务机构，这类机构可提供目标受众规模、组成和媒体成本的估计。对目标受众规模有以下几种可行的衡量尺度。

① 发行量：登载广告的实体的数量。

② 目标受众：接触到媒体的人数(如果媒体是可传阅者，受众比发行量大得多)。

③ 有效目标受众：接触媒体的具有目标特点的目标受众人数。

④ 接触广告的有效目标受众：实际看到广告的具有目标特点的人们。

媒体计划者通常要计算某一特定媒体工具触及1000人的平均成本(每千人成本标准)。如果新浪游戏频道上登右侧移动图标为18000元/天，而新浪游戏频道的用户估计有600万人，则广告触及每千人的平均成本约为3元。同样的广告登在腾讯游戏频道上可能花9000元/天，但是触及人数为700万人，则每千人成本为1.29元。媒体计划者应根据每千人成本的高低，将各种媒体排列成表，择其千人成本最低者加以考虑。媒体自身经常为它们的广告做"读者概况分析"，总结杂志的典型读者特征，如年龄、收入排列、居住地、婚姻状况和业余活动等资料。

对于这一最初的衡量结果还必须做若干修正。首先，这一衡量结果要根据目标受众的性质加以修正。对于游戏广告来说，一本拥有30万专业游戏玩家作为读者的杂志就有至少30万人次的展露价值，但是，如果某杂志的100万读者都是老年人，那么展露价值就等于零。其次，展露价值应按目标受众注意的可能性加以修正。例如《时尚》杂志的读者就比《新闻周刊》的读者更注意广告。第三，展露价值还应按编辑质量(声望和可信程度)加以修正，编辑质量是因杂志不同而异的。第四，展露价值还应按杂志中不同的广告地位和额外服务加以修正(例如地区版、职业版和前置时间要求)。

媒体计划者越来越多地使用比较复杂的媒体效益衡量手段，并且把它们应用于数学模型中，以便找到最佳媒体组合。许多广告代理商运用计算机程序选择最初媒体，然后根据模型中所省略的主观因素对媒体做进一步修正。

（4）决定媒体时间安排。

为了决策应用哪种媒体，广告主面临着一个总体安排问题和一个具体安排问题。

① 总体安排问题。

广告主必须决定如何根据季节的变化和预期的经济发展来安排全年的广告。例如，游戏产品的销售旺季是在7～9月和1～3月，其销售额占全年销售额的60%，公司面临三种选择：公司方面可以随着季节的变化而调整其广告支出，也可以按季节变化相反的方向来安排广告支出，或者全年平均使用广告费。大多数公司都追随季节性广告政策。请研讨下面的例子。

几年前，一家软饮料制造商开始增加淡季广告的经费，结果其品牌的非季节性消费有所增加，而且并未损害该品牌的旺季消费。其他软饮料制造商也开始这样做，其结果是出现了一种更加平衡的消费格局。以前的季节性集中广告实际上是一种自我满意的猜测。

福莱斯特曾建议采用他的"产业动态"法来测试季节性广告政策。他认为，广告对于顾客的知晓有种滞后影响作用，知晓对于公司销售有一种滞后影响作用，而公司销售对于广告支出又有一种滞后影响作用。对这些时间关系均应加以研究，形成数学公式，输入计算机模拟模型。每一种时机策略都应进行模拟，以便评价其对公司销售、成本和赢利的不同影响。拉奥和米勒也开发了一个滞后模型，把品牌份额逐个市场地同广告和促销费用联系起来。他们用利弗公司在15个分销地区的5种品牌对其模型进行了检验，把这些品牌的市场份额同在电视、印刷广告、减价和商业促销等方面的开支联系起来考虑，并且取得了成功。

库恩开发了一种探索经常购买、季节性强、价格低廉的日用品广告时机问题的模型。他提出，正确的时机模式取决于广告延续力和顾客选择品牌的习惯行为。延续力是指广告支出的作用随着时间的推移而逐渐衰退的速率。每月0.75的延续力就是指以往广告支出对本月的影响水平仅为上月的75%，而每月0.1延续力则表示只有上月影响的10%。习惯行为是指和广告水平无关的品牌延续购买有多少。高习惯性购买，如90%，即表示不管营销刺激如何，90%的购买者都将重复购买这个品牌。

库恩发现，如果没有广告延续力或者习惯性购买，决策者宜采用销售百分比法来制订广告预算。最佳广告支出时机模式应与预期的产业销售季节性变化形态相一致。但是，如果存在广告延续力或者习惯性购买，销售百分比预算方法就不是最佳方法。在这种情况下，最好使广告时机变动领先于销售曲线，广告支出的高峰宜在预期销售高峰之前出现，而广告支出的低潮则宜在销售低潮来到之前出现。延续力越高，领先时距也应越长。此外，习惯性购买越多，广告支出也应越稳定。

② 具体安排问题。

具体安排问题是指在一个短时期内部署好一系列广告展露，以达到最大影响。

假设某公司决定在9月份购买30个广告版面，区别众多可能形式的方法如图7-4所示。当月广告信息可以集中在本月的某一小部分时间内，也可以连续不断地分散在全月时间内，或者间断性地分散在一个月时间内。而广告信息的出现可以采取水平式频率、上升式频率、下降式频率或交替式频率。广告主的任务是决定何种分配形式最为有效。

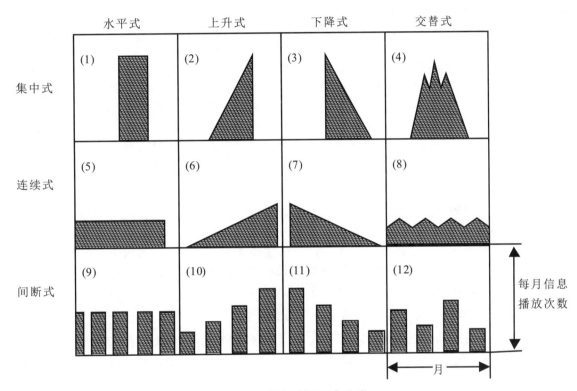

图7-4 广告时机形式分类

最有效的形式取决于产品性质、目标顾客、分配渠道以及其他与营销因素有关的广告传播目标。请看下面例子。

一位零售商想公布季节前出售滑雪用具的消息。她知道，只有一部分人对此信息感兴趣，她认为目标购买者只需听到该信息1～2次即可。她的目的是最大限度地扩大信息的触及面而非重复程度。她决定以水平式的频率把该信息集中在销售的那几天里，同时，每天的广告时间不同，以避开同样的目标受众，她采用了图7-4中的模式(1)。

一位消声器制造厂的推销员打算使公众记住他的名字。但是他并不需要持续不断地做广告，因为无论何时，路上行驶的车辆中只有3%～5%需要更换新的消声器，他选择了间断式广告。此外，他了解到星期五是发工资的日子，于是他就在一周的其他日子少做广告，而在星期五则多做广告，他采用了图7-4中的模式(12)。

时机形式应该考虑三个要素：购买者流动率，这是指新顾客在市场上出现的速率，速率越高，广告越是应该连续不断；购买频率，这是指某一时期内购买者平均购买产品的次数，购买频率越高，广告就应该越是连续不断；遗忘率，这是指购买者遗忘某种品牌的速率，遗忘率越高，广告就应该越是连续不断。

在推出一项新产品时，广告主必须在广告连续性、集中性、时段性和节奏性之间做出选择。连续性是指在一定时期内均匀地安排广告展露。但由于广告成本高和销售量的季节变化，广告难以连续。一般来说，登广告者在市场扩大的情况下，当顾客频繁购买商品和购买紧缺有限的商品时，应采用连续性广告。集中性是要求把所有的经费用在一段时间内。当产品集中在某一季节或假日里销售时，可采用这种形式。时段性是要求在某些时间播放广告，接着是一段时间的间歇，然后继之以第二时段广告。在经费有限、购买周期比较不频繁或出售季节性产品的情况下，可采用这种广告形式。节奏性是指连续以低重要度的水平开展广告活动，但不是以间歇性的大量广告活动来加强其广告攻势的方法。这种形式是吸收连续性广告和间歇性广告的长处而创造出来的一种折中的时间安排战略。那些主张采用节奏性广告的人觉得，节奏性广告能使观众更透彻地了解广告信息，而且可以省钱。

（5）决定在地理位置上的媒体分配。

公司在决策怎样分配它的广告预算时，必须考虑空间和时间问题。当公司在全国电视网络或全国宣传杂志上做广告时，它充当了"全国卖主"；当它只是在几个地方或地区编辑的杂志上做广告时，它成了"地区售点卖主"，在这种情况下，广告从城市中心出发向外延伸40～60千米，这称为控制影响地区（ADIs）或被设计的营销地区（DMAs）。最后，公司只在当地报纸、电台或户外做广告时，它成为"当地买主"。

现在地理位置分配问题在上升，请研讨下面的例子。

必胜客从特许经营中征收4%的广告费，它把2%的预算用于全国媒体，2%用于地区和当地媒体。某些全国广告被浪费了，因为必胜客在有些地区售点比率较低。例如，即使该公司在全国有30%的特许经营市场份额，但有些城市可能只有5%的份额，而另一些城市为70%。高市场份额城市的特许经营者希望在他们城市花更多的广告费，但如果必胜客在地区媒体花了全部的预算，它就只有一半的钱用于全国。地区开支比本地包含了更大的制作成本和更多的创作活动，它对全国市场来说，仅仅只是其创作活动的一部分。又如，全国广告是有效的，但对各不同地区不一定有效。

5. 评价广告效果

良好的广告计划和控制在很大程度上取决于对广告效果的衡量，然而，对于广告效果的基本研究却是出人意料地少得可怜。根据福莱斯特的看法："广告总费用的1%中的大约不超过1/5的数额是用来了解如何使用其余99.8%的广告费用。"

大多数有关广告效果的衡量都有一种实用性质，如处理一些具体的广告和广告竞争之类的问题；大部分钱都被广告代理商花在对某一广告的预试方面，只有极小部分钱被用于广告效果的事后评价上。许多公司开展广告活动，都是先将其投入全国市场，然后评估其效果。不过，在一个或几个城市开展广告活动并评估其进行情况，然后再投入大笔预算在全国全面铺开，这样做会更好一些。假如有一家公司先在北京测试新的广告活动，但彻底失败了，这样，公司便省下了本来要在全国范围开展广告活动的费用。

大多数广告主都想衡量一个广告的传播效果，即广告对于消费者知晓、认识和偏好的影响。他们也想了解广告对销售的作用效果，但是常感到太难测量。然而，这两者都可以加以研究。

（1）传播效果研究。

传播效果研究乃是寻求判断一个广告是否在有效地传播。所谓文稿测试，可以在广告进入现实媒体之前施行，也可以在它印行或广播之后施行。

广告预试有三种主要方法：第一种是直接评分，即要求顾客对广告依次打分。其评分表用来估计广告的注意力、可读性、认知力、影响力和行为等方面的强度(如图7-5所示)。虽然这种测量广告效果的方法不够完善，但一个广告若获高分，也可说明其具有潜在的有效性。第二种是组合测试，即请消费者观看一组广告，而且他们愿看多久就看多久，然后请他们回忆所看过的广告，调查人员可以提示，也可以不提示。其结果表明一个广告突出的地方及其信息是易懂易记的。第三种是实验室测试，即有些研究人员利用仪器来测量消费者对于广告的心理反应情况，如心跳、血压、瞳孔放大以及流汗情景。这类试验只能测量广告的吸引力，而无法测量消费者的信任、态度或者意图。

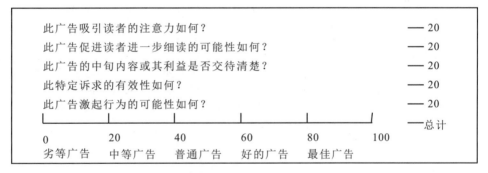

图7-5　广告评分表

表7-5列出了一些更具体的广告调研技术。

黑利、斯塔福德和福克斯评论当前的文稿测试方法变得这样熟练和容易，以致忽视了它们的规模限制。具体地说，这些方法趋向于太推理化和书面化，趋向于基本上依赖一种或另一种反应者的回音。他们争辩说，营销者需要更多地注意广告的非书面因素，它在行为上能产生强烈的影响。

广告主还对测试完成的广告活动的整个传播效果感兴趣。广告活动到底把品牌知晓度、品牌理解力、明确的品牌偏好度等提高到何种程度？假定登广告者在广告活动前就已测定了上述各种指标，则可在广告活动后在目标市场的消费者中随机抽取样本，用以对传播效果做出评价。如果公司希望把品牌的知晓度从目标人口总数的20%提高到50%，但结果只提高到30%，这就说明某方面出了问题：不是公司广告开支不足，就是广告效果不好，再者就是忽略了其他某些因素。

表7-5 广告调研技术

出版物	斯特奇公司及盖洛普和鲁滨逊公司是两家广泛运用出版物预试的服务机构，其做法是先把测试的广告刊登在杂志上，广告登出后，便把杂志分发给消费者中的调查对象，随后公司同这些被调查者接触，并与之就杂志及其广告问题同他们谈话。回忆和认识的测试可用来确定广告的效果。斯特奇公司的做法则是制定三种阅读评分标准：(a)曾注意到，即声称以前曾在该杂志中见到过此广告的读者的百分率；(b)见过/联想到，即能正确辨认该产品和做此广告的广告主的读者百分率；(c)深读过，即声称看过该广告内容一半以上的读者的百分率。斯特奇还提出了一个广告标准，对一年中每种产品类别，分别按每种杂志的男女读者求得的平均分数表示，以便广告主对其广告效果同竞争者的广告做比较分析
广播服务家中测试	在目标消费者家中安放一台小屏幕机器，由该机器播放节目，并且让这些消费者观看电视广告节目。这种方法可使被调查者的注意力集中，但制造了一种勉强观看的人为的环境
实验测试	为了更接近于消费者做出决定的实际情况，可在市郊商业区设置实验室作为临时工作室进行预测。在此模拟的购买中，向购买者展示测试的产品并给予他们选择一系列品牌的机会，然后请消费者观看一系列电视广告片，并发给他们一些用以在市郊商业区的商店中购物的赠券。广告主评估收回的赠券，便可估量到电视广告片对购买行为的影响力
剧场测试	消费者被邀请到剧场观看尚未公开播映的新电视系列片，同时插播一些广告片。在放映之前，被调查者简述在不同商品种类中他们比较喜爱的品牌；观看之后，再让被调查者在不同种类品牌中选择他们最喜爱的品牌。消费者偏好如有改变，则可表明电视广告片的说服力已起了作用
播放测验	这种测验是在普通电视节目中进行。被调查对象被召集在一起观看播放的节目，其中包括观看被测验的广告片，调查对象也可从已经观看过节目的人当中挑选，问他们能够回忆起多少内容。这种技术可以创造一种评价广告片的真实气氛

（2）销售效果研究。

广告的传播效应研究能帮助广告主评价一个广告的传播效应，然而却无助于揭示其销售影响。如果某个广告使品牌的知晓度提高20%、品牌偏好增加10%，那么将增加多少销售量呢？

一般来说，广告的销售效果较之其传播效果更难于测量。因为除了广告因素外，销售还受到许多因素的影响，如产品特色、价格、可获得性和竞争者行为等。这些因素越少，或者越能控制，广告对于销售的影响也就越容易测量。在采用邮寄广告时，销售效应最易测量；而在运用品牌广告或建立公司形象的广告时，销售效果最难测量。

在销售效果研究中，有一种方法涉及了开支份额、声音份额、注意和听到份额、市场份额的概念。

公司一般对知道广告费过多还是过少感兴趣。换言之，公司的广告开支份额来自声音的份额，并由此获得它们的注意和听到，而最终决定其市场份额。派克汉用数年的时间研究了几种消费品的声音份额与市场份额的关系，他发现老产品声音份额与市场份额之比为1∶1，而新产品则为1.5～2.0∶1.0。利用这个研究，我们假设三家著名公司在同一时间销售了某同一产品资料，如表7-6所示。

表7-6　广告有效率对比表

广告开支（万元）	声音份额（%）	市场份额（%）	广告有效率（%）
A　200	57.1	40.0	70
B　100	28.6	28.6	100
C　　50	14.3	31.4	220

公司A花费了整个行业广告总费用350万元中的200万元，其声音份额是57.1%，但其市场份额只是40%，用声音份额除以市场份额，我们得出其广告有效率为70%。这说明公司A不是花费过多，便是花费不当。公司B花费了开支总额的28.6%，并且有28.6%的市场份额，结论是该公司花的钱效率高。公司C只花费开支总额的14.3%，然而却达到市场份额的31.4%，结论是该公司花的钱效率特别高，因此应增加其费用。

研究人员常常试图通过历史分析法或者实验分析法来衡量销售影响。历史方法是指运用先进的统计技术将过去的销售和过去的广告支出在当前的或滞留的基础上联系起来。例如，珀尔达研究了1908—1960年之间的广告支出对李迪·平克海公司的混合蔬菜销售的影响。他计算了短期和长期的广告边际销售影响。在短期内，边际广告支出仅使销售增长了50美分，这样，平克海公司的广告支出看来似乎太多了。但是，从长期来看，边际销售影响则扩大至3倍。珀尔达计算得出，整个时期内，该公司广告的税后毛利率为37%。

其他研究人员运用实验设计来衡量广告的销售效应。为了不在所有地区开支常规百分比的广告费，公司在某些地区开支高些，而在另一些地区开支低些，这种战术称为高开支测试和低开支测试。如果高开支测试导致销量大增，表明公司开支过少；如果高开支测试没有增加销售或者低开支测试没有导致销量下降，则公司广告开支过大。当然，这些测试必须辅以好的实验控制和保持足够的时间，以观察改变广告开支水平后的滞后效应。

杜邦公司是最早设计广告实验的公司之一。它的颜料部将56个销售区域分成高、中、低三种市场份额的区域。杜邦公司在其中1/3区域采用正常数额的广告费，在另一个1/3区域花了正常数额的1.5倍的广告费，而在余下的1/3区域中花费了正常数额的3倍的广告费。在试验结束时，杜邦公司估计了一下较高水平的广告支出创造了多少额外销售。结果发现，较高的广告支出所产生的销售增长呈递减率，而在杜邦公司的市场份额较高的区域里，销售增长也十分微弱。

另一种是按地理区域分配广告预算的方法，它研究不同的地理区域之间在市场规模、广告反应、媒体效能、竞争和边际利润等方面所使用的模式。厄本研究出了一种使用这些地理标准的媒体配置模式来帮助解决预算分配的问题。

一般来说，越来越多的公司都在努力衡量广告支出的销售影响，而不再仅仅满足于传播效果的衡量。例如，米尔华特·布朗国际公司多年来对英国进行跟踪研究，这些调研的一个关键课题是提供信息，以帮助广告决策制订者决策确定哪些广告能有助于品牌的发展。

（3）广告有效性。

一些公司对广告有效性做了很多调研，这里介绍专业调研者所做出的对营销者有用的几个常用结论。

① 广告对品牌转换的影响。特利斯分析了12种关键的经常购买的消费产品品牌后，得出结论：广告对忠诚购买者的购买数量增加很有效，但对赢得新购买者效果不佳。对忠诚购买者，每星期的高水平展露并非有效，因为它拉平了广告的效果。广告对引导忠诚度并不一定会产生积累效果。

② 周围环境的影响。当广告信息与周围环境一致时，效果更有效。例如，一款游戏在其旗舰网吧店里的宣传更有效。

③ 正面与负面信息的影响。消费者对负面信息产生的反应甚于正面信息。例如，一个信用卡公司调查已有三个月没有使用卡的用户。对一组用户发出讲信用卡益处的信息，另一组是解释不用卡的损失。结果，损失导向的信息反应比益处导向要强烈得多，开始用信用卡的比例是2：1以上，而前者的费用是后者的一半不到。

④ 广告与销售促进的关系。在最近的研究中，约翰·菲利普·琼斯应用了市场研究公司尼尔逊的数据来分析广告的效果。琼斯发现，他的样本中有70%的广告活动立即增加了销售，但影响强烈的只有30%；有46%的广告活动对销售长期增加有效。琼斯还认为，销售增加可以来自于某一次广告，但闪电获得效果不理想，这些广告在第一次转播时也不会产生额外的销售。

7.3 销售促进

7.3.1 销售促进概述

销售促进是营销活动的一个关键因素，其界定如下：销售促进包括各种多数属于短期性的刺激工具，用以刺激消费者和贸易商较迅速和较大量地购买某一特定产品/服务。

10年前，广告与销售促进的比例大约为60：40。如今，在许多消费包装品行业中，这一比例倒了过来，销售促进占总预算的65%～75%。销售促进的开支近20年来逐年增长，并且速度在加快。麦当劳聘用著名的好莱坞演员促销，结果销售增加了7.1%，达到142亿美元，而整个快餐业的增长率为6.6%。万事达信用卡公司转变促销战略为折让和折扣，它帮助停止了5年来市场份额下降的趋势，并增加了两个百分点，达到28.9%。

有若干因素使销售促进迅速发展，特别是在消费者市场。内部因素包括：作为一个有效的推销工具，现在促销更多地为高层管理人员所接受；更多的产品经理有条件使用各种促销工具，并且产品经理们受到了要他们增加销售额的更大压力。外部因素包括：品牌数量的增加；竞争对手频繁地使用促销手段；许多产品处在相类似的状态；消费者更看重交易中的优惠；经销商要求制造商给予更多的优惠；由于成本的提高，媒体的庞杂和法律的约束，广告效率已下降。

促销媒体(如优惠券、竞赛等)的快速发展，已造成了促销喧嚣的局面，这与广告喧嚣相似。促销喧嚣的危险是，消费者可能会开始麻木，这时，优惠券和其他媒体会减弱其激发购买的作用。制造商将不得不设法克服喧嚣，如提供更大的优惠券补偿值，或使用更吸引人的购买点陈列或示范表演。

如果说广告提供了购买的理由，则销售促进提供了购买的刺激。销售促进的工具有：消费者促销(如样品、优惠券、现金折款、价格减让、赠品、奖金、光顾奖励、免费试用、产品保证、产品示范和竞赛等)、交易促销(如购买折让、免费产品、商品折让、合作广告、广告和陈列折让、促销资金和经销商销售竞赛等)，以及销售人员促销(如奖金、竞赛和销售集会等)。

1. 销售促进的目的

销售促进的工具具有各种特定的目标。免费样品会刺激消费者的试用，而免费的管理咨询服务则可巩固与零售商的长期关系。

销售者利用刺激型的促销方式来吸引新的试用者和奖励忠诚的顾客，提高偶然性用户的重复购买率。新的试用者有三种：同一产品类型中其他品牌的使用者、其他产品类型使用者和经常转换品牌者。销售促进主要是吸引那些品牌转换者，因为其他品牌的使用者不会时常注意促销或者按照促销的意图而行动，而品牌转换者首先寻找的是低价格或赠奖。但销售促进未必能促使他们成为忠诚的品牌使用者。在那些品牌相似性高的市场上使用销售促进措施，从短期看能产生高的销售反应，但是几乎没有持久的效益；而在那些品牌相似性不高的市场中，销售促进可以更持久地改变市场份额。

今天，许多营销经理首先估算交易促销费用，然后是消费者促销的费用，余下的用于广告预算。然而，让广告落后于销售促进是很危险的。广告通常用于建立品牌忠诚，而销售促进会减弱品牌忠诚。如果某个品牌常靠价格来促销的话，消费者会认为它是便宜的品牌，通常只是作为一种处理品而买它。一个有名的品牌如果有30%以上的时间在打折扣，那就很可能存在着危险。处于优势的品牌只是偶尔地运用打折扣的办法，因为这些折扣的绝大部分将成为对现行用户的一种津贴。布朗对2500名速溶咖啡购买者的研究结论如下。

（1）销售促进在销售中产生的反应快于广告。

（2）由于销售促进主要吸引追求交易优惠的消费者，这些消费者只要能获得交易优惠就会转换品牌，因此，销售促进不大会在成熟的市场内产生新的和长期的购买者。

（3）忠实的品牌购买者不会轻易地由于竞争性的促销而改变他们的购买形态。

（4）广告表明它能够增强对一种品牌的主要特殊偏好。

显然，价格促销不能巩固整个企业的总销售额，此法通常只能维持短期销售额。

市场份额低的竞争者发现，使用销售促进有利可图，因为他们负担不起可与市场领先者匹敌的大笔广告费。如果他们不提供交易折让就得不到售货货架，不给予消费者刺激就得不到消费者试用。弱小的品牌通常用价格竞争来设法提高其市场份额，但这对于产品领先者来说作用不大，后者的发展是靠扩大整个产品的市场份额。

这里的关键是，许多公司感到，它们使用较多的销售促进是出于不得已。克罗格·克拉夫和其他一些市场领先企业宣称，它们将更强调企业的拉动力量，增加广告预算。它们声称，大量使用销售促进会降低品牌忠诚度，增加顾客对价格的敏感度，淡化品牌质量概念，偏重短期行为。

但是，范里和奎尔克不同意上述看法。他们提出，销售促进提供了一系列对制造商和消费者至关重要的利益：销售促进使制造商得以调整短期内供求的不平衡，使制造商能够制订一个较高的牌价以测试什么样的价格水平才是上限；它促使消费者去试用新产品，而不是墨守成规；它促进了许多不同的零售形式，如天天低价商店、促销价格商店等，为消费者提供了更多的选择；它提高了消费者对价格的敏感度；它使制造商的商品销售超过了按牌价销售的数量，并达到可以获得规模经济的程度，从而降低了每单位产品的成本；它有助于制造商更好地适应不同消费群体的需要；消费者本人则在享受优惠价的同时，体会了作为一个精明的顾客的满意度。

2．销售促进的主要决策

一个公司在运用销售促进时，必须确定目标、选择工具、制订方案、预试方案、实施和控制方案及评价结果。

（1）确定促销目标。

从基本的营销传播目标导出了促销目标，而基本的营销传播目标又是从开发特定产品的更加基本的营销目标中导出的。销售促进的具体目标一定要根据目标市场类型的变化而变化。就消费者而言，目标包括鼓励消费者更多地使用商品和促其大批量购买，争取未使用者试用，吸引竞争者品牌的使用者。就零售商而言，目标包括吸引零售商经营新的商品品目和维持较高水平的存货，鼓励他们购买过季商品，鼓励贮存相关品目，抵消竞争性的促销影响，建立零售商的品牌忠诚和获得进入新的零售网点的机会。就销售队伍而言，目标包括鼓励他们支持一种新产品或新型号，激励他们寻找更多的潜在顾客和刺激他们推销过季商品。

（2）选择促销工具。

许多促销工具可用以实现这些目标。促销计划者应该把市场的类型、促销目标、竞争情况以及每一种促销工具的成本效益都考虑进去。

（3）消费者促销工具。

消费者促销的主要工具已列入了表7-7。我们可以将制造商促销和零售商促销与消费者促销区分开来，后者包括削价、特色广告、零售优惠券、零售竞赛和奖金等。我们还可以将这些销售促进工具区分为消费者特许权和非消费者特许权。前者是指随一笔交易而送出的一份销售信息，如一条销售信息包括赠送免费样品和优惠券，或者买某种产品可获奖励等。非消费者特许权的销售促进工具包括减价包装，与产品无关的消费者奖励、竞赛和抽奖活动，消费者退款以及交易折让等。

当销售促进与广告结合起来使用时，它就显得最为有效。一项研究表明，单纯价格促销仅使销售量增加15%；当它与广告相结合时，销售量增加19%；当它与广告和售点展示相结合时，销售量就增加24%。

表7-7　主要的消费者促销工具

工　具	描　述	例　子
样品	样品是指免费提供给消费者或供其试用的产品。样品可以挨家挨户地送上门、邮寄发送、在商店内提供、附在其他产品上赠送或作为广告品。赠送样品是最有效也是最昂贵的介绍新产品的方式	利佛兄弟公司非常相信其新颖的浪花牌洗涤剂，以致它分送了价值4300万美元的免费样品给4/5的美国家庭
优惠券	优惠券是一个证明，证明持有者在购买某特定产品时可凭此优惠券按规定少付若干钱。优惠券可以邮寄、包进其他产品内或附在其他产品上，也可刊登在杂志和报纸广告上。其回收率随分送的方式不同而不同：用报纸刊登优惠券的回收率约为2%，直接邮寄分送优惠券的回收率约为8%，附在包装内分送约为17%。优惠券可以有效地刺激成熟期产品的销售，诱导对新产品的早期使用	宝洁公司将福佳牌咖啡打入匹兹堡市场时，通过邮寄的方法向该区域的家庭提供一种优惠券，当他们购买一磅重罐装咖啡时可获35美分的价格折让，并在罐内装有一张减价10美分的优惠券
现金折款（退款）	现金折款是在购物完毕后提供减价，而不是在零售店购买之时。消费者购物后将一张指定的"购物证明"寄给制造商，制造商用邮寄的方式"退还"部分购物款项	托勒公司选择在冬季尚未来临之际发起了一场铲雪机的促销攻势，声称如果届时在买主所在地的降雪量低于平均水平，则予以退款。而它的竞争者却未能推出相应的措施
特价包（小额折价交易）	向消费者提供低于常规价格的节省额销售商品的一种方法，其做法是在商品包装或标签上附带标明它们可以采取减价包的形式，即将商品单独包装起来减价出售(譬如原来买一件商品的价格现在可以买两件)，或者可以采取组合包的形式，即将两件相关的商品并在一起(譬如牙刷和牙膏)。特价包对于刺激短期销路方面甚至比折价券更有效	空气清新剂公司有时在特价包中把几种空气清新剂放在一起。例如，喷雾、地毯清洗剂和固体的空气清新剂

续表

工 具	描 述	例 子
赠品 （礼品）	以较低的代价或免费向消费者提供某一物品，以刺激其购买某一特定产品。一种是附包装赠品，即将赠品附在产品内（包装内附赠品）或附在包装上面（包装上附赠品）；还有一种是免费邮寄赠品，即消费者交还诸如盒盖之类的购物证据就可获得一份邮寄赠品；另一种是自我清偿性赠品，即以低于一般零售价的价格向需要此种商品的消费者出售的商品。目前，制造商给予消费者名目繁多的赠品，这些赠品上都印有公司的名字	桂格麦片公司在健尔·拉森牌狗食品的包装内放入了价值500万美元的金币和银币。如果包装物本身是一种可再次使用的容器，那么包装物还可以起到赠品的作用。百威商标迷可以定购印有百威名字的T恤衫、热气球和其他商品品目
奖品 （竞赛、抽奖、游戏）	奖品是指消费者在购买某物品后，向他们提供赢得现金、旅游或物品的各种获奖机会。竞赛要求消费者呈上一个参赛项目：一句诗、一种判断或一个建议，然后由一个评判小组确定哪些人被选为最佳参赛者。抽奖则要求消费者将写有其名字的纸条放入一个抽签箱中。游戏则在消费者每次购买商品时送给他们某样东西，如纸牌号码、字母填空等，这些有可能中奖，也可能一无所获。所有这些都将比优惠券或者几件小礼品更能赢得消费者的注意	一家英国烟草公司在每一个产品包装内放一张奖券，如果中奖的话，中奖人可获多达1万美元的奖金。有时候奖励物只给一个人，如加拿大德拉公司向中奖者提供的奖赏可以是100万美元，也可以是和女演员琼·柯林斯共进晚餐（这种情况下100万奖金就没有了）
光顾奖励	它是指以现金或其他形式按比例地奖励某一主顾或主顾集团的光顾。交易积分票也是一种光顾奖励，因为顾客得到的是可从特定的商人那里购物的证券，顾客可凭票在交易积分票回收中心或通过邮购目录得到商品	大多数航空公司搞的"经常乘机者计划"是为航空旅行达到一定英里数的乘客提供免费航空旅游。马里奥特旅馆采用"忠诚的住客"计划来奖励达到一定积分的住客。消费合作社根据其成员每年的光顾情况向这些成员支付一定的报酬
免费试用	是指邀请潜在的顾客免费试用产品，以期他们能够购买此产品	汽车经销商鼓励人们免费试用，以刺激人们的购买兴趣
产品保证	由销售者保证按规定产品无明显或隐含的毛病，如果在规定期内出毛病，销售者将会修理或退款给顾客	克莱斯勒汽车公司提供了为期五年的汽车保用期，保用期之长远远超过了通用汽车公司和福特汽车公司，因此引起了消费者的注意。西尔斯百货公司提供了汽车蓄电池寿命期内终身保证

续表

工　具	描　述	例　子
联合促销	指两个或两个以上的品牌或公司在优惠券、付现金折款和竞赛中进行合作，以扩大它们的影响力。各公司统筹资金，以期扩大其知名度。而一些推销人员则促使零售商参与这些促销活动，通过增加陈列和广告费用使它们更好地显露出来	购买几箱罐装水晶牌饮料、口味选择名牌咖啡和凯布勒牌饼干盒后，MCI为长途电话用户提供10分钟的免费电话
交叉促销	用一种品牌为另一种非竞争的品牌做广告	美国饼干公司的饼干广告说，它们包装中有赫尔希巧克力棒，并且该包装盒在购买赫尔希产品时还能折价
售点陈列和商品示范表演	售点陈列和商品示范表演发生在购买现场或者销售现场，并将它们与电视或者印刷品宣传结合起来运用，努力建立起这种方式	雷格女用连裤袜展示是有史以来最有创造性的售点陈列，也是这个品牌获得成功的主要因素

许多大公司都有一名销售促进经理，专门帮助品牌经理选择适当的销售促进工具。下面的例子说明了某公司是如何确定合适的销售促进工具的。

某公司推出了一种新产品，并在6个月内获得20%的市场份额，其渗透率为40%（即在目标市场上至少购买一次该产品的百分比），其重复购买率为10%（首次试用者再次或多次重复购买该产品的百分比）。该公司需要产生更多的忠诚用户。附优惠券包装是形成更多的重复购买的合适办法。但是，如果重复购买率已较高，如为50%，那么公司应当尽力去吸引更多的新试用者，这时，采用邮寄优惠券的办法就比较恰当。

（4）交易促销工具。

如果游戏公司使用一系列交易促销工具（见表7-8）。出人意料的是，用于交易促销的资金（46.9%）要多于用于消费者促销的费用（27.9%），而媒体广告的费用为25.2%。游戏公司在交易上耗资有以下四个原因。

① 交易促销可以说服零售商和批发商经销游戏公司的产品。由于销售展示位置很难取得，游戏公司只得经常靠提供减价商品、折扣、退货保证或免费商品来获得展示位置，一旦上了展示位置，就能保住这个位置。

② 交易促销可以说服零售商和批发商比平时分销更多。游戏公司可用数量折扣的办法，使中间商在其货栈和销售点内分销更多的产品。游戏公司认为，当中间商"满载"着制造商的产品时，他们会更加努力地分销。

③ 交易促销可能会使零售商通过宣传产品特色、展示以及降价来推广品牌。游戏公司可能要求在销售点张贴宣传海报，或在网吧内安装客户端，或张贴活动告示，它们可根据零售商的"完成任务证据"来向零售商提供折扣。

表7-8　主要的交易促销工具

工　具	描　述
价格折扣 （又称发票折扣 或价目单折扣）	在某段指定的时期内，每次购货都给予低于价目单定价的直接折扣。这一优惠鼓励经销商去购买一般情况下不愿购买的数量或产品，中间商可将购货补贴用作直接利润、广告费用或零售价减价
折让	游戏公司提供折让，以此作为零售商同意以某种方式突出宣传游戏公司产品的补偿。广告折让用以补偿为游戏公司的产品做广告宣传的零售商。陈列折让则用以补偿对产品进行特别陈列的零售商
免费商品	游戏公司还可提供免费产品给购买某种质量特色的、使其产品增添一定风味的或购买达到一定数量的中间商，即额外赠送一些产品。它们也可提供促销资金，如一些现金或者礼品。制造商还免费赠送附有公司名字的特别广告赠品，譬如钢笔、铅笔、年历、镇纸、备忘录、T恤和码尺等

④ 交易促销可以刺激零售商和推销人员推销产品。游戏公司可通过提供促销资金、销售帮助、表扬项目、奖品和销售竞赛来提高零售商的推销积极性。

游戏在交易促销上的花费可能要比游戏公司愿意花费的更大。购买力越来越集中在少数大型专业的零售商手中，这就提高了中间商要求获得游戏公司财务资助的本钱，他们以对消费者促销和开展广告宣传为交换条件来获得这种资助。事实上，中间商已开始依赖来自于游戏公司的促销资金。任何一个竞争者如果单方面中止提供交易补贴，中间商就不会帮助他分销产品。在某些国家，零售商已成为主要的广告宣传者，他们主要使用取自于其供应商的促销补贴。

游戏公司在交易促销中还存在着一些挑战。首先，它们发现要迫使零售商保证他们会干它们同意干的事是困难的。零售商有时不会把购买补贴转变为给予消费者的减价优惠，甚至在他们得到商品补贴或陈列补贴后，有时还不为游戏公司提供额外的展示陈列，游戏公司越来越坚持要看到零售商的实际促销证据后才支付这些补偿。第二，更多的零售商正在进行超前购买，即在交易期间购买的商品数量多于他们在该期间可以售出的数量。零售商对他们购买12个星期或更长时间的存货能得到每批减价10%的折扣可能会表现出兴趣。而游戏公司发现它们不得不安排大于原计划的产量，并承担由于临时轮班和加班加点所引起的费用。第三，三,零售商还在大搞转移工作,即在游戏公司提供交易优惠的地区购买超过实际所需的商品箱数,然后将这些商品运往无交易优惠的地区销售。游戏公司正在努力处理超前购买和交易优惠的问题,如限制将要折价出售的商品数量,或者生产和交付的商品数量少于超量的订货量,以设法保持平稳的生产状态。

综上所述,游戏公司感到贸易促销已变成了一场噩梦,它包括许多生意前奏,管理是复杂的,游戏公司在这些方面大部分都赔了钱。

(5) 业务和销售队伍的促销工具。

公司花费数十亿资金用于业务和销售队伍的促销,其工具如表7-9所示。这些工具用于下列目的:收集有关业务线索、加深顾客印象、奖励客户以及激励销售人员努力工作。公司通常为每个业务促销工具制订预算,并保持每年的年度平衡。

表7-9　主要的业务促销工具

工　具	描　述
贸易展览会和集会	行业协会一般都组织年度商品展览会和集会,向特定行业出售产品和服务的公司在商品展览会上租用摊位,陈列和表演它们的产品。中国每年有5000个以上的展览会,吸引8000万人参观。商品展览会的参观者少则几千人,多则几万人,如一些大饭店和旅馆举办的大型展销会。参加的商人可望得到如下一些好处:找到新的推销线索,维持与老顾客的接触,介绍新产品,结识新顾客,向现有顾客推销更多的产品,用印刷品、电影及视听材料说服教育顾客。业务营销者每年将35%的促销预算用于商品展览会。他们要做出一系列的决策,包括参加哪个商品展览会、如何将展览厅布置得富有吸引力,以及如何有效地追踪销售线索等
销售竞赛	销售竞赛是一种包括推销员和经销商参加的竞赛,其目的在于刺激他们在某一段时期内增加销售量,方法是谁成功就可获得奖品。许多公司出资赞助,为其推销员举办年度竞赛或更为经常的竞赛。它们用激励性节目来激励完成较高的公司指标,优胜者可以获得免费旅游、现金或礼品等。有些公司则给各参赛者打分,然后参赛者可用这些得分去换取各种奖品。一种不常见的,但是花费不多的奖品有时比很贵的奖品更受人欢迎。当比赛目标与可以衡量和可以达到的销售目标联系在一起时,如发现新客户、恢复老客户等,则效果尤为显著。否则,雇员会认为这类目标毫无根据而放弃参加这类竞赛活动

续表

工　具	描　述
纪念品广告	指由推销员向潜在消费者或顾客赠送一些有用的但价格不贵的物品，条件是换取对方的姓名和地址，有时还要送给顾客一条广告信息。常用的物品有圆珠笔、日历、打火机和笔记本等。这些物品可使潜在顾客记住公司名字，并由于这些物品的有用性而引起对公司的好感。一个研究报告指出，超过86%的制造商给他们的销售员供应这些特定的物品

（6）制订销售促进方案。

在制定销售促进方案时，营销者已把几种媒体掺和进整体活动的观念中去。

为了决策使用某一特定的刺激，营销者要考虑以下几个因素。

首先，他们必须确定所提供刺激的大小。若要使促销获得成功，最低限度的刺激物是必不可少的。较高的刺激程度会产生较高的销售反应，但其增加比率却是递减的。

第二，营销经理必须制订参与条件。刺激物可向每个人或者经挑选的团体提供。赠品可以仅仅提供给那些已购买产品的消费者。彩票对某些人，如某些地区的消费者、公司人员的家属、不够年龄的人等，可不予提供。

第三，营销者还必须决定促销的持续时间。如果销售促进的时间太短，许多可能顾客就不可能尝到甜头，因为他们可能来不及再次购买；如果持续的时间太长，交易优惠则会失去其"当时发挥作用"的效力。据一位研究人员指出，理想的促销持续时间约为每季度使用三周的时间，其时间长度即是平均购买周期的长度。当然，理想的促销周期长度要根据不同的产品种类乃至不同的具体产品来确定。

第四，营销者还必须选择一个分发的途径。例如，一个免费游戏一小时的账号可以通过这样几种途径来分发：印在可口可乐的瓶盖内、在网吧里分发、邮寄或附在广告媒体上。每一种分发方法的到达率、成本和影响都不同。

第五，营销经理还要决定促销时机。例如，品牌经理需要制订出全年促销活动的日程安排。日程安排包括生产、销售和分销。有时需要一些临时性的促销活动，这就要求短期内组织协作。

最后，营销者必须确定促销总预算。促销总预算可以通过两种方式拟定。一种是从基层做起，营销人员根据所选用的各种促销办法来估计它们的总费用。促销成本是由管理成本(如印刷费、邮费和促销活动费)加刺激成本(如赠奖或减价成本，包括回收率)乘以在这种交易中售出的预期单位数量而组成的。就一项赠送折价券的交易来说，计算成本时要考虑到只有一部分消费者使用所赠的折价券来购买；就一张附在包装中的赠奖来讲，交易成本必须包括奖品采购和奖品包装成本再减去因包装引起的价格增加。

另一种更通常使用的制定促销预算的方法，是按习惯比例来确定各促销预算费占总促销预算的若干百分比。举例来说，牙膏的促销预算占总促销预算的30%，而洗发液的促销预算就可能要占到总促销预算的50%。在不同市场上对不同品牌的促销预算百分比是不同的，并且受产品生命周期的各个阶段及促销竞争者的促销支出的影响。

(7) 预试销售促进方案。

虽然销售促进方案是在经验的基础上制订的，但仍应经过预试以求明确所选用的工具是否适当、刺激的规模是否最佳，以及实施的方法效率如何。遗憾的是，大部分使用赠奖促销的企业在事先未做过效果测试。史特朗认为，促销通常可以快速地不用花多少钱就能测试。他说："一些大公司在它们进行每一次全国性促销时，常在选定的市场区域中，对不同的策略进行预试。"企业可邀请消费者对几种不同的可能的优惠办法做出评价和分等，也可以在有限的地区范围内进行试用性测试。

(8) 实施和控制销售促进方案。

营销经理必须对每一项促销工作确定实施和控制计划。实施计划必须包括前置时间和销售延续时间。前置时间是开始实施这种方案前所必需的准备时间，它包括最初的计划工作、设计工作以及包装修改的批准或者材料的邮寄或者分送到家、配合广告的准备工作和销售点材料、通知现场推销人员、为个别的分销店建立地区的配额、购买或印刷特别赠品或包装材料、预期存货的生产、存放到分销中心准备在特定的日期发放，另外还包括给零售商的分销工作。

销售延续时间是指从开始实施优惠办法起到大约95%采取此优惠办法的商品已经在消费者手中结束为止的时间，这段时间可能是一个月甚至几个月，这取决于实施这一办法持续时间的长短。

(9) 评价销售促进结果。

促销结果的评价是极端重要的，制造商可用三种方法对促销的效果进行衡量：销售数据、消费者调查和经验。

营销者可分析各种类型的人对促销的有利态度，促销前的行为，购买促销产品的消费者后来对品牌或其他品牌的行为。

假定一个公司在促销前有6%的市场份额，在促销期间突升到10%的市场份额，促销结束后又跌到5%的市场份额，过些时间又回升到7%的市场份额，如图7-6所示。显然，促销吸引了新的试用者，也刺激了原有消费者更多的购买。促销后销售量下降，这是由于消费者在消化他们的存货所致；长期地回升到7%的市场份额则说明这个公司获得了一些新顾客。一般而言，如果销售促进活动能将竞争对手的顾客拉过来试一下较优的产品并使这些顾客永久地转换过来，那么这项促销就是十分有效的。如果本公司产品并不比竞争者的好多少，那么产品的市场份额可能又回到促销前的水平。促销仅仅改变了需求的时间，并没有改变总需求。促销有时可以获利，但是大多数场合是赚不到钱的。一个研究报告说，在超过1000个促销活动中，只有16%是收支相抵的。

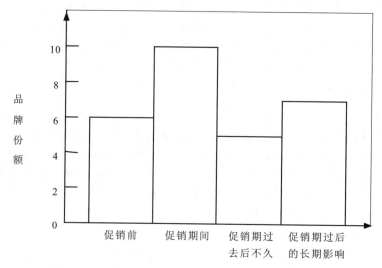

图7-6　消费者促销活动对品牌份额的影响

　　假如需要更多的信息，可用消费者调查去了解有多少人记得这次促销，他们的看法如何，多少人从中得到好处，以及这次促销对于他们随后选择品牌行为的影响程度。销售促进也可以通过实验加以评估，这些实验可随着促销措施的属性如刺激价值、促销期间长短和分销中介等的不同而异。例如，赠券被送到一个消费者小组中一半的家庭里，扫描器数据用来追踪赠券是否使更多的人立即购买产品或在将来购买。然后，这些信息被用来计算通过促销而产生的年收入的增加数。

　　除了上面讨论的评估各种特定的促销效果的方法外，管理当局还应注意其他可能的成本和问题。第一，促销活动可能会降低消费者对品牌的长期忠诚度，因为更多的消费者会形成重视优惠的倾向而不是重视广告的倾向。第二，促销费用实际上要比估计的更为昂贵，一部分促销费不可避免地落入了非目标消费者手中(非品牌转换者、始终更换品牌者、得到免费津贴的公司、自身的客户)。此外，还有一些隐藏着的费用，如特别的生产管理费，以及销售人员的额外工作费和手续费。第三，某些促销方式可以刺激零售商，但他们要求给予额外的交易折让，否则就不愿合作。

7.3.2　公共关系

1. 公共关系的作用

　　与广告和销售促进一样，公共关系是另一种重要的营销工具。公司不仅要建设性地与它的顾客、供应者和经销商建立关系，而且也要与大量的感兴趣的公众建立关系。

　　公众是任何一组群体，它对公司达到其目标的能力具有实际的或潜在的兴趣或影响力。公共关系包括设计用来推广和保护一个公司形象或它的个别产品的各种计划。

公众有促进或阻碍公司达到其目标的能力。一个聪明的公司采用具体的方法来管理与它有关的关键公众的关系。大多数大公司有一个公共关系部来策划他们的关系。公关部门监视组织的种种公众关系，发布信息和传播，以建立良好信誉。当负面的公共宣传发生时，公关部门要充当调解者。工作出色的公关部应花费时间向管理当局提出咨询意见，建议采用积极方案并消除有问题的活动，从而在第一地点就不让负面公共宣传出现。

公关部门负责开展下述五项活动，但并非每项活动都支援营销目标。

● 与新闻界的关系：用正面的形式展示关于本组织的新闻和信息。

● 产品公共宣传：为某些特定产品做宣传的各种努力。

● 公司信息传播：通过内部和外部信息传播来促进对本机构的了解。

● 游说：与立法者和政府官员打交道，以促进或挫败立法和规定。

● 咨询：就公众事件问题、公司地位和公司形象向管理当局提出建议。它包括在公众确认产品不稳定并出了产品事故时提出的建议书。

营销经理与公关专业人员并不总是有共同语言的。其中一个主要的差异是：营销经理更着重于第一线的工作，而公关专业人员则将其工作视作传播信息。但这种情况正在改变，公司正在要求设立一个营销公关的专门机构，直接帮助公司进行公司推广或产品推广以及塑造形象。因此，如同融资公关和社团公关那样，营销公关也将服务于一个特定的主顾，即营销部门。

营销公关以前被称作公众宣传，公众宣传的任务被认为是在各种印刷品和广播媒体上获得不付费的报道版面，以促销或"赞美"某个产品、某个地方或某个人。而营销公关的内容远远超过了单纯的公众宣传。营销公关有助于完成下述任务。

(1) 协助开发新产品：在玩具上获得了惊人的商业成功，例如青少年喜欢的忍者神龟、变形金刚，它们都从公众宣传中得到好处。

(2) 协助成熟期产品的再定位：在20世纪70年代，报纸对纽约城市的评价极其糟糕，直到"我热爱纽约"的运动开始为止，才为该市带来了数以百万计的新的旅游者。

(3) 建立对某一产品种类的兴趣：公司和同业公会已利用公关活动来重新建立人们对诸如中国传统棋牌游戏等正在衰退的产品的兴趣。

(4) 影响特定的目标群体：麦当劳公司在西班牙人和黑人社区资助一项建立良好的邻里关系的特别活动，从而也树立了公司的良好形象。

(5) 保护已出现公众问题的产品：强生公司挽救其濒临绝境的"泰列诺"产品的主要手段就是高明地运用了公共关系。

(6) 建立有利于表现产品特点的公司形象：艾科卡的演讲和自传有助于为克莱斯勒公司建立一个全新的胜利者的形象。

　　由于广告的作用力有所削弱，营销经理正在更多地求助于公共关系。一项对286名《广告时代》刊物的订阅者(这些订阅者均为美国各公司的营销管理人员)的调查显示，3/4的被调查者反映他们的公司正在运用公共关系。他们发现，公共关系无论对新产品还是原有产品，在建立其知晓度和品牌知识方面有着特殊的效果。有些情况已证明，公共关系的成本效益高于广告。不过，公共关系必须同广告一起规划。公共关系需要大量的预算，该预算也许还得从广告开支中提取。另外，营销经理必须在运用公共关系的各种做法时掌握更多的技巧。吉列公司要求每一个品牌经理为公共关系活动制订一个包括多种情况的预算，并要求并未运用公共关系的经理说明原因。

　　显然，借助于一部分广告费用，公共关系可以在公众知晓方面产生令人难忘的影响力，公司无须为宣传媒体的空间和时间付费，只需为编撰和传播报道情节以及主管某些活动的人员付费。但是，假如公司编出一个有趣的情节，所有的新闻媒体就会加以宣传，这就相当于价值数百万美元的广告，并且这种宣传比广告的信用度还要高。一些专家指出，公共宣传对消费者的影响大约相当于广告的5倍。

2. 营销公关的主要决策

　　在考虑何时与如何运用公共关系时，管理部门必须建立营销目标，选择公关信息和媒体，谨慎地执行公关计划，并评估公关效果。

　　(1) 建立营销目标。

　　营销公关对实现下述目标发挥着重要作用。

　　① 树立知晓度：公共关系可利用媒体来讲述一些情节，以吸引人们对某产品、服务、人员、组织或构思的注意力。

　　② 树立可信性：公共关系可通过社论性的报道来传播信息，以增加可信性。

　　③ 刺激销售队伍和经销商：公共关系对于刺激销售队伍和经销商的热诚非常有用。在新产品投放市场之前先以公共宣传的方式披露，就便于帮助销售队伍将产品推销给零售商。

　　④ 降低促销成本：公共关系的成本比直接邮寄和广告的成本要低得多，越是促销预算少的企业，运用公共关系就应越多，以便能深入人心。

　　对每次的营销公关活动都应该确定具体的目标。

　　(2) 选择公关信息和载体。

　　营销公关的目标确定后，经理就要确认该产品是否具有有趣的经历可做报道。假设有一家相对来讲不知名的游戏开发公司希望得到更多公众的认知，宣传人员就要为它寻找可能有的经历，如该公司的研发团队中有没有什么不平常的背景，或正在从事什么不平常的项目。假如可供报道的故事不够充分，宣传人员应该建议公司做几件有新闻价值的事。这时，宣传人员从事的与其说是找新闻不如说是创造新闻。

　　(3) 执行营销公关计划。

　　执行公共关系要小心谨慎。就拿在宣传媒体上发表故事来讲，一个重大故事是容易发表的，但大多数故事并不重大，可能通不过繁忙编辑的审查。宣传人员的主要资产之一就是他们各自喜爱什么样的报道。公关宣传人员要把媒体编辑看成是一个需要满足的市场，为的是让那些编辑能继续使用他们的故事。

（4）评估公共关系的效果。

由于公共关系常与其他促销工具一起使用，故其使用效果很难衡量。但如果公共关系使用在其他促销工具行动之前，则其使用效果较容易衡量。有效营销公关最常用的三种衡量方法是：展露度，知名度、理解和态度方面的变化，销售额和利润贡献。

① 展露度。衡量公共宣传效益最简易的方法是计算出现在媒体上的展露次数。

② 知名度、理解和态度方面的变化。一个较好的衡量方法是由公共宣传活动而引起的产品知名度、理解、态度方面的变化(考虑了其他促销工具的影响之后)，这需要调查这些变动的前后变化水平。

③ 销售额和利润贡献。如果可以得到的话，销售额和利润的影响是最令人满意的一种衡量方法。举例来说，假如一款游戏通过公关活动，其销售额提高了43%，然而广告和促销也起到了促进作用，它们的贡献当然也要考虑。假设总销售额已增加了1,500,000元，管理当局估计营销公关的贡献将是增加的总销售额的15%，那么对营销公关的投资报酬率可做相应的评估。

7.4　开发有效传播

推广和传播信息时，信息的传播者可以按照以下步骤进行。

（1）确定目标受众。

（2）确定传播目标。

（3）设计信息。

（4）选择传播渠道。

（5）编制总市场推广预算。

（6）进行促销组合。

（7）衡量推广结果。

下面对每个步骤进行详细说明，以帮助信息有效传播。

7.4.1　确定目标受众

推广信息的传播者必须一开始就要在心中有明确的目标受众，这受众可能是公司的潜在用户、目前使用者、决策者或影响者，也可能是个人、小组、特殊公众或一般公众。

印象分析是对受众分析的一个主要部分，是评价受众对公司、对其产品和竞争者的现有印象。所谓的印象，就是一个人对某一对象所具有的信念、观念和感想的综合体。人们对某个对象的态度和行动是受他们对这一对象的信念高度制约的。

我们可以采取下列尺度测定目标受众对该对象的熟悉程度。

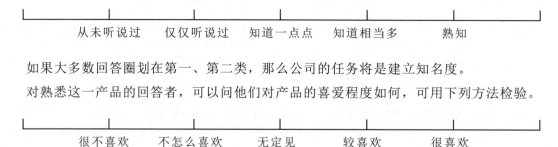

如果大多数回答圈划在第一、第二类，那么公司的任务将是建立知名度。

对熟悉这一产品的回答者，可以问他们对产品的喜爱程度如何，可用下列方法检验。

如果大多数回答者挑选前一、二类或第三类，那么该组织必须解决这一否定的印象的问题。

这两种尺度结合起来能加深对信息传播这一问题性质的认识。举例来说，假设询问某一网吧的游戏玩家对A、B、C、D四款网络游戏的熟悉程度和态度，他们的回答经过平均计算后，结果如图7-7所示。A游戏得到最肯定的印象，大多数人熟悉并喜爱它；大多数人对B游戏不太熟悉，但熟悉它的人喜爱它；熟悉C游戏的人对它持否定态度，幸亏熟悉它的人不多；D游戏被认为是一款垃圾游戏，大家都知道它！

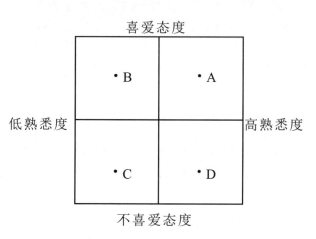

图7-7　熟悉—喜爱程度分析

显然，每款游戏都面临不同的任务：A游戏必须维持它的好声誉和高社会知名度；B游戏必须获得更多的人注意，因为只有那些注意它的人才知道它是款好游戏；当人们对C游戏印象不佳时，需要找出人们不喜欢它的原因，采取措施以改进品质；D游戏应该扭转它的不好形象(避免成为新闻)，改进其质量，然后重新寻求公众注意力。

为了迎接挑战，每款游戏都需要进一步研究人们对其印象的特定内涵，通常所用的工具是语义差别法，它包括下列步骤。

(1) 设计一组适当的尺度。

调查者询问人们以确定他们在考虑目标物时所使用的尺度。人们会被问及"当你在考虑一款游戏时，什么事是你所关心的"，如果某人回答"游戏品质"，这就应该划分为用相反形容词的两个尺度"游戏品质差"和"游戏品质高"。这就可以列为5～7个尺度，图7-8列示了游戏的一组尺度的划分。

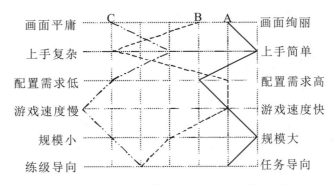

图7-8 对三款游戏的印象(语意差别法)

(2) 减少相关尺度的数量。

尺度的数量应保持在最低限度，以避免回答者在把n个目标划分为m个尺度时所产生的疲乏厌烦。奥斯古特和他的合作者认为基本上有3种类型的尺度：评价尺度(好—坏品质)、能力尺度(强—弱品质)和行为尺度(主动—被动品质)。

(3) 运用抽样方法。

抽样方法的特点是选出一批回答者来试验这一评价工作。回答者被要求一次对一个目标提出评价，相反性质的形容词应随机排列，这样就不会把所有差的形容词都列在一面上。

(4) 平均结果。

图7-8中显示了回答者对A、B、C游戏状况的平均结果(D游戏省略)。人们对每款游戏的印象用垂直的平均值线来表示，它概括了每个回答者对那个游戏的平均看法，A游戏被认为是一款规模大又需要高端配置、速度快和游戏品质高的游戏，在另一端，C游戏被认为是规模小的、配置需求低的、游戏速度慢和游戏品质差的游戏。

(5) 检查印象变异。

因为每一个印象轮廓都是一条平均值线，所以它不能揭示实际印象的变异状况。是否每个人都正好如图7-8所示那样看待B游戏，还是尚存在很大差异？在第一种场合我们会说，印象是高度特定型；在第二种场合，印象是高度分散型。某家机构可能不要特定型印象，有些组织却喜欢分散型印象，致使不同组群在这一组织内满足不同的需要。

管理当局应该对照现有印象，设计一幅期望印象图。假设C游戏希望公众对它的画面质量、游戏速度、游戏规模等有较满意的看法，管理当局必须决定先填补哪个印象缺口，是急于改进游戏的游戏规模(通过大规模开发计划等)，还是画面质量(通过重新设计)。每一个印象尺度根据下列问题进行检验。

① 通过对特定印象缺口的填补，对组织的整个满意印象会有什么贡献？

② 什么样的战略(现实变化和信息传播变化的结合)有助于填补特定印象的缺口？

③ 填补印象缺口的成本是多少？

④ 填补印象缺口所需时间要多久？

一般来说，管理当局必须对它想要占领的市场定位问题做决策。目标不是封闭每一缺口，而是区分在它的目标市场价值上的明显优势。

一个组织试图改变它的形象，必须要有很大的耐心。在组织发生变化后很久，印象还是"粘附"着和持续着，例如，一款游戏的综合品质已经随着市场的发展逐渐降低，然而它在公众心目中还继续保持较高声誉。印象的持续性可由这样的事实来解释：人们一旦对某目标物有了某种印象，他们就倾向于有选择地接受进一步的资料。

7.4.2 确定传播目标

当确认了目标受众及其特点后，市场推广信息传播者必须确定寻求什么样的反应。当然，最终的反应是购买，但购买行为是玩家进行决策的长期过程的最终结果，市场推广信息传播者需要知道如何把目标受众从他们目前所处的位置推向更高的准备购买阶段。

市场推广人员可能要寻求目标受众的认知、感情和行为反应，换言之，市场推广人员要向玩家头脑里灌输某些东西来改变玩家的态度，或者要玩家承担一项特殊行动。这里，有几种不同的玩家反应阶段模式，图7-9列示了四种最著名的反应层次模式。

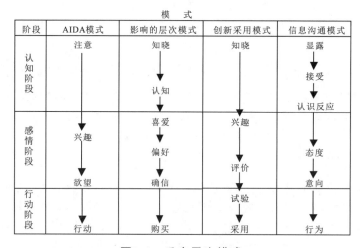

图7-9 反应层次模式

所有这些模式假设玩家都依次经过认知、感情和行动这三个阶段。这个连续的过程是"学习—感觉—动作"的过程，它被用于目标受众高度参与该产品项目并在认识上有很大的差异性，如玩一款网络游戏。另一个次序是"动作—感觉—学习"，它被用于目标受众对该产品项目高度参与但认识上很少或没有差异，如购买一款单机版游戏。第三种次序是"学习—动作—感觉"，它被用于目标受众对该产品项目低度参与和认识上很少有差异，如玩一款休闲网络游戏。通过了解其所适用的次序后，市场推广人员就能把传播计划的工作做得更好。

这里我们假设玩家对该产品项目高度参与和有高度的差异性，因此，我们将研究影响层次模式(学习—感觉—动作，见图7-9的第2列)并描述营销者在购买者准备的六个阶段—— 知晓、认知、喜爱、偏好、确信、购买应采取的行动。

(1) 知晓。

如果大多数玩家不知道这款网络游戏，市场推广人员的任务就是促使人们知晓，多半就是认知名称。这能用"重复"这一名称的简单信息来达到目的。尽管如此，促使人们知晓是要费一定时间的。例如，一款韩国MMORPG游戏要进入中国市场，但它在韩国市场上小有知名度，而中国有上亿的网民，他们是这款网络游戏的潜在有兴趣者。那么引进这款网络游戏的运营公司就可以制订一个目标，使70%的网民在一个月内知道这款MMORPG网络游戏的名字。

(2) 认识。

目标受众可能对公司或产品有所知晓，但知道得并不太多。游戏运营公司可能要它的目标受众了解，这款游戏是一款大型的MMORPG游戏，在游戏画面效果和任务、BOSS、副本等方面非常优秀。它需要知道目标受众中有多少人对这款网络游戏一无所知、知道不多和知之甚多，这样，游戏运营公司就可决定将建立产品认知作为当前的信息传播目标。

(3) 喜爱。

如果目标受众知道了这款网络游戏，他们对它的感觉如何？如果他们中的多数不喜欢这款网络游戏，信息传播者就得找出原因，然后开展一次信息传播的战役，以建立令人喜爱的感觉。如果这种不喜爱观点来自于游戏确有不完善之处，那么信息传播战役无须实施，仅需改进游戏的缺陷，然后把它的质量传递出去。良好的公共关系要求"言行一致"。

(4) 偏好。

目标受众可能喜爱这款游戏，但并不比对其他产品更偏好，在此情况下，信息传播者要设法建立消费者偏好。信息传播者可以宣扬产品的游戏剧情、画面、任务、关卡、装备和其他特征，在实施这些活动后，可以再次测试受众的偏好，来检验上述活动是否成功。

(5) 确信。

某一目标受众可能喜爱某一特定产品，但尚未发展到要购买它的确信阶段。例如，某些在校学生喜欢这款游戏，但尚未确信要成为这款网络游戏的付费用户，市场推广人员的工作就是帮助建立起这样一种观念—— 这款游戏是最好的。

(6) 购买。

最后，有些目标受众已处于确信阶段，但尚未做出购买的决定，他们可能在等待进一步的信息，计划着下一步的行动。信息传播者必须引导他们迈出最终一步，而行动包括在提供的游戏服务中，新注册玩家可以获得双倍经验值，给予某项低等级玩家任务出现极品装备的概率，在有限的范围内提供试用的机会。游戏运营公司还可以为玩家提供充值、送更多游戏时间或道具等活动项目。

7.4.3　设计信息

期望受众反应明确以后，市场推广人员就应该进而制订一个有效的信息。最理想状态下，信息应能引起注意，提起兴趣，唤起欲望，导致行动（AIDA模式，见图7-9的第一列）。在实践中，能使消费者经历从知晓到购买的全过程的信息是没有的，但AIDA结构提出了合乎任何传播所需要的特性。

制订信息需要解决四个问题：信息内容、信息结构、信息形式以及信息源。

1.　信息内容

信息内容是市场推广决定要对目标受众说什么，以期产生所希望的反应。在大众化营销时代，大家认为一种信息会被所有的人所接受，然而今天，不同的人会在同一种产品中寻找出不同的利益。大众化广告由于人们的时间压力和他们认为许多品牌相差不多而被忽视，他们不断地变换电视和收音机的频道和频率，因此挑战是创意一个能引起特定目标群体注意的信息。例如，可口可乐的广告代理创造艺术公司为不同的市场细分片制作了一大批广告片，本地和全球的可口可乐经理有权决定针对各自的目标细分片采用什么广告片。

在决定最佳信息内容时，管理当局在寻找诉求、主题、构思或独特的推销主题。它就是制订某种利益、动机、认同，或受众应该考虑、应该做某些事情的理由。诉求可区分为以下三类。

（1）理性诉求。

理性诉求是受众自身利益的要求，它们显示产品能产生所需要的功能利益。可以展示游戏品质、可玩性、任务、画面、BOSS、装备等信息。

（2）感情诉求。

感情诉求是信息传播者试图激发起某种否定或肯定的感情以促使受众购买。产品可能与竞争品相类似，但对消费者有独特的联系，商业广告追求这些联系。另外，信息传播者传播带有害怕、内疚和羞愧等内容的信息，以使人们去做该做的事或停止做不该做的事。害怕性诉求在一定限度内是有效的，如果它并非很强烈的话往往最有效。一个调研报告指出，既不极端强烈也非极端弱的中性害怕性诉求较受人欢迎。这份报告进一步说，在来源可靠性高的情况下，害怕性诉求的效果会更好。当传播的恐惧在可信和有效地被逐渐释放时，害怕性诉求也会更有效。

（3）道义诉求。

道义诉求用来指导受众有意识地分辨什么是正确的和什么是适宜的。它常常被用来规劝人们支持社会事业，比如一个更干净的环境、良好的种族关系、妇女的平等权利、帮助改善不利方面等。但对日用消费品而言，道义诉求是较少采用的。

有些广告商相信，当信息与受众的看法稍有不同时，信息便会具有最大的说服力，只是陈述受众所相信的东西的信息不会引起人们太多的注意，充其量也只不过增强受众的信念而已。但是，信息内容如果与受众的看法相去太远，就会在受众的心目中受到反驳，因而便不会让人们相信。其挑战是设计信息时使它与受众看法不一致之处要适度，避免走极端。

2．信息结构

一个信息的有效性，像它的内容一样也依靠其结构。耶鲁大学霍夫兰特的研究已经在提出结论、单面与双面论证以及表达次序方面做了重大阐明。

某些早期的实验调查者认为，把结论阐述给受众比让受众自己寻求出结论有效。但最近的调研指出，最好的广告是提出问题，让读者和观众自己去形成结论。

在下列情况下，提出结论可能导致负面的反应。

● 如果信息传播者被视为不可信，受众会对影响他们的企图感到不满。

● 如果问题简单明了或者受众是有知识的，他们对解释明白易懂的事可能感到厌烦。

● 如果问题主要涉及个人，受众会对信息传播者提出结论的企图感到气愤。

提出一个过分明确的结论会限制对这一产品的接受。如果一家休闲游戏运营商反复不停地强调它运营的游戏产品适合学生玩，这种强烈的规定可能会阻碍被它所吸引的其他年龄群顾客的购买。刺激的模糊性可导致一个较宽广的市场界限和更多的任意选用某些产品。提出结论更适用于复杂的或专用的产品，对于这些产品只要说明其简单而又明确的用途即可。

有人认为，单面展示产品的优点比暴露产品优缺点的双面分析更有效。但双面信息在某种情况下可能会更适合，特别是在某些负面联想必须被克服时。这里有一些调查结果。

（1）单面信息在受众对市场推广人员的地位已先有偏好倾向时，能发挥很好的效果。而当受众对该产品持反对态度时，双面论证能发挥很好的效果。

（2）双面信息对受过良好教育的受众更有效。

（3）双面信息对那些可能受到反宣传的受众更有效。

最后，展示次序提出了这样一个问题，信息传播者把最强有力的论点最先展示还是最后展示。在单面信息的情况下，一开始就提出最强有力的论点，有助于引起注意和兴趣，这对其受众会不会注意到所有信息的报纸和其他媒体来说尤为重要。然而，这意味着采取一种渐降的表达方法。对一个已受其影响的受众，渐升的表达法可能更有效。在双面信息的情况下，问题就成了是首先提出正面论点还是最后提出。如果受众原来是反对的，信息传播者从另一方面的论点来开始是较聪明的做法，这将能解除受众的武装，让信息传播者有机会提出其最有力的论点做终结。

3．信息形式

信息形式是指市场推广人员为信息设计的具有吸引力的形式。在一个印刷广告中，信息传播者还将决定标题、文稿、插图和颜色。为了引起注意，广告商使用这样一些方法，如新颖和对比、有吸引力的图片和大字标题、别具一格的版面、信息长短和位置以及颜色、外形和流动性。如果信息在电台播出，信息传播者还得仔细选择字眼、音质(包括讲话速度、节奏、音量、发音清晰)、音调(包括停顿、感叹)。如果信息是通过电视或人员传播的，所有这些因素加上体态语言(非言语表达)，都得加以设计，另外，展示者还须注意他们的面部表情、举止、服装、姿势和发型。如果信息由游戏或它的外包装传播，信息传播者必须注意颜色、尺寸、质地和外形。

4. 信息源

这里说的信息源是指信息的发出者。有吸引力的信息源发出的信息往往可获得更多的注意与回忆。广告中常用名人作为代言人，例如，迈克尔·乔丹为耐克公司做广告，周星驰给《大话西游》做代言人。当名人把产品的某一主要属性拟人化时，广告效果大都较好。因此，周星驰对于"网易"公司来说是最好的代言人，因为他主演的《大话西游》电影闻名于世，受到大量年轻人的欢迎。但代言人的可信程度同等重要，信息由具有较高信誉的信息源进行传播时，就更有说服力。游戏公司要一个大游戏媒体编辑对它们产品的品质给予鉴定，是因为编辑有高的可信度。

信息源的可信度是由哪些因素构成的呢？专长、可靠性和令人喜爱，这三个因素通常为人们所公认。专长是信息传播者所具有的、支持着他们的论点的专业知识。游戏媒体编辑在他们的专门领域里所做的评价举足轻重。可靠性是指涉及的信息源被看到具有何种程度的客观性和诚实性。例如，朋友比陌生人、比销售人员更可信赖。令人喜爱性描述了信息源对观众的吸引力，诸如坦率、幽默和自然的品质，会使信息源更令人喜爱。可信度最高的信息源将是在这三方面均得高分的人。

如果某一个人对信息源和信息持肯定态度，或者对两者都持否定态度，这就是说存在着一致性的状态。如果某人对信息源持一种态度，对信息又持相反的态度，那会发生什么事情呢？假设一位家庭主妇听到一位知名人士在称赞一种她不喜欢的品牌，奥斯古特和坦纳鲍姆断言：态度将会朝着让两个评价值之间相一致的量的增加的方向发生变化。这位家庭主妇不是对这一知名人士的尊敬减少，就是对这一品牌开始喜爱。如果她遇到同一知名人士在称赞另一个她不喜欢的品牌，她最终也可能对这位知名人士产生反感，并且对这一商品仍持否定态度。一致性原则说明，信息传播者能使用他们良好的形象来减少人们对某一商品所持的反感，但在这一过程中他们也可能会失去一部分受众的尊敬。

7.4.4 选择传播渠道

市场推广人员必须选择有效的信息传播渠道来传递信息。在不同的情况下可采用不同的渠道。例如，游戏公司的网吧推销员在网吧接触玩家，介绍产品时最多不要超过10分钟，他们的介绍必须干净利落、快捷和有说服力，否则会导致游戏公司的地面推广费用十分高。因此，该行业必须采用一组沟通渠道方法。这包括刊登杂志广告、发函(包括视听录像带)和提供免费试玩。游戏公司主办渠道会议，它们邀请许多渠道商、网吧业主，早上听公司专业人员介绍产品，下午邀请渠道商和网吧业主参观公司，晚上由销售人员安排电话会议，邀请渠道商、网吧业主与市场推广人员讨论共同的问题，并由销售员举办与渠道商一起的小组午餐和晚餐。采用所有这些方法以希望使渠道商、网吧业主建立一种品牌游戏产品的偏好，而这款游戏一般与竞争对手的游戏品质差别不大。

信息传播渠道有两大类：人员的和非人员的。对这两者也可以发现许多子渠道。

1. 人员的信息传播渠道

人员的信息传播渠道包括两个或更多的人相互之间直接进行信息传播，他们可能面对面，或在电话里，或通过电视媒介，甚至通过邮寄个人函件等进行信息传播。人员的信息传播渠道通过个人所具有的机会，例如个人的书信往来和信息反馈，能取得效益。

人员传播渠道可以进一步分为提倡者、专家渠道和社会渠道三种方式。提倡者渠道是由公司的销售人员在目标市场上与购买者接触所构成，专家渠道是由具有专门知识的独立的个人对目标购买者进行评述所构成，社会渠道是由邻居、同事、朋友、同学、家庭成员与目标购买者的交谈所构成。一项对欧洲7个国家的7000名消费者的调查报告中说，有60%的新产品用户来自于家庭和朋友的营销。

许多公司敏锐地认识到"谈话因素"或"口碑"的力量，来自专家和社会的渠道可以产生新的业务。它们在寻找刺激这些渠道的方法，以便介绍它们的产品和服务。例如，里吉斯·麦克肯纳建议一家软件公司推出一个新产品时，最初推广给贸易出版社、有主见的名人、财务咨询者或其他能提供较强口碑的人，然后向经销商，最后向顾客推广。MCI电讯公司通过推出朋友和家庭活动来吸引顾客，它鼓励它的用户要求他们的朋友和家庭都使用MCI网络，两者都获得了低电话收费率。有些公司甚至在广告中采用口碑主题。

人员影响特别在下述两种情况中起很大作用。一种情况是产品价格昂贵、有风险或购买不频繁。购买者可能是信息的急切寻找者，他们可能并不满足于一般媒体所提供的信息，而去寻找专家或熟人的介绍。另一种情况是该产品使人想起有关用户的状况或嗜好。在这种情况下，购买者会向其他人咨询，以免陷入窘境。

游戏公司可以采取以下几种方式来刺激人员影响渠道为它们的利益工作。

（1）确定有影响力的个人和公司，向他们提供额外工作。在产品推销中，有时全行业会效仿某一率先实行革新的公司，因此，早期的销售努力应集中花在市场领先者上。如"盛大"公司运营的《传奇》就是通过与电信分账的方式，在中国游戏市场成为运营销售模式的领先者。

（2）以优惠条件将产品提供给某些人，以产生意见带头人，如开始时游戏运营公司可以免费向部分玩家开放游戏的部分内容。游戏运营公司将希望这些玩家能向其他玩家介绍他们的新游戏。又如，只要顾客向潜在购买者介绍并得到公司电话确认，丰田公司就会向顾客提供小礼品。

（3）通过有影响的社会团体进行工作，如音乐节目主持人、班主任和妇女组织的主席等。当福特公司的雷鸟牌汽车推出时，发邀请信给有关主管，提供他们当天汽车的使用权。在接受该项目的15000人当中，有10%表示愿意购买，而84%的人则说他们会向朋友们推荐。

（4）在广告中使用有影响的人物所写的见证广告。桂格麦片公司付给迈克尔·乔丹数百万美元制作加德雷达的商业广告。乔丹是世界顶级运动员，所以，让他作为运动饮料代言人有可信赖性的联系。又比如，一家公司也是用一位运动员做后台的雇员，来宣传斯纳普，她的名字叫温迪·考夫曼，被称为"斯纳普女士"，她被聘用，以回答公司成千上万的信件，在有创意的广告活动中让她在电视上露面时，她的温和、亲切造成了轰动效果。

（5）采用具有较高"谈论价值"的广告。耐克的广告"just do it！"受到高度重视，对那些拿不定主意或难于采取某种行动的人产生了一种普遍受欢迎的支配作用。

（6）发展口碑参考渠道来建立业务。例如网吧业主经常鼓励他们的客户把他们的网吧介绍给其他人。

（7）建立网站论坛等各种网络交互平台。现在几乎所有的游戏公司都建立了针对自己公司及产品的网站和论坛，但是只有很少一部分公司有专人监察里面的讨论并在需要时做出反应。

2. 非人员信息传播渠道

非人员信息传播渠道就是传递信息无须人员接触或信息反馈的媒介。它们包括大众性的以及有选择的媒体、气氛和事件。

媒体由印刷媒体(如报纸、杂志、直接邮寄)、广播媒体(如电台、电视)、电子媒体(如视频、音频)和显示媒体(如广告牌、指示牌、海报)所组成。我们所接收到的大多数非人员信息都来自于出钱购买的媒体。

气氛是"整体配套的环境"，这些环境产生或增强购买者购买或消费产品的倾向。

事件可以偶然用来对目标受众传递特别的信息。如公共关系部门安排新闻发布会或盛大的发布庆典，以在每一位受众身上获得特殊的信息传播效果。

尽管人员信息传播经常比大众性信息传播更有效，但大众性媒体也是激发人员信息传播的主要方法。大众性信息传播是通过两步法的信息流程来影响人们的态度和行为的，即信息常常从网络和印刷物映入意见带头人的大脑中，再由此映入较少主动性的那部分人的大脑中。

两步法的信息传播流有以下几种含义。

第一，大众性媒体对公众舆论的影响不是直接的、有力的和自动的，而是由属于社会的基本群体阶层的意见带头人实现的。意见带头人比他们所影响的人更常接触大众性媒体，他们把信息传递给较少接触媒体的人，这样就扩大了大众性媒体的影响。

第二，人们的消费模式基本上受较高社会阶层潜移默化的影响。与之相反，在同一社会阶层中的人们是相互影响的，他们经常从意见带头人那里获得流行式样和想法。

第三，大多数信息传播者有针对性地把信息传递给意见带头人，让后者把信息再传给其他人，这样会更有效。因此，游戏公司一开始总是把它们的新产品推销给最有影响的网吧。最近的一个研究指出，不论是意见带头人还是一般大众，都受大众传播的影响。通过大众传播，使意见带头人发表意见，而大众向意见带头人寻找信息。

信息传播的研究者提出人际信息传播的社会结构观点，他们认为社会是由派系，即小的社会群体构成的，其成员相互之间的频繁影响远甚于与其他社团成员之间的影响。派系成员的想法都是相似的，他们的密切关系促进了有效的信息传播，但同时也阻碍了新的观念进入这一社会派系。对此的挑战是创建一个更开放的系统，使社会派系在一个更大的环境中彼此交换更多的信息。这个开放系统可得到担负联络和桥梁职能的人的帮助。联络者是指与两个或更多的社会派系联系而又不属于其中任何一个的人。桥梁者是指本人属于一个社会派系，他又和另一个社会派系的人挂钩。

7.4.5 编制总市场推广预算

游戏公司面临的最困难的市场推广决策之一，就是在促销方面应投入多少费用。百货业巨头约翰·沃纳梅克说："我认为我的广告费的一半是浪费的，但我不知道是哪一半。"所以，行业与公司投在促销上的经费大起大落就不足为怪了。在化妆品行业中，促销费用可能达到销售额的30%～50%，而在机器制造业中仅为10%～20%。在一定的行业中，总能发现使用低的或高的促销费用的公司，菲利浦·莫里斯公司是个促销费用高的公司。当它合并了美乐酿酒公司以及后来的七喜公司后，就大量增加其总的促销费用。美乐公司追加的促销费用，使其市场份额在短短的几年中从4%提高到19%。

公司如何决定其促销预算呢？我们将介绍目前使用的决定总预算或分项预算(如广告预算)的普通方法：量入为出法、销售百分比法、竞争对等法以及目标和任务法。

1. 量入为出法

许多公司在估量了本公司所能承担促销费用的能力后便安排促销预算。一位总经理用下面的话解释这一方法："为什么这是很简单的呢？首先，我上楼去找财务主管，询问他今年能提供给我们多少经费，他说150万元。后来，老板来问我'你们要用多少'，我说："嗬，大约150万元。"

这种安排预算的方法完全忽视了促销对销售量的影响。它导致年度促销预算的不确定性，给制订长期市场计划带来困难。

2. 销售百分比法

许多公司以一个特定的销售量或销售价(现行的或预测的)百分比来安排它们的促销费用。一位铁路公司的经理说："我们在当年的12月1日决定下一年的拨款，在那一天我们将下个月的客运收入加进去，然后取总数的2%作为新的一年的广告拨款。"汽车制造公司以计划的汽车价格为基础，典型地按固定的百分比决定预算。石油公司按用它们的品牌标记出售的每加仑汽油的百分比中的一部分作为拨款。

这种方法有一些好处。首先，销售百分比法意味着促销费用可以因公司的承担能力差异而变动。这使财务经理感到满意，他感到费用应与整个商业周期中的全部销售活动紧密联系。其次，这一方法鼓励管理当局以促销成本、销售价格和单位利润的关系为先决条件进行思考。还有，这种方法鼓励竞争的稳定性，使竞争的企业在促销方面花费按销售百分比决定的大致相接近的费用。

尽管具有以上优点，销售百分比法还是缺少评判的依据，它使用循环的推理，把销售看成是促销的原因，而没有看成是促销的结果。这种方法导致根据可用的资金，而不是根据市场机会安排拨款。它不鼓励试用反循环性的促销试验或进取性的广告开支。依据历年销售波动制订的促销预算是与长期计划相抵触的，除非过去已这样做，或者竞争者正在这样做，否则用这一方法去选定一个具体的百分比是缺乏逻辑基础的。最后，它不鼓励设立确定每种产品和地区值得开支多少的促销预算。

3. 竞争对等法

有些公司按竞争对手的大致费用来决定自己的促销预算，这种想法可用一位经理对商情机构的询问来说明："你有没有软件行业专门领域的一些公司的数字，能指明其总销售额中多少比例应用于广告呢？"这个主管认为只要在广告方面花上与竞争者同样的销售额百分比的费用，他便可维持其市场份额。

对这个方法提出两点理由：一是竞争者的费用开支代表了这一行业的集体智慧，二是维持竞争对等有助于阻止促销战。这两个论点没有一个论点能站得住脚，相信竞争者能更好地知道一个公司在促销方面应该花费多少是没有根据的。公司的声誉、资源、机会和目标有很大不同，他们的促销预算也很难有一个统一标准。进一步而论，没有依据证明，建立在竞争对等基础上的预算能消除促销战的爆发。

4. 目标和任务法

目标和任务法要求营销人员要明确自己的特定的目标，确定实现这一目标必须完成的任务以及估算完成这些任务所需的费用。这些费用的总数就是所提出的促销预算。

假设某家游戏公司要推出一款新的MMORPG游戏，步骤如下。

(1) 确定市场份额目标。这家公司预计市场有5000万潜在使用者，并且确定了吸引其中8%，即400万使用者的目标。

(2) 决定游戏广告应达到市场的百分率。广告商希望广告触及率能够达到80%(4000万预期顾客)。

(3) 决定已知其名的预期顾客中，有多少百分比能被说服试玩该游戏。如果有25%或者说1000万预期顾客试玩该游戏，广告商就会高兴，因为他估计试用者中的40%或者400万人将会成为忠诚的使用者，这就是市场目标。

(4) 决定每1%试用率的广告印象数字。广告商估计目标总体中每1%有40次广告印象(显露数)，就会带来25%的试用率。

(5) 决定要购买的毛评点的数目。一个毛评点就是向目标总体中的1%的一次显示。因为这家公司的广告覆盖率达到80%，每1%要获得40次显示，它就要花费3200个毛评点的费用。

(6) 根据购买每个毛评点的平均成本，决定必要的广告预算。向目标总体的1%展示一次广告印象的平均成本为3277元，所以3200个毛评点在这年内需要耗费10486400(3277×3200)元。

这个方法具有如下好处：它要求管理当局认真研究其有关花费、显露水平、试用率和常规用法之间关系的假设。

在总的营销组合中，相对于改进产品、降低价格、增加服务等而言，促销应该受到多大的重视主要取决于公司的产品处在其生命周期的哪一阶段，它们是初级产品还是差异很大的产品，它们是日常所需的还是必须"出售"的，或者还有其他考虑。从理论上说，总的促销预算应建立于从最后一块钱的促销费用上所获的边际利润恰好等于在使用最佳的非促销方法时最后一块钱所获的边际利润，然而，执行这一原则并不容易。

7.4.6　促销组合策略

公司面临着把总的促销预算分摊到广告、销售促进、直接营销、公共关系和销售队伍这五个促销工具上去的任务。同一行业中的公司，对如何划分它们的促销预算有着很大的不同。雅芳公司把它的促销资金集中于人员推销，而露华浓公司则着重用于广告。在销售真空吸尘器方面，当胡佛公司更多地依靠广告时，伊莱克斯公司则着重于销售人员上门推销。

公司总是在探索以一种促销工具取代另一种促销工具的方法，以获得更高的效率。许多公司已经用广告、直接邮寄或其他推销方式取代了某些现场销售活动。其他公司增加了与广告有关的销售促进费用，以实现更快的销售。在促销工具中的这种替代性，解释了为什么在单个营销部门中的营销职能需要协调的原因。

1. 各种促销工具的特征

每种促销工具都有各自独有的特性和成本，营销人员在选择它们时，一定要了解这些特性，只有这样，才能选择有效的促销工具。

(1) 广告。

由于广告的多种形式和用途，作为促销组合的一个组成部分，要对它所具有的独特性质做出无所不包的概括是极为困难的。然而应注意到下列性质。

① 公开展示：广告是一种高度公开的信息传播方式，它的公开性赋予产品一种合法性，同时也使人想到一种标准化的提供。因为许多人接受相同的信息，所以购买者知道他们购买这一产品的动机是众所周知的。

② 普及性：广告是一种普及性的媒体，它允许销售者多次重复这一信息，它也允许购买者接受和比较各种竞争者的信息。一个销售者所做的大规模的广告，以肯定的语气介绍销售者的经营规模、名望和成功。

③ 夸张的表现力：广告可通过巧妙地应用印刷艺术、声音和颜色，提供将一个公司及其产品戏剧化的展示机会。有时，这一工具在表现上是很成功的，但是，也可能冲淡和转移消费者对信息的注意。

④ 非人格化：广告不会像公司的销售代表那样有强制性，受众不会感到有义务去注意或做出反应，广告对受众只能进行独白而不是对话。

广告一方面能用于建立一个产品的长期形象(如可口可乐、耐克的广告)，另一方面，它能促进快速销售(如精品购物指南的信息广告)。广告就传达给在地域广阔而分散的广大购买者而言，每个显露点只需较低的成本，是一种有效的方法。广告的某种形式，如电视广告，需要很大的预算，而其他形式，如报纸广告，只需要很少的预算。广告通过展示对销售产生影响。消费者认为，大量做广告的品牌必然提供"好的价值"，否则为什么它们会花钱来支持一个产品呢？

把广告分类弄模糊的是两种与促销组合有关的新传播方法。直投广告是印刷品广告，它提供编辑内容，并且设计得与报纸和杂志的内容没有区别。信息簇是电视商业广告，它是30秒电视节目，但实际是为产品或销售导入者做广告。由于它包括要求观众用电话订购的产品，因此，它可直接衡量销售结果。《财富1000》的广告商现在已把信息簇作为营销组合的一部分，因为它们能产生衡量结果，并能帮助教育新消费者学会产品的使用。

（2）销售促进。

常见的销售促进方式有赠券、竞赛、赠奖等，虽形式不同，但它们有以下三个明显特征。

① 传播信息：它们能引起注意并经常提供信息，把顾客引向产品。

② 刺激：它们采取某些让步、诱导或赠送的办法给顾客以某些好处。

③ 邀请：明显地邀请顾客来进行目前的交易。

公司使用销售促进工具来产生更强烈、更快速的反应，销售促进能引起消费者对产品的注意，扭转销售下降。但是它的影响常常是短期的，对建立长期的品牌偏好不甚有效。

（3）公共关系与宣传。

对公关的要求基于它的三个明显特性。

① 高度可信性：新闻故事和特写对读者来说要比广告更可靠、更可信。

② 消除防卫：很多潜在顾客能接受宣传，但回避推销人员和广告。作为新闻的方式将信息传递给购买者要比销售导向的信息传播为好。

③ 戏剧化：公共宣传像广告那样，有一种能使公司或产品惹人注目的潜能。

营销人员倾向于少用产品公共关系，或把它用做事后的思考。然而，一个深思熟虑的公共关系活动，同其他促销组合因素协调起来，能取得极大的效果。

（4）人员推销。

人员推销在购买过程的某个阶段，特别在建立购买者的偏好、信任和行动时，是最有效的工具。理由在于，与广告相比较，人员推销有以下三个明显的特性。

① 人与人面对面接触：人员推销是在两个人或更多的人之间，在一种生动的、直接的和相互影响的关系中进行。每一方都能在咫尺之间观察对方的需求和特征，在瞬息之间做出调整。

② 人际关系培养：人员推销允许建立各种关系，从注重实际的销售关系直至深厚的个人友谊，有效的销售代表如果要建立长期关系，会慎重地把他们顾客的兴趣爱好记在心里。

③ 反应：人员推销会使购买者在听了销售谈话后感到有某种义务、有必要继续听取和做出反应，即使这个反应是一句有礼貌的"谢谢"。

这些明显的性质是要花费代价的，人员推销比广告承担更长期的义务。广告可随意做与不做，但是销售人员的预算规模要改变就困难了。

（5）直接营销。

直接营销的形式多种多样，直邮、电讯营销、电子营销等，都有以下明显特征。

① 非公众性：信息一般发送至特定的人，而不给予其他人。

② 定制：信息为某人定制以满足他的诉求并发给他。

③ 及时：为了发送给某人，信息准备得非常快捷。

④ 交互反应：信息内容可根据个人的反应而改变。

2．制订促销组合策略

公司在设计它们的促销组合时应注意考虑几个因素，包括产品的市场类型、采用推动还是拉引战略、怎样使有所准备的消费者进行购买、产品在其生命周期中所处的阶段，以及公司的市场排列。不同的情况下采取的促销组合是不同的。

（1）不同产品市场类型对促销组合的影响。

如消费者市场和工业市场的差异导致促销工具的相对重要性不同，如图7-10所示。经营消费品的公司一般都把大部分资金用于广告，随之是销售促进、人员推销和公共关系。而经营工业品的公司则把大部分资金用于人员推销，随之是销售促进、广告和公共关系。一般来说，人员推销着重用于昂贵的、有风险的商品以及少数大卖主市场(此处指工业市场)。

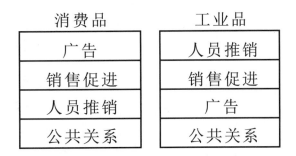

图7-10　促销工具在消费品与工业品中的相对重要性

尽管在工业市场上广告比销售访问略为次要，它依然起着重要的作用。这已被一系列研究所强调。莫利尔在他的工业营销研究中说过，广告结合人员推销，比不做广告能增加23%的销售。按销售量的百分比确定的总促销费用可减少20%。

（2）公司的推拉战略对促销的影响。

公司选择推动或拉引的战略也会在很大程度上影响促销组合。在图7-11中，对这两种战略进行了对照。

推动战略要求使用销售队伍和贸易促销，通过销售渠道推出产品。运营公司采取积极措施把产品推销给总代理，总代理采取积极措施把产品推销给地区代理，地区代理采取积极措施把产品推销给零售商，零售商采取积极措施把产品推销给消费者。

拉引战略要求在广告和消费者促销方面使用较多的费用，建立消费者的需求欲望。如果这一战略是有效的，消费者就会向零售商购买这一产品，零售商就会向批发商购买这一产品，而批发商就会向制造商购买这一产品。

各公司对推拉战略有着不同的偏好。比如，MMORPG游戏运营公司偏重于推动战略，而休闲网络游戏运营公司则偏重于拉引战略。

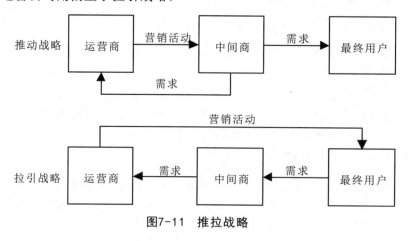

图7-11　推拉战略

（3）购买者的准备阶段对促销组织的影响。

促销工具在不同的购买者准备阶段有着不同的成本效益。图7-12所示为三种促销工具的相对效益。

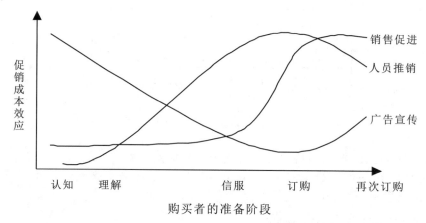

图7-12　各种促销工具在购买者准备的不同阶段的成本效应

广告和公共宣传，在创声誉阶段起着十分重要的作用，远远超过了销售代表的"冷访问"或销售促进所起的作用。顾客的理解力主要是受广告和人员推销的影响，顾客的信服大都受人员推销的影响，而广告和销售促进对他们的影响则较少。销售成交主要是受到人员推销和强大的促销的影响，产品的重新订购也大都受人员推销和销售促进的影响，并且在某种程度上，广告的提醒也起了一定作用。

很明显，广告和宣传推广在购买者决策过程的最初阶段是最具成本效应的，而人员推销和销售促进应在顾客购买过程的较晚阶段采用，以获得最大的效应。

(4) 产品生命周期阶段对促销组织的影响。

在产品生命周期的不同阶段，促销工具有着不同的效应。图7-13提供了对它们相对效应的理论性意见。

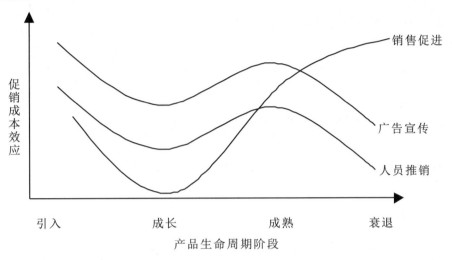

图7-13 各种促销工具在产品生命周期的不同阶段的成本效应

① 在引入阶段，广告和宣传推广具有很高的成本效应，随后是人员推销，以取得分销覆盖面积和销售促进，从而推动产品试用。

② 在成长阶段，由于消费者的相互转告，需求自然可保持其增长的势头，因此，所有促销工具的成本效应降低了。

③ 在成熟阶段，销售促进比广告的成本效应更大，广告的成本效应比人员推销的更大。

④ 在衰退阶段，销售促进的成本效应继续保持较强的势头，广告和宣传的成本效应则降低了，而销售人员只需给产品最低限度的关注便可。

3．建立整合营销传播观念

许多公司还主要依赖于一种或两种传播工具来完成它们的传播目标。它们不顾及在市场经济中已发生了巨大的变化，特别是大众化市场的非整体性已发展到微型市场的多元化趋势，它们各自要求自己的传播工具、新类型媒体的扩散，并且顾客的复杂性日益增加。名目繁多的通信工具、信息和受众迫使公司要更新和更充分地利用传播工具，就像管弦乐队一样操作。

今天，越来越多的公司采用整合营销传播(IMC)的观念。美国广告代理商协会对它所做的定义是指企业在经营过程中，以由外而内战略观点为基础，为了与利害关系者进行有效的沟通，以营销传播管理者为主体所展开的传播战略。

1991年的一个报告指出：在生产消费产品的大公司的最高管理当局和营销主管中，超过70%的人喜欢用整合营销传播作为改进公司传播影响的工具。

整合营销传播将会产生更多的信息一致性和巨大的销售影响，它把责任加到每一个人的肩上——以前这是不存在的，经过千百次公司的活动，把公司、品牌形象与信息统一起来。整合营销传播将会改进公司的能力，使之带着恰当信息、在恰当时间和恰当地点影响恰当顾客。杜克电力公司是北卡罗来纳的公用事业单位，它在1993年聘用整合传播项目公司（ICPT）帮助它们应用整合营销传播的电信网络。

为了开发整合营销传播，杜克公司与公司员工进行了长时间面谈，对客户调查、查询文献资料和对其他公司讨论"最佳实践"。在完成这些工作以后，ICPT提出了四点建议：①杜克应把它的名声作为法人资产来管理；②公司开发和执行整合传播过程以管理它的所有传播部门；③由于顾客对员工行为的反应超过了对特定计划方案的反应，所以，公司必须培训全体员工怎样传播；④公司开发和强化战略数据库，以估算预期顾客的利益，改进顾客满意度和留住顾客。

整合营销传播的倡议者描述它是一种观察营销活动全局的方法，而非仅仅集中于某一方面。

7.4.7　衡量推广结果

推广计划贯彻执行后，市场推广人员必须衡量它对目标受众的影响。这包括询问目标受众：他们是否识别和记住这一信息，他们看到它几次，他们记住哪几点，他们对信息的感觉如何，他们对产品和公司的过去、现在的态度。市场推广人员也要收集受众反应的行为数据，诸如多少人购买这一产品，多少人喜爱它并与别人谈论过它。

根据所得的调查数据，需要及时调整促销策略，以期得到更好的营销效果。

图7-14提供了一个良好的信息反馈衡量的实例。观察品牌A，我们发现整个市场80%的人是知道品牌A的，其中60%的人已经试用过它，试用的人中仅有20%对它满意。这表明信息传播方案在创造知名度方面是有效的，但该产品未能满足消费者的期望。另一方面，整个市场中仅有40%的人知道品牌B，其中仅30%的人试用过它，但试用的人中有80%是对它满意的。在这种情况下，信息传播方案需要加强发挥对品牌的满意程度。

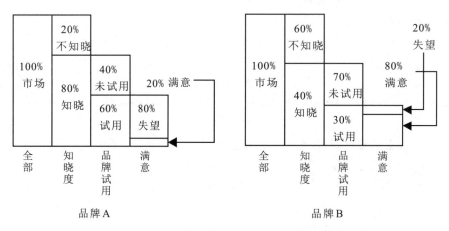

图7-14　两个品牌的消费现状

7.5 本章小结

本章主要介绍了市场推广的相关内容，并通过列举实列，讲解了游戏运营的推广特点。通过对本章的学习，读者应该掌握信息传播的过程及其影响因素，以及市场推广工具的特点及市场推广策略的制订，为有效地运营做好战略性的指导工作。

7.6 本章习题

（1）营销传播组合由几种主要传播工具组成？

（2）传播过程由几个因素构成？

（3）开发有效的传播包括哪些步骤？

（4）广告方案制作包括哪些步骤？

（5）请列举消费者促销、交易促销、业务和销售队伍促销的几种实例。

（6）分析两部电视广告，并说明这些广告的目的是什么，每个广告使用了表7-3中12种诉求类型中的哪一种。

销售渠道

教学目标

- 掌握企业在制订价格策略中的步骤。
- 营销渠道的选择、管理。

教学重点

- 企业选择定价的目标和根据目标所确定的需求。
- 营销渠道的功能和流程。

教学难点

- 游戏市场营销策略。

任何一家游戏公司都要对自己提供的产品及服务进行销售，这样才能保证公司的正常运营以及带给投资商利益。因此，如何制订合理的产品价格，建立一个良好有序的渠道，通过渠道给公司带来现金，成为所有管理层及产品经理必须面对的一个问题。

8.1　制订价格策略

当一家游戏公司开发或者代理了一款新产品，并将它推入一个新的分销渠道或者一个地理区域时，定价就发生了。

公司必须对其产品在质量和价格上的定位做出决策。一个公司可以定位它的产品在市场的中档，或中档向上的三个层次，或向下的三个层次。这7个层次如表8-1所示。

表8-1　价格定位的七个层次

市场细分	举例(汽车)
最高	梅塞德斯－奔驰
豪华	奥迪
特定需要	富豪
中档	别克
便利	现代
类似品，但较便宜	捷达
价格导向	大发

因此，在许多市场上，有最高的品牌(黄金标准)，本例是梅塞德斯－奔驰汽车。向下是豪华品牌，例如奥迪、林肯、凌志等。再向下的品牌满足了一个特定需要，如富豪(安全)或保时捷(高性能)。在中档有大量的品牌，包括别克、雷诺等。中档向下的品牌提供主要的功能，如现代汽车。向下是便宜的品牌，然而操作令人满意，如捷达汽车。最底部的品牌仅仅是价格诉求。如大发，该汽车不仅售价低廉，而且造价也便宜。

该方案认为产品的七种定位水平互相之间并不竞争，而只是在各组的消费群体内部竞争。然而，也有一种在价格—质量细分市场上的竞争。图8-1所示的是九种可能采取的价格—质量战略。图中对角线上的第1、5、9战略都可以在同一个市场上同时存在，即一家公司可以提供优质高价的产品，而另一家公司以普通价格提供质量一般的产品，还有一家公司以低价销售劣质产品。三个竞争者也就能与这组购买者长期共存，他们是坚持质量者、坚持价格者和介于这两者之间的人。

	价　格		
	高	中	低
产品质量　高	1.溢价战略	2.高价值战略	3.超值战略
中	4.高价战略	5.普通战略	6.优良价值战略
低	7.骗取战略	8.虚假经济战略	9.经济战略

图8-1　九种价格—质量战略

第2、3、6的战略表明如何在这三种斜线定位方法之间采用竞争的战略。第2种战略表示："我们的产品质量与第一个方格的产品质量一样好，但是我们售价更低。"第3种战略表达相同的意思，能为顾客节省更多钱。如果对质量敏感的顾客信任这些竞争者，他们将会明智地从这些竞争者手中购买商品，并节省金钱(除非第1种战略公司的产品对势利的顾客有吸引力)。

第4、7、8的战略定位，就是说，与产品价值相比，产品定价过高。顾客会觉得"受骗上当"了，并可能抱怨，或者散布有关公司的坏话。这些战略应该被专业营销人员所避免。

公司在制订其价格政策时，必须考虑许多因素：选择定价目标、确定需求、估计成本、分析竞争者制订的价格、选择定价方法、选定最终价格。图8-2显示了价格策略制订的步骤，下面就价格制订的六个步骤进行描述。

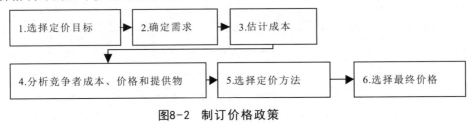

图8-2　制订价格政策

8.1.1　选择定价目标

在定价之前，公司必须决定定价目标。假如公司已经仔细地选定了它的目标市场和进行了市场定位，那时它的营销组合战略，包括价格将是相当明确的。举例来说，假设有一家游戏公司希望开发一款适合更多玩家参与的网络游戏，以满足大量普通玩家的需求，这就意味着获取的是一种经济价值。

一个企业对它的那些目标越清楚，它制订价格就越容易。通过定价来追求几个主要目标：生存、最大当期利润、最高当期收入、最高销售成长、最大市场撇脂，或产品质量领先等。

1. 生存

如果公司遇上竞争激烈或者消费者改变需求的情况时，它们要把维持生存作为其主要目标。为了让公司继续生存和使产品继续拥有用户，它们必须定一个低的价格，并希望市场是价格敏感型的。利润比起生存要次要得多，只要它们的价格能够弥补可变成本和一些固定成本，它们就能够维持住企业。从长远来看，公司必须学会怎样增加价值，否则将面临破产。

2. 最大当期利润

许多公司想指定一个能达到最大当期利润的价格，它们估计需求和成本，并据此选择出一种价格，这个价格将能产生最大的当期利润、现金流量或投资报酬率。

选定目前最高利润这个目标的前提，首先要求公司对其需求量和成本函数了如指掌，但在实践中，这些却难以精确预测。其次，公司只强调当前的财务经营状况，而忽视其长期效益。最后，公司并不考虑其他营销组合因素、竞争对手的反应和对价格的法律限制。

3．最高当期收入

收入最大化只需要估计需求函数即可。许多经理认为，最高收入将会导致利润的最大化和市场份额的扩大。

4．最高销售成长

有一些公司认为，销售额越高，单位成本就越低，长期利润也就越高。它们认为市场对价格十分敏感，故把价格定得很低。这称为市场渗透定价。得州仪器公司是最早实行市场渗透定价政策的公司之一。该公司在兴建一个大型工厂时，便将价格降到最低限度，从而赢得了很高的市场份额，并降低了成本，由于成本降低，价格也随之进一步降低。

以下因素有利于制订低价。

（1）市场对价格非常敏感，低价可刺激市场份额进一步扩大。

（2）随着生产经验的积累，生产和分销成本将会降低。

（3）低价抑制了现实的和潜在的竞争。

5．最大市场撇脂

许多公司喜欢制订高价来"撇脂"市场。杜邦公司最早实行市场撇脂定价。每当推出一项新产品——玻璃纸、尼龙或聚氯乙烯等，公司便要估算新产品对现有代用品的相对利益，从而估计出最高定价。公司制订的价格要使某些细分市场觉得采用这种新产品是值得的。每当销售额下降，杜邦公司便降低价格，以吸引对价格敏感的更低层次的顾客。杜邦公司用这种方法从各个细分市场撇取最大的收益。另一个例子是摩托罗拉公司也在实行市场撇脂。它首先向市场引进新手机的较贵的型号，然后逐渐引入较简单的低价型号，以吸引新的细分市场。

有效的撇脂定价须符合下列条件。

（1）顾客的人数足以构成当前的高需求。

（2）小批量生产的单位成本不至高到无法从交易中获得好处的程度。

（3）开始的高价未能吸引更多竞争者。

（4）高价有助于树立优质产品的形象。

6．产品质量领先

一个公司可以实现在市场上成为产品质量领先地位这样的目标。作为一个典型例子，暴雪公司开发的游戏产品是被世界玩家公认的最好游戏产品，其每款游戏的售价和点卡价格都高于竞争者。暴雪公司的高质量/高价格战略使它在同行中的报酬率连续高于平均水平。

7．其他定价目标

非营利和公共组织可以采用一些其他定价目标。一个大学的目标是抵消部分成本，它必须依赖私人馈赠和公共资助来抵消它的维护成本。一家非营利医院的定价目标可以是抵消全部成本。一家非营利剧院的定价是使剧院的座位坐到最满。一家社会服务机构可以搞社会定价，以适应不同客户的收入情况。

8.1.2 确定需求

每一种价格都将导致一个不同水平的需求，并由此对它的营销目标产生不同的效果。变动价格和最终需求水平之间的关系可在常见的需求线中获得，如图8-3所示。

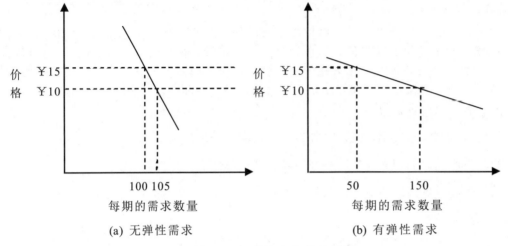

图8-3 无弹性和有弹性需求

在正常情况下，需求和价格是反向关系。也就是说，价格越高，需求越低；而价格越低，需求越高。

就威望商品来说，需求曲线有时呈正斜率。一家香水公司发现，通过提高产品的价格，它销售了更多的而不是更少的香水，因为消费者认为较高的价格意味着一种较好的或更昂贵的香水商品。

1. 需求的价格弹性

营销人员必须知道需求对于价格的变动将如何反应。在图8-3中考虑了两个需求曲线。在图8-3（a）中，价格从10元提到15元，引起了需求量从105到100单位相当小的下降。

在图8-3（b）中，同样的价格提高幅度却引起了需求量从150到50单位相当大的下降。如果需求变化相当大，则该需求是弹性的。

需求的价格弹性由什么决定？在下面几种情况下，需求只有很小的弹性。

（1）代用品很少或没有，或没有竞争者。

（2）买者对较高的价格不敏感。

（3）买者对改变他们的购买习惯和寻找较低价格表现迟缓。

（4）买者认为由于质量改进、通货膨胀和其他一些因素，较高的价格是公道的。

2. 影响价格敏感度的因素

需求曲线显示的是市场对可能销售的各种价格的全面反应，它概括了具有各种价格敏感性的许多人的反应。纳格尔指出，有九种因素影响顾客的价格敏感性。

（1）独特价值效应：产品越是独特，顾客对价格越不敏感。

（2）替代品知名效应：顾客对替代品知之越少，他们对价格的敏感性越低。

（3）难以比较效应：如果顾客难以对替代品的质量进行比较，他们对价格就不敏感。

（4）总开支效应：价格在顾客收入中所占比重越小，他们对价格的敏感性越低。

（5）最终利益效应：价格在最终产品的全部成本的费用中所占比例越小，顾客的价格敏感性越低。

（6）分摊成本效应：如果一部分成本由另一方分摊，顾客的价格敏感性就低。

（7）积累投资效应：如果产品与以前购买的资产合在一起使用，顾客就对价格不敏感。

（8）价格质量效应：假设顾客认为某种产品质量更优、声望更高或是更高档的产品，顾客对价格的敏感性就降低。

（9）存货效应：顾客如无法储存商品，他们对价格的敏感性就低。

8.1.3　估计成本

需求在很大程度上决定着游戏公司制订产品的价格，并确定了最高价格限度，而游戏公司的成本是底线。游戏公司想要制订的价格，应能包括它的所有运营、分销和推销该产品的成本，以及对游戏公司所做的努力和承担的风险的一个公允的报酬。

一个游戏公司的成本有两种形式：固定成本和变动成本。

固定成本也称一般管理费，是不随游戏开发运营或销售收入的变化而变化的成本。例如，一个游戏公司每月必须支付的账款，如租金、取暖费、利息、行政人员的薪水等，都是与游戏公司的运营无关的费用。

变动成本是随着游戏公司运营水平的变化而直接发生变化的。例如，一家游戏公司运营的游戏产品，它的成本包括服务器、带宽费用、维护管理人员、维护管理设备等费用。每款游戏在每套服务器上运行的成本都是不变的，它们被称为变动成本是因为它的总数是随着运营规模的变化而变化的。

全部成本是一定水平的运营所需的固定成本和变动成本的总和。管理当局需要制订一个价格，这一价格至少要包括在一定运营水平上所需的全部运营成本。

8.1.4　分析竞争者成本、价格和提供物

竞争者的成本、价格和可能的价格反应也能帮助公司制订它的价格。公司需要对它的成本和竞争者的成本进行比较，以了解它有没有竞争优势。公司还要了解竞争者的价格和提供物的质量。企业可派人员去比较顾客对价格的态度和对照竞争者提供的东西；要获得竞争者的价目表和对竞争者的产品进行分析；企业也可询问购买者，他们认知的价格应是怎样的，以及对每一个竞争者提供的产品质量感觉如何。

一旦公司知道了竞争者的价格和所提供的东西，它就能利用它们作为制订自己价格的一个起点。如果企业提供的东西与一个主要竞争者提供的东西相似，那么企业必须把价格定得接近于竞争者，否则就要失去销售额；若企业提供的东西是次级的，企业就不能够像竞争者所做的那样定价；倘若企业提供的东西是优越的，企业索价就可比竞争者高。然而，企业必须知道，竞争者可能针对本企业的价格做出反应。

8.1.5 选择定价方法

有了3C——需求表（Customer's Demand Schedule）、成本函数（Costfunction）、竞争者价格（Competitors' Prices），现在公司就可以选定一个价格了。这个价格定得太低就不能产生利润，定得太高又不产生丝毫需求。图8-4归纳了在制订价格时的三种主要考虑因素。产品成本规定了某价格的最低底数；竞争者的价格和代用品的价格提供了公司在制订其价格时必须考虑的标定点；在该公司提供的东西中，独特的产品特点是其价格的最高限度。

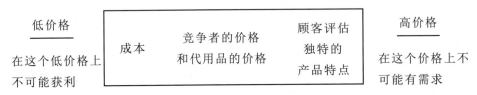

图8-4 制订价格时的3C模式

公司通过这三种考虑因素中的一个或几个来选定定价方法，以解决定价问题。然后，该定价方法有希望导致一个特定的价格。我们将研究以下定价方法：成本加成定价法、目标利润定价法、认知价值定价法和通行价格定价法。

1. 成本加成定价法

最基本的定价方法是在产品的成本上加一个标准的加成。例如建筑公司提出的承包工程投标价格就是通过估算总项目成本，再加上一个能获利的标准加成。律师和其他专业人员典型的定价方法也是在他们的成本上加上一个标准的加成。有些卖主告诉他们的顾客他们的收费将是他们的成本，加一个特定的加成，例如，宇航公司对政府就是用这种方法定价的。

为了说明成本加成定价法，假定游戏运营公司期望的成本和销售额如下。

变动成本	10元
固定成本	30000元
预计单位销售量	5000个/月

该游戏运营公司的单位成本是：

单位成本=变动成本+固定成本÷单位销售量=10+30000÷5000=16（元）

该游戏运营公司想要在销售额中有20%的利润加成，其加成价格是：

加成价格=单位成本÷(1-销售额中的预计利润)=16÷(1-0.2)=20(元)

该游戏公司将每张点卡以20元的价格售给经销商，每张点卡赢利4元，经销商将会再加成，如果他们想从销售额中获取30%的利润，每张点卡的售价将定为26元。

使用标准加成对定价是否合乎逻辑？一般讲，是否定的。忽视当前的需求和竞争关系的任何定价方法是不大可能制订出一个最适宜的价格的。例如，一款游戏运营商对游戏产品的定价是20元，游戏服务器的承载人数仅为1000人，其固定成本分摊的比例将较高，并使单位成本提高，其利润加成值降低。因此，成本加成定价法只有在达到一定销量时才适用。

当公司引进新产品时，经常定高价以快速回收成本。但若竞争者的价格很低，则高加成战略行不通。这种情况曾发生在飞利浦的电视游戏机上。飞利浦希望每台电视游戏机能赚钱，而日本竞争者定价很低，日本人很快就占领了市场份额，并反过来又导致生产成本实质性地下降。

2. 目标利润定价法

另一种面向成本的定价法是目标利润定价法。企业试图确定这样一个价格：它能带来企业正在追求的利润。通用汽车公司使用目标定价法，把汽车价格定得使它的投资能取得15%～20%的利润。这种定价方法也被公用事业单位所使用，这些单位要受到对于它们的投资只能获得一个公允报酬的限制。

假设上述游戏运营公司在运营这款游戏中单位投资100万元，想要制订能在10个月内获得20%利润(即20万元)的价格，下列公式可求出目标利润价格：

目标利润价格=单位成本+(目标利润×投资成本)÷[销售量(单位)×周期]

=16+(0.2×1000000)÷(5000×10)=20(元)

如果公司的成本和预测的销售量都计算得很准确，这家游戏公司就能实现20%的投资报酬率。但是，销售量如果达不到5000张点卡/月怎么办？这家游戏公司可绘制一张保本图，以便了解在其他销售水平上会发生什么情况？图8-5所示的就是保本图。不论销售量是多少，固定成本都是3万元。在固定成本上附加上变动成本，变动成本随着销售量成直线上升趋势。总收入曲线从零开始，每销售一个单位，它就直线上升，总收入曲线的斜率反映出单位价格应是20元。

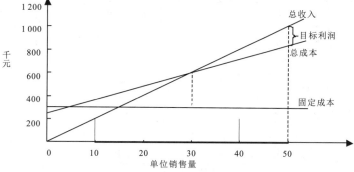

图8-5 决定目标价格的保本图

总收入曲线和总成本曲线在30000单位处相交，这就是保本点，保本销售量计算公式如下：

$$保本销售量=固定成本÷（价格-变动成本）$$

$$=30000÷（20-10）=3000（单位）$$

该游戏公司当然希望在市场上以20元的单价销售5000张点卡，在这种情况下，其100万元的投资将赢利20万元。然而，这在很大程度上也取决于价格弹性和竞争者的价格。但目标利润定价法不考虑这些因素，游戏运营公司应研究不同的价格，并就这些因素对销售与利润的反应做出测算。游戏运营公司也应设法降低固定成本和变动成本，因为这可降低其必需的保本销售量。

3. 认知价值定价法

日益增多的公司把它们的价格建立在产品的认知价值基础上。它们明白，作为定价的关键，不是游戏运营公司的成本，而是玩家对价值的认知。它们利用在营销组合中的非价格变量在购买者心目中建立起认知价值，价格就建立在捕捉住的认知价值上。

认知价值定价法与现代产品定位思想能很好地适应。公司以计划好的质量和价格为一个特定的目标市场开发一种产品概念，在那种情况下，管理当局应估计一下它期望以这种价格能出售的数量，这表明要估计必需的运营能力、投资额和单位成本。此外，管理当局还要算出按计划的价格和成本，产品能否产生一个令人满意的利润。若回答是肯定的，公司就进行产品开发；否则，公司就要放弃这种构思。

最早实施认知价值定价法的企业是杜邦公司。杜邦确定价格不是成本而是顾客价值。当杜邦公司为地毯业开发了它的新合成纤维时，它向地毯制造厂商们论证：他们能够负担得起杜邦公司每磅1.40美元的新纤维的价格，并且依然能获取他们的当期利润。杜邦公司称此为价值在使用中的价格。然而，杜邦公司意识到新原料以每磅1.40美元定价将使市场对它不感兴趣，所以制订了一个低于1.40美元的价格，其数额的大小取决于它需要的市场渗透率。杜邦公司没有用它的单位制造成本去制订这个价格，而首先判断继续生产是否会有足够的利润。

杜邦的另一个例子是价值利用定价法，杜邦对某一化学品在一个标准价格和溢价之间定价，后者增加了新的价值。考虑表8-2中的定价例子。

表8-2 杜邦公司的认知价值定价法

特　点	标准水平	溢价水平	增加的价值(美元)
质量	不纯杂质 百万分之十	不纯杂质 百万分之一	1.40
交货	二周内	一周内	0.15
系统	仅供应化工品	供应全部系统	0.80
创新	没有研究与开发支持	高水平的研究与开发支持	2.00
再培训	一次性培训	有要求可以再培训	0.40
服务	通过国内办事处购买	当地适用	0.25
价格	100 美元/磅	105 美元/磅	5.00

杜邦已衡量了各种添加利益的认知价值，总额为每磅5美元。有时，它被称为组合价值定价法。当客户最后提出购买其中添加价值的部分和要求价格介于标准和溢价之间时，这就取决于杜邦愿不愿意把它的组合价值供应物拆开来处理，如果杜邦愿意把溢价内容拆售的话，顾客对增加的价值就可选择付费了。

4. 价值定价法

价值定价法即用相当低的价格出售高质量的供应品。价值定价法认为，价格应该代表了向消费者供应高价值的产品。凌志是一个成功的例子，因为丰田对凌志的定价已接近梅塞德斯的价格，而凌志的质量非常好。价值定价并非简单地在某一产品上的售价比竞争者低，它需要逆工程地设计公司操作过程，以便真正地成为低成本的生产而不牺牲质量，用更低的售价来吸引大量关注价值的顾客参与购买。

5. 通行价格定价法

在通行价格定价法中，企业的价格主要基于竞争者的价格，很少注意自己的成本或需求。企业的价格可能与其主要竞争者的价格相同，也可能高于竞争者或低于竞争者。

通行价格定价法是相当常见的方法，在测算成本有困难或竞争者不确定时，企业感到通行价格定价法指出了一个有效的解决办法。就这种价格所产生的一种公平的报酬和不扰乱行业间的协调而论，通行价格定价法被认为反映了行业的集体智慧。

8.1.6 选定最终价格

在选定最终价格时，公司必须引进一些附加的考虑因素，包括心理因素、营销因素、公司的定价政策和价格对其他各方的影响。

1. 心理定价因素

卖主应该考虑价格的心理学，而不能简单地考虑他们的经济学。许多顾客把价格作为质量的一种指标。当弗莱希曼把它的杜松子酒的价格从每瓶4.50美元上升到每瓶5.50美元时，它酒店的销售额没有下降，反而上升了。以自我感觉为主的产品，例如香水和昂贵的小汽车，用威望定价法是特别有效的。100美元一瓶的香水可能只相当于值10美元的香味，但人们仍愿意支付100美元，因为这个价钱提供了某些特别的东西。

2. 其他营销因素对价格的影响

最终价格必须考虑其品牌质量和竞争者的广告宣传。法里斯和赖伯斯坦对277家消费品企业做了考察，认为在相对价格、相对质量与相对广告之间有以下关系。

(1) 相对质量水平一般，但具有高广告预算的品牌能产生溢价。消费者愿意购买高价名牌产品而不是不出名的产品。

(2) 具有相对的高质量水平和相对的高广告支出的品牌能产生高价；反之，低质量品牌和低广告费用只能售低价。

（3）对市场领导者和低成长产品来说，在产品生命周期的最后阶段，高价与高广告费用之间的正相关关系保持得最强烈。

3. 公司定价政策

拟定的价格必须同公司定价政策的一致性相符合。许多公司建立价格部门以制订定价政策并对制订的价格做出决策，它们的目标是确保销售人员对顾客开价的合理性并能够使公司赢利。

4. 价格对其他各方的影响

管理当局必须考虑其他各方对拟定价格的反应。分销商和经销商对于这价格将感觉如何？公司的推销人员是愿按此价格推销还是抱怨此价格太高？竞争者对这价格将会做出怎样的反应？当开发商看到公司的价格时，会不会提高他们的价格？政府会不会干涉和制止这个价格的制订？倘若是最后一种情况，营销人员必须了解影响价格的法令，并确信他们的定价政策能站得住脚。

8.2 选择营销渠道

营销渠道决策是管理当局面临的最重要的决策，公司所选择的营销渠道将直接影响所有其他营销决策。

公司的定价取决于它是利用大型的、高质量的经销商还是利用中型、中等质量的经销商。公司的推销力量和广告决策取决于对经销商的培训和鼓励。此外，公司的营销渠道决策还包括一个对其他公司的比较长期的承诺。当一家游戏运营商和一家经销商签订独家代理合同，由后者经销前者的游戏点卡以后，该游戏运营商在第二天就必须尊重其经销权，不得以本公司的销售网点取而代之。

8.2.1 营销渠道的意义

大多数游戏公司都不是将其产品直接出售给最终用户的，在游戏公司和最终用户之间有执行不同功能和具有不同名称的营销中间机构。有的中间机构，如批发商和零售商买进商品，取得商品所有权，然后再出售商品，他们就叫作买卖中间商；还有一些机构如运输公司、独立仓库、银行和广告代理商则支持分配活动，但是既不取得商品所有权，也不参与买或卖的谈判，他们就叫作辅助机构。营销中介机构组成了营销渠道(也称贸易渠道或分销渠道)。

这里，我们采用斯特恩和艾尔·安塞利对营销渠道所下的定义：营销渠道是促使产品或服务顺利地被使用或消费的一整套相互依存的组织。

利用中间商的目的，就在于它们能够更加有效地推动商品广泛地进入目标市场。营销中间机构凭借自己的各种联系、经验、专业知识以及活动规模，将比游戏公司自己干更加出色。

游戏运营商一般仅提供大量的种类有限的商品，而玩家则通常只需求数量有限但种类繁多的商品，因此会在两者之间产生一定的差距。而中间商则可以把这种差距弥合起来，使商品和服务流通顺畅。

除此以外，游戏公司把部分销售工作委托给中间机构，可以获得下列好处。

(1) 节省进行直接营销的财力资源。例如，一家游戏公司通过全国一万多家网吧出售它的游戏点卡，要和这些网吧签订代理协议，游戏公司本身很难筹集到这样进入网吧的推广费用。

(2) 在某种情况下，直接营销并不可行。例如，一家游戏公司在全国建立游戏点卡销售点，或者向每个电脑用户出售自己的游戏，或者邮售，都是不现实的。如果这样，它就要同时出售许多小商品，还要中止在报亭和网吧出售游戏点卡的业务。这家游戏公司会发现，通过由各种独立的私有的分销机构所组成的巨大的分销网来推销自己的游戏点卡，事情会容易得多。

(3) 有能力建立自己的销售渠道的游戏公司常通过增加其主要业务的投资而获得更大的利益。如果一个公司在游戏研发上的投资报酬率是20%，而零售业务的投资报酬率只有10%，那么它就不会自己经营零售业务。

8.2.2 营销渠道的功能和流程

营销渠道执行的工作是把商品从生产者那里转移到消费者手中，它弥合了产品、服务和其使用者之间的缺口，主要包括时间、地点和持有权等缺口。营销渠道的成员执行了下列重要功能。

(1) 信息：收集和传播营销环境中有关潜在顾客与现行顾客、竞争对手和其他参与者及力量的营销调研信息。

(2) 促销：发展和传播有关供应物的、富有说服力的、吸引顾客报价的沟通材料。

(3) 谈判：尽力达到有关产品的价格和其他条件的最终协议，以实现所有权或者持有权的转移。

(4) 订货：营销渠道成员向游戏运营商进行有购买意图的反向沟通行为。

(5) 融资：收集和分散资金，以负担渠道工作所需费用。

(6) 承担风险：在执行渠道任务的过程中承担有关风险。

(7) 占有实体：产品从生成到最终顾客的连续的储运工作。

(8) 付款：买方通过银行和其他金融机构向销售者提供账款。

(9) 所有权转移：物权从一个组织或个人转移到其他人。

渠道中有些是正向流程(如实体、所有权和促销)，另一些是反向流程(如订货和付款)，还有一些是双向流程(如信息、谈判、筹资和风险承担)。游戏营销发生的五个流程如图8-6所示。如果把这些流程合并在一张图表中，即便十分简单的营销渠道也会出现复杂的情况。

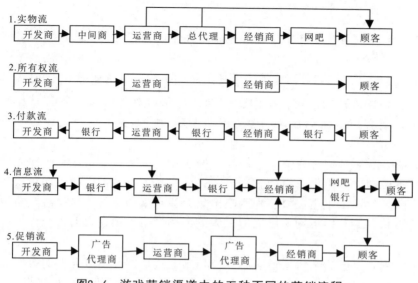

图8-6 游戏营销渠道中的五种不同的营销流程

一个销售实体产品的制造商至少需要3个渠道为它服务：销售渠道、交货渠道和服务渠道。这些渠道不可能由一个公司组成。随着时代的进步，许多公司将把计算机网络作为销售渠道，就如顾客利用网上服务来寻求最佳购买一样，同时也作为交货渠道，只要卖主把软件程序与计算机用户相连接即可。游戏公司大都使用网络作为它的销售渠道，使用网络、书报亭、网吧作为交货渠道，使用电话、即时通讯器等作为服务渠道。

所有这些功能都具有三个共同点：使用稀缺资源；常常可以通过专业化而更好地发挥作用；在渠道成员之间是可以转换的。

当运营商执行这些功能时，运营商的成本增加，其产品的价格也必然上升。当若干功能转移到中间商那儿时，运营商的费用和价格下降了，但是中间商必须增加开支，以负担其工作。由谁执行各种渠道任务的问题是一个有关效率和效益的问题。

由此可见，营销功能比在任何时间内执行这些功能的机构更为本质。营销渠道的变化很大程度上是由于发现了更为有效的集中或分散经济功能的途径，这些功能是执行向目标顾客提供有用的商品组合的过程中所不可缺少的。

8.2.3 营销渠道设计决策

在设计营销渠道时，游戏运营商必须决策理想的渠道是什么、可行的是什么、可适用的又是什么。

1. 确定渠道目标

营销人员设计营销渠道时首先要了解在其所选择的目标市场中消费者购买什么商品、在什么地方购买、为何购买、何时买和如何买，营销人员必须了解目标顾客需要的服务产出水平，即人们在购买一个产品时想要和所期望的服务的类型和水平。

渠道可提供以下五种服务产出。

（1）批量大小：批量是营销渠道在购置过程中提供给典型的顾客的单位数量。游戏公司偏好能大批量购买的渠道，而普通玩家想要那种能允许购买一张点卡的渠道，很明显，必须为游戏公司和普通玩家建立不同的渠道。批量越小，由渠道所提供的服务产出水平越高。

（2）等候时间：等候时间是指渠道的顾客等待收到货物的平均时间。顾客一般喜欢快速交货渠道。快速服务要求一个高的服务产出水平。

（3）空间便利：空间便利是营销渠道为顾客购买产品所提供的方便程度。例如，《魔兽世界》具有很大的空间便利，它有很多的经销商，其市场分散化帮助玩家节省了更多的寻求成本。空间便利的用途被直接营销进一步强化。

（4）产品品种：产品品种是营销渠道提供的商品规格品种的宽度。一般来说，顾客喜欢较宽的规格品种，因为这使得实际上满足顾客需要的机会更多。例如，《魔兽世界》不仅可以满足玩家游戏的需求，同时还有更多的周边产品满足玩家收藏的需求。

（5）服务支持：服务支持是渠道提供的附加服务。服务支持越强，渠道提供的服务工作越多。

营销渠道的设计者必须了解目标顾客的服务产出需要。提高服务产出的水平意味着渠道成本的增加和对顾客的高价。折扣商店的成功表明了在商品能降低价格时，消费者将愿意接受较低的服务产出。

2. 渠道级数

每个中间机构只要在推动产品及其所有权向最终买主转移的过程中承担若干工作，就是一个渠道级，我们用中间机构的级数来表示渠道的长度。图8-7(a)举例说明了几种不同长度的消费者营销渠道。

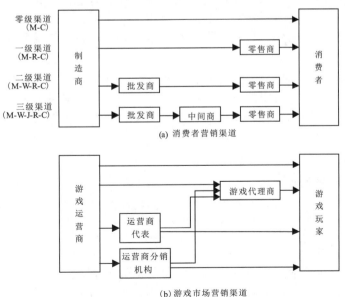

图8-7　消费者和游戏市场营销渠道

零级渠道(也叫直接营销渠道)是由运营商直接将产品销售给消费者。直接营销的主要方式是上门推销、展示会、邮购、电子通信营销和运营商自设主题商店。

一级渠道包括一个销售中间机构。在消费者市场中，这个中间机构通常是零售商。

二级渠道包括两个中间机构。在消费者市场，它们一般是一个批发商和一个零售商。

三级渠道包括三个中间机构。例如游戏行业，游戏运营商将产品出售给总代理，总代理出售给地区代理，地区代理出售给零售商(网吧、书报亭)。

级数更长的营销渠道也有，但是不多。从运营商的观点来看，渠道级数越高，控制也越成问题，运营商一般总是只和最近的一级打交道。

图8-7(b)说明了游戏市场的营销渠道。游戏运营公司可利用其销售推广人员直接销售产品给游戏玩家；或者先销售给代理经销商，再由他销售给游戏玩家；或者通过运营公司的代表或自属的销售分支机构直接销售给游戏玩家，或者通过游戏点卡经销商销售给游戏玩家。因此，零级、一级和二级营销渠道在游戏行业营销渠道中是颇为常见的。

3. 建立渠道的限制因素

渠道因产品特性不同而不同。易腐商品要求较直接的营销，因为拖延和重复搬运会造成巨大损失。体积庞大的产品，如建筑材料或者软饮料，要求采用运输距离最短、在产品从生产者向消费者转移的过程中搬运次数最少的渠道布局。非标准化产品，如顾客定制机器和特制模型等，则由公司销售代表直接销售，因为中间商缺乏必要的知识。需要安装或长期服务的产品通常也由公司或者独家代理商经销。单位价值高的产品一般由公司推销员销售，很少通过中间机构。游戏产品由于其特殊性，因此需要采用更多的渠道目标，例如采用更便捷的支付渠道、更多样的购买方式等。

渠道设计应反映不同类型的中间机构在执行各种任务时的优势和劣势。例如，制造商的代表接触每个顾客所耗费的费用较少，因为总费用由几个委托人分摊；但是业务代表对每个顾客的销售努力则低于公司销售代表所能达到的水平。渠道设计还受到竞争者使用的渠道的制约。

渠道设计必须适应大环境。当经济不景气时，生产者总是要求以最经济的方法将其产品推入市场，这就意味着利用较短的渠道，取消一些非根本性的服务——它们会提高产品的最终价格。法律的规定和限制也将影响渠道设计。法律规定禁止可能会严重减少竞争或者倾向于垄断的各种渠道安排。

8.2.4　识别渠道选择方案

渠道选择方案由三方面的要素确定：商业中间机构的类型、中间机构的数目、每个渠道成员的条件及其相互责任。

1. 中间机构的类型

公司应该弄清楚能够承担其渠道工作的中间单位的类型。除了传统的销售渠道外，公司也可以寻找更新的营销渠道。有的时候，由于成本或其他困难，公司无法利用主渠道，而不得不寻找非常规渠道，有时候这样做的结果会出乎意料地好。非常规渠道的优点是：在最初进入渠道时，公司遭遇竞争的程度较低。使用中间机构的何种类型取决于目标市场的服务产出要求和渠道交易成本，公司必须反复挑选出能为其促进长期利润的渠道类型。

例如，盛大游戏公司曾经在《传奇》上市的时候不仅选择了传统的几家游戏销售公司作为其渠道商，同时与电信等单位合作，进行分账业务，此合作不仅使《传奇》的推广异常地好，而且还增加了《传奇》的用户量和收入，同时促进了中国网络游戏行业的迅速发展。

2. 中间机构的数目

公司必须决定每个渠道层次使用多少中间商。有三种策略可供选择：专营性分销、选择性分销和密集性分销。

（1）专营性分销。

专营性分销是严格地限制经营公司产品或服务的中间商数目，它适用于运营商想对分销商实行大量的服务水平和服务售点的控制。一般来说，专营性的分销商同意不再经营竞争品牌。

由于授予专营性分销，运营商希望能获得更积极的和有见识的销售。专营性分销能提高产品的形象和取得更多的销量，它要求公司与分销商是紧密的合伙人关系，如游戏旗舰店。

（2）选择性分销。

选择性分销是利用一家以上，但又不是让所有愿意经销的中间机构都来经营某一种特定产品。一些已建立信誉的公司，或者一些新公司，都利用选择性分销来吸引经销商。公司不必在许许多多的销售点包括许多边际单位上耗费自己的精力，它能够和挑选出来的中间商建立良好的工作关系，并且可望获得一个高于平均水平的推销努力。选择性分销能使生产者获得足够的市场覆盖面，与密集性分销相比，有较大的控制和较低的成本。很多游戏公司选择该战略进行分销。

（3）密集性分销。

密集性分销的特点是尽可能多地使用商店销售商品或劳务。当消费者要求在当地能大量、方便地购买时，实行密集性分销就至关重要。目前，游戏公司也经常选择该战略。

运营商们在不断地被诱导着从专营或选择性分销走向更广泛的密集性分销，以增加他们的市场覆盖面和销量。

3. 渠道成员的条件和责任

关系营销是管理营销渠道的重要组成部分，生产者必须确定渠道成员的条件和责任。"贸易关系组合"中的主要因素有价格政策、销售条件、地区权利，以及每一方所应提供的具体服务。

（1）价格政策要求运营商制订价目表和折扣细目单。运营商必须确信这些是公平和足够的。

（2）销售条件是指付款条件和运营商的担保。大多数运营商对于付款较早的分销商给予现金折扣。运营商也可以向分销商提供有关游戏服务质量、折扣或返点等方面的担保，有关折扣或返点所做出的担保，能吸引分销商购买较大数量的商品。

（3）分销商的地区权利是贸易关系组合的另一个要素。分销商需要知道游戏公司打算在哪些地区给予其他分销商以特许权，他们总喜欢把自己销售地区的所有销售业绩都归功于自己，不管这些买卖是否通过他们而促成。

（4）对于双方的服务和责任，必须十分谨慎地确定，尤其是在采用特许代营和独家代理等渠道形式时。例如，麦当劳公司向加盟的特许专营者提供房屋、促销支持、记账制度、人员培训和一般行政管理与技术协助。而反过来，该专营者必须在物资设备方面符合公司的标准，对公司新的促销方案予以合作，提供公司需要的情报，并采购特定的食品。

8.3 管理营销渠道

在渠道的安排中有一种强大的保持现状的惯性，管理当局在选择渠道时，既要着眼于今天的销售环境，也要考虑明天的销售环境。

8.3.1 渠道方案的评估

假设游戏公司已经识别了几种渠道方案，就要确定哪一个最能满足公司的长期目标。每一渠道都需要用经济性、可控制性和适应性三个标准进行评估。

1. 经济标准

每一种渠道方案都将产生不同水平的销售量和成本。所以第一个问题是使用公司的推销队伍销售量大，还是使用代理商销售量大。大多数营销经理认为，使用公司的推销队伍销售量大。公司推销代表完全致力于本公司的产品；他们在推销本公司的产品方面受过较好的训练；他们更富有进取性，因为他们的未来与公司密切相关；他们更可能获得成功，因为顾客喜欢直接与公司打交道。

然而，推销代理商也可能比公司推销队伍的销售量大。首先，推销代理商有更多的推销代表；第二，代理商的推销员可能和直接推销员同样积极(这取决于同其他产品对比，推销该产品的佣金是多少)；第三，有些顾客喜欢和代表几家厂商的代理商打交道，而不喜欢与某一个公司的推销员来往；第四，代理商与市场有广泛的联系，而公司的推销队伍则必须从头做起，这意味着是困难的、花成本的和有长期的任务。

下一步是估计每一个渠道不同销售量的成本，这个成本图如图8-8所示。利用推销代理商的固定成本，比公司组建自己的推销办公室低，但是利用代理商的费用增长很快，因为推销代理商的佣金比公司推销员高。

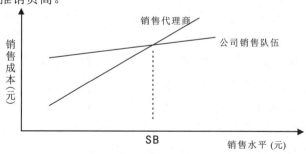

图8-8 关于选择公司推销员和代理商的损益成本图

最后一步是比较销售量与成本。在图8-8中，在某一个销售水平上(SB)，两种渠道的销售成本相等。当销售量低于SB时，利用推销代理商较为有利；而当销售量高于SB时，利用公司推销机构则更为适宜。一般来讲，代理商适宜于小型公司，或者大公司在某一个很小的区域采用(这个区域的销售量很低，没有必要使用公司自己的推销员)。

2．控制标准

评价必须进一步扩大到要考虑两种渠道的控制问题。使用销售代理商意味着会产生更多有关控制的问题。销售代理商是一个独立的公司，它关心的是本公司利润的最大化，代理商可能关注于那些从其所购买的商品品种组合角度上而言的最重要的顾客，而不是从对某个特定制造商的产品感兴趣的程度方面考虑的。此外，代理商的推销人员可能没有掌握有关公司产品的技术细节，或者不能有效地运用它的促销材料。

3．适应性标准

为了发展渠道，渠道成员相互之间都允诺在某种程度上在一个特定的时期内持续维持的义务。但由于游戏公司对变化市场响应能力的问题，其允诺的持续时间在缩短。在迅速变化、非持久和不确定的产品市场上，游戏公司需要寻求能获得最大控制的渠道结构和政策，以适应不断变化的营销战略。

8.3.2　渠道管理决策

公司在确定了渠道方案之后，必须对每个中间商进行选择、激励和评价。此外，随着时间的变化，渠道安排必须进行调整。

1．选择渠道成员

游戏公司在为其所选中的渠道吸引合格的中间商方面的能力是不同的，有些游戏公司能轻而易举地招到中间商。例如，盛大公司可以轻松吸引经销商经销它的《传奇》游戏点卡。有时，独家经销或者有选择分销的许诺会引来大批申请人。在另一个极端，有些游戏公司则必须进行很大努力去找到足够数量的合格的中间商。

不管游戏公司找中间商难也好，易也好，它们至少要确定好的中间商的特性。他们要评价中间商：经商的年数、经营的其他产品、成长和赢利记录、偿付能力、合作态度以及声誉。如果中间商是销售代理商，游戏公司还要评价其所经销的其他产品的数量和特征及其推销力量的规模和素质。如果中间商是要独家经销的代理商，游戏公司就要评价该中间商的商务情况、未来成长的潜力和顾客类型。

2．激励渠道成员

游戏公司必须不断地激励中间商，促使其做好工作。促使他们参加这个渠道体系的条件固然已提供了若干激励因素，但是，这些因素还必须通过游戏公司经常的监督管理和再鼓励以得到补充。游戏公司不仅是通过中间商出售产品，而且还要向中间商出售产品。例如对经销商的激励方案可以成为一个有效的动力。

要激励渠道成员出色地执行任务，游戏公司必须从尽力了解各个中间商的不同需要和欲望做起。麦克范列举了下列观点，有助于理解中间商。

中间商经常充当其顾客的采购代理，其次才是他的供应商的销售代理，他对经销顾客希望从他那儿买到的任何产品都十分感兴趣。

中间商试图把他的供应物组合成一个品目，他可以把商品像一揽子品种组合那样综合起来出售给单个顾客。他的销售努力主要用于获取这类品种组合的订单，而不是个别的商品品目。

除非有一定的刺激，中间商不会为所出售的各种品牌分别进行销售记录，有关产品开发、定价、包装或者促销计划的大量信息都被埋没在中间商的非标准化记录中，有时他们甚至有意识地对供应商保密。

在处理与其经销商的关系时，游戏公司所采用的方式有很大的不同。从本质上讲，它们可以应用下述类型的力量形式以获取合作。

（1）强制力量是表示当中间商不合作时，游戏公司就威胁停止某些资源或终止关系。在中间商紧密依赖游戏公司的情况下，这种方法是相当有效的。但实施压力会使中间商产生不满和迫使它们组织抵消力量。

（2）报酬力量是指为中间商执行特定活动时，游戏公司给予的附加利益。报酬力量通常比压力效果更好，但开支过高。当游戏公司有一定要求时，中间商越来越多地、不断地要求报酬，如果报酬后来被取消的话，中间商就会感到受骗了。

（3）法律力量被广泛地应用于游戏公司依据合同所载明的规定或从属关系，要求中间商有所行动。例如，游戏公司坚持经销商应保持一定的存货以作为授权协议的一个内容，游戏公司认为这是自己的权利，也是中间商应有的义务，一旦中间商认为游戏公司在法律方面占主导地位，法律力量就起作用了。

（4）专家力量可被那些具备某些特殊优势的游戏公司所利用，而这些特殊优势正是中间商认为有价值的。

（5）相关力量产生于中间商以与游戏公司合作为自豪的情况下。

3．评价渠道成员

游戏公司必须定期按一定标准衡量中间商的表现，如销售配额完成情况、平均存货水平、向顾客交货时间、对损坏和遗失商品的处理、与公司促销和培训计划的合作情况。销售是生产商生存的基本条件，如果中间商不能胜任的话，最好的方法是终止其服务。

4．渠道改进安排

游戏公司的任务不能仅限于设计一个良好的渠道系统并推动其运转，还要定期对其进行改进，以适应市场新的动态。当消费者的购买方式发生变化、市场扩大、新的竞争者兴起和创新的分销战略出现以及产品进入生命周期的后一阶段时，便有必要对渠道进行改进。

在较少进入壁垒的竞争市场上，有选择自由的渠道结构将随着时间的推移而变化。在给定的成本下，现在的渠道结构不再有最有效的服务输出，因此，当前的结构需要改变它的选择结构的方向。渠道适应可分为三个层次，包括增减个别渠道成员、增减某些特定的市场渠道，或者创立一个全新的方式在所有市场中销售其产品。

增减某些特定的中间商要求进行增量分析。利用或者不用这家中间商，对公司的赢利有何影响？一家游戏公司决定减少一家经销商时，不仅要考虑到会减少这家经销商的销货量，还要估计到给这家游戏公司的其他经销商所带来的销售上的得失。

最困难的决策是改进整个渠道战略。分销渠道很明显地随着时间在走向过时，销售者现行的分销系统与满足目标顾客需要和欲望的理想系统之间的差距在扩大。

斯特恩和吉米尼咨询公司总结了改变过时的分销系统，走向目标顾客理想系统的14个步骤，具体如下。

(1) 回顾现有材料和开展渠道研究。

(2) 全面了解当前分销系统。

(3) 组织现行渠道研讨会和个别谈话。

(4) 分析竞争者的渠道。

(5) 估计当前渠道的短期机会。

(6) 制订短期进攻计划。

(7) 通过深度小组座谈和个别谈话，调研数量高的最终用户。

(8) 对高数量最终用户进行需要分析。

(9) 分析当前采用的行业标准和制度。

(10) 设计"理想的"渠道系统。

(11) 设计"管理导向"系统——既是理想化又受现实限制。

(12) 差距分析，即在当前系统、理想系统和管理导向系统中寻找差距。

(13) 有创意地制订战略选择方案。

(14) 设计最优渠道。

8.3.3　动态的渠道系统

分配渠道不是一成不变的，新型的批发机构和零售机构不断涌现，在建设营销渠道时，其模式仍然是不断变化和演进的，一个全新的渠道系统正在逐渐形成。

本小节将考察最近发展的垂直、水平和多渠道营销系统，以及这些系统是如何合作、冲突和竞争的。主要侧重介绍对动态渠道的管理思路，需要与建立渠道时应该考虑的因素相互区别。

1. 垂直营销系统

垂直营销系统是近年来渠道发展中最重大的发展之一，它是作为对传统营销渠道的挑战而出现的。传统营销渠道由一个独立的生产者、批发商和零售商组成，每个成员都是作为一个独立的企业实体追求自己利润的最大化，即使是以损害系统整体利益为代价也在所不惜，没有一个渠道成员对于其他成员具有全部的或者足够的控制权。麦克康门把传统渠道描述为"高度松散的网络，其中，制造商、批发商和零售商松散地联结在一起，相互之间进行不亲密的讨价还价，对于销售条件各执己见，互不相让，所以各自为政，各行其是。"

垂直营销系统则相反，它是由生产者、批发商和零售商所组成的一种统一的联合体，某个渠道成员拥有其他成员的产权，或者是一种特约代营关系，或者这个渠道成员拥有相当实力，其他成员愿意合作。垂直营销系统可以由生产商支配，也可以由批发商或者零售商支配。麦克康门认为，垂直营销系统的特征是："专业化管理和集中执行的网络组织，事先规定了要达到的经营目的和最高市场效果"。垂直营销系统有利于控制渠道行动，消除渠道成员为追求各自利益而造成的冲突。它们能够通过其规模、谈判实力和重复服务的减少而获得效益。在消费品销售中，垂直营销系统已经成为一种占主导地位的分销形式，占全部市场的70%～80%。常见的垂直营销系统有三种类型：公司式、管理式和合同式。

（1）公司式垂直营销系统是由同一个所有者名下相关的生产部门和分配部门组合成的。垂直一体化被公司所喜爱是因为它能对渠道实现高水平的控制。垂直一体化能向后或向前一体化。

（2）管理式垂直营销系统不是由同一个所有者属下的相关生产部门和分配部门组织形成的，而是由某一家规模大、实力强的企业出面组织的。

（3）合同式垂直营销系统是由各自独立的公司在不同的生产和分配水平上组成，它们以合同为基础来统一其行动，以求获得比其独立行动时所能得到的更大的经济效益和销售效果。合同式垂直营销系统近年来获得了很大的发展，在经济生活中最引人注目。

2．水平营销系统

水平营销系统是由两个或两个以上的公司联合开发一个营销机会，这些公司缺乏资本、技能、生产或营销资源来独自进行商业冒险，或者承担风险；或者它们发现与其他公司联合可以产生巨大的协同作用。公司间的联合行动可以是暂时性的，也可以是永久性的，还可以创立一个专门公司。阿德勒将它称为共生营销。

3．多渠道营销系统

过去，许多公司只向单一市场使用单一渠道进入市场。今天，随着顾客细分市场和可能产生的渠道不断增加，越来越多的公司采用多渠道营销。这是指一个公司建立两条或更多的营销渠道以到达一个或更多的顾客细分市场时的做法。例如，康柏公司除了直接向购买者出售个人电脑外，还通过大众化电器零售商、小电脑专业商店和价值递增分销商出售产品。

通过增加更多的渠道，公司可以得到三个重要的好处：首先是增加了市场覆盖面——公司不断增加渠道是为了获得顾客细分市场，而它当前的渠道是没有的。第二是降低渠道成本——公司可以增加能降低向现有顾客销售成本的新渠道。第三是向顾客定制化销售——公司可以增加销售特征更适合顾客要求的渠道。

4．在同一渠道中各个公司的作用

一个行业中的每个公司都必须明确它在渠道系统中的角色，麦克康门把它们划分成五种不同的角色。

（1）圈内者：是主渠道的成员，它们能够接近自己所选择的供应资源，在行业内享有较高的声誉。它们希望现有的渠道布局永远不变，它们是行业准则的主要实施者。

（2）奋斗者：是努力成为圈内者的公司，它们不易接近自己所选择的供应资源，在供应短缺期间，这是一个很大的障碍。它们坚持行业准则，因为它们渴望成为圈内者。

（3）补充者：是非主渠道的成员，它们承担一些为渠道其他成员所不愿意做的工作，或者为市场中较小的细分片提供服务，或者经销小批量商品。它们通常从现有系统中获得好处，并且尊重行业准则。

（4）投机者：是主渠道之外的，并且无意成为其成员的公司。它们在市场上或进或出，伺机而动，他们只考虑短期利益，对于坚持行业准则毫无兴趣。

（5）圈外革新者：是主渠道真正的挑战者和破坏者。它们发展一种新的系统来实施渠道营销工作，如果成功，它们就会迫使主渠道重新组合。麦当劳快餐公司、雅芳公司和戴尔计算机公司等就是这样的公司，它们顽强地发展新的系统，向旧系统提出挑战。

还有一个重要的渠道角色就是渠道领头人。渠道领头人就是某个特定渠道的主帅，即组织和领导渠道的公司。例如，通用汽车公司就是由大量供应商、经销商和辅助机构组成的渠道系统的领头人。渠道领头人不一定非制造商不可，正如我们在麦当劳公司和西尔斯公司的例子中所见到的。有些渠道没有渠道领头人，渠道中的每个公司都按自己的意愿行事。

8.3.4　渠道的合作、冲突和竞争

无论对渠道进行怎样好的设计和管理，总会有某些冲突，最基本的原因就是各个独立的业务实体的利益不可能总一致。这里我们讨论三个问题：在渠道中产生哪种类型的冲突？渠道冲突的主要原因是什么？以及怎样才能解决渠道冲突？

1. 冲突和竞争类型

假定一个制造商建立了包括批发商和零售商的各种渠道，制造商希望渠道合作，该合作产生的整体渠道利润将高于各自为政的各个渠道成员的利润。通过合作，渠道成员能够更有效地了解目标市场，为其提供服务，满足其需求。

但是，垂直、水平和多渠道的冲突也产生了。垂直渠道冲突是指同一渠道中不同层次之间的利害冲突，这类冲突更为常见。水平渠道冲突是指存在于渠道同一层次的成员公司之间的冲突。多渠道冲突产生于在制造商已经建立了两个或更多的渠道，并且它们互相在推销给同一市场时产生竞争。当一个渠道的成员或者降低价格(在大量购买的基础上)，或者降低毛利时，多渠道冲突会变得特别强烈。

2. 渠道冲突的原因

区分产生渠道冲突的不同原因是重要的，有些原因很容易解决，另一些却很困难。

一个主要的原因是目标不一致。例如，游戏公司想要通过低价政策获取快速市场增长，另一方面，经销商更偏爱高毛利和推行短期的赢利率。解决这类冲突是困难的。

有的时候，冲突产生于不明确的任务和权利。例如，游戏公司自己向大城市的网吧推销自己的点卡，但它的授权经销商也努力向这些网吧推销点卡。

冲突还产生于知觉差异。制造商可能对近期经济前景表示乐观并要求经销商多备存货。但经销商却对经济前景不看好。

冲突的原因还在于中间商对制造商巨大的依赖性。例如，汽车经销商的独家经销商，它们的前途受制造商产品设计和定价决策的严重影响，这是产生冲突的隐患。

3. 渠道冲突的管理

一定的渠道冲突能产生建设性的作用，它能带来适应变化着的环境的更多动力。当然，更多的冲突是失调的，问题不在于是否消除这种冲突，而在于如何更好地管理它。以下是几种管理冲突的机制。

最重要的解决方法可能是采用超级目标。渠道成员有时会以某种方式签订一个它们共同寻找的基本目标的协议，内容包括生存、市场份额、高品质或顾客满意。这种事情经常发生在渠道面临外部威胁时，如更有效的竞争渠道、法律的不利规定或消费者要求的改变。紧密的合作也是一个机会，它可以教育各部门为追求共同目标的长远价值而工作。

另一种有用的冲突管理是在两个或两个以上的渠道层次上互换人员。可以推测，经过互换人员，一方的人就能接受另一方的观点和带来更多的理解。

合作，包括参加咨询委员会和董事会等，对一个组织赢得另一个组织领导的支持是有效的，它们会感到其观点被另一方所倾听。一旦发起的组织认真对待另一组织的领导，该合作就会减少冲突。但发起的组织如果想赢得对方支持的话，它也会在其政策和计划的妥协上付出代价。

当冲突是长期性或很尖锐的时候，冲突方必须通过协商、调解或仲裁来解决。协商是一方派人或小组与对手面对面地解决冲突。双方人员或多或少的共同工作将产生共识，以避免冲突尖锐化。调节意味着由一位经验丰富的中立的第三方根据双方的利益进行调停。仲裁是双方同意把纠纷交给第三方(一个或更多的仲裁员)，并接受他们的仲裁决定。

4. 在渠道关系中的法律和道德问题

在大部分地方，公司在法律上自由地发展和安排能适合它们的渠道。事实上，法律对渠道的影响是试图防止公司的排他性战术，因为这使其他公司不能利用它希望的渠道。当然，这也意味着公司自己也应避免使用排他性战术。当渠道成员形成关系后，大多数的渠道法律涉及它们的共同权利和责任。下面简明地研讨一下某些渠道工作中的法律问题，包括专营交易、专营地区、联结协议和经销商权利。

（1）专营交易。

许多生产商和批发商喜欢为他们的产品发展专营渠道。当销售者仅允许一定的销售点经营其产品时，该战略就称为专营分销。当销售者要求这些经销者不能经营竞争者的产品时，这战略就称为专营交易。专营后双方的利益是：销售者取得更忠实和可信赖的售点，经销商获得稳定的货源和更强大的销售支援。但专营排斥了其他生产商向这些经销商的销售。

（2）专营地区。

专营交易经常涉及地区安排，生产商可以同意在规定的区域内不销售给其他经销商；或者，买方可以同意只在自己的地区中销售生产商的产品。第一种做法是在特许专营系统下增加了经销商的热情和义务，它是完全符合法律的——销售者没有法律责任向超过他所希望的更多的售点销售。第二种做法是生产者努力防止经销者在本地区销售其他产品，这在法律上成为一个重要的待解决问题。

（3）联结协议。

强有力品牌的生产商有时只允许经销商经销他产品线下的部分或全部产品，这被称为全产品线经营。这种联结协议并非不合法，但如果协议实质上减少了竞争，在美国这就违反了克莱顿法案。这种做法阻碍了消费者从竞争的供应商中购买其他品牌的自由选择权。

（4）经销商权利。

生产商可自由选择他们的经销商，但终止经销的权利是有某些限制的。一般来说，生产商终止经销商要有"某些理由"。例如，如果经销商拒绝在有争议的法律协议下的合作，如专营交易或联结协议，则生产商不能终止与经销商的合同。

8.4　游戏市场销售策略

由于MMORPG网络游戏的特性，导致中国游戏市场产品同质化，现在已经影响了网游市场的进一步发展，在这种情况下，自从盛大网络宣布其产品免费的消息，让中国网络游戏市场进入了一个全新的市场格局。转变收入模式可以令游戏运营商另辟蹊径，免费运营只是将通过在线时间收费的方式废除，但是，游戏中的大量增值项目还将继续保留，比如闯关、任务、道具、商城等，这些项目带来的收入仍是相当可观的。

同时，游戏玩家的消费习惯正在改变，免费游戏对于他们而言更有吸引力，将会吸引更多玩家的关注。存在大量现实用户的网络游戏可以通过发展其附加价值扩展增值项目进行收费。并且，游戏运营公司提供的免费运营服务使玩家消费游戏点卡不再有规律，使得玩家更远离中间商而与游戏运营商之间保持更紧密的联系，这也使游戏运营公司更多地参与到玩家消费当中，不仅可以有效地了解、分析玩家的消费习惯和倾向，还可以更有针对性地对玩家市场进行深度开发，实现深入的细分市场营销，节约了中间商成本。

游戏运营公司在对玩家进行直接营销中，免费运营可以使游戏公司为玩家提供更多的产品品种、更多的产品组合以及更多的产品促销方式。免费运营带来了大量的游戏用户且运营商直接参与销售，在进行广泛的直接营销过程中，将会形成公司式垂直营销系统。

8.5　本章小结

在公司的产品将要面向市场的时候，关于这个产品的价格是否可以让消费者认同以及如何将产品送到消费者手中这两个问题，直接影响公司的收入。因此，在制订价格时，对于开发、运营游戏的成本以及对产品销售的市场定位极为关键。当然，作为营利性企业，还不得不考虑将自己运营产品的利润最大化，一些相关的其他因素也成为价格制订的参考因素，如心理因素。在建立销售渠道的过程中，一个庞大的销售团队的维持费用是极为昂贵的，因此，单独的产品是无法养活的，如何处理好销售组织和投入成本的问题，将是所有管理层面对的严峻考验。应记住，随着企业的发展，销售渠道是会变化的。

8.6　本章习题

（1）定价追求的主要目标是什么？

（2）定价的方法有哪些？

（3）营销渠道的成员执行的重要功能有哪些？

（4）渠道可以提供哪些服务？

（5）评估渠道有哪些标准？

（6）斯特恩和吉米尼咨询公司总结的改进整个渠道战略的步骤是什么？

技术支持

教学目标

- 了解服务的特点与分类。
- 了解游戏公司客服的职能、服务宗旨和工作内容。

教学重点

- 掌握游戏测试的各个阶段。

教学难点

- 游戏版本更新维护的分类。

　　一款网络游戏的推出需要技术开发和技术维护两方面因素，如何降低技术开发成本，对游戏开发商非常重要，而低成本的技术维护和完善的技术支持是游戏运营商所关注的。

9.1 技术维护

每一个生产者都必须出售可使用的产品和/或服务，才可以获利。网络游戏是一个由开发商提供有形产品，运营商提供无形服务的综合产品，两者紧密结合，缺少其一，就无法成为一个有效产品。因此，作为网络游戏赢利的关键一环，运营期间的技术维护是游戏发行后，游戏是否可以如期、持续赢利的关键。

9.1.1 游戏测试

每一个即将上市销售的产品，其生产者都必须保证产品的可使用性。假如一部汽车无法向前行驶，那么消费者将不会购买，如果这个问题得不到解决和及时处理，那么消费者将永远不会购买，这将成为一个失败的产品。

测试不仅仅是在产品开发完成后进行，在面向市场进行正式销售前，同样需要进行测试。不同的阶段测试的目标不同，下面我们列举不同的测试阶段。

1. 软件调试

软件调试是在游戏软件主体基本开发完成后才开始的工作，它与软件开发当中的测试不同，测试的目的是尽可能多地发现软件中的错误，调试的任务则是进一步诊断和改正程序中潜在的错误。

调试活动由以下两部分组成。

(1) 确定程序中错误的确切性质和位置。

(2) 对程序(设计、编码)进行修改，排除这个错误。

通常，调试工作是一个具有很强技巧性的工作。一个软件人员在分析测试结果的时候会发现，软件运行失效或出现问题，往往只是潜在错误的外部表现，而外部表现与内在原因之间常常没有明显的联系。如果要找出真正的原因，排除潜在的错误，不是一件易事。因此可以说，调试是通过现象找出原因的一个思维分析的过程。

2. 封闭测试

封闭测试的主要任务是游戏公司在小范围内通过部分专业玩家对游戏的品质进行评测，发现游戏产品中的不足和缺陷，尽量满足广泛玩家的需求的过程。

封闭测试可以说是对游戏产品推向市场的过渡工作，它不仅是解决技术问题的步骤，同时也是通过专业玩家对游戏产品进行市场推广的一个大好机会。

3. 公开测试

公开测试(公测)的目的是检测游戏软件和运行游戏的服务器是否达到设计承载人数标准的测试。虽然人们用了许多保证软件质量的方法，但是，难免遇到工作中犯错误或在产品设计初期考虑不成熟的因素。

与封闭测试一样，在公开测试阶段，游戏市场推广人员将会尽可能多地吸引玩家来体验游戏，因为这个阶段是免费向玩家开放的。其工作目标是告知(吸引玩家对这款游戏的注意)和说服(让玩家形成购买行动)。

9.1.2　游戏配平

"配平"是玩家中流行的一个术语，用来形容游戏机制和属性参数的调整。这些调整会导致向某些玩家身上取"权利"的改变。调整一些人物属性、技能的行为叫作配平(例如，把装备的石弩变成弩)。研发人员经常用"游戏平衡"这个词来形容这种行为。

一定要注意的是：一旦游戏付费，配平应该与玩家广泛沟通，以保证玩家对游戏的修改充分知情。举个最简单的例子：如果玩家花了数周的时间为了达到某个目的而废寝忘食，终于完成之后，突然发现运营商将其修改成在几个小时就实现的，他们会因此而暴跳如雷。这种感觉就像你花了几十万元买回了一款跑车，刚开出卖场的时候，突然从后视镜里看到商家挂出打八折的牌子。

很多开发人员有一种作为"上帝"的心理快感：看吧，我对游戏的修改将影响成千上万人，他们的喜怒哀乐都在我的掌握中。这种虚妄而危险的自我膨胀倾向已经造成了太多悲剧。即使对游戏的修改并没有包含开发人员的草率心态，而是经过了运营团队充分论证，也应该提前与玩家充分沟通。原因很简单：这是玩家的游戏，不是"你"的游戏，你无权浪费玩家的时间和金钱，一旦你冒犯了玩家，玩家就将抛弃你。

9.1.3　服务器维护

网络游戏运行的载体是服务器和个人计算机，虽然游戏产品已经销售给游戏玩家，游戏运营商同时销售的还有游戏运行服务器的使用权。因此，游戏服务器运行的稳定和日常维护将成为游戏运营公司为玩家提供的主要服务之一。

在游戏运营之初，必须搭建起至少一组服务器，之后，在运营过程中根据市场需要添加服务器或服务器组。在一组服务器中，需要多台不同功能的服务器组合使用，其中包括认证服务器、更新服务器、计费服务器等若干台服务器，其拓扑结构如图9-1所示。

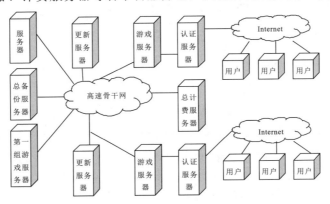

图9-1　网络游戏服务器的拓扑结构

如何将服务器合理安排，保证玩家游戏的安全性、稳定性是游戏公司需要面对的重要问题，好的游戏产品应该是单组服务器承载人数多，数据流量带宽小。好的服务器架构应该安全性高、稳定性好、易维护。

9.1.4 数据维护

技术部门需要对玩家的数据进行实时监控，以便随时发现并解决问题。这里所指的问题不一定是Bug或是故障，主要是对取得的数据进行分析，然后和预先的设定进行比较，看一下和自己预计得到的结果有多少差距，然后再对数值进行适当的调整。监控的目的有两个：一是了解一下玩家的升级速度是否正常，是否使用了外挂等非正当手段；二是查看游戏物品的掉落设置是否合理，以便为游戏配平提供参考依据。

在现在免费运营的大潮中，数据的获得还可以帮助市场推广人员完成细分市场、制订促销策略等工作。

9.1.5 版本更新维护

在软件开发完成交付用户使用后，就进入软件运行/维护阶段。版本更新维护实际上是游戏软件维护的基本方式。一个产品是有寿命的，但是如果不断地对产品进行更新、完善等工作，就可以延续产品的寿命。要求进行维护的原因多种多样，归结起来有以下三种。

（1）改正在特定的使用条件下暴露出来的一些潜在程序错误或设计缺陷。

（2）因在软件使用过程中数据环境发生变化(例如一个事务处理代码发生改变)或处理环境发生变化(例如安装了新的硬件或操作系统)，需要修改软件以适应这种变化。

（3）用户和数据处理人员在使用时常提出改进现有功能、增加新的功能，以及改善总体性能的要求，为满足这些要求，就需要修改软件，把这些要求纳入软件之中。

由这些原因引起的维护活动可以归为以下几类。

1. 改正性维护

在软件交付使用后，由于开发时测试的不彻底、不完全，必然会有一部分隐藏的错误被带到运行阶段中，这些隐藏下来的错误在某些特定的使用环境下就会暴露出来。为了识别和纠正软件错误，改正软件性能上的缺陷，排除实施中的误使用，所应当进行的诊断和改正错误的过程，就叫作改正性维护(Corrective Maintenance)。

2. 适应性维护

随着计算机的飞速发展，外部环境(如新的硬、软件配置)或数据环境(如数据库、数据格式、数据输入/输出方式、数据存储介质)可能发生变化，为了使软件适应这种变化，而去修改软件的过程就叫作适应性维护(Adaptive Maintenance)。例如，适应性维护可以是为现有的某个应用问题实现一个数据库；对某个指定的事务编码进行修改，增加字符个数，调整两个程序，使它们可以使用相同的记录结构；修改程序，使其适用于另外一种终端。

3. 完善性维护

在软件的使用过程中，用户往往会对软件提出新的功能与性能要求，为了满足这些要求，需要修改或再开发软件，以扩充软件功能、增强软件性能、改进加工效率、提高软件的可维护性。这种情况下进行的维护活动叫作完善性维护(Perfective Maintenance)。

4. 预防性维护

除了以上三类维护外，还有一类维护叫作预防性维护（Preventive Maintenance）。这是为了提高软件的可维护性、可靠性等，为以后进一步改进软件打下良好基础。

通常，预防性维护的定义为："把今天的方法学用于昨天的系统以满足明天的需要"。也就是说，采用先进的软件工程方法对需要维护的软件或软件中的某一部分(重新)进行设计、编制和测试。

在整个软件维护阶段所花费的全部工作量中，预防性维护只占很小的比例，而完善性维护占了几乎一半的工作量，如图9-2所示。从图9-3中可以看到，软件维护活动所花费的工作量占整个生存期工作量的70%以上，这是由于在漫长的软件运行过程中需要不断对软件进行修改，以改正新发现的错误，适应新的环境和用户新的要求，这些修改需要花费很多精力和时间，而且有时修改不正确，还会引入新的错误。同时，软件维护技术不像开发技术那样成熟、规范化，自然消耗的工作量就比较多。

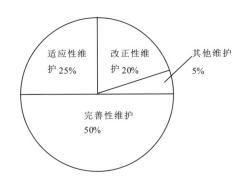

图9-2　三类维护占总维护的比例

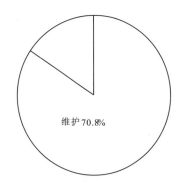

图9-3　维护在软件生存期所占的比例

在每一次游戏更新时，开发人员都会提供一个更新版本号作为标识，这个一串数字或数字与字母组成的版本号对于管理者和营销人员来说是很难理解的。但是，版本号不仅可以帮助运营公司及用户了解更新的情况，同时还可以了解所更新的意义，因此，我们来了解一下版本号的规则。

软件配置，也称版本号，实际上是一个动态的概念。一方面随着软件生存期的向前推进，SCI(软件配置管理的对象——软件配置项)的数量在不断增多，一些文档经过转换生成另一些文档，并产生一些信息；另一方面又随时会有新的变更出现，形成新的版本。因此，整个软件生存期的软件配置就像一部不断演变的电影，而某一时刻的配置就是这部电影的一个片段。

为了方便对软件配置的各个片段即(SCI)进行控制和管理，不致造成混乱，就必须给它们命名，再利用面向对象的方法组织它们。通常需要标识两种类型的对象：基本对象和复合对象。基本对象是由软件工程师在分析、设计、编码和测试时所建立的"文本单元"。例如，基本对象可能是需求规格说明中的一节、一个模块的源程序清单、一组用来测试一个等价类的测试用例。复合对象则是基本对象或其他复合对象的一个收集。

每个对象可用一组信息来唯一地标识它，这组信息包括名字、描述、一组"资源"以及"实现"。

例如，QQ的版本定义如表9-1所示。

表9-1　QQ的版本定义

名　字	名字描述	描　述	资　源	技术实现
QQ	2066	Beta1	SP1	V06.0.101.200

9.1.6　日常维护

经常玩网络游戏的朋友都会注意到一个现象，一般每个服务器一周都会有一次例行停机维护。虽然每个服务器一周只进行一次停机维护，每次维护的时间都在两小时以内，但由于服务器较多，而每个区每个组的服务器维护时间都要错开，实际上，技术维护人员基本上每天都要进行这些工作，才会使所有的服务器都能正常运转。

（1）一般来说，日常维护包括以下内容。

① 每2小时检查一次各服务器(包括下载、论坛、网站等)运行是否正常。通过流量监视。

② 对服务器异常要求10分钟内响应。

③ 对游戏服务器进行数据库备份，其中包括：

④ 网关服务器的好友及帮会信息，角色服务器的角色数据库(一天一次)。

⑤ 将备份数据上传，清理磁盘空间，要求各个服务器(包括网关和角色)有足够的剩余空间。

⑥ 将所有备份数据下载到本地数据备份计算机上，由值班网管定期刻录到DVD光盘上。

⑦ 记录服务器非维护重新启动的时间、原因及处理结果(填写由客服提交的报告单)。

⑧ 每周统计平均维护时间(根据值班日志记录)，每周做报表，提供考核标准。

（2）其他工作如下。

① 如果有更新包，服务器端更新要求逐一检查，确保所有区服都已完成，并无遗漏。

② 由晚班网管将自动更新包和升级包上传到自动更新服务器以及下载服务器上。

③ 通知网站组添加更新包链接。记录更新的内容及日期、大小。

④ 在例行维护时，分别重启网关和角色服务器，如果同时有更新，则延到后一天维护。

⑤ 定时提取操作失败及Bug记录，发给相关人员，以备处理。

⑥ 服务器硬件安装维护记录，如硬件故障、提交相关人员、修复等。

⑦ 在接班时交代下一个值班网管注意和了解的事情。

⑧ 按照网管值班日志工作，并详细填写网管值班日志。

另外，还有一些不定期的工作，比如更改密码、系统更新、安全漏洞补丁、防新病毒补丁(随时注意安全隐患)等。

9.2 技术服务标准

在游戏运营过程中，出现技术故障是经常的而且是不可避免的，所以对技术人员要求的重点，是解决问题的态度和效率，而不是简单地要求不出问题。但尽量要避免的是出现重大问题，对游戏运营影响很大的问题被定义为事故。问题是不可避免的，出现问题及时解决即可，而事故则应尽量避免，对造成事故的人员要坚决追究责任，严肃处理。

9.2.1 责任事故等级

责任事故依照事故影响程度的大小，通常由重到轻分为五个等级：AA、A、B、C、D，具体的事故描述和对应的事故等级如表9-2所示。

表9-2 事故责任等级划分

编号	事故描述	影 响	事故等级
1	角色回档	半小时内/3小时内/8小时内/超过8小时/超过24小时	D/C/B/A/AA
2	账号数据丢失		AA
3	单组游戏服务器停机	半小时内/3小时内/8小时内/超过8小时/超过24小时	D/C/B/A/AA
4	多组游戏服务器停机	半小时内/3小时内/8小时内/超过8小时/超过24小时	D/C/B/A/AA
5	所有地区游戏服务器停机	半小时内/3小时内/超过3小时	B/A/AA
6	账号数据泄密	预发放账号外泄/账号数据库泄密	A/AA
7	点卡数据泄密	预发放点卡外泄/点卡数据库泄密	A/AA
8	游戏中重大Bug	会对玩家账号数据角色数据产生重大影响/已对玩家数据产生重大影响	A/AA
9	自动更新无法下载		C
10	充值注册系统Bug		AA
11	BBS停止服务	2小时/4小时/8小时	D/C/B
12	官网停止服务	2小时/4小时/8小时	D/C/B

9.2.2 技术人员工作规范

作为游戏运营的技术部人员，要严格遵守以下守则。

（1）严格遵守公司的各项制度，尤其是保密制度，技术部人员由于工作原因，会接触到公司内部的机密数据，不得向其他人员透露相关信息，包括本公司的非本部门同事。如果确有必要，要提请相关的主管人员。

（2）严禁利用职务之便私自谋取游戏中的利益，比如为自己或朋友修改金钱、装备、等级、技能等游戏数据。

（3）技术人员值班时间，值班人不得无故离开监控岗位，如需离开，要锁定计算机。最好任意时间至少一名技术人员在岗。

（4）不许在监控机上安装可能危害系统安全的程序，如黑客程序，包括客户端程序。不许安装严重占用带宽的软件，例如BT下载。

（5）值班技术人员要按值班时间到岗，如有意外情况，应及时与在岗负责主管联系，说明原因，由在岗主管负责协调。

（6）值夜班的人员要认真负责，及时处理相关部门提交的问题，不能放松警惕。

（7）值班人员应详细填写值班日志，以备后查。

由于技术部的工作存在特殊性，任何一个技术人员在处理任何一个小问题时，如果出现问题，就会影响到整个运营，因此在遵守工作守则的前提下，技术部人员的每一项工作都要规范，所做的每件事情都要填写表格，登记在册。这样，一是最大限度地防止事故的发生；二是万一出现问题，有记录可查，可以尽快地排除故障。

9.3 本章小结

关于网络游戏的技术支持，是可以最直接反映游戏运营效果的因素之一，因此，任何一家网络游戏运营公司都必须拥有自己的技术团队、技术流程和24小时的技术支持人员。关于技术支持的相关工作内容，均是产品开发的后续工作，因此本章并没有做详细的介绍，但是，技术支持的好坏直接影响网络游戏玩家的忠诚度，在游戏运营过程中切记不要忽视。

9.4 本章习题

（1）调试活动由哪两部分工作组成？

（2）市场营销人员在游戏公测过程中的工作目标是什么？

（3）什么是游戏配平？

（4）游戏版本号包括哪些信息？

（5）你是否遭遇过游戏运营事故？如果有，对运营商的处理方法做简单评价。

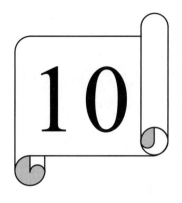

售后服务

教学目标

- 了解服务的特点与分类。
- 了解游戏公司客服的职能、服务宗旨和工作内容。

教学重点

- 游戏公司客服的职能。

教学难点

- 服务性公司营销工作的应用方法。

　　每件产品或服务被消费者购买后，厂商都需要为其提供良好的延续服务。例如，消费者从汽车厂商处购买汽车，汽车厂商要为消费者提供展示、讲解、办理手续、送货、修理和保养、帮助操作等服务。事实上，许多企业都发现了把销售服务作为独立利润中心的机会。近年来，服务业的惊人增长成为主要的大趋势之一。在美国，从事服务业的人数占总就业人数的79%，其产值占国民生产总值的74%。

10.1　服务的特点与分类

服务是一方能够向另一方提供的基本上是无形的任何活动或利益，并且不导致任何所有权的产生。它的产生可能与某种有形产品联系在一起，也可能毫无关联。

一个公司对市场的供应通常包含某些服务在内，这种服务成分可能是全部供应的较小部分，或者是全部供应的较大部分。

10.1.1　服务的类型

服务供应可分为以下五种类型。

1. 纯粹有形商品

此类供应主要是有形物品，如香皂、牙膏或盐等，产品中没有伴随服务。

2. 伴随服务的有形产品

此类供应包括附带旨在提高对顾客的吸引力的一种或多种服务的有形商品。例如，汽车生产商出售的汽车包含保单、维修和保养说明等在内。

据李维特观察："普通产品(如汽车、计算机)的技术越复杂，它的销售越发依靠其伴随顾客服务的质量和效用(如展览室、送货、修理和保养、帮助操作、培训操作人员、装配指导、履行保证等)。从这个意义上说，通用汽车公司是一家服务密集型的而不是制造密集型的企业，如果没有服务，它的销售就会萎缩。"

3. 有形商品与服务的混合

此类供应包括相当的有形商品与服务。例如，餐馆既提供食品又提供服务。

4. 主要服务伴随小物品和小服务

此类供应由一项主要服务和某些附加的服务和辅助物品一起组成。例如，航空公司的乘客购买的是运输服务，他们到达目的地的开支并没有表现为任何有形的物品，但是，一次旅程包括供给某些有形物品，如食物与饮料、票根和航空杂志。这种服务的实现需要有被称作飞机的资本密集型的实物，但是主要项目是服务。

5. 纯粹服务

此类供应主要是提供服务，如照看小孩、精神治疗和按摩。

由于商品与服务的组合千变万化，除非对服务做进一步的区分，否则，对服务做结论性的概括是困难的。然而，做某些概括也是安全的。

第一，服务可区分为以人为基础的服务和以设备为基础的服务。而以设备为基础的服务还可根据其是否自动化或是由不熟练或熟练的操作人员监控进一步区分；以人为基础的服务也可根据其是否由不熟练的、熟练的或专业的工作人员提供加以区分。

第二，有些服务需要顾客在场，而有些则不需要。例如，做脑外科手术的顾客就必须在场，而修理汽车的顾客就不需要在场。如果顾客必须到场，服务提供者就必须考虑顾客的需要。因此，美容院经营者必将投资于店堂的装饰、背景音乐以及同顾客进行轻松的交谈。

第三，服务亦可按是满足个人需要(个人服务)还是满足企业需要(企业服务)来加以区分。医生为私人或受雇于某企业为其雇员做身体检查所定的收费标准是不同的。服务提供者通常对个人和企业市场制订不同的市场营销方案。

第四，服务提供者也因其目的(营利或非营利)和所有权(私有或公有)不同而有所不同，当这两方面的特点交叉时，便产生了四种完全不同的服务机构类型。显然，一家由私人投资开办的医院与私立慈善医院或退役军人管理局医院的营销方案是不同的。

10.1.2　服务的特点

服务有以下四个主要特点，对制订营销方案的影响很大，它们是无形性、不可分离性、可变性和易消失性。

1．无形性

服务是无形的，服务与有形产品不同，在被购买之前是看不见、尝不到、摸不着、听不到或嗅不出的。如人们做"面部整形手术"，在购买这种服务之前是看不见成效的；网络游戏好玩不好玩、游戏当中是否流畅、安全性等也是玩家在购买前无法了解的。

购买者为减少不确定性，寻求服务质量的标志或证据，他们将根据看到的地方、人员、设备、传播资料、象征和价格，对服务质量做出判断。因此，服务提供者的任务是"管理证据"，"化无形为有形"。产品营销者受到的挑战是要求他们增加抽象观念，而服务营销者受到的挑战则是要求他们在其抽象供应上增加有形证据。

2．不可分离性

一般说来，服务的产生和消费是同时进行的。这与有形商品情况不同，有形商品是被制造出来后先投入存储，随后销售，最后被消费。如果服务是由人提供的，那么这个人就是服务的一部分。因为当服务正在生产时顾客也在场，提供者和顾客相互作用是服务营销的一个特征，提供服务的人和顾客两者对服务的结果都有影响。

就游戏和娱乐服务的情况而论，购买者对提供者是谁是极为关心的。如果在郭德纲的相声专场上，报幕员宣告说，郭德纲微感不适，将由于谦代替，这样，所提供的服务就有所不同了。当顾客对提供者有强烈的偏好时，则可用价格作为标准来合理分配受偏爱的提供者的时间的有限供应。

对于这种限制可以采用几种不同的战略。服务提供者可以学会为大群体服务，休闲网络游戏就是从MMORPG网络游戏面对的拥有大量充裕时间的专业玩家转向了仅有少量时间、希望迅速娱乐的大量非专业玩家。服务机构可以训练更多的服务提供者和提高顾客信任。例如，海尔公司及其遍布全国各地的训练有素的售后维修网络就是这样做的。

3．可变性

服务具有极大的可变性，因为服务取决于由谁来提供以及在何时和何地提供。某些医生有高超的临床经验并能善待儿童，而另一些则态度生硬且对儿童缺少耐心；某些外科医生有良好的开刀记录，而另一些却缺少成功的案例。

公司对质量控制可采取以下三个步骤。

（1）提高工作人员的素质。例如航空公司、银行和大饭店不惜花大笔费用来训练员工以提供优良的服务。

（2）在组织内将服务实施过程标准化。图10-1显示了花卉传送组织的执行过程。顾客要做的就限于拨电话号码，选择所要的花，以及提出订货要求。而花卉组织要收集鲜花，将花插入花瓶，然后送花，最后收取货款。

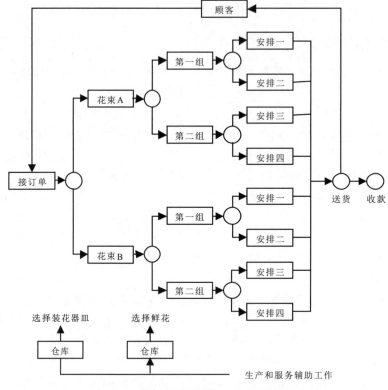

图10-1 服务执行过程：全国送花业务

（3）通过顾客建议和投诉系统、顾客调查和对比购买，追踪顾客的满意情况。用这种方法可使质量较差的服务被察觉出来并设法改正。

4. 易消失性

服务不能存储。许多医生对未能按事前约定时间前来就医的病人不会收费，其原因在于服务的价值只存在于当病人前来就医这一段时间。当需求稳定时，服务的易消失性不成为问题，因为服务所需备品可在事先准备。当需求上下波动时，公司就会遇到困难问题。例如，游戏运营公司由于晚上和假期上线游戏的玩家多于全天的均衡需要，因而必须拥有更多的GM和客服人员。

萨瑟曾论述过一家服务企业为更好解决需求与供给两者之间的矛盾所采取的几种战略。

（1）在需求方面。

① 可采用差别定价方法使某些需求从最高峰转移到非高峰时期。例如，实行白天1.5倍经验值和点卡点数半价等方法。

② 可培植非高峰需求。例如，麦当劳公司开展其"麦克马芬蛋"早餐服务；旅店也开展其周末小休假服务。

③ 可在最高峰时期开展补充性服务，供等候接待的顾客选择。例如，在饭馆可设供应鸡尾酒的休息室供等候空桌子的顾客临时休息之用；银行可设置自动取款机。

④ 预订制度是管理需求水平的一种方法，如航空公司、旅馆和医生已广泛应用。

（2）在供给方面。

① 在需求最高峰时可雇用非全日工作的员工服务。例如，大学注册入学人数增加时可增聘非全日工作的教师；饭店在必要时也可招聘非全日服务的女服务员。

② 在需求最高峰时可以采用有效率的服务程序。例如，雇员在最高峰时期只执行基本的任务。

③ 可鼓励顾客扩大参与部分工作。例如，由患者填写自己的病历，或由玩家自己填写故障投诉申请单。

④ 可发展共用的服务设备。例如，几家医院合资购买医疗设备共同使用。

⑤ 可发展扩大将来业务的设施。例如，游乐园购买周围的土地以便为了将来的发展。

10.2 服务策略

迄今为止，服务性公司营销工作的应用方法仍落后于制造业公司。许多服务企业规模很小，而且不采用正规的管理或营销技术；也有些服务性企业(如律师事务所和会计师事务所)过去曾认为应用市场营销不符合其专业特点；其他服务性企业(如大学、医院)最近面对大量需求仍未能认识到营销的必要性。

传统的4P营销方法主要适用于商品经营，但对服务业来说，它还要注意某些要素。布恩斯和比特纳建议对服务营销还要加三个P：人(People)、实体证明(Physical Evidence)和过程(Process)。由于绝大多数服务是人提供的，所以选择人、培训人和对员工的激励，在顾客满意上差别很大。

从复杂性这一角度出发，格兰鲁斯曾主张服务营销不仅需要传统的4P外部营销，还要加上两个营销要素，即内部市场营销和交互作用的市场营销，如图10-2所示。外部营销是指公司为顾客准备的服务、定价、分销、促销等常规工作。

内部市场营销是指公司必须对直接接待顾客的人员以及所有辅助服务人员进行培养和激励，使其通力合作，以便使顾客感到满意。每个员工必须实行顾客导向，提高服务水平并一贯坚持下去。贝利曾论述营销部门可能做的最大贡献就是"特别善于促使机构的其他部门每个人都实行营销"。

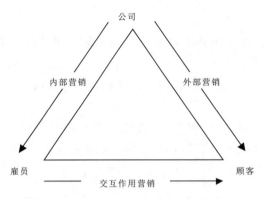

图10-2　服务业的三种营销类型

交互作用的市场营销是指雇员在与顾客打交道时的技能。在服务营销中，服务质量与服务供应者是不可分割的，专业服务的情况尤其如此。顾客评价服务质量不仅依据其技术质量(例如，是否可以迅速处理玩家遇到的技术故障)，而且也依据其职能质量(例如，电话客服语气是否亲切，是否安慰玩家让其不要着急)。专业人员与其他服务人员一起，必须提供"高接触"和"高技术"。

由于服务通常更侧重于经验和信任程度，故消费者在购买时觉得风险较大。这里有几种结果。首先，消费者通常依靠口头传闻而不是公司的广告来消费；第二，他们更多地是通过价格、人员和物质设施等来判断其服务质量；第三，如果满意的话，他们将非常忠实于该服务的提供者。

服务性公司面临三个任务，即提高其竞争差别化、服务质量和效率。这几个方面是互相影响的并存在着一定程度的对抗，我们将逐项分别予以探讨。

10.2.1　管理差别化

服务营销者经常抱怨说，要想做到把他们的服务与竞争者的服务区分开来是件十分困难的事。只要顾客认为服务的差别不大，他们对提供者的关心程度便会小于对价格的关心。

处理价格竞争的办法是发展差别化提供物、交付和形象。

1. 提供物

提供物可以包括一些革新特色以使其有别于他人。顾客所期望的主要是所谓的一揽子服务，在此基础上可以增加次要的服务特色。例如，MMORPG玩家在游戏中可以组建公会、帮派，同时，游戏运营商可以为玩家提供线下的玩家俱乐部服务，让玩家可以有更多沟通、切磋的环境。

2. 交付

一家服务性公司可以在服务交付质量的能力和可信赖的顾客接触人员身上有别于竞争者(例如，现在的游戏点卡不仅在书报亭销售，同时也通过网吧进行销售)。它可以开发更吸引人的物质环境(如游戏主题网吧)，或一个高级的交付程序(选择安全的网络交付方式)。

3. 形象

服务性公司可创造它们的差别形象。它们经常通过符号象征和品牌标记来达到此目的。例如，腾讯公司采用QQ企鹅作为其象征，用在其产品和广告上，甚至提供饲养QQ企鹅宠物和销售QQ企鹅毛绒公仔的新增值产品。

10.2.2　管理服务质量

使服务性公司有别于其他公司的主要方法之一是提供比竞争者更高的服务质量。其中的关键是满足或超过目标顾客对服务质量的期望。他们预期的服务质量是由过去的感受、口头传闻和服务性公司的广告宣传所形成的。顾客在这个基础上选择提供者，并在接受服务之后把感知的服务和预期的服务进行比较。如果感知的服务达不到预期的服务水平，顾客便失去对提供者的兴趣；如果感知的服务得到满足或超过他们的预期，他们就有可能会再次光顾该提供者。营销者在自问怎样努力才能超越顾客期望值时，可检查某些事情做得如何。

柏拉所罗门、塞登尔和贝利系统地提出了一种服务质量模式，其最重要之处是对服务提供者提供预期服务质量的主要要求。图10-3的模式表明了招致提供服务失败的五种差距，现叙述如下。

（1）消费者期望与管理者认知之间的差距。管理人员不能总是正确地认知顾客的需要，或者不能正确认知顾客怎样评价服务成分。

（2）管理者的认知与服务质量规范之间的差距。管理当局可以正确地认识到顾客的需求，但没有建立特定的绩效标准。

（3）服务质量规范和服务提供之间的差距。工作人员可能缺乏训练或劳累过度或没有能力或不愿意满足该标准；或者，标准本身是相互抵触的，如既要求耐心听顾客反映，又要服务得快。

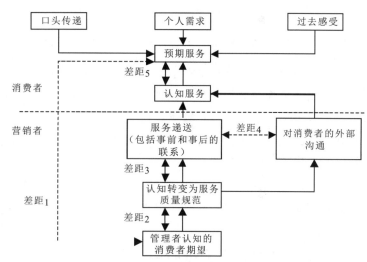

图10-3　服务质量模式

（4）服务提供与外部传播之间的差距。即消费者的期望会受到服务提供者和广告的传播材料所做的允诺的影响。

（5）认知服务与预期服务之间的差距。该差距是指顾客衡量公司的标准不同或没有感觉到该服务质量。

上述研究人员还发现了决定服务质量的五种因素。根据顾客的回答，依重要度排列如下（分数累计100分）。

第一，可信性。执行已允诺服务的可信赖性和精确性的能力(32分)。

第二，责任心。帮助顾客和提供快速服务的心甘情愿的程度(22分)。

第三，保证。员工的知识和礼貌，以及他们传播信任和信心的能力(19分)。

第四，同情心。对顾客照顾、个性化关心的规定(16分)。

第五，有形体现。实体工具、设备、人员和通信材料的体现(11分)。

10.2.3　管理服务效率

服务性公司承受着降低成本和提高效率的巨大压力。提高服务效率有以下七种方法。

(1) 使服务提供者更加努力地工作或工作更加熟练。要求他们努力工作不一定是解决问题的好办法，但可通过挑选和训练提高他们的工作技能。

(2) 在某种程度上放弃服务质量来增加服务数量。

(3) 通过增加设备和标准化流程来实现"服务工业化"。

(4) 用发明一种产品的办法减少或淘汰某种服务需要。

(5) 设计更加有效的服务。例如，使用留言板、论坛或聊天工具等代替电话投诉以减少外地用户打电话花费的时间和金钱。

(6) 鼓励顾客用自己的劳动代替公司的劳动。例如，鼓励用户自己填写投诉申请单、免除拨打客服电话的等待时间。

(7) 利用技术的力量。人们常常在制造企业中考虑用技术的力量节约时间和成本，其实，它在使服务人员效率更高方面也是有巨大潜力的——然而经常不被重视。

10.2.4　管理产品支持服务

前面我们把注意力放在了服务本身的管理上，下面我们结合产品来阐述如何向用户提供综合服务。事实上，产品支持服务已成为取得竞争优势的重要战场。在市场上，公司有好产品但提供差的产品支持服务会造成一系列的不利，提供高质量服务的公司会在业务经营上胜过不太重视以服务为导向的竞争者。

公司必须非常仔细地确定顾客需要，以设计它的产品和产品支持系统。顾客对其所期望的产品的顾虑，应从以下三个方面考虑。

第一是故障频率。即产品在一定的时间内的故障次数。这可用产品信任度方法来测量。一个游戏玩家能原谅其人物在游戏中每个月出现一次问题，但不希望有第二次或第三次。

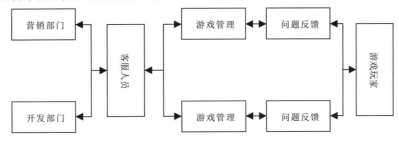

第二是故障排除时间。排除时间越长，玩家的耐心越少，玩家游戏的快感越低，特别是遇到技术人员无能为力时。

第三是排除故障的备用成本。也就是顾客花费在故障排除期间的成本是多少（是否扣点）。

公司必须按先后次序规划其产品设计和服务组合决策。在游戏运营公司，客服经理和技术总监应从产品采购一开始便加入。好的产品设计应减少所需的事后服务量。

10.3 游戏公司客户服务

客服部是网络游戏公司运营中的一个重要部门，所担任的是一个承上启下的职责：上为公司，负责把玩家的意见、建议、游戏里发生的问题等及时地反映到公司其他相关部门，使得游戏能更好地运作，为公司树立良好的形象；下为玩家，也就是用户，把公司最新的动态和游戏最新的更新，第一时间送到玩家的手上，让玩家及时了解到公司对于所运营产品的思想，在玩家心目中营造一个良好的氛围，及时认真地解决每一个玩家所遇到的问题。

客服是公司与客户之间的沟通桥梁，代表公司的耳朵和眼睛，除了聆听客户的声音，及时提供服务以解决客户的问题之外，同时也可以了解市场趋势，并掌握新的客户商机，为公司创造更大的利益。客服人员不再是单纯的服务角色，必须用专业知识去协助公司解决顾客的问题，变成公司重要的信息传递与问题解决的"顾问"。因为顾客有抱怨，就代表公司内部或产品有问题，因此，客服工作已成为一种专业训练，甚至是替企业解决问题的重要咨询者。

图10-4呈现了游戏公司的客服职能。

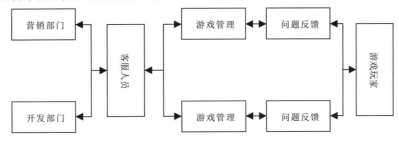

图10-4 游戏公司的客服职能

客服人员是客服部门的灵魂和中枢。因为每一项客户服务，都需要通过人来完成，因此，如何自我培养专业特质与专业技巧，展现多元化、多思维、多角度的客服文化，同时提升自我的能力与价值，创造更多未来的可能性，将会是客服人员人生中最重要的资产之一。展现自我，得到别人的认同与肯定，这将会是最大的成就感。

10.3.1 客户服务的宗旨

游戏公司客户服务的目的在于：判断客户所需要解决的问题、情绪与到底想表达的重点是什么，并尽量提供客户想要的答案，解决客户遇到的问题。公司还可以通过客服将客户资源

客户资源转换成有价值的资产，发掘客户需求，适时提供服务与销售，从而为公司带来更大的竞争优势。

　　客服的工作用两个字来简单描述，就是"服务"。对网络游戏行业来说，客户服务是非常重要的，既要有为玩家(客户)解决问题的热忱，也要符合公司的立场和原则，二者是缺一不可。

　　客服人员要把玩家作为一个朋友来看待，去了解玩家遇到的问题，让玩家感觉到你是他的一个很好的倾诉问题的对象，同时，自己也要摆正自己的位置。对服务人员来说，要把自己作为一个桥梁，一个衔接玩家和公司的桥梁。在尽力为玩家解决问题的同时，客服人员请记住这一点：我是一个窗口，是衔接公司和玩家的窗口，从头到尾我们的服务其实只是一个中心连接点。

　　客服人员要本着为玩家服务的心态去解决玩家所遇到的问题，无论玩家当时的态度如何，都要保持诚恳服务的心态去帮助玩家；要了解玩家的问题出在哪里，感受是什么，要拉近玩家与公司之间的距离，让玩家心满意足。

　　对客服的理念可归纳总结为5S标准：

Smile(微笑)——礼貌、热情的服务。

Speed(速度)——高速、迅捷的服务。

Standard(标准)——统一、规范的服务。

Sincere(真诚)——全心、全意的服务。

Satisfy(满意)——周到、无瑕的服务。

10.3.2　游戏客服的主要工作内容

　　游戏运营公司的客户服务，根据所提供的服务是否在游戏中进行，分成两大类：离线客服与在线客服，具体内容如图10-5所示。

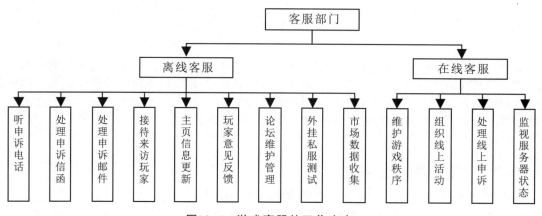

图10-5　游戏客服的工作内容

　　网络游戏公司与一般传统产业或通信业不同，必须兼含游戏在线服务人员与电话服务人员。游戏在线服务人员不仅要服务于消费者的一般问题，还得十分了解正在进行维护中的游戏，担任管理者的职务，以维持游戏中的公平性；而电话服务人员必须与游戏在线服务人员互相配合，了解消费者来电时询问的相关问题，以及消费者一般实体数据的维护与问题解决。两者是相辅相成的，缺一不可，都必须对公司的所有产品充满着热爱与了解，耐心地为每位消费者解决他们所遇到的问题。

10.4　本章小结

　　本章主要针对售后服务的相关内容进行了讲解。通过本章的学习，读者可以了解到服务的无形、不可分离、可变和易消失的特点，并可以针对上述每一特点都提出问题，并采取相应的策略。营销者必须寻求各种方法，使无形的服务成为有形化服务，增加服务提供者的生产效率，增加服务供应品的质量和使之标准化，以及在市场需求的高峰和非高峰协调服务的供应。

10.5　本章习题

　　(1) 通过了解服务的五种基本类型，谈谈游戏业可提供哪些服务类型。举例说明。

　　(2) 谈谈游戏客服的特点。

　　(3) 对于提高管理服务的效率，谈谈你还有什么好的建议。

　　(4) 通过查阅资料的方式了解国内各大游戏运营商的客服系统构建。

　　(5) 你在玩一款网络游戏时，是否与其客服接触过？若接触过，满意度如何？谈谈你对中国游戏客服的一些看法。

11 游戏周边

教学目标

● 了解各类游戏周边的存在与发展。

教学重点

● 中国游戏周边市场的情况与前景。

教学难点

● 虚拟物品与现实之间的关系。

游戏周边是游戏的延伸，也是游戏文化的一种延伸。周边产品将游戏形象定格，然后栩栩如生地制作出来，这给玩家带来的是惊喜，给厂家带来的则是利润，赚钱是必然的。国内几家大的网络游戏运营厂商都已经注意到了游戏周边市场。

在许多行业中，周边产品往往可以带来较大的利润。例如，电影不仅仅在赚票房，与其同时上市的还有海报、服装以及根据其剧情改编的游戏等周边产品。比较典型的就是《泰坦尼克号》，在全球的电影票房高达20亿美元，但是其周边产品带来的利润却远远不止这些。因此，周边产品的魅力和经济效益都不可小看。

游戏产品和电影相似，同样可以衍生出林林总总的周边产品。通常，越强势的游戏作品，其周边产品也越精良。目前国际市场上最有名的就是《古墓丽影》，其游戏产品不仅一度成为市场畅销游戏，并且通过其游戏改编的电影也是赚了大把钞票。

本章介绍目前市场上所涉及的游戏衍生物。

11.1 游戏周边市场概况

游戏周边产品起源于游戏运营者为了更好地宣传游戏和带动玩家而生产的宣传和促销赠品，然后在游戏本身受消费者喜爱的狂热程度促使下，随着游戏产品的消费群体增大，逐渐演变为商品化的实物产品，单独商业运作于游戏产品本身之外，而且产品形式变得多样化，其功能也由以服务于游戏本身为主的功能状态转变为以游戏本身为依托，追求更多商业效益。

从广义上来说，游戏周边产品属于与游戏本身相关的一切外延的产品、服务和行业。从狭义上来说，游戏周边产品是指与游戏相关的商品化实物产品。比较典型的如游戏人物模型等。其现有的具体类型有：首饰系列、公仔系列、小挂饰系列、影音小说系列、家庭装饰系列、日用品系列、传统娱乐产品系列等。

由此可以看出，游戏周边产品是指以游戏为主体，对其形象、主题等内容进行潜在的资源开发，包括以游戏为主题的玩具、食品、饰品、邮票、服装、玩偶等实物，同时也包括音乐、书籍等文化产品。这些不同形式的产品，在游戏周围构成了一个庞大的产业链，在为游戏厂商带来游戏以外丰厚利润的同时，也把游戏同制造业等传统行业紧密地结合在一起，推动着整个产业向前发展。

游戏衍生物的范围非常广泛，不仅有我们经常见到的形象产品，如T恤衫、杯子、钥匙扣、玩偶等，还有游戏内部的虚拟物品、游戏私服、通过游戏进行的竞技比赛、玩家公会组织以及现在政府提倡的绿色网游概念等。

11.1.1 中国游戏周边市场的前景

在游戏行业发达的国家，如日本、韩国、美国等，游戏周边行业也相对非常成熟，并且形式上也形成了一种以游戏文化为导向的成熟的产业现状。相比之下，游戏周边市场在中国目前虽然也有了一定的发展，但远未达到成熟。不过，周边市场已经逐渐被国内网络游戏运营商们所重视。如今，是否拥有周边产品的代理权已成为整个网络游戏代理权洽谈的重要议题。而腾讯、盛大、网易等运营厂商已经着力拓展周边市场，凭借着各自对市场的理解和市场运作上的高招，都取得了不错的成果。

若干年前的·COM浪潮呈现出一个基本事实：无论"新经济"的口号喊得多响，任何经济形态都需要借助于某种产业形式在现实生活中找到落脚点。

在这个思路的影响下，中国的IT经济开始变得无比灵活，电子信息加工制造、OEM产业链，乃至更广义范围内的各种消费电子产品品牌与加工定制的合作，都在为中国IT的"世界工厂"定位做铺垫，而制造业是其中共同的核心。

现在，如火如荼的中国网络游戏行业也准备感受这个"核心"的力量了——种种迹象显示，游戏周边已经成为网络游戏行业新的增长点！

游戏周边的市场前景并不难估算。按照国外的经验，游戏周边市场总值一般是游戏市场的8～9倍。2016年度中国游戏产业年会上公布了2016年中国游戏产业报告。

数据显示，2016年中国游戏用户数达到7.5亿人，同比增长3.3%；2016年，包括客户端游戏、网页游戏、社交游戏、移动游戏、单机游戏、电视游戏等市场实际销售收入达到1840亿元人民币，同比增长22.9%。中国自主研发网络游戏市场实际销售收入达到1200亿元人民币，同比增长35.8%；中国自主研发网络游戏海外出口实际销售收入达到100亿美元，同比增长72.4%。

当然，经济问题不是简单的数字游戏和概念复制，游戏周边在中国目前还刚刚起步，远远未臻成熟，而让人对其长远前景报以信心的理由在于中国制造业的基础和网游市场的契合。

游戏周边制造依托于传统的玩具制造业。而包括玩具制造在内的轻工业一向是我国的优势经济门类。在国内，玩具业贡献了350多万个就业机会，而国际上"中国制造"则占全球六成的市场份额。不过，上述数字并不能勾画出一幅富饶的产业蓝图——品牌附加值的低下，长期以来抑制了中国玩具业的发展。尽管做得很出色也很辛苦，但"孩之宝"们留给我们的利润空间始终很小。正是在这样的背景下，"游戏周边"凸现出了特别的价值——它为中国的玩具制造业带来的不仅是新的产品加工类型，更提供了从单纯玩具向娱乐、教育、生活相结合发展的崭新方向。

自2016年第一季度以来，中国传统产业与网游、页游、手游开发得到比较完美的结合，高速发展的网游周边市场在几大产业板块的碰撞中，逐渐显现出不容置疑的价值。

受到玩家高度关注的《王者荣耀》在游戏正式运营之前，便已然启动了周边产品项目的开发，尽管腾讯一直试图低调处理，但从目前掌握的资料看，《王者荣耀》周边业务这块蛋糕已经把几十家相关企业——包括运营商、制造商、渠道商——牵扯其中；《大话西游》的运营商网易更是明确提出，大力推动周边开发，这款游戏的周边消费额已经达到了其运营收入的40%；同样选择了"周边"作为与网易公司进一步深入开发的切入点……在这样的大环境刺激下，轻工业密集的长三角内部开始催生出一些颇具实力的周边制作商，其中最典型的如杭州网易开发的系列产品。

网易公司(NASDAQ:NTES)是国内拥有自主研发、运营、代理能力的顶尖在线游戏开发运营商。网易拥有在国内开发互联网应用、服务及其他技术方面的领先优势，拥有高素质的精英团队、先进的网络技术及专业经营网络娱乐的经验。本着打造最符合国内玩家口味的产品，做"最体贴玩家游戏"的理念，在网易互动推出的游戏产品中，一直都深受众多玩家喜爱，在线人数在不断攀升，旗下成功运营的游戏有《梦幻西游电脑版》、《大话西游2经典版》、《新倩女幽魂》、《天下3》、《大唐无双·零》、《天谕》等游戏。

在网络游戏市场不断壮大的同时，网易也希望与业界同行深度合作。网易旗下有众多优质的游戏需要更多的渠道资源来拓展用户，也期望能提升网易在游戏市场上的份额，并给予合作方持续、稳定、高额的成果回报。

虽然如此，但也不能说周边市场前景一定会多么美好。因为更多的作坊式的企业规模难以唤起资本的注意，缺乏专业、正规的分销渠道，产品本身受到盗版的侵袭等依然是这个市场正在面临的难题。但不可否认的是，周边产业已在中国市场萌芽。传统制造业经济的基础优势加新兴的网络游戏应用，决定了游戏周边的成长潜质得天独厚。

11.1.2 中国游戏周边制造业的优势

国内游戏周边制造业的优势是明显的。周边制造依托于传统的玩具制造业，而中国一直是世界上最大的玩具生产基地——目前世界上80%的玩具类产品的生产其实都是在中国完成的。在国内，廉价的劳动力资源和生产辅料的集中，使得游戏周边的制造具有坚实的生产基础，加上市场的真空以及潜在的市场规模，中国游戏周边产业的发展拥有其他国家所没有的独特优势。

游戏周边制造业的优势是发展游戏周边的良好基础。

11.1.3 中国游戏周边面临的问题

1. 消费市场期待低端

目前国内游戏周边的主要消费群体是10～25岁年龄段的青少年和儿童，很大部分的消费者对游戏周边仍不熟悉，消费意识还没跟上，故产品不太被接受，市场尚不成熟。而购买者当中，仅有那些游戏狂热者和收集爱好者愿意花费较多的金钱来购买中高端的产品，其余的消费都只是集中在饰品等廉价的产品上。另外，国内游戏周边的流通方式主要是作为游戏或活动赠品免费发放的。

2. 版权问题亟待明确

据不完全统计，目前国内的游戏周边生产厂家不超过10家，能拿到游戏厂商生产授权的屈指可数。其中，规模最大的腾讯居于垄断地位，它手中握有《穿越火线(CF)》、《地下城与勇士(DNF)》、《剑灵》、《天天系列》、《QQ游戏》等游戏的开发权。衍生产品的开发更需要进一步得到拓展，以激活市场的热度。

3. 品种单一，档次定位有问题

从消费者和渠道的反应来看，花样频出的周边均以玩偶和饰品为主。在玩家心目中，除了各种首饰、T恤和玩偶，从纸、笔、水杯、衣帽乃至指甲刀，其实都是可以留下自己心爱游戏的印迹的。在产品定位方面，中国卡通品牌"熊出没"的觉醒可以作为效仿的榜样。自《熊出没》系列动画片播出后，4年多时间里就拥有了1亿"熊出没迷"玩具等衍生产品，"熊出没"也随之成为中国卡通著名品牌。借由品牌效应，深圳方特主题公园推出了4000多种周边的生产，涵盖了玩具、文具、食品、饮料、服装等4～16岁儿童和青少年所需的一系列消费品。最近，通过在一家"熊出没"专卖店所做的简单市场调查，发现比较畅销的周边类型主要包括文具、服装、玩具、饰品等，其中文具的销售占据绝大多数份额，而各种树脂类玩偶最难销售。可以看出，目前熊出没周边的消费对象多为儿童的父母，对于只有摆设作用的玩偶兴趣不大，他们更看重实用性。虽然游戏周边的消费群与蓝猫的情况不是很一致，但是就消费者的反应来看，实用型周边是主要购买对象。

4. 厂家急功近利，渠道占资风险大

目前国内的专业周边生产厂家数量并不多，只有十几家，多由分布在上海、浙江杭州及义乌等地的玩具生产商转型而来，其中又有一部分为盗版制作。不稳定的市场环境、单薄的

产品线、盗版的干扰和急功近利的投机心理，令渠道商举步维艰。很多生产商(以中小型厂商为主)为了降低风险，均要求款至发货，且不予退货。而渠道商的流动资金被占用后，这些生产商许诺的"任意调货"又往往变成空头支票，还屡屡出现调货期限短、厂家随意配货等情况。

5. 没有形成统一的零售渠道，产品价格偏高

国内的游戏周边一直被认为是奢侈品。例如，我们总是只在游戏的豪华版中见到赠送周边。由于发货的渠道不明朗，很多周边以批发的价格由游戏专卖店采购后，老板可以自己定下价格。这样玩家实际上对产品的价格没有底，价格很容易受到商家的影响而抬高，导致游戏周边市场的混乱局面。

6. 盗版猖獗，零售品良莠不齐

只要产品在中国出售，就肯定少不了盗版的骚扰，尤其在游戏相关领域。由于没有正品和赝品的辨别标准，玩家甚至零售商家也无从分辨，市场的混乱导致消费者普遍认为市面上没有正货。在周边玩具类方面，由于国内采用传统加工设备，设计能力薄弱，至今没有权威的玩具研究机构，所以在设计和制作上难以达到精细的程度，成品的质量与盗版的差距不大，加上盗版有低廉的成本和价格优势，正货在盗版的打击下不堪一击。

而在日本，正品周边玩具、模型、玩偶的制作都相当细致，至少在质量上正品占有绝对优势，从而有效地保障了销售市场。

随着网络游戏、页游、手游行业免费大潮的来临，游戏周边市场将成为众多大型网络游戏运营商争夺的一块大市场，如何妥善解决游戏周边产品的市场化问题，将是各大游戏运营商亟须解决的问题。

11.1.4　中国游戏周边还须继续努力

单薄的产品线、羸弱的销售渠道，再加上无处不在的盗版问题，使得大多数国内网游企业对周边产品的开发都比较谨慎，迟迟未向商业行为进化，而大多停留在最初形态上，也就是将周边产品作为游戏品牌的延伸送给玩家。但游戏周边这个包括服饰、玩偶等实物产品，动漫、影视、音乐、书籍等文化产品，在游戏周围所构成的另外一个庞大的产业，对各家网游企业来讲，都着实具有很强的吸引力。有数据显示，周边产品的产值至少能占到游戏本身收入的20%～50%。在日本，游戏与周边产品销售额的比率达3：7而在欧美，游戏、动画与其周边的收益比例接近1：9。

对中国网游企业而言，如果周边产品能使其收入上涨50%，就将是可观的数字。

国外游戏行业内周边领域比较有代表性的如万代、暴雪等，自然不必多说。中国本土的厂商中，前前后后也陆续有许多家尝试着做游戏周边，盛大、金山、网易都有过不小的投入。完美世界算是近年来一直致力于发展游戏周边的公司。像其他网游厂商一样，完美世界游戏运营开展其游戏周边产品运作之初也是以一种辅助品的角色而存在的。到了2008年，完美商城正式上线，把很多与游戏相关的商品搞成了个性定制商品和可流通销售的成品，俨然做起了B to C商城。到2009年，完美时空正式和传统领域的玩具厂商合作，做出了《诛仙》扭

蛋。独立成立了一个部门来运作，致力于游戏周边产品的商业化，完美世界算是网游企业里狠下功夫的。针对前面分析的几点中国游戏周边在产品、渠道、版权上所存在的硬伤，完美世界也做了一些动作，但能解决到什么程度，还有待事实的验证。直到2016年，完美世界的周边产品的开发得到了全面的发展，正在获得丰厚的市场回报。

总之，中国的游戏周边还得靠中国企业自己的努力。发展网游周边，丰富原先略显单薄的产业链条，使网络游戏获得更为多元、稳健的发展姿态，这才是一条健康的发展之路。如果自己的能力有限，学会借势，捆绑传统行业一起发展，相信也是一个不错的方向。在我们看来，中国游戏周边是一块未被开垦的金矿，如果成功了，中国网游业必将进入一个全新的发展时代。

11.2 虚拟物品

网络游戏中不仅有游戏虚拟人物这个基本属性，还要有虚拟物品，才可以使玩家的虚拟人物具有更多的等级和能力，使游戏更加丰富多彩，达到不同的游戏效果。因此，游戏中的虚拟物品，在游戏刚刚面世之时就被玩家作为追捧的一个重要因素而存在。在虚拟世界中，虚拟物的范围包括：

- 虚拟金币(货币)。
- 虚拟装备(武器、装甲、药剂等，即Item)。
- 虚拟动植物(宠物、盆景等)。
- 虚拟角色(虚拟人、ID账号)。

对普通人来说，舒适的住房、名牌服装、高级轿车乃至一根来自古巴的雪茄……这些在生活中令人们玩味已久的商品在游戏世界中同样需要。那些还不能理解虚拟物品也可作为商品交易的人们，那些还没有发觉中国虚拟物品交易市场已经渐渐成形的人们，其心中的误区仅在于，他们总以为游戏仅仅是娱乐，而实际上游戏已是社区，游戏已是生活，游戏已是无边无际的宇宙中切实存在的必要领域。

无论人们在心理上是否认同这个事实，可对中国近8000万网络游戏玩家而言，他们已经把游戏融入了生活。事实上，搭建网络游戏虚拟空间的并非是游戏本身，而是那些正享受在游戏的乐趣中并不停地用自己的大脑与手指扮演一个创造者的游戏玩家。是他们搭建了那个虚拟世界，而他们也要从这个世界中索取，于是便有了需求和购买，于是虚拟世界中的虚拟物品也就有了自己的价值。

11.2.1 虚拟物品的交易方式

早期的与游戏相关的交易是源自游戏点卡销售渠道的闭塞。很多地方的玩家，特别是一些中小城市中的玩家，由于购买不到点卡，无法继续游戏，因此只能在游戏中通过购买别的城市玩家的点卡获得。久而久之便在游戏中形成了一条买卖通路，而这条通道此后也服务于装备等其他交易。

今天，虽然网上各种支付手段已基本成形，但游戏内销售点卡的情况依然广泛存在。这除了因为不少地方的玩家支付依然不畅外，还有一点原因在于，很多玩家学会了以网养网、以玩带玩。他们把游戏中的货币通过一个比价可以兑换为人民币，因此，努力在游戏中获取游戏币，然后再用这些游戏币购买点卡，达到了不用支付人民币便可以继续游戏的目的，更有甚者，他们还会直接将游戏币销售，从而得到真实的人民币。

中期的虚拟物品交易已发展为包括点卡销售在内的大量物品销售了，包括游戏中的装备、物品乃至游戏内的人物等。此外，通过游戏币兑换人民币的方式也变得多种多样，除了以往的"钱"与钱之间的交易外，还衍生出了代练、代刷装备等多种方式。

今天，在网上我们可以找到多如牛毛的公司正在做着多种与虚拟物品有关的"业务"，他们大多是网吧的老板或者某个游戏行会的老大。他们的存在是真实而又隐蔽的，他们并不像一个真正的公司那样有着长期稳定的发展策略，多数是打一枪换一个地方。早期《传奇》火爆，便在《传奇》中挣钱，后续《魔兽世界》热了，又依靠《魔兽世界》赢利。这样的个人、小组越来越多。譬如，曾有一位玩家打了一把屠龙刀(游戏中的极品武器)，结果网吧里的人争先购买这把极品武器，最高出价到了4500元，而此后他便醉心在游戏中打宝挣钱了。又如，另一位玩家在看到虚拟物品交易有利可图之后，投资成立了一个空壳公司，并注入一定资金，然后再由空壳公司租赁场地，招聘大量玩家集中玩某一款游戏，从而以低廉的价格迅速生产大量的虚拟财产，再卖给其他玩家牟利。

11.2.2　虚拟物品的交易现状及前景

由于一些个人、团体乃至公司组织松散、管理混乱，因此整个的虚拟物品市场大环境显得毫无诚信可言。当然，还有一点更为重要的原因在于，交易是在虚拟环境中进行的，这就给诈骗带来了契机。

近几年游戏虚拟物品交易的诈骗案几乎发生于现在每一天、每一款游戏、每一个服务器里。产生这样的现状，主要是由于交易在虚拟空间中的不透明性，人们在交易时，购买的一方往往只能很被动地选择信任，而不是主动地得到可信或者不可信的信息。当然，也有一些小心谨慎的玩家选择了面对面的交易。但是，面对面交易存在着种种弊端：首先是交易困难，游戏中的玩家来自五湖四海，你不能保证有你所需的玩家就在身边。此外，人身安全也存在潜在威胁，例如也发生过某玩家被胁持和强迫交易的案例。因此，有不少专家开始呼吁政府加强对于这块领域的管理，我们以为，政府的管理应该在对于虚拟财产的认可方面，同时明确虚拟物品交易的合法性。而对于具体的市场，相信其本身会在今后一段时间自主调节，譬如近一段时间，便出现了不少提供可靠服务的第三方企业进入了这一领域。我们以好望角公司为例，便可看出现在正有企业专注于这一方面的发展，并及时推出了银行级别的安全交易服务，同时也将传统的手动交易模式改变为自动交易，大大提高了便捷性。

此外，我们还必须关注的是，一些游戏企业本身也重视到了虚拟物品交易对于自身赢利的必要性。譬如，2005年年末盛大公司突然宣布将盛大部分最受欢迎的网络游戏作为免费服务，新运营模式适用于盛大三款顶级网络游戏——《传奇II》、《梦幻国度》以及《传奇世界》。一时间，人们忽然开始探究为什么连盛大这个中国网络游戏界的巨头都开始将通过点卡为主获利模式转向为通过虚拟物品交易为主。其实，盛大的考虑无非在于延长《传奇》这款游戏的寿命，但无论如何，企业的转变也向我们明确了，虚拟物品交易不但有利可图，同时已纳入到各企业的日程当中。事实上，早在盛大之前便已经有了游戏橘子的《巨商》免费运营，同时还有目标的《天骄》、17game的《热血江湖》免费运营，这些免费游戏中，有的同时在线用户竟达到了几十万。虽然他们没有从点卡中获利，但是却通过虚拟装备的交易收入颇丰。而其他一些并未免费的游戏早就开始了虚拟物品交易的商业化运作，只是各家所采用的手法不同。譬如，百事可乐与盛大《梦幻国度》的合作、可口可乐与九城《魔兽世界》的合作，以及腾讯公司《QQ幻想》与娃哈哈的合作等，都是将虚拟物品与现实中的商品结合在一起，一方面帮助游戏聚集人气，另一方面又可以从一些虚拟物品的抽奖活动中达到"无本万利"的目的。放眼海外，SONY在北美运营EQ2所使用的EXCHANGE STATION(据悉与目前国内好望角的模式很类似)，其两组服务器试运行1个月，该项收益为18万美元，大部分收入为角色交易。

由此可见，虚拟物品的交易需求已经达到了一种前所未有的膨胀阶段，而市场对虚拟物品交易服务的需求也在日益增加着。行业中已经有不少厂商主动开发这一方面的业务，也有一些厂商正在思忖如何更好地满足玩家的这些需求。随着网络游戏行业的发展，虚拟物品交易已经史无前例地受到了人们的重视，开始扮演越来越重要的角色，而下一阶段网游的发展，在某种程度上与虚拟物品交易的发展是分不开的。随着行业的成熟，行业分工自然会越来越细致，于是一些提供虚拟物品交易服务的公司便应运而生。

11.2.3 第三方服务机构的介入

虽然游戏企业已经自己开始了对于所拥有游戏的虚拟物品的管理，并找到了可行的办法，但仍然需要有第三方的服务机构存在。事实上，第三方的企业是整个产业链中不可或缺的环节。

对于虚拟物品，我们可以大致将其分为以下两大类。

(1) 游戏内消耗品：包括金币、药剂等。

(2) 非游戏内消耗品：包括装备、账号等。

游戏厂商自身所可以解决的范畴往往对应于游戏内消耗品，而对于第二大类，他们便无法有效管理了。了解游戏的人都知道，一款游戏的魅力在很大程度上取决于游戏内的平衡性，因此一家正常的游戏运营商都会要求员工绝不能参与道具的交易。而了解市场的人也知道，物以稀为贵，一件商品如果充斥在大街小巷，那么它的价值往往会大打折扣。但是在以上所提及的有关虚拟物品交易中所存在的种种问题，更多的是发生于第二大类。这就需要有第三方的服务型企业出现，做出信誉、做出品牌，合理地对线上的虚拟物品交易进行管理，以保证买卖双方的利益不受侵犯。

目前在网上已经有不少类似游戏交易网这样的网站，它们所做的业务主要是，从甲方拿到装备，然后从乙方拿到钱，抽取一定的服务费用，再将装备与钱转给交易的对方。这种中间商的做法，看起来好像是搭建了一个可靠的平台，但实际不然，作为第三方企业还需要具备更多的服务意识。

由于第三方企业既不是行业中的上线，可以提供具体产品，也不是行业中的下线，可以购买后囤积大量商品。因此，它们的全部价值都存在于服务中。从目前的市场情况来看，一个优秀的虚拟交易提供商需要解决以下几个问题。

1. 充足的货源以及对于游戏社区内的了解

货源是虚拟游戏交易中的核心。由于目前正在运行的游戏不胜枚举，而每个玩家又存在于不同的服务器中，因此如何找到一件自己需要的装备，对玩家来说并不是一件易事。这就要求第三方的服务首先要能吸引到尽可能多的销售方，并可以让有需求的玩家最为快捷地找到自己所需的商品。当然与运营商的合作，也是极为必要的。

2. 对于供货方的管理

在解决货源问题的同时，服务方还必须加强对供货方的管理，绝对要避免诈骗行为的出现。记录买卖双方的交易记录，并评价安全等级是否为目前可以采用的比较可行的办法。

3. 保证交易最终成功

由于交易是发生在网上，因此很有可能在交易的最后，由于一方"毁约"而造成交易最终没有完成。在此，第三方的服务可以借鉴类似广发银行"保富通"的办法，让虚拟物品和钱在一段时间内处于"冻结期"。

4. 支付手段的多样性

由于第三方服务机构并不一定必须提供类似Q币或者游戏中的虚拟货币等，因此必须尽可能多地给玩家提供支付手段，以免因无法支付而导致服务效率的降低。

游戏行业越来越重视虚拟物品的交易，各个厂商纷纷在自己产品的道具上做文章；政府管理机构越来越重视虚拟物品的交易规范；行业内的第三方服务提供商也越来越重视此类服务，游戏行业中的许多企业已经搭建了这样的服务平台，并不断寻求更完美、更安全的服务。

由此可见，这个虚拟物品交易正在根据自身的发展而逐步走上正轨，这个行业交易得到了很好的规范，逐步成立了相应的监督机构，成为整个游戏产业链中不可或缺的一环。

11.3　私服外挂

私服和外挂作为网络游戏的一种盗版和侵权形式，已经在中国网络游戏市场发展多年，其中也出现了不少重大事件。私服事件导致很多国内知名的网络游戏面临用户流失等多种重大问题的挑战。私服和外挂的泛滥，已经成了网络游戏厂商永远摆脱不了的噩梦。

有玩家说道：外挂是官服的痼疾，但私服本身就是痼疾。固然，如今的诸多游戏运营商在管理和服务上的确有着一些缺陷，但是收费太贵、练级太慢、好装备太过稀有并不能够作为私服和外挂存在的理由，是你主动要求去玩这个网络游戏，尊重游戏内容和设计理所当然应该成为在游戏中遵守的最高准则。私服在表面上看上去或许真的比官服要好一些，不论是服务还是收费，或者游戏的设计。可是诸多被吸引而去的玩家们在踏上私服的那一刹那，心里有没有想过，你在那耀眼的光环中游戏的时候，现实中却是一步一步踏进了私服的噩梦，梦醒的那天，你将变得一无所有，剩下的，或许只留有那一瞬间的美满感觉；失去的，却是那千金难买之物。

很多人喜欢把私服和外挂混为一谈。其实不然，外挂和私服固然都是非法的东西，但是存在着本质上的区别。私服有着外挂无法比拟的破坏性和阴暗面。私服的存在，不仅仅是侵犯游戏版权这么简单，从更深层次来说，它直接影响到官方服务器的正常运营，"犯罪"二字，或许能够更深切地体现这种破坏的严重性。国家新闻出版总署负责人在新闻发布会上明确表示：互联网络游戏出版经营活动中存在的私服、外挂行为属于非法互联网络出版行为，有关政府机关将按照国家有关法律法规对这种行为坚决予以打击。这无疑对于苦于打击私服束手无策的游戏运营商打了一剂强心针。近几个月来各大运营商打击私服外挂行动的频频发生也很好地说明了这点。当我们看着网星重拳出击打击外挂取得重大胜利，当我们看着新干线明知蜀道之难还是逆流而上打击外挂、私服的决定时，我们可以预见，私服招摇过市的场景，要再见一次也真地很难了。

可是，玩家也是人，他们也有其自己的利益观和道德观，为什么在外界阻力强压之下私服依旧如此流行，那些在私服的玩家对于私服又抱着什么态度呢？在私服问题越发被提到社会舆论日程上来的今天，个人利益至上的叫喊声也不时回荡于耳边，个人与公共利益或许永远是一对冤家，正确与错误，仅仅在你的一念之间。如果运营商少一点赚钱的迫切心态，更合理地为玩家提供良好的服务，也许私服和外挂也不会那么泛滥。这是一条漫长的具有挑战性的道路，私服和外挂的问题各大游戏运营商如何去解决和处理，更多地还要看运营商的态度和解决方式是否被大量的玩家所接受，正版对于中国网络游戏行业来说还是非常重要的。

11.4　竞技比赛

游戏竞技一直以来备受国际大企业的赞赏和广大玩家的支持，目前，已形成了以亚洲的WEG和欧洲的ESWC为主导的国际电子游戏竞技大赛。但是，其中大部分比赛项目均以联网单机游戏为主，最著名的当属CS、魔兽、FIFA等游戏，几乎没有一款网络游戏在国际电子游戏竞技大赛中出现。但是，中国人自己已经创造出很多可以作为竞技比赛的网络游戏产品和比赛项目，如联众的棋牌类游戏、可乐吧的台球都是这方面的代表作品。这些具有中国特色的游戏作品，不仅在国内的游戏市场受到欢迎，还在东南亚和日本、韩国市场闯出了一片天空。而在中国网络游戏发展的历史中，也有例如千年游戏中韩玩家对抗的比赛项目。

但是，作为网络游戏运营商，在电子游戏竞技赛事活动方面却表现得非常冷漠，好像持事不关己的态度。其实，在国外，任何一项赛事都会吸引众多的眼球与金钱，如果国内的游戏运营商可以看到这一点，积极地参与游戏的赛事活动，不仅可以赚到更多玩家的眼球，还可以赚到钞票。

11.5　游戏公会

游戏公会是玩家在游戏外组建的一个非官方组织，这个组织的成员具有共同的爱好，讨论共同的话题。消费者的从众心态在游戏公会中得到了良好的体现，因此，通过一个运作良好的游戏公会，可以帮助游戏运营公司延长玩家的游戏时间，并且还可以帮助游戏运营公司对其所运营的产品进行消费者之间的口碑传播。我们纵观游戏公会的发展历史，就可以清晰地看出，每一款非常受欢迎的网络游戏都成为一个游戏公会发展的阶段代名词。

11.5.1　游戏公会的作用

公会，作为玩家集合的团体，在网络游戏中正发挥着越来越大的作用。无论是大型的PVP活动还是高难度任务，都强调团体的配合，有了公会的统筹安排，游戏变得相对简单且充满了乐趣。

将公会概念在玩家中推广开来的是上一代网游的中坚力量，如《传奇》、《奇迹》等，而真正做到将千千万万个个体的利益整合成为公会的利益，使公会里的所有玩家都能同心同德，朝一个方向大步迈进的，却是两款已经从中国玩家视线中消失的游戏《魔剑》和《EQ》。

欧美制作的网络游戏更加强调玩家与玩家之间的互动，无论是互助还是对抗。个人的力量在欧美网络游戏中显得微不足道。单一玩家很难愉快地在游戏世界里四处闯荡，甚至杀死级别稍高的怪物都有点困难。这样的设定"迫使"玩家必须隶属于一个集体，个人的利益被叠加为团体的利益，数个团体的利益又被整合成为一个公会的利益。在《魔剑》中，公会的势力和公会间的对抗是最大的卖点。在《信长之野望OL》中，公司加入了策略游戏的概念，强调公会中的等级制度和公会的势力范围。

在《魔兽世界》公测期间，不少朋友抱怨国外的玩家素质如何高，国内的玩家某些行为如何如令人齿寒。这类话题最后通常会指向中国玩家素质问题，有人还会联系到独生子女缺乏团队精神的社会现象。其实所谓团体精神，也不过是短期利益和长远利益的辩证关系。以前段时间炒得沸沸扬扬的北美服务器上中国玩家抢掷史诗级装备的事情来说，那个玩家虽然获得了一件他并不能用的史诗级装备，但同时也失去了在这个服务器继续玩下去的资格。这就是短期利益与长期利益的矛盾，选择哪个放弃哪个，相信大多数玩家心里都有一杆秤。

公会的存在是为了保障每位成员的长期利益，一个优秀的管理者应该让所有人都体会到这一点。"尽管我没有得到我想要的装备，但是，和我一个公会的兄弟得到了，增强了我们公会的实力"，在一个公会中，所有人的行为都应以集体利益为先，"为什么应该他得到那件装备呢？因为这件装备在他身上可以发挥更大的作用，为我们公会增加更多的战斗力"。如果集体的利益因为个体的利益微小的差异而无法统一，公会也就形同虚设。在维护公会团结的过程中，会长自己的个人魅力十分重要。这虽然不属于我们所探讨的范围，但不得不承认，有些人天生具有亲和力，他们的话语能够轻易打动别人，产生一种持久的凝聚力。如果你对自己的个人魅力不够自信，也没关系，毕竟成功靠的是努力和运气，天才的成分只占1%。

11.5.2　游戏公会的发展历史

游戏玩家组织早在单机时代就已经存在，而由于互联网的无限沟通，使得网络游戏的玩家组织更加庞大，也更加专业化。下面我们先了解一下网络游戏玩家组织的发展历史。

1．UO时代

特点：原始的、自发的、无序的，依存于服务器。

时间：1996—1998年。

游戏：UO。

解析：这个时期，UO是唯一的网络游戏。作为MMORPG的开山鼻祖，从很多方面来说，UO本身就是一个奇迹，尤其让玩家津津乐道的，是它那高得鲜为后人所达到的自由度。而高自由度本身就是玩家组织的催生剂，就像许多UO小说所描述的那样，那个世界自然地分为两派：红字与蓝字。红字指Pker，蓝字指PPKer，他们或孤雁单飞，或成群结队，最初的玩家组织也应运而生：PK同盟或者反PK同盟，其形式就是欧美游戏的标志性单位：公会。当然，同时还产生了最早的自由人：白字。

1997、1998年的UO中，玩家组织的产生往往是玩家们为了生存而自发团结在一起(谁也不想被恶意PK，但是UO没有PK保护机制)或者来源于几个相识的朋友所组成的小集团。这些游戏组织的目标十分简单，简单的目标自然缺乏长远的凝聚力，所以这些原始组织往往是无序而松散的，一个服务器的兴衰就足以左右其生死。所以尽管这个时期造就了像笑三少这样的网游名人，以及祝佳音、Salala、Raystorm这样的游戏写手，当然还有很多精彩的文章，却没有真正造就一个持续至今的玩家组织。但是，不可否认的是，UO给许多的玩家留下了深刻的印象。曾经玩过UO的人们聚集在一起，就有了所谓UO派组织，但恐怕已经没有一个真正诞生于1999年之前。也许由于UO中的生存环境过于严苛，另外他们进入网游的时间也比较长，所以来自UO的玩家应该是单人技术最好的了。玩过UO的人们很喜欢自豪地向众人宣称："我来自UO！"这个名号可以说意味着他们就是中国网游的先驱。

2. KOK时代

特点：唯一的、系统需要的、发展迅速的、有组织的，不依存于服务器。

时间：1999—2000年。

游戏：KOK。

解析：这是一个中国人讲述的欧美故事，"公会"的这个名字被"组织"所代替，同时国家与领土的出现更是让玩家用自己的母语理解了网络游戏"互动"与"协作"的真谛——可以说这是网游玩家组织的第一次大发展。

最开始大半年中，也就是1999年，国家是游戏中的政治行为主体。所谓国战，就是国家战争，是若干个城邦之间的攻防。但是，由于游戏自身设置的一些缺陷，使得"国家"这个长期束缚在玩家与玩家之间的枷锁慢慢地被人们所遗弃，到最后，国家无非是用来提高自身技能和取得经验的工具。而国家与国家之间的战争多数是通过"组织"之间的矛盾所激发的。"组织"的作用慢慢地强大起来，这时是2000年年初。造成这种现象的原因，正是由于"组织"给每个玩家都提供了一个很好的自由度，一个属于自己的发展空间。每个人加入国家的目的或许是不同的，但加入某个"组织"的成员的志趣是相投的。古书有云："物以类聚，人以群分。"他们或一同完成系统设定的任务，或一同提高各自的级别，或一同参与国家之间的战争。而这时候的"国家"彻底成为一种工具，甚至，不少城邦经过改造，成为某个组织的"战城"。可以说，战争造就了KOK中的组织——虽然KOK已经没落，但那些曾经在KOK中的组织不断地在其他的游戏中打下自己的江山。多年网络战争的经验，使得来自KOK的玩家更懂得团队配合、组织纪律与战术运用的重要性，在日后的很多游戏战争中都证明了他们是目前网游中最强的战斗团队——如果说他们比较像军人，那么大多数玩家的团队战斗中表现出来的水平不过是一群散兵游勇而已。

虽然在KOK设定中玩家必须加入国家，但是由于资源——主要是土地和科技不能被长期垄断，而使得所谓"留学"减少了很多的争斗。再加上丰富的任务设置，使它并没有成为一个完全的战争游戏。说起来，由于当时的价格因素，第一批KOK玩家中的大部分都是白领阶层，他们被人们称为"素质最高的一批中国网游玩家"，不知这是否与他们日后的成功有所联系。

3. 后KOK时代

时间：2000年年底至2001年上半年。

游戏：无。

解析：KOK没落了，没有第二个战争游戏出现来取代它，这是一个战争游戏的真空期，也是玩家组织发展的大倒退。这是《传奇》最辉煌的年代，个人英雄主义是绝对的主角，Teamwork（团队精神）则被当作懦夫的伎俩。

4. 百家时代

时间：2001年下半年至2003年年初。

游戏：天堂等。

解析：很快地，在网络游戏产业所产生的巨大利润的驱动下，网游进入了一个飞速发展的时代。老游戏为了避免被淘汰，大肆进行改版，融入来自其他游戏的可玩点；新游戏则不想错过任何一个吸引玩家的元素，尽可能地"学习"以往作品的优点……大而全加急功近利的思想造就了一个"天下网游一起抄"的年代，一个宠物、组织、战争、道具合成与升级……样样都不能少的年代。事实上，直到现在，我们绝大多数网游还没有脱离这个迂腐的思维定式。

虽然几乎每个游戏都有战争、都有组织，但绝大多数都不过是照猫画虎、邯郸学步罢了。这样环境中的组织基本都依存于游戏，当游戏没落时即做鸟兽散。唯一的亮点当属韩国的第一款网游《天堂》，这个20世纪的游戏同样造就了不少至今仍存在的玩家组织，不过那也是在冰镜湖改版，推出联合血盟以后的事情了。因为以往血盟的人数限制，极大地阻碍了天堂中的组织做大做强。虽然这段时期，玩家组织并没有什么真正的突破，但至少止住了衰势。

5. 欧美时代（SB时代）

时间：2003年。

游戏：SB(Shadow Bane)、EQ(Ever Quest)。

解析：尽管在2002年年末相继进入中国的欧美网游大作在2003年国内网游会战中败走麦城，但是欧美游戏却极大地促进了玩家公会的发展，尤其是一个目前已经关停的游戏：SHADOWBANE(魔剑)！它为网游中玩家组织准备了一块肥沃的土壤，使得众多玩家组织在其领地内繁育壮大，而该款游戏在国内的突然死亡，也为加速玩家组织脱离游戏存在尽了最后一份力。综上原因，称这一时期为SB时代。

如前所述："越是能完美地在网络上再现战争的游戏，越能造就强大的网游玩家组织。"SB就是目前最完美再现战争的游戏。在欧美游戏中，没有战术与纪律的队伍空前的脆弱，个人英雄主义必须依存于团队的整体需求。SB本身对于技能的学习方式的设定，确定了玩家难以脱离公会而存在；而公会能够对土地等资源进行垄断，更加强了战争的必要性。此外，SB中人物的强度设定更确定了其乐趣主要在于人与人之间的争斗，自然战争成了SB第一主题。而且SB的PK限制和UO一样，就是完全没有限制，死亡惩罚和EQ一样，掉钱、掉经验、掉装备——被SB玩家戏称为"收割"的"杀人抢劫"行为完全不会受到系统限制。这样一个大环境，引发了玩家组织的第二次飞跃——生存需要，迫使玩家们自发地向组织靠拢，也迫使组织将自己做大做强——失败的人，很可能被清理出服务器。

随着游戏中战事的不断升级，新的战术不断被发掘出来，而且一部分战争理论已经上升到了战略高度。公会间有外交，公会中有政治——和我们的现实世界越来越像，所以自由人是难以生存的，就像现实世界中没有国籍的人难以生存一样。最终SB中发展出十数个成员过千的公会——这里指的是活人，不是ID——这是其他游戏难以想象的。

唯一遗憾的是，国内的SB最终还是夭折了。不过，各大公会仍然组织成员转战SB亚洲服务器，这样的大规模移民，同样是史无前例的——当然，除了那些牵扯现金利益的外服游戏。

还有一个不得不提的游戏就是EQ，它与SB最大的不同就是SB更注重人与人之间的较量，而EQ则让玩家把心思更多地花在NPC身上。这款2000年的最佳游戏终于在中国的土地上生根发芽。不过可能是因为游戏中设计的玩家所控制的角色过于脆弱这个事实，触动了中国玩家脆弱的神经——也难怪，练到满级的玩家照样不敢单独杀有经验的怪物，组队出去还只能一只一只地杀与自己等级相当的怪物，和日韩游戏里割稻子般的操作相比，实在很难感觉到自己在消费点卡时上帝般的感觉，自然不愿意买账。因此，EQ在中国培养的玩家组织并没有达到世界水平。尽管这些组织做了些世界第一的壮举，但除了部分胡乱炒作的媒体、少数不知情的群众，以及那些亲历壮举的当事人，主流的声音还是认为用耻辱比壮举来形容他们的作为更加贴切。另外，既然EQ是2000年的游戏，又怎么能代表欧美游戏的水平呢？

6. 后SB时代

时间：2003年年底至2008年。

游戏：天堂2、WOW。

解析：往往，随着一款游戏的消亡，因其所构建起来的关系网也将随之支离破碎。但是不同的是，SB的消亡反而使很多玩家组织做大，在某种意义上，它的猝死迫使很多的玩家组织真正做到了脱离游戏而存在——这正是这些组织迫切需要的。

而天堂2与WOW正是绝大多数组织的目标。其中很多玩家组织有组织、有针对性地参加了韩国、中国台湾天堂2的测试，甚至先于媒体得到了有关的第一手资料，让很多人对于玩家组织的能力感到震惊。

7. 多元化时代

时间：2008年年底至现在。

游戏：刀塔传奇、梦幻诛仙。

解析：随着硬件的升级，基于手机平台的各种类型的游戏产品得到更多用户的追捧，特别是微信、QQ等平台商城的逐步开放，使得附属存在的游戏组织及媒介也得到进一步的发展。各个平台的竞争也进入白热化的程度。

目前，玩家组织已经能够脱离游戏而存在，并且自主地进行经营活动——往往是赢利的，而不断做大做强已是大势所趋。很难说明天的玩家组织能够达到怎样一个高度。

11.5.3 游戏公会的管理规则

一套行之有效的规章如同一个扑克游戏的规则一样自然而又必要。如果想加入这个游戏，就要先搞清楚规则，愿意遵守的人留下来玩，不愿意遵守的人可以选择离开。同样，牌技很烂没关系，只要你按照规则出牌，就没有人可以指责你。大多数网络游戏没有对玩家的行为做出太多限制。可是，为了更高效率地进行游戏和发展公会，我们肯定希望会员之间能够和平相处，共同进步，而这些要靠规则的限制才能实现。

规章的具体细节，每个公会可能不太一样，但有几条大的原则却是所有优秀公会共同坚持的。第一条是公平公正。这一点不用解释，在制定公会规章的时候，应该尽量避免使管理层持有太多特权，而且最好把管理层在代表公会执行管理职能和代表自己这两种情况区分开来。第二条是严谨。这一点也无须解释，一般很难做到，只能尽力而为。第三条是奖惩。这应该有一个明确的流程可供参考。

尽管明确了以上原则，实际上，公会规章的制订过程仍然困难重重，尤其是要时刻面对众多公会会员的监督和检验。切记不要将规章制订得巨细无遗，公会规章毕竟不是法律，规定如果定得太过繁琐，只会让会员无所适从，还不如在规章里多写入一些指导性条款。例如，你虽然规定了很多在组队时分配战利品的规则，但遇到一个队伍中有两个玩家为了一件武器或衣服谁更需要的问题争论不休时，你还是会感到十分为难。类似这样的情况很多，你不可能将会员可能遇到的问题一一列举。"授人以鱼不如授人以渔"，这时候，你不如告诉他们"在讨论很难确定归属的物品该谁拿的时候，协商是很有效率的解决办法，协商前请牢记你的队友将和你并肩作战，一起走过你在游戏中的全部时间"。

撰写一篇会员章程对于那些不善舞文弄墨的会长来说可能有点困难，这时可以求助于身边文笔较好的会员。不要害怕将你的权力交给他们，你应该时刻牢记你的义务是管理公会和为公会的会员服务，因此求助于一名值得信赖的会员并没有什么值得羞愧和害怕的。不仅是撰写公会章程这件事，平时遇到困难，你也应当多与会员们沟通，给他们展现自己能力的机会。这样，也许你很快就能找到自己的左膀右臂。

11.5.4 游戏公会的发展过程

游戏公会也像公司一样，经历从弱小到强大的发展过程。当你的公会踏上了轨道，朝着正确的方向全速前进以后，你要注意随时掌控它的方向，不要让它背离创立的初衷。根据具体情况，大致可以将这个发展过程分为三个阶段，即起步、扩张和平稳阶段。

1. 起步阶段

公会具备基本的雏形和框架之后，进入起步阶段。此时公会的首要任务是磨合：管理层之间的磨合、管理层和会员之间的磨合以及会员之间的磨合。这个阶段，公会的管理层可以获得宝贵的管理经验，调整管理方法，发掘会员中有潜力的佼佼者。创会初期的老会员往往是以后的中坚力量。

此时切忌招收过多的新人，否则往往是许多公会"出师未捷身先死"的最大原因。由于管理层欠缺经验或管理不善，大量涌入的新人很容易触发会员之间的矛盾及管理层之间的矛盾，最终导致散会。除了磨合之外，你要尽力提升公会中所有会员的综合实力，不断组织高级玩家带低级玩家，或一起组团去做打装备之类的集体活动。这样，一方面可以融洽会员之间的关系；另一方面，为下一步的扩张提前做准备。培养会员的PVP意识也不能放松，一个只会杀怪的公会很难在服务器中取得自己的地位。你不妨定期组织公会会员进行同级之间的对练比赛，甚至举办"天下第一武道会"这样的活动，并拿出一些装备或者金币作为奖励。就算你不想成为服务器第一公会，随着你的扩张，与其他公会发生摩擦也不可避免，更何况一个没有野心的领导者根本无法凝聚大家的力量。

建立公会的周边设施，如公会论坛和公会QQ群，也是不需要花太多功夫，却能完善公会体制的重要手段。不在游戏中时，大家可以通过论坛和QQ群互相沟通，公会相关公告和活动组织情况也可以在论坛上发布备份。

2. 扩张阶段

兵强马壮的公会将很快进入扩张阶段，这也是公会最为关键的阶段，能否顺利迈过这个阶段是成功公会和小公会的分水岭。这个阶段过渡得是否顺畅、扩张的速度及节奏是否把握得当，则决定了该公会能否在成功之后更上一层楼，成为全服务器众所周知的超级公会。当一个势力迅速崛起的时候，挤压其他势力，冲突和争斗都在所难免。

招收新人终于提上了议事日程，相信你的人事经理已经十分熟悉招收新人的流程和审核标准。如果你们的公会在服务器中起步较晚，或是在起步阶段发展得不太迅速，到这个时候可能就会发现许多大公会业已成型，大部分高等级玩家已名花有主。不用心急，成长太过迅速的公会往往也是最先倒掉的，让你的公关经理时刻留意其他公会的动向，并利用搜索引擎查看服务器高等级玩家的情况，随时准备吸纳从其他公会出来的高级玩家。甚至你可以考虑挖墙脚，有针对性地将某个很强悍的高级玩家从其他公会挖过来。这样做的前提是你有足够的实力，而且最好做得不留痕迹，否则结下仇怨就没那么容易化解了。人才永远是一个公会最为宝贵的财富，扩张阶段最主要的工作就是吸纳人才，在服务器里创出名声，无非是为了更有效率地吸纳人才。

如果你很难从其他公会挖到高级玩家，也没有高级玩家愿意加入你的公会，不妨多参加集体PVP活动。当你们公会的会员集体带着你们公会的会章出现在大型的PVP(与敌对阵营对抗)战场中，屡屡出彩，表现出非凡战斗力的时候，你们公会的名字就会在服务器中迅速传播，那时还怕没有高级玩家来投奔？同时不要放弃接受新人，新人的忠诚度最高，当一个新人在你的公会里从一个小白成长为一个高手时，他对公会的感情是其他诱惑很难撼动的。

大型的PVP活动是以武力彰显和宣传公会的最好机会，广纳良才又能够保证你的公会在PVP中百战百胜。这两点相辅相成，就像一家公司的生产与销售的关系一样相互促进。在这两点之间，会长需要学会的事情是调控。一个扩张性太强的公会往往会成为服务器其他公会的敌人，"远交近攻"是不错的手段。与那些同样强而且口碑较好的公会结成联盟，在活动中两个公会相互配合，能使成功率成倍提高。招收新人的尺度同样需要控制，一个守规矩、懂配合的新人比一个不守规矩、特立独行的高级玩家更珍贵。

3. 平稳阶段

现在你的公会和分会应该已达到200人左右的规模，大部分会员早已达到了最高等级，你的话语权在服务器里也有了一些分量，我们将这个时期称为平稳阶段，因为继续发展的速度会变得较为缓慢。

根据每个会长理念的不同，平稳阶段能做的事情也不尽相同。你可以将公会看成一个与朋友相聚的平台，定期组织一些线上线下活动联络彼此的感情，停止公会继续前进的步伐；你也可以利用公会论坛，将公会的足迹引入其他服务器甚至其他游戏。同时，你已经不需要亲力亲为，交给其他的会员吧！一方面，可以锻炼新人；另一方面，当行会扩大到跨服务器，甚至跨游戏阶段时，会长的作用是在大事上指导方向，更多的时候扮演一个符号和一个精神领袖的角色。如果你希望让你的行会继续扩张，可以去寻求一些商务合作，毕竟你拥有这么一大票人马，他们都唯你马首是瞻。

11.6　本章小结

本章主要介绍了游戏周边的几种主要衍生物。可以看出，国内几家大的网络游戏运营商都在关注游戏周边市场，将游戏计时收费形式取消，并开始大力发展游戏周边的赢利模式。这让中国游戏行业面对又一次机遇和挑战。本章仅介绍了近几年常见的游戏周边衍生物情况。希望读者可以扩展想象更多的游戏周边衍生物。

11.7　本章习题

(1) 通过查阅材料，提出你对中国游戏周边发展的一些建议。

(2) 针对某款新上市的游戏，尝试策划一下它的游戏周边市场方案。

(3) 对于规范虚拟物品的非官方交易，谈谈你的看法。

(4) 你对私服与外挂持怎样的态度？试着对周围的人进行调查并分析结果。

(5) 通过对比最近流行的网游，比较它们的游戏公会系统的优劣。

商业计划书

保密协议

一、项目企业概要

投资安排：

资金需求数额(万元)	相应权益	

二、企业基本情况

公司名称	
法定代表人	
电话	
传真	
E-mail	
地址	
邮编	
企业性质	□国有 □有限责任公司 □股份有限公司 □合伙企业 □其他
企业注册日期	年 月 日
您在寻找第几轮资金	□种子资本 □第一轮 □第二轮 □第三轮
企业的主营产业	

其他需要着重说明的情况或数据(可以与下文重复，本概要将作为项目摘要由投资人浏览)。

三、业务描述

1. 企业的宗旨(200字左右)。

2. 主要发展战略目标和阶段目标。

3. 项目技术独特性(请与同类技术比较说明)。

四、产品与服务

1. 介绍企业的产品或服务，及对客户的价值。

2. 同样的产品是否还没有在市场上出现？为什么？

3. 利润的来源及持续赢利的商业模式。

五、风险

企业面临的风险及对策。

六、市场营销

介绍企业所针对的市场、营销战略、竞争环境、竞争优势与不足。

七、管理团队

1. 列出企业的关键人物(含创建者、董事、经理、主要雇员等)。

关键人物：

姓名	
角色	
专业职称	
任务	
专长	

主要经历

时　间	单　　位	职　　务	业　绩

所受教育

时　间	学　　校	专　业	学　历

2. 企业共有全职员工人数(填数字)：

3. 企业共有兼职员工人数(填数字)：

4. 尚未有合适人选的关键职位。

5. 管理团队的优势与不足。

6. 人才战略与激励制度。

八、财务预测

1. 完成研发所需投入：

2. 达到盈亏平衡所需投入：

3. 达到盈亏平衡的时间：

4. 拟引入风险投资总额：

5. 当前月收入：

6. 当前月支出：

7. 投资与收益(如企业已成立，请另附已有财务年度的相应财务报表)：

	第一年	第二年	第三年	第四年	第五年
年收入					
销售成本					
运营成本					
净收入					
实际投资					
资本支出					
年终现金余额					

8. 开户银行：

9. 简述本期风险投资的数额、退出策略、预计回报数额和时间表。

九、资本结构

迄今为止有多少资金投入贵企业	
您目前正在筹集多少资金	
假如筹集成功，企业可持续经营多久	
下一轮投资打算筹集多少	
企业可以向投资人提供的权益	□股权 □可转换债 □普通债权 □不确定

1. 目前资本结构表：

股东成分	已投入资金	股权比例

2. 本期资金到位后的资本结构表：

股东成分	投入资金	股权比例

3. 请说明你希望寻求什么样的投资者(包括投资者对行业的了解，以及资金上、管理上的支持程度等)。

十、其他

1. 请说明为什么投资人应该投资贵企业而不是别的企业。

2. 您认为企业成功的关键因素是什么？

3. 关于企业和产品，是否还有其他需要介绍的内容？是否有企业或产品的手册、文章、图片、用户反馈等有关验证资料？

4. 确信在你的商业计划书中，已尽可能地回答了以下问题。

(1) 你的管理队伍拥有什么类型的业务经验？

(2) 你的管理队伍中的成员有成功者吗？

(3) 每位管理成员的动机是什么？

(4) 你的公司和产品如何进入行业？

(5) 在你所处的行业中，成功的关键因素是什么？

(6) 你如何判定行业的全部销售额和成长率？

(7) 对你公司的利润影响最大的行业变化是什么？

(8) 和其他公司相比，你的公司有什么不同？

(9) 为什么你的公司具有很高的成长潜力？

(10) 你的项目为什么能成功？

(11) 你所预期的产品生命周期是怎样的？

(12) 是什么使你的公司和产品变得独特？

(13) 当你的公司必须和更大的公司竞争时，为什么你的公司会成功？

（14）你的竞争对手是谁？

（15）与你的竞争对手相比，你具有哪些优势？

（16）与你的竞争对手相比，你如何在价格、性能、服务和保证方面与他们竞争？

（17）你的产品有哪些替代品？

（18）据你估计，你的竞争对手对你的公司会做出怎样的反应？

（19）如果你计划取得市场份额，你将如何行动？

（20）在你的营销计划中，最关键的因素是什么？

（21）你的广告计划对产品的销售会产生怎样的影响？

（22）当你的产品/服务成熟以后，你的营销战略将怎样改变？

（23）你的顾客群体在统计上的特征是什么？

（24）你认为公司发展的瓶颈在哪里？

（25）你的供应商是谁？他们经营多久了？

（26）你公司的劳动力供应来自何处？

（27）可供投资人选择的退出方式有哪些？

游戏引进可行性分析报告

　　游戏引进可行性分析报告不需要太多文字，只需要以简单明了的方式介绍一下这份报告的主要内容及书写这份报告的背景环境。实例如下。

摘要			
游戏名称	Kart Rider	测试时间	约40小时
所在服务器	韩国xxx服务器	使用模式	在线竞速/道具模式

开发商基本信息

这一部分主要是介绍一下游戏开发商的基本情况，所占篇幅也不宜太多，把情况说清楚即可。

开发商	Nexon Co.Ltd.	所在国	韩国
成立时间	2016年1月12日	经营项目	网络游戏研发
年收入额	16亿8千万韩元	员工数	240人
公司网站	http://company.nexon.com/	游戏官网	http://kart.nexon.com

公司简介：从2001年成立之后，共研发了10余款网络游戏，在韩国业内有良好的声誉，其中进入韩国前十强的就有4款，公司实力雄厚，有8款游戏进军海外市场……

配置要求

基本配置		测试环境	
操作系统	Windows 98/Me/2000/XP	操作系统	Windows XP-SP2
CPU	Pentium III 800MHZ	CPU	Pentium 4 2400MHz
内存	512MB RAM	内存	512MB（DDR400）×2
硬盘	500MB以上	硬盘	希捷160GB ATA
显卡	nVidia Geforce以上 ATI Radeon	显卡	nVidia GF6800（双128）
DirectX	DirectX 9.0以上	DirectX	DirectX 9.0C
网络情况	256KB	网络情况	10M光纤

游戏简介

使用可以从网络上找到的该游戏相关资料对该游戏做概括性的简略介绍。

《跑跑卡丁车》是韩国Nexon公司根据旗下著名休闲网游《泡泡堂》而改编的一部赛车类游戏。《泡泡堂》中的八个卡通形象，在《跑跑卡丁车》中继续一较高下。

操作方法

方向操作

Shift 路程查看　　　　Ctrl 使用道具

Alt 切换道具

游戏画面储存

准备/开始

声音开关

游戏大厅解析

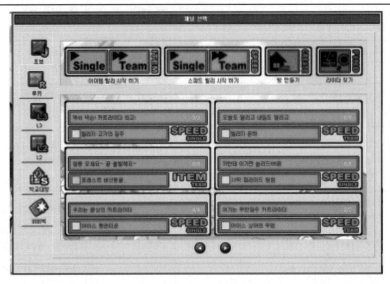

　　左边一排各个级别的服务器分别表示等级J、R、L3、L2，只有达到一定等级才可进入相应的服务器，初学者只能从最低级开始；下边两个是"家族"、"通行证专区"，由于是NEXON开发的，所以与《泡泡堂》有很多相同点，相信玩过泡泡堂的玩家很容易上手。

　　上面的一排前四个分别表示有道具的房间的个人、团体赛，无道具的房间的个人赛、团体赛。最后两个分别表示开房间和找卡丁车(找好友)。

　　其他的是游戏房间。

角色介绍

在《跑跑卡丁车》中，可以利用输入做出各种可爱的表情。以下是输入详列。

普通表情：

^^	笑
:)	笑
;)	眨眼
O_O	装傻(大写字母 O)
ZZZ	睡觉

以下需要使用韩文才可以做出语音表情，在输入法中添加韩文输入法即可打出，前者是韩文字，后面是输入的顺序。

ㅠㅠ - BB	哭泣
(사랑) - (TKFKD)	害羞
버럭 - QJFJR	蓝宝和痞子妹的生气
워야 - DNJDI	宝宝的生气
풉 - VNF	装傻
ㅋㅋ - ZZ	笑
ㅎㅎ - GG	笑
(사랑)	害羞两边的括号也要打上去
(버럭)	生气

等级制度

当您在比赛中取得胜利时，会获得不同的经验值，经验值足够后将会升级。

起始等级是五等(五根手指头)，升级后会变为四等(四根手指头)，以此类推至一等。

升至一等后换手套颜色，依序是绿→蓝→红→黑→彩虹。

驾照等级

当等级累积到一定程度之后可以参加考试，考取新的驾照，以进入不同的服务器。

[쵸 보]　RP：0 R 是初级，车子时速 180

[루 키]　RP：0～3500 是中级，车子时速 180～190

[L3]　RP：4900～10500 是高手级，
车子时速 190～200

[L2]　RP：13300～24500 是专家级，
车子时速 200～210

[L1]　　RP：28700～45500 是大师级，现在韩服
　　　　还没公布 L1 级的考试地图

[프 로]　RP：51100～185500

道具介绍

在ITEM MODE中可以得到和使用的道具如下。

S盾牌：两秒钟处于无敌状态，不受任何攻击道具侵袭，飞碟无效

乌云：在发放的地方造成一团雾，看不见前方

N2O：加速

水球炸弹：会投在自己前方很远的地方，投到的地方会有一团水，碰到会浮起来，两秒钟内不能操作

飞碟：使第一名玩家速度减半，冲线后以最接近终点的玩家为准

问号：随机放一个道具

闪电飞碟：组队战道具，击落队友头上的飞碟

香蕉：踩到会减速，往前转圈圈，在转弯时踩到最惨(会撞墙)

飞弹：打中正前方的敌人(要瞄好)

有翅膀的水球：自动攻击前方一名玩家

磁铁：当正前方有玩家时会急速推进，直到追上那位玩家或是撞墙才减速

红鬼：除了你或队友之外，所有敌人都会中邪，左右方向颠倒

翅膀：让自己和队友在一段时间内不受攻击道具伤害

计时水球：组队战道具，一段时间后自己会爆炸，碰到你的玩家都会浮起来

地图介绍:(略)。

游戏品质分析

这一部分是整个报告的核心，要占据80%左右的篇幅。在第5章我们已经说过在评测游戏品质时的评测角度及评测原则，按照这些角度和原则做出自己的评测分析。

游戏画面

一进入游戏，画面给人的感觉很清楚明了，形象、生动、可爱，比较合MM们的胃口。游戏画面绚丽多彩，动感的设计，使人陶醉其中。从白雪皑皑的极地世界到烈日炎炎的埃及沙漠，从茂密的森林到繁华的城镇，一路上景色宜人，开着自己的爱车尽情地享受那风驰电掣般的感觉，有众多场景以及众多赛道供玩家选择，加上动感的音乐，使得游戏更加充满激情，非常符合现代人的追求，尤其是喜欢追求速度与快感的年轻人！整个赛道画面总体给人清新的感觉，制作得也很细致，游戏的特殊设定——飘移也很成功，能给人一种很刺激的驾驶体验。

音乐音效

音效方面表现一般，没有什么可圈可点的地方，同时也没有什么值得批评的地方。

娱乐互动

游戏模式采用了休闲游戏惯用的房间模式，随便找一个个人赛房间进去(房间分为个人赛和组队赛两种)，进去以后和其他人聊了一下，可发现这个游戏的一个可爱设置：如果你输入"哈哈"回车以后你的人物就会发出笑声；同样你输入"55555"或者"TT"，你的人物也会跟着哭泣，很可爱。但是在游戏中，玩家之间的沟通需要在房间内才可以进行，并且没有好友之类的设置，因此，在互动方面还是存在较大问题。

操作手感

既然是一款赛车类游戏，那么它的游戏控制系统就显得尤为重要。《疯狂卡丁车》的操作系统简单方便，容易上手，其主要控制键为：四个方向键为赛车控制键(上——加油、下——刹车、左——左转弯、右——右转弯)，A键为飘移，Z键为使用道具，X键为变换道具位置。如此简便的设定，可以让玩家在第一时间内熟悉游戏操作方法，同时也符合游戏那份简洁明了的娱乐意境。

点评：作为一款将轻松休闲的游戏思想作为游戏内涵的竞技类游戏，简单、方便的上手操作适合各个层次的玩家，在产品的设计中是一个很好的选择。

平衡设定

游戏刚开始时我们得去考驾照，其实就是一个简单的新手操作教程。花几分钟搞定以后取得驾照，对游戏的基本操作有个简单的了解之后就可以进入新手频道和大家飘车了。

在道具模式中，赛道上会出现装有道具的箱子，抢下箱子将会随即获得一种道具。在锁定目标使用道具时不仅要判断好使用对象，还要把握好使用时机，稍有偏差害到了自己还不算，妨碍了队友夺得第一将直接导致团队的落败。丰富的道具使得左右胜负的因素不仅是驾驶技术，合理的道具使用再加上一点运气，往往能让你在混战之中不出问题，即便你是菜鸟也有机会可以乱中取胜哦！

特色创新

这完成驾照任务后就可以参加多人游戏进行比赛了，游戏内最新的3D卡通渲染技术也赋予了《跑跑卡丁车》更具有震撼力的场景，《泡泡堂》中的沙漠、冰川、矿山、森林、墓地等场景地图，在《跑跑卡丁车》中纷纷以全3D的版本再现，而且更加栩栩如生。同时，3D的世界不仅给每一个"泡泡公民"带来展现自我魅力的广阔空间，也让他们的动作表情空前的丰富。多人竞技时有组队模式和自由模式两种，并且分为道具模式和普通模式。此时玩家可以根据自己的喜好选择房间进行参赛，每个房间可以最多容纳8人同时竞技。和其他玩家共同竞技时就会发生拥挤，如果你的技术不够熟练很容易会让对手把你的小车挤到边上，撞到护栏，影响你自己的速度。

游戏中提供了丰富的道具供玩家使用，从而增加了游戏的多变性和耐玩度。例如，可以使用香蕉让对手陷入无法操作方向的状态。在合适的时间、合适的地点，使用合适的道具，就会让整场比赛来个大逆转，哪怕你的驾驶技术不如对方。正如所有休闲游戏一样，道具的加入会给游戏增色不少，也更加好玩。

在竞速模式中，飘移是整个游戏的重点，当飘移开始以后会依据和地面的摩擦系数增加氮气的数值，但是如果你撞到墙的话同样会减少这个值。当氮气值满了以后会给予一次氮气加速冲刺的机会，氮气加速可以累积。这也就成为左右比赛胜负的关键所在。所以，掌握好飘移技术在这款游戏里是很重要的。

综合评价

总体来讲，《跑跑卡丁车》(Kart Rider)是一款非常不错的游戏，它能给玩家在工作、学习之余带来一些冒险、刺激，使玩家紧绷了一天的神经得到彻底的放松，享受游戏带来的欢乐。

游戏技术分析

从技术的稳定性及安全性方面做出简要的分析。

技术测试概要

测试客户端代码是否存在明显能够被外挂利用的漏洞。

测试结果分析

截包分析

通过对游戏通信数据的截取分析，游戏中通信数据采用了加密处理，加密很简单。

客户端代码分析：

客户端未做代码加壳，关键的通信数据加密代码段很容易被找到，比如sub_52D270(加密函数入口)、sub_453DAo(发送函数入口)。

这款游戏的客户端由于没有任何静态加密手段，很容易被玩家分析并制作外挂。

客户端本地的外挂屏蔽功能：

在客户端屏蔽了常用的Wpe、Winsock等封包数据截取工具。游戏运行前后启动这类工具，该游戏会自动关闭。

在客户端屏蔽了常用的fpe、金山游侠等内存分析、修改工具。游戏运行前后启动这类工具，该游戏会自动关闭。

以上屏蔽只是针对已知的著名工具的名称，通过使用自编辑的软件，可以达到封包截取和内存分析的作用。

目前运营状况

产品名称： Kart Rider　　　　　运营地区：　　　韩国

运营状况： 韩国于2004年6月公测　　商 业 化：　在韩国市场已经商业化

开 发 商： Nexon　　　　　　　运营商：　　　Nexon

运营模式： 以销售道具方式收费

　　《跑跑卡丁车》在2004年的6月1日公测，1周之内就有10万人申请账号成为会员，如今已经成为韩国最受欢迎的休闲游戏之一，在韩国多家游戏网站上排名前列。

　　其他相关产品运营财务资料，由开发商提供。

本地市场状况

　　（1）2007年中国网络游戏产业的特点和趋势：

　　2007年中国网络游戏市场规模为128亿元，同比增长了66.7%。2007年中国网络游戏用户达到4800万，同比增长了17.1%。用户增长一方面来自休闲游戏用户的增加，另一方面来自于各游戏厂商对二、三级城市的开发。预计在未来的4~5年间，网络游戏还将继续保持20%以上的增速。网络游戏的快速发展主要得益于中国庞大的用户基数与游戏运营商对用户的深度挖掘。

　　2007年中国网络游戏实际销售收入为105.7亿元人民币，比2006年增长了61.5%。其中，中国自主研发的民族网络游戏市场的实际销售收入达68.8亿元，占网络游戏市场实际销售收入的65.1%。在新投入到中国网络游戏市场公测的76款网络游戏中，中国自主研发的民族网络游戏达53款，占69.7%。自主研发的网络游戏已经成为国内网络游戏市场的支柱。

　　2007年中国收入排名前15的网络游戏运营商中，有10家为上市企业，上市企业的收入约为98.7亿元，占总收入的77.1%。预计到2009年，上市企业的市场份额将占到90%以上。

2008年上半年，国产网游发展迅猛，主要原因有两个，一是政策环境、舆论环境转好；二是代理模式的弊端暴露无遗。在网络游戏运营商市场格局方面，2008年第二季度，盛大、网易、巨人位居行业排名前三位。

　　每一个产业，在其发展成熟的道路中，都必须经历由不规范走向规范的过程，而这一过程中必将伴随着这样或那样的阻碍因素，中国的网络游戏产业也不例外。因此，需加大政府的扶持力度、加快人才培养步伐、重点研发精品网络游戏等。

　　中国游戏市场潜力巨大，在未来几年内，中国将从资金投入、创造产业环境、保护知识产权以及加强对企业引导等方面对国内的游戏企业加以扶持。亚洲将是未来全球网络游戏的重要市场，而中国和日本将成为地区最大的两个在线游戏市场。

　　（2）中国网络游戏用户玩过和最常玩的游戏类型：

　　调查结果显示，在网络游戏用户中，棋牌类和MMORPG在过去一年中都有60%以上的用户接触率，过去一年内，玩过休闲动作类和益智趣味类游戏的网络游戏用户也都占到50%以上。从最经常玩的游戏类型来看，最经常玩MMORPG的用户所占比例最高，达到30.7%；最经常玩休闲动作类、棋牌类、益智趣味类的网络游戏用户所占比例分别为21.2%、19.1%和9.4%。按照本报告定义划分，我们将棋牌类和益智趣味类游戏统称为棋牌桌面类游戏，共计有28.5%的网络游戏用户最经常玩棋牌桌面类游戏。另外，我们将除MMORPG、休闲动作、棋牌桌面外的其他所有网络游戏统称为其他类游戏，如下图所示。

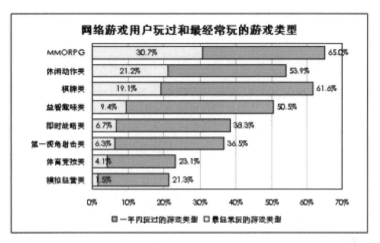

（3）中国不同性别网络游戏用户最经常玩的游戏类型：

调查结果显示(见下图)，不同性别网络游戏用户在最经常玩的游戏类型方面差异明显，女性游戏用户中最经常玩MMORPG的比例(23.3%)低于男性游戏用户中的该比例(34%)；女性游戏用户中最经常玩棋牌桌面类游戏的比例(46.8%)远高于男性游戏用户中的这一比例(20.2%)。

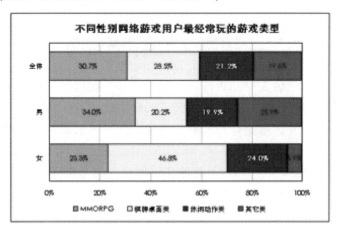

（4）本地市场同类产品列表：(略)。

（5）本地市场竞争对手详细资料：(略)。

……

 ## 网络游戏代理协议

研发公司：　　　　　　　　　　运营公司：

游戏名称：

协议双方：

1. 公司名称、国家、城市、地址、联系方式(以下简称研发公司)

2. 公司名称、国家、城市、地址、联系方式(以下简称运营公司)

协议双方说明

1. 研发公司负责研发和升级中文版××××游戏的服务器端和客户端软件及技术，并享有维护上述软件的权力。

2. 研发公司有权按协议约定获得来自协议区域的收益。

3. 运营公司应当在协议区域内负责产品的运作、推广、发行、生产、使用、销售和服务。

4. 研发公司允许运营公司按照以下协议约定在协议区域内提供产品的服务、营销、推广以及使用所有商标、标识。

术语定义

"内部测试"代表小规模、有经验的玩家进行的质量认证测试。

"商业秘密"代表运营公司的一切商业秘密和信息，包括(但非全部)：①运营公司服务的技术与设计。②运营公司的人事、政策及商业策略等。③运营公司服务对付费用户的各项规定条款，但不包含已经公开发布的。

"无形资产"代表研发公司拥有的名称、商标、图标、徽章、设计图案、服务标识及其他任何特殊的无形资产。

"工作日"代表中国除周六、周日及其他法定假日外的工作日。

"文件"代表所有关于游戏最终用户端程序及服务器端程序的使用手册、说明书、用户指南、网站文档等。

"合作伙伴"代表任何由运营公司直接或间接控制或由运营公司拥有控制权的任何公司、集团公司、合伙公司、合资公司等一切实体。

"Alpha版"、"Beta版"在本协议中代表"×××××"中文版正式上市前由研发公司提供给运营公司的任何版本的最终用户端程序和服务器端程序，以及各种必要的用来帮助进行内部测试的技术说明文档。

"交付时间表"代表研发公司将游戏的Alpha版、Beta版及最终正式版交付给运营公司的时间表。详见附件1。

"最终用户端程序"代表供游戏的终极用户使用来连接到游戏服务器的电脑软件程序，包括任何改进、更正、修订、升级、内容增加等。详见附件2。

"最终用户"代表购买游戏客户端软件供自己使用而非再销售的个人。

"正式版本"在本协议中代表通过了运营公司内部测试并由运营公司确认可以作为正式版上市销售给经销商及最终用户并使其连接到游戏服务的最终用户端程序和服务器端程序的版本。

"不可抗力因素"代表运营公司按照合同规定无法预估和支配的各种情况。包括但不仅限于以下情况：自然灾害、战争、罢工、政府限制、电力中断或网络设施及服务器的损坏。

"游戏服务"代表由运营公司开发并包含于运营公司服务内容的在线游戏服务。

"游戏"代表此款名为"×××××"的多人网络游戏。

"知识产权"代表现已存在或将会存在的各种知识产权内容，包括专利、商标、注册的设计、之前描述过的各种应用程序、版权、商业秘密中涉及的权利，还包括但不仅限于创造性的美术设计。

"产品"代表与适当文件包装在一起的最终用户端程序。

"收入"在本协议中规定今后将执行的账目、商务及审计过程中代表由运营公司通过销售产品和提供产品授权获得的由付费用户为享受游戏服务而支付的费用。

"分成比例"代表应由运营公司从其收入中支付给研发公司的比例。

"服务器端程序"代表将被安装于运营公司服务器上用以使最终用户能够享受游戏服务的电脑软件程序，包括任何改进、升级及内容增加等。

"运营公司服务"代表由运营公司运营的包含但不仅限于以下内容的服务：宽带互联网接入、导航指南、收费内容服务、游戏及其他相关服务。

"付费用户"代表由运营公司认证并向运营公司付费以通过运营公司服务享受游戏服务的任何人。

"期限"代表具体条款中描述的时间期限。

"数据记录"代表所有处理数据或记录，由游戏服务处理执行的一切信息，并且包括所有与付费用户相关的信息和通信。数据记录是运营公司的商业秘密。

"更新内容"代表本协议中规定的应由研发公司提供的本产品或游戏服务的改进或补充。

"URL"代表统一资源定位符，包括域名及其他任何用来访问或定位游戏服务的名称。

本协议中涉及的所有有关本产品的"出售、销售"都是代表允许使用此产品的授权过程。所有有关本产品的"购买"都是代表购买允许使用此产品的授权。

协议有效地域

由双方约定协议有效地域范围。

经双方协商一致，研发公司与运营公司同意以下条款

1. 开发与可交付使用

1.1 游戏的开发与支持：研发公司应向运营公司提供游戏的开发与设计、最终客户端程序、服务器端程序及相关文件。同时，研发公司还应保证按照本协议规定的交付时间表进行同步的相关支持。

1.2 未能按时交货：如果研发公司不能依照交付时间表完成交付，运营公司有权暂时不支付本协议规定的任何费用，直到交货的问题得到解决。时间将不会成为本协议的根本问题。

1.3 可交付使用：研发公司应当依照交付时间表同步提供最终客户端程序、服务器端程序及相关文件，包括所有结果代码、文档、列表、库、数据文件及需用于游戏服务的所有相关程序软件。

1.4 本地化：研发公司应当负担游戏中文简体版本地化的费用以及游戏内所有的详尽文字内容，运营公司应有机会评估本地化的结果，并且提供确认。

2. 指定及授权

2.1 唯一指定：研发公司在本协议中提供给运营公司以下独家的唯一权利。

2.1.1 再生产、演示及展示本产品。

2.1.2 对中国内地的用户直接进行或通过经销商和分销商进行本产品的销售、市场行销、分销等活动。

2.1.3 允许中国内地的最终用户以结果代码的形式使用此产品。

2.1.4 提供维护与支持服务，包括但不仅限于：技术支持、软件支持、客户服务及在线客户服务，所有GM将对研发公司的专门GM负责人汇报。所有运营公司的GM必须依照研发公司提出的客户服务规范对中国内地的最终用户进行服务。

2.1.5 安装、复制、储存、编辑及修改服务器端程序，以便提供必要的游戏服务。

2.2 互联网权利：协议各方同意，尽管本协议限定的区域为中国内地，运营公司仍然可以通过互联网进行本产品的市场行销及销售活动，但运营公司应该确保通过互联网访问的用户来自中国内地。如果通过互联网对中国内地以外的地区进行的销售达到或超过了全部产品销售和收费的10%，将视为运营公司违反了本协议。

2.3 URLs：研发公司同意，所有用于访问限定区域内的游戏服务的URL及其他相关权利都为运营公司独家拥有。

2.4 进一步的保证：研发公司应当确保运营公司能够在不侵犯知识产权以及不必负担额外费用的情况下享受本协议规定的各项合法权利。研发公司应当独自负担第1子条款中为取得各项权利所需支付的额外费用。运营公司为进行本产品的销售、市场行销和分销所需获得的其他所有权利和授权费用以及在开发完善本协议规定的游戏服务过程中可能发生的获取授权费用也应由研发公司独自负担。

2.5 付款义务：运营公司对研发公司唯一的付款义务应与本协议中规定的所获得的权利相对应。运营公司不需要对其他任何一方支付任何费用以获得本协议中规定其应获得的权利。

3. 更新资料

3.1 在本协议的有效期内，所有关于游戏的升级资料、补丁：版本升级、服务器端程序的升级以及最终用户端程序的升级都将被认为是本产品及服务器端程序的补充。运营公司将对以上所有更新资料享有独家使用权而无须支付任何附加费用。

3.2 不定期更新：研发公司保证运营公司在技术、市场、法规等其他影响开发的因素下对最终用户端程序、服务器端程序、文件及游戏服务进行不定期的更新升级（"不定期升级"）。研发公司应当对运营公司提供同步的不定期更新。

4. 变更需求

运营公司可能会不定期地要求研发公司对游戏的最终用户端程序、服务器端程序、文件等任何部分进行必要的更改、修正或删节(变更需求)，研发公司应当在要求合理的情况下进行必要的变更工作。研发公司应当对运营公司提交变更的细节内容和所需的时间计划。一旦计划被运营公司核准，研发公司即应当开始进行变更需求的实施工作。

5. 知识产权

5.1 版权通告：运营公司保证每套本产品的复制都将会依照本协议的规定进行分销和销售。

5.2 产品名称：本产品将在中国内地以×××××这一英文名称标识。在中国内地游戏的中文名称在以后将由运营公司提出并由研发公司核准。

5.3 研发公司无形资产的使用："研发公司"这个商标是研发公司的独享资产(研发公司无形资产)。在本协议有效期内，研发公司应当提供运营公司和/或运营公司的合作伙伴以在中国内地范围内免费使用研发公司的无形资产进行此产品和游戏服务的广告发布、市场行销、演示示范以及分销等活动的权利。所有用到研发公司无形资产的市场活动都将事先获得研发公司的核准。发行人应当给研发公司提供合理的机会检查和监控发行人在协议有效期内依照本协议条款使用研发公司无形资产的行动。发行人不得在本协议规定的范围以外使用任何研发公司的无形资产。发行人不得采用或者注册任何与研发公司无形资产相近、容易混淆的产品名称或符号标记。当本协议终止之时，发行人应当停止以任何方式使用研发公司的无形资产。

5.4 第三方侵权通告：任何一方都有义务通报其他方由第三方进行的针对本产品或服务器端程序的任何侵权行为。

5.5 第三方侵权对策行动。

5.5.1 由运营公司通报的关于对本产品或服务器端程序的第三方侵权、非法使用或滥用行为，或者由研发公司了解到的类似情况，研发公司有权，但并非义务，采取旨在保护本产品或服务器端程序免受非法侵害的对策和行动。

5.5.2 如果研发公司不采取任何对第三方侵权的对策行动，运营公司有权，但并非义务，采取旨在保护本产品或服务器端程序免受非法侵害的对策和行动。同时，运营公司有权对该行动进行评论，但运营公司将保留对行动的完全控制权。

5.5.3 针对各方损失的经济赔偿，应在扣除各方发生的实际费用之后，按照所受侵害的损失程度公平地进行分配。

6. 内部测试

6.1 当获得由研发公司提供的游戏简体中文版母盘后，运营公司将根据内部测试标准对其中包含的最终用户端程序进行由双方认可的内部测试，内部测试标准与时间双方应在附件4中约定。

6.2 如果最终用户端程序不能达到内部测试标准，测试将由研发公司在适当的时间内再次进行，直到最终用户端程序达到内部测试标准的要求。

6.3 当内部测试结束之后，运营公司必须向研发公司提供确认最终用户端程序和服务器端程序达到内部测试标准的书面认证。研发公司将不对在本地化过程中由运营公司自己进行的任何改动导致内部测试失败的后果负责。

7. 技术要求

7.1 技术要求：研发公司将保证最终客户端程序和/或服务器端程序是依照运营公司随时发布的各项技术规格完成的。

7.2 服务提供：运营公司将拥有提供和进行游戏服务运营并允许任何经资格认证的第三方代表运营公司提供和进行游戏服务运营的独家权利。运营公司或由其认可的第三方在提供和进行游戏服务的运营过程中不得侵害到研发公司的权利。

8. 市场行销与广告

8.1 市场行销工作：运营公司将全力进行本游戏及产品的市场宣传，保证将提供足够的市场预算来确保其市场行销及销售工作能够带来最大额度的收入。

8.2 研发公司标识：运营公司同意将研发公司的名称与图案标志以与运营公司名称和图案标志同样注目的位置标于产品包装盒上。

8.3 研发公司的协助：如果运营公司提出合理的需求，研发公司应当向其提供所有相关的技术、市场和其他相关此游戏的信息。同时，应当提供相应的素材以帮助运营公司进行市场推广工作。

9. 支持与维护

9.1 支持与维护：在本协议的有效期内，研发公司将为运营公司免费提供以下的维护及支持。

9.1.1 协助运营公司架设用以提供游戏服务的服务器。

9.1.2 协助进行服务器的维护。

9.1.3 软件维护。

9.1.4 问题(Bug)修正。

9.1.5 协助运营公司防止对游戏服务的黑客攻击和非法修改。

9.1.6 协助运营公司进行本游戏的市场宣传工作。

9.1.7 完成所有对本游戏/产品的本地化需求，并且提供所有对于本游戏/产品的更新、补丁。

9.2 支持与维护：在本协议的有效期之内，运营公司应当负责以下事务。

9.2.1 采购所有游戏服务及本游戏/产品所必需的所有硬件设备和带宽资源。

9.2.2 所有的服务器维护工作。

9.2.3 架设服务器并安装相关的软件以提供游戏服务。

9.2.4 运营公司将保留××组测试服务器，用以在正式发布前测试任何更新资料。

9.2.5 运营公司将妥善保管任何管理/客服软件的复制，包括GM工具，并且确保这些工具的绝对安全性。

10. 付款

版权金：为获得以下描述的权利及研发公司提供的支持与维护，运营公司同意支付给研发公司××××××美元的版权金(版权)。

版权金	付款时间	金额(美元)
全部付款	本协议签订之日	×××××

10.1 运营公司保证在协议有效期内本游戏正式在中国内地运营后的前××月之内支付给研发公司至少×××××美元的分成金额，如果运营公司的经营状况无法达到这一计划，将视为运营公司违反协议。

10.2 分成比例：除去版权金之外，运营公司将支付给研发公司相当于来源于付费用户收入的××%。

10.3 运营公司保证尽最大努力来通过付费用户获取收入，并保持实际收入不低于市场零售价格的××%。

10.4 分成金额支付：分成金额应于每月支付，最晚不得超过收入发生的当月结束后××天内付清。所有金额支付都应遵循之前条款中的规定。

10.5 支付完成：所有应当支付给研发公司的分成金额应当汇出到研发公司指定的专用账户，研发公司在每次收到款项后与运营公司书面确认。

10.6 税金分担：研发公司与运营公司协商确定税金分担方式。

10.7 滞纳金：如果运营公司超过××工作日仍未支付到期款项，研发公司有权选择终止协议和要求获得应付款项的每日××%的滞纳金。由此产生的一切费用应由研发公司承担。

11. 担保

保证金：运营公司应当在正式收费之前将保证金共计US×××××美元支付给研发公司的指定银行账户。保证金不包括在版税内，并抵扣运营公司的到期未付款项。在协议期限内，研发公司可以选择退还保证金，或者依照双方商定的条款和条件保留保证金。

12. 数据记录

12.1 月报：运营公司应当每月向研发公司根据下列约定提供书面报告。

12.1.1 游戏产品销售数量。

12.1.2 游戏点卡、月费卡销量。

12.1.3 通过传统渠道和网络渠道出售的游戏产品的销售收入。

12.1.4 通过固定电话和移动电话出售的游戏产品的销售收入。

12.1.5 研发公司应当知道的其他信息。

12.1.6 所有上述信息应当以传真或电子邮件的形式提供并同时交递同样的书面副本。

12.2 运营公司应提供给研发公司管理人员Admin或最高权限访问账号，供研发公司访问游戏计费系统、服务器、用户数据库。运营公司还应提供两个生效的游戏管理员账号。

12.3 运营公司应当正确保存数据记录，包括但不限于发生的事件、处理日期、处理结果，并允许研发公司提出书面请求，在××日内访问和使用该日志。

12.4 运营公司应当在协议终止后继续维护所有相关记录、协议、账户××年以上，并允许研发公司在需要时查阅和复制。

12.5 审计权利：在协议生效期间和协议终止××年内，研发公司和运营公司均享有在本协议约定范围内审计对方财务的权利。

12.5.1 如果研发公司或运营公司账册审计显示有应付而未付款项，未付款一方应当在收到书面通知的××日内补足该欠款。

12.5.2 如果研发公司或运营公司账册审计显示有应付而未付款项，未付款项达到或超过了10%，未付款一方应当在收到书面通知的××日内补足该欠款并同时支付该次审计费用。

13. 协议期限与终止

13.1 期限：本协议应于签订之日起开始生效，于本游戏正式收费起的第××个月之后终止。

13.2 协议终止：协议任何一方有权在以下情况下终止本协议。

13.2.1 如果任何一方违反了本协议的任何约定，并且未能在接到指出违约行为的通告起××天之内对违约行为进行补救。

13.2.2 如果任何一方破产。

13.2.3 如果运营公司由于任何原因停止了运营公司服务的提供。

13.3 由运营公司终止：运营公司有权在以下情况下终止本协议或协议中的任何部分。

如果研发公司未能按照协议规定的日程向运营公司提供本产品和/或服务器端程序，或者出现类似的违约行为累计达××天。

14. 声明、担保及赔偿

14.1 研发公司声明：研发公司声明并担保运营公司如下事项。

14.1.1 最终用户端程序、服务器端程序及相关文件应当符合协议中约定的内容、特点、功能、容量和操作方式。

14.1.2 最终用户端程序及服务器端程序应当没有重大的程序错误（Bug）。

14.1.3 研发公司提供给运营公司销售和运营的游戏软件不会侵犯第三方的知识产权，运营公司不承担任何因此产生的费用。

14.1.4 研发公司应当保证运营公司依照协议使用商标，不受第三方的留置、控诉、阻碍。

14.1.5 运营公司依照协议提供游戏服务，不会侵犯第三方的知识产权或其他权益。

14.1.6 研发公司已经获得所有许可、允许，保证运营公司行使权利。

14.2 违约金：研发公司与运营公司协商违约赔偿方式。

15. 保密信息

15.1 双方因本协议的签署而获得的另一方的商业或活动信息为保密信息，双方应尽最大可能对相关信息保密。双方不得将本协议中提及的任何保密资料泄露给第三方。

15.2 双方应享有同等权利控制及使用数据库。

16. 其他

16.1 完整协议：本协议即为研发公司与运营公司关于本产品的经销及游戏服务运营的完整协议。本协议取代所有之前口头或书面达成的共识或协议，或者任何研发公司与运营公司之前进行的沟通内容。

16.2 不可转让性：若非与运营公司事先约定，研发公司或者运营公司不得指派、转让、再授权任何本协议规定的各自的权利和义务。

16.3 不可抗力因素：由于不可抗力造成运营公司无法履行协议规定义务的情况，运营公司将不承担任何违约责任。在此类情况下，运营公司应当在××天内向研发公司提供书面的免责声明，并详细地说明原因。同时，运营公司应当积极进行挽回损失的工作。应付款项结算时间应当按照由于不可抗力造成损失的时期顺延。

16.4 协议各方关系：本协议中的协议双方不形成合伙关系、领导关系或雇佣关系。

16.5 协议语种：××语应当是本协议的唯一正式语言。本协议的其他语言版本翻译仅供参考，并不具有任何法律效力。

16.6 政府法规与争议解决：本协议受×××地区/国家法律保护。协议各方应向××地区/国家法院提出任何有关本协议争议的诉讼。（双方也可约定仲裁）

本协议自签订之日起生效

签约时间　　年　　月　　日

研发公司　　　　　　　　　　　　　　　运营公司

签章：　　　　　　　　　　　　　　　　签章：

姓名：　　　　　　　　　　　　　　　　姓名：

职位：　　　　　　　　　　　　　　　　职位：

附件1

交付时间表

1. Beta版：研发公司应将游戏的最终用户端程序及服务器端程序简体中文Beta版于　　年　　月　　日之前交付给运营公司。

2. 正式版：研发公司应将游戏的最终用户端程序及服务器端程序简体中文正式版于　　年　　月　　日之前交付给运营公司。

附件2

最终用户端程序[名称："　　　　"(客户端)系统平台：　　　　　]

服务器端程序[名称："　　　　"(服务器端)系统平台：　　　　　]

阶段性Beta版应在以下方面完全兼容简体中文。

双方约定软件中兼容中文的方面，例如：画面、登录、3D引擎，等等。

附件3

游戏：

×××××是一款只能通过互联网在线进行的角色扮演游戏，它是一个大型的多用户在线幻想世界。此游戏可以支持极大规模数量的玩家连接到多组游戏服务器并且进行互动的体验。

游戏服务：

由运营公司提供的游戏服务由服务器端程序和用户数据库构成。游戏服务使得最终用户可以参与到游戏的在线游戏中。

附件4

内部测试标准：

研发公司的图案标志和商标信息必须被置于产品的安装程序中，并且必须明显地出现在所有此游戏的包装盒、市场宣传材料及广告上。客户端软件不得存在任何由产品自身造成的会导致游戏中断或者无法进行游戏的重大纰漏(Bug)。

内部测试时间：

运营公司将在内部测试完成后的××个工作日内对研发公司提供接受或拒绝的通告。

附件5

游戏服务时间表：

封闭式Beta测试：游戏最终用户端程序和服务器端程序的简体中文版在中国内地的封闭式Beta测试应在　　年　　月　　日之前开始。

开放式Beta测试：游戏最终用户端程序和服务器端程序的简体中文版在中国内地的开放式Beta测试应在　　年　　月　　日之前开始。

正式收费　应当在　　年　　月　　日之前开始。